Die wahlrechtlichen Bestimmungen der Bayerischen Gemeinde-, Bezirks- und Kreisordnung

Mit der Gemeinde-, Bezirks- und Kreiswahlordnung.

Erläutert von

Heinrich von Jan
Ministerialrat im Bayer. Staatsministerium des Innern

Sonderdruck aus dem Handkommentar zur Bayer. Gemeinde-, Bezirks- und Kreisordnung von Laforet-von Jan-Schadenfroh

München 1928
J. Schweitzer Verlag (Arthur Sellier)

Inhaltsverzeichnis.

Printed in Germany

Druck von Dr. F. P. Datterer & Cie., Freising-München

Gemeindewahlen.

Allgemeine Vorbemerkungen.

Vor dem Erlaß der GO. v. 1869 stand das Wahlrecht bei den Wahlen zu den G.ämtern den „wirklichen Gemeindegliedern" zu, d. h. es war abhängig entweder von dem Besitz eines häuslichen Anwesens oder dem Wohnsitz in der G., verbunden mit dem Besitz eines im G.bezirk gelegenen besteuerten Grundstückes oder der Ausübung eines besteuerten Gewerbes im G.bezirk. Nach der GO. v. 1869 besaßen das Wahlrecht die „Gemeindebürger". Das G.bürgerrecht aber konnte nur durch ausdrückliche Verleihung erworben werden und war von dem Besitz der Volljährigkeit, Selbständigkeit, bayer. Staatsangehörigkeit und der Veranlagung mit einer direkten Staatssteuer abhängig.

Die Wahl erfolgte in den Städten nur für die G.bevollmächtigten und deren Ersatzleute durch die G.bürger, die Wahl der B. und Magistratsräte aber hatten die G.bevollmächtigten vorzunehmen. Gewählt waren die Bewerber mit den meisten Stimmen. In den Landg.en dagegen wurden B., Beigeordnete und G.bevollmächtigte samt Ersatzleuten in gesonderten Wahlgängen durch alle G.bürger gewählt. Alle Wahlen durch die G.bürger erfolgten als Mehrheitswahlen mit relativer Stimmenmehrheit.

Das GWG. v. 15. Aug. 1908 führte in den G.n mit mehr als 4000 Einwohnern die Verhältniswahl und zwar nach dem System der freien Listen ein. Die Wähler waren an die Wahlvorschläge nicht gebunden, sondern konnten ihren Stimmzettel aus den Bewerbern verschiedener Wahlvorschläge zusammensetzen, auch Personen wählen, die auf keinem Wahlvorschlag enthalten waren. Hinsichtlich der Wahlberechtigung verblieb es bei den Vorschriften der GO. v. 1869.

Nach dem Umsturz wurde das G.wahlrecht mit Bek. des Min. d. Innern v. 22. Jan. 1919 (GVBl. 19) auf alle männlichen und weiblichen, 20 Jahre alten bayer. Staatsangehörigen erstreckt, die sich in der G. seit einem Jahre aufhielten. Das WG. v. 15. April 1919 (GVBl. 171), erlassen vom Ministerium auf Grund des Ermächtigungsges. v. 28. März 1919, behielt diese Voraussetzungen bei, setzte jedoch an Stelle des zwölfmonatigen den sechsmonatigen Aufenthalt in der G. (für die Bezirkswahl im Bezirk, für die

Kreiswahl im Kreis). Die Unterschiede zwischen Stadt und Land wurden beseitigt, überall wurde das Einkammersystem eingeführt. Die ersten B. waren überall mit absoluter Stimmenmehrheit von allen Wahlberechtigten zu wählen, die weiteren B. von den G.räten und zwar, wenn mehrere gleichzeitig zu wählen waren, mit Verhältniswahl, sonst mit absoluter Stimmenmehrheit, die ehrenamtlichen G.ratsmitglieder nach den Grundsätzen des Verhältniswahlrechtes von allen Wahlberechtigten. Mit Rücksicht auf die unruhigen Zeiten wurde für die Durchführung der Wahl im Juni 1919 das System der gebundenen Listen als das einfachste und am raschesten durchzuführende Verfahren dem Gesetz zugrunde gelegt. Das SWG. v. 22. Mai 1919 übernahm diese Regelung des Wahlrechtes.

Die bei der G.-, Bezirks- und Kreiswahl im Juni 1919 gemachten Erfahrungen waren zwar für die Verhältniswahl nicht überall günstig, namentlich nicht bei den kleineren G.n, wo hiefür weder Bedürfnis noch Verständnis bestand und hiemit keine Zufriedenheit zu erzielen war. Mit Rücksicht auf die Bestimmungen der RV. (Art. 17 II) und der Landesverfassung (§ 23) mußte es jedoch bei der Verhältniswahl sein Bewenden haben. Das GWG v. 6. Nov. 1924 behielt daher die Verhältniswahl im allgemeinen bei, ging jedoch, entsprechend den allgemein geäußerten Wünschen und einem Beschlusse des Landtages vom 21. Mai 1920 zufolge, von der gebundenen zur freien Liste über, wobei nur für einige große Städte die gebundene Liste beibehalten wurde. Hinsichtlich der B.wahl blieb es nur in den kleineren G.n bis zu 3000 Einwohnern bei der unmittelbaren Volkswahl des ersten B., in den übrigen G.n dagegen wurde diese Wahl den G.räten übertragen. Hinsichtlich des Wahlrechtes führte das GWG. v. 1924 insofern eine Erschwerung ein, als es dieses von der Vollendung eines mindestens zwölfmonatigen Aufenthaltes in den G.n abhängig machte.

Auf diesen Grundsätzen beruht auch die neue GO. Nur die Zahl der Städte, für die die gebundene Liste gilt, wurde vermehrt, indem dieses Verfahren auf alle Städte mit mehr als 20000 Einwohnern erstreckt wurde.

Über die grundsätzlichen Fragen des Wahlrechtes (Mehrheitswahl oder Verhältniswahl, gebundene oder freie Liste) enthält die Begr. z. RegE. v. 1926 auf Grund der bei der Wahl 1924 gemachten Erfahrungen folgende, allgemein interessierende Ausführungen, die dartun, weshalb das G.wahlrecht im allgemeinen so, wie in der neuen GO. geschehen, und nicht anders gestaltet wurde

„**Mit verschwindenden Ausnahmen wird in kleinen und mittleren G.n die Mehrheitswahl, nicht die Verhältniswahl als die richtige Form für die G.wahl angesehen.** Wenn an diesem Urteil auch teilweise das nicht ganz einfache Verfahren der Verhältniswahl, das abschreckend wirkt, und vor allem der Umstand schuld sein mag, daß für die G.wahl die Verhältniswahl immer noch etwas Ungewohntes ist, so sind doch sicher auch sehr erhebliche sachliche Gründe für diese Stellungnahme maßgebend. Das Verhältniswahlverfahren setzt voraus, daß im Wahlkampf und bei den sonstigen Wahlvorbereitungen, sowie bei der Wahl selbst geschlossene Parteien oder organisierte Gruppen auftreten, die Anspruch auf Beteiligung an den G.ratssitzen entsprechend ihrer Stärke erheben. Diese Voraussetzung ist aber gerade bei der G.wahl in der überwiegenden Zahl der G.n, namentlich fast überall in den kleinen und mittleren G.n, nicht gegeben. Hier handelt es sich nicht darum, „Fraktionen" im G.rat zu bilden, sondern darum, Persönlichkeiten zu wählen, die für die Führung der Verwaltungsgeschäfte geeignet sind. Es gibt glücklicherweise noch eine überaus große Anzahl von G.n, in denen die Wähler die G.angelegenheiten nur nach rein sachlichen Gesichtspunkten, unter Ausschaltung der Parteipolitik zu erledigen trachten und sich deshalb auch die hierzu nötigen Geschäftsführer in die g.liche Vertretung ohne Rücksicht auf ihre parteipolitische Einstellung nur nach ihrer Geschäftstüchtigkeit oder nach ihrer Persönlichkeit wählen. Die Einzelauswahl nach diesen Gesichtspunkten ist in den engen Verhältnissen kleiner und mittlerer G.n, wo jeder die zu Wählenden genau kennt, sehr wohl möglich. Es ist daher nicht erwünscht, wenn durch die Art der G.wahl in solche G.n Politik und damit Zersplitterung und Zwietracht hineingetragen wird, wie dies gerade durch die Einführung der Verhältniswahl manchmal zu beobachten ist. Für solche G.n paßt die Verhältniswahl nicht. Hier ist vielmehr das Mehrheitswahlverfahren das geeignetste Wahlverfahren. An diesem hängen auch nach den jetzt wieder gemachten Beobachtungen die Wähler, namentlich in den ländlichen, aber auch in den sonstigen kleinen und mittleren G.n immer noch mit Zähigkeit und, wie zugegeben werden muß, aus guten Gründen. In allen solchen G.n sind daher die Bestimmungen des G.wahlgesetzes über das Verhältniswahlverfahren meist entschieden abgelehnt worden. Wenn in solchen G.n trotzdem manchmal nach den Grundsätzen der Verhältniswahl gewählt worden ist, hat dies seinen Grund darin, daß auch in solchen G.n unter Umständen Strömungen vorhanden sind, die mit der herrschenden Meinung nicht einverstanden sind, sondern sich neben diesen zur Geltung zu bringen suchen.

Vielfach wurde nun der Wunsch geäußert, das Mehrheitswahlverfahren möge für gewisse Gruppen von G.n unter Ausschaltung der Verhältniswahl gesetzlich vorgeschrieben werden. Dabei wird aber übersehen, daß Art. 17 der Reichsverfassung das Verhältniswahlverfahren auch für G.wahlen grundsätzlich verlangt. Eine gesetzliche Vorschrift, die das Mehrheitswahlverfahren ohne weiteres einführen würde, wäre also nicht möglich. Grundsätzlich muß vielmehr das Verhältniswahlverfahren für alle G.n den Ausgangspunkt für das G.wahlrecht bilden. Da jedoch die Durchführung der Verhältniswahl die Erfüllung bestimmter Voraussetzungen durch die Wähler erfordert, haben es die Wähler trotzdem immer selbst in der Hand, dieses Verfahren von sich aus auszuschalten und die Wahl in den Formen der Mehrheitswahl durchzuführen, indem sie diese Voraussetzungen nicht erfüllen, d. h. keinen Wahlvorschlag einreichen. Allerdings ist dabei die Einmütigkeit der Wähler in dieser Hinsicht und die ehrliche Einhaltung der getroffenen Vereinbarungen erforderlich. Gegen den Willen einer Minderheit kann das Verhältniswahlverfahren, so wenig es auch vielleicht für den einzelnen Ort passen mag, nicht ausgeschaltet werden.

Im Gegensatz zu den bisher geschilderten Fällen ist das Verhältniswahlverfahren das richtige Verfahren in den Fällen, in denen es bei einer G.wahl nicht nur darauf ankommt, aus den Wählern die richtigen Persönlichkeiten zur Führung der g.lichen Geschäfte einzeln auszuwählen, sondern wo mehrere Gruppen mit widerstreitenden Interessen die ihrer Stärke entsprechende Beteiligung an der G.verwaltung anstreben, wo also auch den Minderheiten zu ihrem Recht verholfen werden soll. Das Verhältniswahlverfahren hat daher vor allem in den Städten, aber auch in der Umgebung der Städte und in Industriegegenden, in welchen die politische Schichtung der Städte sich schon einigermaßen durchgesetzt hat, Anklang gefunden und sich eingelebt. Nach den Feststellungen des Statistischen Landesamts hat Verhältniswahl in allen unmittelbaren Städten und von den mittelbaren G.n in 1787 G.n = 23 %, dagegen Mehrheitswahlen in 6177 G.n, = 77 %, stattgefunden.*)

*) Von den G.n bis zu Einwohnern haben sogar 84 %, von 1000—3000 Einwohnern nur 35 %, über 3000 Einwohner

Soweit Verhältniswahl stattgefunden hat, kann jedenfalls festgestellt werden, daß der Übergang von der gebundenen Liste zur freien Liste, der durch das Gesetz vom 6. November 1924 vollzogen worden ist, fast überall Zustimmung gefunden hat. Man hielt sich im Gegenteil vielfach sogar noch darüber auf, daß die freie Liste noch nicht Freiheit genug habe, weil die Wahl von Bewerbern aus anderen Wahlvorschlägen und die Wahl von Personen, die auf keinem Wahlvorschlag enthalten sind, nicht möglich war. Die gebundenen Listen dagegen haben nur in den großen Städten Anhänger gefunden. Die Städte, in denen mit gebundenen Listen gewählt wurde, waren hiermit voll zufrieden und auch andere größere Städte haben den Wunsch nach Einführung dieses Verfahrens geäußert. Vom Standpunkt der Ergebnisfeststellung aus wurde allgemein — selbstverständlich mit Recht — die gebundene Liste als besser geeignet bezeichnet. Vom Standpunkt der Wähler aus hat man dagegen meist die freie Liste vorgezogen. Bezeichnend ist aber, daß in einigen Fällen berichtet wurde, vor der Wahl habe man sich für die freie Liste begeistert, nach der Wahl habe man aber gefunden, daß sie das gewünschte Ergebnis nicht herbeigeführt habe, so daß man auch mit der freien Liste nicht zufrieden sei Auch die politische Einstellung der Verwaltung ist von Bedeutung für die abgegebene Beurteilung. Denn die links stehenden Richtungen sind mehr für die gebundene als für die freie Liste. Soviel kann jedenfalls festgestellt werden, daß der Wunsch nach Ausdehnung der gebundenen Liste auf weitere Städte, namentlich unter den größeren Städten herrscht, ein Wunsch, der aus sachlichen Gründen gebilligt werden kann, da die Voraussetzungen der freien Liste — Personenkenntnis der Wahlbewerber — in größeren Städten nicht gegeben sind und andererseits die Ergebnisfeststellung bei freier Liste in größeren Städten zu einer außerordentlich langwierigen, mühevollen Arbeit wird, deren Erfolg nicht im Verhältnis zu dem Aufwand an Mühen und Kosten steht. Weiter kann festgestellt werden, daß die kleineren Städte im allgemeinen für die

nur 1 G. Mehrheitswahl durchgeführt. Räumlich betrachtet hat die Verhältniswahl in Oberfranken und in der Pfalz verhältnismäßig mehr Anhänger gehabt als in den anderen Kreisen. Dies hängt damit zusammen, daß hier die Bevölkerung konfessionell und wirtschaftlich uneinheitlich ist. Das Gegenbeispiel liefern Schwaben, Niederbayern und Oberbayern, wo die Mehrheitswahl verhältnismäßig die meisten Anhänger hatte.

Beibehaltung der freien Liste sind und sogar der Wunsch nach dem Fallenlassen der Schranken der freien Liste durch Zulassung des „Panachierens" und der Wahl von „Wilden" geäußert worden ist. Für diese Städte kommt ebenso wie für ländliche Verhältnisse die gebundene Liste nicht in Betracht. Dies konnte schon auf Grund der Ergebnisse der Wahl im Jahre 1919 festgestellt werden und hat sich neuerdings wieder ergeben. Auch soweit in diesen G.n Verhältniswahl am Platze ist, um die verhältnismäßige Verteilung der Sitze auf die verschiedenen Gruppen zu sichern, wünschen die Wähler doch auch noch bei der Auswahl der in den G.rat zu entsendenden Personen mitzureden, weshalb nur die freie Liste für sie erträglich ist. Zwar wurde die Schwierigkeit der Feststellung der Wahlergebnisse nach der freien Liste überall empfunden. Aber nur in ganz besonderen Fällen zieht man daraus die Folgerung, daß die freie Liste sich überhaupt nicht eigne. In der weit überwiegenden Zahl der Fälle kam man vielmehr zu dem Schluß, daß diese üble Nebenerscheinung mit in Kauf genommen werden müsse, wenn man dem Wähler die Freiheit der Wahl belassen will".

Abschließend stellt die Begr. hiezu folgendes fest:

„*Hiernach kann bei der Neugestaltung des G.rechts grundsätzlich wohl nur das gegenwärtige Wahlrecht in Frage kommen, also zunächst Verhältniswahl, bei dem Mangel von Wahlvorschlägen Mehrheitswahl. Die Verhältniswahl hat im allgemeinen nach der freien Liste zu erfolgen, in den größeren Städten nach den gebundenen Listen.* Dabei kann aber auf Grund der Erfahrungen der Wahl vom Dezember 1924 wohl die Zahl der G.n, in denen die gebundene Liste in Betracht kommt, vermehrt werden."

Art. 63.

I Wahlberechtigt[1] bei Gemeindewahlen[2] sind alle reichsdeutschen[3] Männer und Frauen, die am Tage der Wahl[4]

1. das zwanzigste[5] Lebensjahr vollendet haben,
2. sich seit wenigstens zwölf[6] Monaten in der Gemeinde aufhalten.[7]

II Vom Wahlrecht ist ausgeschlossen,[8]

1. wer entmündigt[9] ist oder unter vorläufiger Vormundschaft[10] oder wegen geistiger Gebrechen unter Pflegschaft[11] steht,
2. wer rechtskräftig durch Richterspruch die bürgerlichen Ehrenrechte[12] verloren hat.

III Die Ausübung des Wahlrechts ruht für die Soldaten während der Dauer der Zugehörigkeit zur Wehrmacht.[13]

IV Behindert[14] in der Ausübung ihres Wahlrechts sind Personen, die wegen Geisteskrankheit oder Geistesschwäche in einer Heil- oder Pflegeanstalt untergebracht[15] sind, ferner Straf- und Untersuchungsgefangene[16] sowie Personen, die infolge gerichtlicher oder polizeilicher Anordnung in Verwahrung gehalten werden.[17] Personen, die sich aus politischen Gründen in Schutzhaft befinden, werden hiervon nicht berührt[18]

RefE. Art. 63; RegE. Art. 63; VerfA. I, 486, II, 72, 123, 127; StenBer. 1926, 650; 1927, 180, 209.

Voraussetzungen des Wahlrechts Anm. 1—7.
Ausschluß v. Wahlrecht Anm. 8—12.
Ruhen des Wahlrechts Anm. 13.
Behinderung in der Ausübung des Wahlrechts Anm. 14—18.

Vorbemerkung.

Nach der alten GO. war das G.wahlrecht mit dem Bürgerrecht verbunden. Dieses konnte nur durch ausdrückliche Verleihung erworben werden von volljährigen, selbständigen, die bayerische Staatsangehörigkeit besitzenden und mit einer direkten Staatssteuer veranlagten Männern (ausnahmsweise auch von Frauen und jurist. Personen). Gewisse Personen hatten Anspruch auf Verleihung dieses Rechtes, andere waren verpflichtet zum Erwerb. Zulässig war das Verlangen einer Aufnahmegebühr.

Diese Bestimmungen beseitigte das Wahlges. v. 15. April 1919. Es schloß sich hinsichtlich der Wahlberechtigung an die Vorschriften von 1918 für das Wahlrecht für die Nationalversammlung und den bayer. Landtag an, indem es den hiefür verlangten Voraussetzungen (20. Lebensjahr, bayer. Staatsangehörigkeit) nur noch das Erfordernis eines mindestens sechsmonatigen Aufenthalts in der G. hinzufügte. Nach Erlaß dieses Gesetzes haben die RV. und VU. einige Bestimmungen getroffen, die auf die Regelung des G.wahlrechtes einwirken. Nach § 6 VU. ist bayerischer Staatsbürger jeder Angehörige des bayer. Staates, der das 20. Lebensjahr vollendet hat, ohne Unterschied der Geburt, des Geschlechtes, des Glaubens und Berufes. Jeder bayerische Staatsbürger hat ferner nach § 8 das Recht, an den durch die VU. vorgesehenen Wahlen teilzunehmen, wenn er seit mindestens sechs Monaten seinen Wohnsitz in Bayern hat. Die G.wahlen sind in § 11 I VU. „vorgesehen". Hienach besitzt jeder Staatsbürger in der G. seines Wohnsitzes das G.bürgerrecht, kann es aber nur ausüben, wenn er seit mindestens sechs Monaten im G.bezirk „wohnt". Die letztere Bestimmung ist durch Art. 17 II RV. beseitigt. Dieser läßt eine Abweichung vom politischen Wahlrecht für das G.wahlrecht nur insoweit zu, als neben den Erfordernissen jenes Wahlrechtes noch ein höchstens zwölfmonatiger Aufenthalt in der G. verlangt werden kann. Durch diese Bestimmung ist die Vorschrift in § 8 für die G.wahlen beseitigt. Denn zwischen den Begriffen des Wohnsitzes und des Aufenthaltes bestehen rechtlich so erhebliche Unterschiede, daß diese Begriffe nicht als gleichbedeutend angesehen werden können. Es kann also nur entweder die eine oder die andere Bestimmung bestehen. Nach Art. 13 I RV. hat die Bestimmung in Art. 17 II RV. den Vorrang. (Vgl. BVBl. 1925, S. 3). Außer durch diese Bestimmung wird das bayer. G.wahlrecht auch noch durch Art. 110 II RV. beeinflußt, wonach jeder Deutsche in jedem Lande des Reiches die gleichen Rechte und Pflichten hat, wie die Angehörigen des Landes selbst. Der Ausschluß der Nichtbayern vom G.wahlrecht ist daher unzulässig, seit Erlaß der RV. auch nicht mehr durchgeführt worden. Das GWG. von 1924 hat dieser Rechtslage Rechnung getragen und das Wahlrecht allen reichsdeutschen Männer und Frauen zugesprochen, die am Tage der Wahl das 20. Lebensjahr vollendet haben und sich seit mindestens 12 Monaten in der Gemeinde aufgehalten haben. Der RegE. von 1926 hat diese Bestimmung übernommen und nur statt des 20. das 25. Lebensjahr vorgeschlagen. Da diese Änderung der VU. nicht die erforderliche $^2/_3$-Mehrheit fand, blieb es jedoch in der GO. bei dem 20. Lebensjahr (s. Anm. 4).

1. Voraussetzungen des Wahlrechts.

Art. 63 bestimmt, wer aktiv an den Wahlen und Abstimmungen nach Art 14 teilnehmen darf, die von sämtlichen Wahlberechtigten vorzunehmen sind. Nach Art. 66 Z. 2 S. 3 ist für die Ausübung des Wahlrechtes weiter der Eintrag in der Wählerliste oder der Besitz eines Wahlscheines erforderlich. Da nur Wahlberechtigte wählbar sind und nur wählbare Personen Mitglieder der G.räte sein können, ist der Besitz der in Art. 63 geforderten Eigenschaften aber auch die Voraussetzung für die Teilnahme an den sonstigen in Art. 65 vorgesehenen Wahlen. Art. 63 gibt die Erläuterung des in Art. 64 I und 65 I Z. 1 Unterabs. 1 und 3 und Z. 3 und ferner in Art. 14 enthaltenen Begriffes des „Wahlberechtigten". Das Wahlrecht ist am Orte des Aufenthaltes auszuüben. Die Ausübung an einem anderen Ort ist schon im Hinblick auf Abs. I Z. 2 nicht möglich. Auch die Ehrenbürger sind nur dann wahlberechtigt, wenn sie die Erfordernisse der Z. 1 u. 2 erfüllen.

2. Unter „Gemeindewahlen" sind im Gegensatz zu den in Art. 21 vorgesehenen sonstigen Wahlen die Wahlen zu den in Art. 65 behandelten G.ämtern zu verstehen (s. Anm. 1). Hinsichtlich der Ortschaftswahlen vgl. Art. 75 II u. §§ 132—141 GWO.

3. Reichsangehörigkeit.

Im Gegensatz zu § 6 BU. der bayer. Staatsangehörigkeit verlangte. Die Änderung ist bedingt durch Art. 110 RV. Vgl. Staatsangehörigkeitsg. v. 22. Juli 1913 (RGBl. 583). Jeder Angehörige eines deutschen Landes ist zugleich Reichsangehöriger und Reichsdeutscher. Nicht erfordert ist eine bestimmte Dauer der Staatsangehörigkeit.

4. Stichtag.

Der Wähler muß die Voraussetzungen unter Ziff. 1 und 2 am Wahltag erfüllen, also am Wahltag sich noch daselbst aufhalten, ferner das 20. Lebensjahr spätestens am Wahltag vollenden (VGH. 12, 398). Bei Nachwahlen hängt der Umfang des Wahlrechts davon ab, ob die Entscheidung die Wählerlisten beseitigt oder bestehen läßt. Bei Nachwahlen, denen die alten Wählerlisten zugrunde zu legen sind, sind nur die Personen wahlberechtigt, die bei der ersten Wahl wahlberechtigt waren. Die Ausstellung von Wahlscheinen an Personen, die nach der ersten Wahl wahlberechtigt geworden sind, ist in solchen Fällen unzulässig. VGH. 46, 68. Anders nur, wenn mit dem übrigen Wahlverfahren auch die Wählerlisten für ungültig erklärt und ihre Neuanlage angeordnet wird. (VGHE. v. 11. Nov. 1925, BGVZ. 1926, 866.) Wenn eine Ergänzungswahl nach Art. 71 ohne Anschluß an ein Verfahren nach Art. 74 stattgefunden hat, ist die Neuanlage der Wählerliste nach dem Stande der Wähler am Tage der Ergänzungswahl erforderlich.

5. Alter.

Das 20. Lebensjahr ist durch §§ 6 mit 8 u. 11 BU., nicht durch die RV., bedingt. Minderjährigen können Eltern und Vormünder kraft ihres bürgerlichrechtlichen Erziehungsrechtes Schwierigkeiten bei der Ausübung des Wahlrechtes bereiten. Ein Erziehungsberechtigter, der dies tut, verletzt aber hiedurch Art. 125 RV., ohne daß jedoch für ihn hieraus rechtliche Folgen entstehen. (s. v. Jan, BU. § 6 Anm. 7). Ein Lehrherr, der in dieser Weise vorgeht, überschreitet das ihm zustehende Recht. Der Versuch, der bei Beratung der GO. durch den Entwurf eines G. zur Abänderung der §§ 8 u. 23 der VU. unternommen wurde, das 20. durch das 25. oder 21. Lebensjahr zu ersetzen, scheiterte im Landtag an dem Fehlen weniger Stimmen. Die RV. würde nicht im Wege stehen.

6. Von 1919—1924 war ein sechsmonatiger Aufenthalt, seit dem GWG. v. 6. Nov. 1924 ein zwölfmonatiger Aufenthalt verlangt. Die Frage, ob hierin eine Verfassungsänderung zu erblicken sei, wurde im Landtag mehrfach eingehend erörtert und von der Mehrheit verneinend entschieden, weil die Bestimmung in §§ 8 u. 11 VU., die einen mindestens sechsmonatigen „Wohnsitz" in der G. verlangt, durch Art. 17 II RV. beseitigt ist und die für das G.wahlrecht an deren Stelle getretene Bestimmung des Art. 17 II RV. nur das Verlangen eines bis zu 12 Monaten dauernden „Aufenthaltes", nicht das Verlangen eines Wohnsitzes von bestimmter Dauer zuläßt, sodaß die Bahn für eine von der nicht mehr geltenden Bestimmung der VU. abweichende, mit der RV. im Einklang stehende Vorschrift, wie sie das GWG. v. 8. Nov. 1924 und ihr folgend Art. 63 enthält, frei ist. (Vgl. BVBl. 1925, 3.) Zum gleichen Ergebnis kommt die Meinung, daß § 11 I VU. eine Grenze nach oben nicht enthält. (So Helmreich Anm. 6 zu Art. 63).

Nicht erforderlich ist, daß der zwölfmonatige Aufenthalt nach der Erreichung des 20. Lebensjahres oder nach dem Erwerb einer deutschen Staatsangehörigkeit zurückgelegt worden ist. Nur natürliche, nicht juristische Personen kommen in Betracht.

7. Der **„Aufenthalt"** ist zu unterscheiden vom „Wohnsitz". Dieser erfordert eine ständige Niederlassung mit dem Willen, sich dauernd an dem Ort der Niederlassung aufzuhalten (§§ 7 ff. BGB.). Für den Aufenthalt im Sinne der Ziff. 2 ist erforderlich:

a) Die rein tatsächliche körperliche Ortsanwesenheit, ohne daß die Merkmale der dauernden Niederlassung und des auf deren Dauer gerichteten Willens gegeben sein müssen. Es ist also zunächst ein objektives Tatbestandsmerkmal nötig. Körperliche Aufenthaltsbeziehungen zu der G. sind erforderlich. Polizeiliche Anmeldung ohne Aufenthaltsbeziehungen genügt nicht. Eine Wohnung ist zunächst nicht erforderlich (§ 6 I GWO.). Grund- oder Hausbesitz oder der Besitz eines Geschäftes allein genügt nicht. Siehe PrOVG. 40, 407: „Ein Zustandsverhältnis einer Person, das sich einerseits von dem augenblicklichen körperlichen Verweilen Reisender abhebt, aber von dem Wohnsitz durch das Fehlen der diesen kennzeichnenden subjektiven Merkmale abhebt." Das subjektive Moment muß aber dann mit herangezogen werden, wenn sich Zweifel über den Bestand des Aufenthalts ergeben, etwa bei rasch wechselndem Aufenthalt, bei Aufenthaltsbeziehungen zu mehreren G.n oder bei Unterbrechungen des Aufenthalts. Dann ist auch die Absicht des Verweilenden als Auslegungsbehelf mit in Betracht zu ziehen, um bei solchen Fällen den in Betracht kommenden Aufenthaltsort festzustellen, um zu ermitteln, wo der Wähler den gewollten Mittelpunkt seines Lebens, seine Existenz, hat. Beweispflichtig ist im Zweifelsfalle der Wähler.

b) Der Aufenthalt muß bei der Person gegeben sein, die das Wahlrecht in Anspruch nimmt. Der Aufenthalt anderer Personen ist für das Wahlrecht ohne Bedeutung, auch unter Ehegatten. Es gibt also keinen abgeleiteten Aufenthalt, kein abgeleitetes Wahlrecht, wie dies beim Wohnsitz möglich wäre. Der Ehegatte und die Kinder müssen das Erfordernis des Aufenthaltes selbständig für sich erfüllen.

c) Der Aufenthalt muß kraft eigenen Willens gewählt sein. Ein Aufenthalt infolge zwangsweiser Verwahrung in einer Strafanstalt oder in einer Heil- und Pflegeanstalt wegen Geisteskrankheit oder Geistesschwäche vermag diese Voraussetzung nicht zu erfüllen. Dies ergibt sich schon aus dem Zwecke der Vorschrift, die die Anknüpfung engerer Beziehungen zu der G. und eine möglichst gründliche Kenntnis der Verhältnisse in der G. bezweckt. Inhaftierung wirkt wie eine Unterbrechung (s. Buchst. d). Wohl aber genügt ein Aufenthalt auf Grund der Residenzpflicht des Beamten (bei doppeltem Haushalt am neuen Dienstort), oder der Aufenthalt der Ehefrau und der minderjährigen Kinder für diese. Denn hier liegt kein körperlicher Zwang vor.

d) Rechtserheblich im Sinne der GO. wird der Aufenthalt erst durch die in Ziff. 2 bestimmte Dauer von 12 Monaten. Hieraus folgt, daß ein Aufenthalt, der nach dem Willen der Person nur vorübergehend, etwa besuchsweise, genommen wird, nicht in Betracht kommt (s. Art. 32 Anm. 8). Die Berechnung beginnt mit dem tatsächlichen Beginn des Aufenthalts, nicht erst mit Erreichung des 20. Lebensjahres. Die polizeiliche Anmeldung ist hiefür nicht unerläßliche Voraussetzung. Der Nachweis ist auch auf sonstige Weise möglich. Kürzere Ortsabwesenheiten und Unterbrechungen sind unschädlich, wenn sich aus den Umständen ergibt, daß der Betreffende dadurch seine Beziehungen zu der Aufenthaltsg. nicht abbrechen oder verändern will. Sonst gäbe es bei den jetzigen Lebensgewohnheiten wohl überhaupt keinen ununterbrochenen rechtserheblichen Aufenthalt mehr. Abwesenheit in der Sommerfrische, zu Besuchszwecken, zu Geschäftsreisen, zur Ausnutzung auswärtiger Arbeitsgelegenheit usw. ist ohne Bedeutung. Rückkehr von Studierenden aus der Universitätsstadt in die Heimat während der Ferien unterbricht dagegen den Aufenthalt in der Universitätsstadt, nicht ein Sonntagsbesuch zu Hause. S. z. B. auch § 13 des Unterstützungswohnsitzges. v. 6. Juni 1870, wonach als Unterbrechung des Aufenthalts eine freiwillige Entfernung nicht angesehen wird, wenn aus den Umständen, unter denen sie erfolgt, die Absicht erhellt, den Aufenthalt beizubehalten. Die Dauer der Unterbrechung muß im Verhältnis zu der Aufenthaltsfrist von 12 Monaten betrachtet werden.

Eine wirkliche Unterbrechung des Aufenthalts führt überhaupt zum Verlust des Wahlrechts, weil in der G., in der der Betreffende am Wahltag sich aufhält, kein zwölfmonatiger Aufenthalt vorliegt, während in der anderen G., in der er sich vorher aufgehalten hat, kein Aufenthalt am Wahltag gegeben ist. Dies gilt namentlich auch für Fälle, in denen Sommer- und Winteraufenthalt abwechselnd an verschiedenen Orten genommen wird. Der Wechsel des Aufenthalts führt also zum Verlust des Wahlrechtes, ohne Rücksicht auf den Anlaß des Wechsels, z. B. auch bei Versetzung von Beamten.

Bei ständig oder häufig wechselndem Aufenthalt ist der überwiegende Aufenthalt festzustellen, wobei nicht nur das Überwiegen nach der Zeitdauer, sondern auch nach den Begleitumständen und daher auch das subjektive Moment mit in Betracht zu ziehen ist. Auch ist festzustellen, ob nicht Unterbrechungen des Aufenthalts vorliegen. Die Entscheidung ist hiebei nur von Fall zu Fall möglich. Es handelt sich dabei vor allem um die Fälle der Saisonarbeiter, aber auch um das sonstige Auseinanderfallen von Wohn- und Arbeitsg., wobei die größte Verschiedenheit in der Häufigkeit der Rückkehr in die Wohng. bestehen kann. Von Wichtigkeit ist die Art des Arbeitsvertrages und die Art, wie die Verbindung mit der Wohng. aufrechterhalten wird. Abzulehnen ist auch hier der Gedanke, daß jeder Staatsbürger irgendwo bei G.wahlen wahlberechtigt sein muß. (Vgl. BVBl. 1925, 17 ff. VGHE. v. 13. Mai 1925, BGVZ. 1925, 758 und v. 3. Febr. 1926, BGVZ. 1926, 886.)

Bei Eingemeindungen s. § 6 II GWO.

Ohne Bedeutung ist, ob der Aufenthalt gegen die staatliche Rechtsordnung verstößt, etwa entgegen einer Ausweisung genommen wird (VGH. 48, 100). Nicht genügend ist das Ehrenbürgerrecht.

8. Ausschluß vom Wahlrecht.

Die nach Abs. II vom Wahlrecht Ausgeschlossenen besitzen, im Gegensatz zu Abs. III und IV, überhaupt kein Wahlrecht, sind also nach Art. 64 auch nicht wählbar. (Ebenso § 2 RWG. u. Art. 2 LWG.). Die Bestimmung entspricht sachlich der des § 9 VU., wenn diese auch lautet: Von der „Ausübung" des Wahlrechtes ist ausgeschlossen; denn es ist nicht anzunehmen, daß die VU. den in § 9 Genannten die Wählbarkeit wahren wollte, zumal § 34 StGB. mit dem Wahlrecht auch die Wählbarkeit ausschließt. § 23 VU. überläßt zudem die Regelung des Wahlrechts für die Vertretungskörper der G.n und G.verbände mit Ausnahme der Grundsätze des Landtagswahlrechtes einem einfachen Gesetz. (§ 23 S. 2 VU.). Die VU. regelt jedenfalls nicht die Wählbarkeit für die genannten Vertretungskörper. Insoweit wäre also ein einfaches Gesetz genügend und läge keine Verfassungsänderung vor, selbst wenn § 9 in seinem Wortlaut und nicht nach seinem Sinne als maßgebend anzusehen wäre.

9. Die Entmündigung ist zulässig:

a) wegen Geisteskrankheit oder Geistesschwäche (§ 6 Z. 1, § 104 Z. 3 und § 114 BGB.,

b) wegen Verschwendung (§ 6 Z. 2 und § 114 BGB.),
c) wegen Trunksucht (§ 6 Z. 3 und § 114 BGB.).

Der Entmündigte erhält einen Vormund, der ihn vertritt, aber nicht für ihn wählen oder abstimmen kann. Der Verlust des Wahlrechtes tritt mit der Zustellung des Entmündigungsbeschlusses ein (§ 661 ZPO.).

Wer nur wegen Minderjährigkeit nach §§ 1773 und 1697 unter Vormundschaft steht, ist wahlberechtigt, wenn er das 20. Lebensjahr vollendet hat (BGHE. v. 22. Juli 25, BGBZ. 1926, 887).

10. Vorläufige Vormundschaft kann nach § 1906 BGB. bestellt werden, wenn die Entmündigung beantragt ist.

11. Pflegschaft wegen geistiger Gebrechen kann nach § 1910 II BGB. bestellt werden, wenn ein Volljähriger, der nicht unter Vormundschaft steht, in Folge geistiger oder körperlicher Gebrechen einzelne seiner Angelegenheiten aber einen bestimmten Kreis hiervon, vor allem seine Vermögensangelegenheiten nicht zu besorgen vermag. Von der Anordnung der Vormundschaft wird in solchen Fällen, der Kosten wegen, abgesehen.

Stellvertretung durch den Pfleger bei der Stimmabgabe ist unzulässig.

12. Verlust der bürgerlichen Ehrenrechte.

Vgl. §§ 32—34 und 36 StGB. Die Wirkung tritt mit der Rechtskraft des Urteils ein. Die Dauer wird im Urteil festgesetzt (bei Todesstrafe und lebenslänglichem Zuchthaus: auf Lebenszeit, sonst bei Zuchthaus: auf 2—10 Jahre, bei Gefängnis: auf 1—5 Jahre) und wird von dem Tag an gerechnet, an dem die Freiheitsstrafe neben der die Aberkennung ausgesprochen wurde, verbüßt, verjährt oder erlassen ist, bei bedingter Begnadigung von dem Tag an, an dem die Freiheitsstrafe endgültig erlassen wurde, nicht von dem Tage an, an dem die Bewährungsfrist beginnt. Nach dem Wortlaut des § 36 StGB. ist in diesem Fall keine andere Auslegung möglich, obwohl hiedurch die Wirkung der Ehrenstrafe bei bedingter Begnadigung länger hinausgerückt wird, als dies bei vollständiger Verbüßung der Freiheitsstrafe der Fall wäre. Wiedereinsetzung in die bürgerlichen Ehrenrechte ist durch Urteil im Wiederaufnahmeverfahren oder durch Begnadigung möglich. Das Strafurteil ist für das Wahlverfahren ebenso bindend, wie die gerichtliche Entscheidung über die Entmündigung und die Pflegschaft. Die Nachprüfung, ob solche berechtigt sind, ist nicht zulässig.

Wird nur auf Verlust der öffentlichen Ämter oder der Rechte aus Wahlen erkannt, (z. B. § 81, 83, 87 ff. StGB.), so wird dadurch das Wahlrecht und die Wählbarkeit nicht beeinträchtigt (BGH. 2, 40.).

13. Soldaten.

Bei der G.wahl 1919 waren die Soldaten noch wahlberechtigt. Jetzt ruht dieses ihnen an sich auch jetzt noch zustehende

Recht. Ebenso § 2 II RWG. und Art. 2 II LWG. Diese Bestimmungen entsprechen dem auf Art. 133 II RV. beruhenden § 36 III des Reichswehrges. v. 23. März 1921, der die gleiche Vorschrift für Wahlen und Abstimmungen im Reich, in den Ländern und G.n trifft.

Unter Soldaten sind die Offiziere (einschl. der Sanitäts-, Veterinär-, Feuerwerks-, Festungsbau- und Zeugoffiziere des Heeres und der Marine), die Deckoffiziere, Unteroffiziere und Mannschaften zu verstehen, nicht auch die zur Wehrmacht gehörigen, aber nicht im Waffendienst tätigen Beamten. Die Angehörigen der Landespolizei sind, wie die der Gendarmerie und Schutzmannschaft, Beamte, daher wahlberechtigt, ebenso die Militärbeamten.

Da das Wahlrecht selbst nicht beeinträchtigt ist, sondern nur seine „Ausübung ruht", sind derartige Personen wählbar (S. Verf.A. I 488 und 490.).

Das Ruhen endigt mit der Entlassung aus dem Dienstverhältnis, nicht schon mit der Beurlaubung auf längere oder kürzere Zeit.

14. Behinderung.

Im Gegensatz zu Abs. III, der eine rechtliche Behinderung einzelner Wahlberechtigter an der Ausübung des Wahlrechtes feststellt, schildert Abs. IV nur einen rein tatsächlichen Zustand mit den daraus sich ergebenden tatsächlichen Folgen. Auch wenn Abs. IV nicht in der GO. enthalten wäre, läge die Behinderung vor. (Verf.A. I 490.). Diese Personen haben keinen Anspruch auf Ermöglichung der Abstimmung. Wenn sie aber zur Abstimmung erscheinen können, z. B. wegen einer Strafunterbrechung oder Beurlaubung aus ihrer Heilanstalt, müssen sie zugelassen werden (§ 5 VI GWO.).

15. Geisteskranke.

Weiter ist erforderlich, daß sie nicht entmündigt sind, auch nicht unter vorläufiger Vormundschaft oder Pflegschaft stehen. In diesem Falle sind sie nach Abs. II Z. 2 vom Wahlrecht ausgeschlossen. Nur soweit solche Personen wegen ihres geistigen Zustandes in einer Anstalt untergebracht sind, stellt das Gesetz für sie die tatsächliche Behinderung an der Ausübung des Wahlrechtes fest. Geistig Erkrankte und Geistesschwache, bei denen die Voraussetzungen des Abs. II Z. 1 nicht zutreffen und die auch nicht in einer Anstalt untergebracht sind, sind also zur Wahl zuzulassen. Ebenso Personen, die nicht wegen Geisteskrankheit oder Geistesschwäche, sondern aus anderem Anlaß in solchen Anstalten untergebracht sind.

Unter die Heil- und Pflegeanstalten im Sinne dieser Vorschrift fallen die öffentlichen und privaten Irrenanstalten und alle sonstigen Anstalten, die zur Aufnahme Geisteskranker und Geistesschwacher bestimmt sind, also auch psychiatrische Kliniken, Blöden- und Kretinenanstalten. Als Unterbringung ist sowohl die amtliche (polizeiliche oder fürsorgeweise) Einschaffung und Verwahrung, als auch die private Unterbringung durch Verwandte, wie auch der freiwillige Aufenthalt in solchen Anstalten zu verstehen. Solchen Personen steht, solange sie in einer derartigen Anstalt sich befinden, nicht die freie Bestimmung über ihre Bewegungen und ihren Aufenthaltsort zu, also auch nicht die Möglichkeit, zu beliebiger Zeit zur Wahl zu gehen. Da durch diese Bestimmung die schwereren Fälle des Mangels des für die Stimmabgabe erforderlichen Unterscheidungsvermögens getroffen sind, kann eine dem § 104 Z. 2 BGB. entsprechende Bestimmung (Geschäftsunfähigkeit wegen krankhafter Störung der Geistestätigkeit) für das Wahlrecht entbehrt werden. Sie würde auch in der Durchführung auf Schwierigkeiten (auch politischer Art) stoßen.

Solche Personen können an der Abstimmung teilnehmen, wenn die Anstaltsleitung sie hiezu beurlaubt.

16. Strafgefangene sind Personen, die rechtskräftig zu Freiheitsstrafen verurteilt sind und diese verbüßen, während der Zeit der Strafverbüßung.

Untersuchungsgefangene sind Personen, die auf Grund richterlichen Haftbefehls nach § 112 ff. StPO. sich in Haft befinden. Beide Arten von Gefangenen sind an der Ausübung des Wahlrechtes deshalb behindert, weil sie in ihrer Bewegungsfreiheit behindert sind und keinen Anspruch auf Unterbrechung der Haft haben, also auch nicht verlangen können, daß sie am Wahltag, wenn auch nur vorübergehend, aus der Haft entlassen werden. Der Antrag, wenigstens den Untersuchungsgefangenen die Stimmabgabe zu ermöglichen, wurde im VerfA. I 490 f. abgelehnt. Der Vollzug einer solchen Ausnahmebestimmung würde gerade bei G.wahlen, wo jeder Wähler nur in einer bestimmten G. wahlberechtigt ist, jeder Untersuchungsgefangene also erst an seinen früheren Aufenthalt verbracht werden müßte, auf ganz außerordentliche Schwierigkeiten stoßen.

17. Es kommen in Betracht:

a) als gerichtliche Anordnungen: Vorführungsbefehle gegenüber ausgebliebenen Zeugen (§ 380 ZPO., § 51 StPO.), Ordnungsstrafen gegenüber Zeugen (§§ 380 und 390 ZPO., §§ 51 und 70 StPO.), Haftbefehle zur Ergänzung des Offenbarungseides (§ 901 StPO.) und zum Vollzug des persönlichen Sicherheitsarrestes (§ 933 ZPO.), Haftbefehle gegenüber dem Gemeinschuldner im Konkursverfahren (§§ 101 und 106 KO.).

b) als polizeiliche Anordnungen: Vorläufige Festnahme nach § 127 StPO., gesundheitspolizeiliche Maßnahmen, z. B. Einweisung in ein Krankenhaus oder sonstige Absonderung nach RG. v. 30. Juni 1900; Schutzhaft (Ausnahme s. Anm. 18); sonstige präventivpolizeiliche Anordnungen (vor allem nach Art. 102 AG. StPO.); Anordnungen auf Grund von § 362 II und III StGB.; bei Überweisung an die Landespolizeibehörde und zwar sowohl für die Zeit zwischen der Beendigung der Strafhaft und dem Beginn der Verwahrung als auch für die Zeit der Verwahrung selbst. Für die letztere Zeit liegt dann keine „Behinderung" vor, wenn tatsächlich nach der Satzung der betreffenden Anstalt oder Arbeiterkolonie keine Beschränkung der Bewegungsfreiheit vorliegt.

Anordnungen der Staatsanwaltschaft sind den polizeilichen gleichzuachten, solange sie nicht durch das Gericht bestätigt sind.

18. Schutzhaft.

Die Ausnahme für die politischen Schutzhäftlinge ist bei Beratung des RWG. von der Nationalversammlung in dieses Gesetz eingefügt worden. Die Ausnahme ist dann in alle weiter geschaffenen Wahlgesetze übernommen worden. Wenn diese Personen auch damit als nicht behindert an der Ausübung des Wahlrechts erklärt sind, so folgt daraus doch nicht, daß sie dadurch ein unbedingtes Recht auf Teilnahme an der Wahl, etwa auf Entlassung am Wahltag oder gar auf Verbringung an ihren früheren Aufenthaltsort bei G.wahlen erhalten haben, wie dies Helmreich (Note 17 zu Art. 63) annimmt. Aus den Verhandlungen der Nationalversammlung ist vielmehr zu ersehen, daß nur daran gedacht war, in größeren Haftanstalten diesen Personen eine Abstimmungsmöglichkeit in der Anstalt selbst zu verschaffen. Die Verbringung von einzelnen zum Wahlraum wurde dagegen als nicht durchführbar bezeichnet. (Sten. Ber. der Nationalversammlung 1920, S. 5331 ff.). Die Zulassung solcher Personen bei G.wahlen hängt also immer von der technischen Möglichkeit ab. In Einzelfällen kann auch die Begleitung eines solchen Häftlings zum Wahlraum an Ort und Stelle in Frage kommen, wo sie sich ermöglichen läßt.

Art. 64.

I Wählbar[1] zu Gemeindeämtern[2] sind die nach Art. 63 wahlberechtigten[3] Personen, wenn sie das fünfundzwanzigste[4] Lebensjahr zurückgelegt und nicht durch Richterspruch die Fähigkeit zur Bekleidung öffentlicher Ämter verloren haben[5].

II Für berufsmäßige[6] Mitglieder des Gemeinderats entfällt die Voraussetzung des Art. 63 Abs. I Ziff. 2[7].

RefE. Art. 64; RegE. Art. 64; VerfA. I, 496, 533, II, 72, 126.

Voraussetzungen der Wählbarkeit Anm. 1—5.

Besonderheiten für die berufsmäßigen Mitglieder des G.rats Anm. 6 u. 7.

Vorbemerkung.

Art. 64 regelt die Voraussetzungen der Wählbarkeit, das „passive Wahlrecht". In Art. 172 der alten GO. waren als wählbar erklärt die wahlberechtigten G.bürger, welche die in Art. 11 GO. (s. Art. 63 Anm. 1) vorgeschriebene Befähigung besaßen, das 25. Lebensjahr zurückgelegt und in der G. ihren Wohnsitz hatten. Das WG. von 1919 beseitigte diese Bestimmung und erklärte als wählbar die Wahlberechtigten nach Vollendung des 25. Lebensjahres. Ebenso das GWG. von 1924.

1. Wählbarkeit.

Über die Folge des Mangels der Wählbarkeit s. Art. 74 III, Ziff. 1. Auch die Wählbarkeit muß am Tage der Wahl gegeben sein. Ohne Bedeutung, wenn sie bei Einreichung der Wahlvorschläge noch nicht gegeben ist. (BGH. 26, 228.). Wählbar sind auch die Personen, die die Wahl nach Art. 73 ablehnen können.

2. S. Art. 63 Anm. 2. G.ämter im Sinne dieser Bestimmung sind die Wahlämter, also die in Art. 65 aufgezählten Ämter. (B. und G.ratsmitglieder), ferner nach Art. 62 bei den Ortschaften der Pfleger und die Ortsausschußmitglieder. Der Ortsführer wird nach Art. 51 V „bestellt", nicht gewählt.

3. Wahlberechtigt sind die in Art. 63 I, III und IV, (nicht II) aufgeführten Personen. Auch Soldaten, aber auch Straf- und Untersuchungsgefangene sind wählbar, die Strafgefangenen aber nur, soweit nicht die Schlußbestimmung des Abs. I sie ausscheidet. Der Verlust des Wahlrechtes hat den Verlust der Wählbarkeit zur Folge. Das Aufgeben des Aufenthalts in der G. führt also zum Verlust des durch Wahl übertragenen G.amtes. (Art. 113 Z. 1.).

Voraussetzung der Wählbarkeit ist nicht der Eintrag in der Wählerliste, wie dieser auch nicht Voraussetzung für das Wahlrecht, sondern nur für die Ausübung des Wahlrechtes ist. Für die Wählbarkeit kann der Beweis der Wahlberechtigung auch auf andere Weise als durch diesen Eintrag erbracht werden. Die Wahl einer nicht wählbaren Person bedingt nach Art. 74 III Z. 1 die Nichtigkeit der Wahl, auch wenn der Betreffende in die Wählerliste eingetragen ist. (BGHE. v. 13. Mai 25, BGBZ. 1925, 758.).

4. An Stelle des 25. Lebensjahres wollte der Regierungsentwurf von 1926 das 30. Lebensjahr einsetzen, nachdem als Voraussetzung für das Wahlrecht das 25. Lebensjahr vorgesehen werden sollte. Der Landtag hat beide Änderungen abgelehnt und es bei dem 25. Lebensjahr als Grenze der Wählbarkeit belassen. Das Wählbarkeitsalter muß am Tag der Wahl erreicht sein.

5. Der Verlust der Fähigkeit zur Bekleidung öffentlicher Ämter tritt nach dem StGB. ein:

a) durch die Verurteilung zur Zuchthausstrafe (§ 31, BGH. 15, 81),

b) durch die Aberkennung der bürgerlichen Ehrenrechte (§§ 32 bis 34 Z. 4),

c) durch den ausdrücklichen Ausspruch der Unfähigkeit zur Bekleidung öffentlicher Ämter neben Gefängnisstrafe (§ 35).

Die Wirkung nach Buchst. b tritt schon infolge des hiedurch bewirkten Verlustes der Wahlberechtigung ein (Art. 63 III Z. 2). Der Verlust der Wählbarkeit tritt in allen Fällen gemäß § 36 StGB. mit der Rechtskraft des Urteils ein. Über die Berechnung der Zeitdauer siehe Anm. 12 zu Art. 63. Die in § 81 ff. StGB. vorgesehene Aberkennung der aus öffentlichen Wahlen hervorgegangenen Rechte beseitigt die Wählbarkeit nicht. (BGH. 2, 40.)

6. **Wählbarkeit für berufsmäßige G.ratsmitglieder.**

Berufsmäßig sind die Mitglieder des G.rates, die, im Gegensatz zu den ehrenamtlichen, nicht auf Grund der aus Art. 73 sich ergebenden G.bürgerpflicht, sondern auf Grund Dienstvertrages der G. ihre Dienste widmen.

7. Solche brauchen nicht 12 Monate in der G. sich aufzuhalten, ehe sie wählbar sind. Sie sollen der G. nicht auf Grund besonderer Kenntnis der örtlichen Verhältnisse, sondern mit ihren Fachkenntnissen dienen. Die übrigen allgemeinen Voraussetzungen des Wahlrechtes gelten auch für sie. Daneben kann der G.rat die Erfüllung besonderer Voraussetzungen, das Bestehen von Prüfungen usw. verlangen (s. Art. 15).

Nach § 68 BU. ist für berufsmäßige Mitglieder des G.rats erforderlich, daß sie seit 5 Jahren die deutsche Reichsangehörigkeit besitzen. Ausnahmen kann das Gesamtministerium zulassen.

Art. 65.

I Die Mitglieder des Gemeinderats[1] werden folgendermaßen gewählt[2]:

1. Die Bürgermeister[3].

Der erste Bürgermeister[4] wird in Gemeinden bis zu 3000 Einwohnern[5] von sämtlichen Wahlberechtigten[6], im übrigen[7] von den stimmberechtigten Mitgliedern des Gemeinderats[8], in beiden Fällen mit mehr als der Hälfte der abgegebenen gültigen Stimmen[9] gewählt[10]. Die weiteren Bürgermeister[11] werden durch den Gemeinderat[12] gewählt, und zwar, wenn gleichzeitig[13] mehrere[14] ehrenamtliche weitere Bürgermeister zu wählen sind, nach den in Art. 66 aufgestellten Grundsätzen[15], sonst[16] mit mehr als der Hälfte der abgegebenen gültigen Stimmen.[17]

Die stimmberechtigten Mitglieder[18] des neugewählten[19] Gemeinderats bestimmen die Zahl[20] der von ihnen zu wählenden Bürgermeister, in Gemeinden mit mehr als 3000 Einwohnern auch die Art[21] der zu wählenden Bürgermeister.

Erhält bei der Wahl des ersten Bürgermeisters durch sämtliche Wahlberechtigte[22] kein Bewerber mehr als die Hälfte[23] der abgegebenen gültigen Stimmen, so treffen die stimmberechtigten Mitglieder des Gemeinderats[24] mit mehr als der Hälfte der abgegebenen gültigen Stimmen die Auswahl[25] unter den drei Bewerbern mit den höchsten Stimmenzahlen. Erhält auch hierbei kein Bewerber mehr als die Hälfte der abgegebenen gültigen Stimmen, so tritt Stichwahl[26] unter den beiden Bewerbern ein, die bei dieser Auswahl[27] die höchsten Stimmenzahlen erreicht haben. Bei Stimmengleichheit entscheidet das Los darüber[28], wer in die engere Wahl oder Stichwahl zu bringen ist. Ergibt auch die Stichwahl Stimmengleichheit, so entscheidet das Los[28].

Erhält in den übrigen Fällen[29], in denen die Wahl mit mehr als der Hälfte der abgegebenen gültigen Stimmen nach Unterabsatz 1 vorgeschrieben ist, kein Bewerber diese Stimmenzahl, so tritt Stichwahl nach Maßgabe des Unterabsatzes 3 ein.

2. Die berufsmäßigen Gemeinderatsmitglieder[30] wählt der Gemeinderat[31] mit mehr als der Hälfte der abgegebenen gültigen Stimmen. Wird diese Stimmenzahl nicht erreicht, so tritt Stichwahl[32] nach Ziff. 1 Unterabsatz 3 ein.

3. Die übrigen Gemeinderatsmitglieder[33] werden von sämtlichen Wahlberechtigten[34] nach Maßgabe des Art. 66[35] gewählt.

II Diese Wahlen sind gültig ohne Rücksicht auf die Zahl der anwesenden und abstimmenden Mitglieder des Gemeinderats[36].

RefG. Art. 65; RegE. Art. 65; VerfA. I, 497, II, 74, 82.

Allgemeine Vorschriften über die Wahl
a) der Bürgermeister Anm. 3 bis 29.
b) der berufsmäßigen G.ratsmitglieder Anm. 30—32.
c) der übrigen G.ratsmitglieder Anm. 33—35.

Vorbemerkung.

Die Bestimmungen über die Art der Wahlen waren in der GO. v. 1869 verschieden im rrhein. Bayern und in der Pfalz, im rrhein. Bayern außerdem auch noch verschieden für Stadt und Land. Im rrhein. Bayern wählten in den G.n mit städtischer Verfassung zunächst die G.bürger die G.bevollmächtigten samt Ersatzmännern, die G.bevollmächtigten wählten sodann die bürgerlichen Magistratsräte und die bürgerlichen B. und endlich die rechtskundigen B. und Magistratsräte. In den Landg.n wählten die G.bürger B., Beigeordnete und Mitglieder der G.ausschüsse samt Ersatzmännern. In der Pfalz dagegen wählten die G.bürger nur die G.ratsmitglieder und diese die B. und Adjunkten. Überall galt der Grundsatz der Mehrheitswahl.

Erst das GWG. v. 1908 schrieb für die Wahl der G.bevollmächtigten, der bürgerlichen Magistratsräte, der nicht berufsmäßigen G.räte, der nicht berufsmäßigen Adjunkten und der Ersatzmänner in G.n mit mehr als 4000 Einwohnern die Verhältniswahl vor.

Die Gesetzgebung von 1919 griff hier vereinfachend ein. Nach dem Wahlgesetz v. 1919 (Art. 7) waren gleichmäßig für ganz Bayern, für Stadt und Land zu wählen: Die B. überall von allen Wahlberechtigten (mit absoluter Stimmenmehrheit), die Beigeordneten oder weiteren B. dagegen von den Stadt- und G.räten (bei gleichzeitiger Wahl mehrerer nach Verhältniswahl, sonst mit absoluter Stimmenmehrheit), die berufsmäßigen Stadt- und G.räte von den Stadt- und G.räten (mit absoluter Stimmenmehrheit), die übrigen Stadt- und G.räte endlich von allen Wahlberechtigten (nach Verhältniswahl). Ebenso nach Art. 7 SVG. mit der Abweichung, daß bei gleichzeitiger Wahl mehrerer berufsmäßiger Stadt- oder G.räte gleichfalls Verhältniswahl vorgeschrieben wurde.

Das GWG. von 1924 hat eine Änderung hieran nur insofern eintreten lassen, als die ersten B. in G.n bis zu 3000 Einwohnern von sämtlichen Wahlberechtigten, im übrigen aber von den stimmberechtigten Mitgliedern der Stadt- oder G.räte und die berufsmäßigen Mitglieder der Stadt- und G.räte immer mit absoluter Stimmenmehrheit zu wählen waren.

Hieran schließt sich die GO. im Wesentlichen an.

1. Mitglieder des G.rates sind nach Art. 13 GO.:

a) der 1. B., in G.n bis zu 3000 Einw. immer ehrenamtlich, sonst auch berufsmäßig;
b) nach Bedarf ein oder zwei weitere B. Ein Zwang zur Wahl von solchen besteht nicht. In G.n bis zu 3000 Einw. können sie nur ehrenamtlich, sonst auch berufsmäßig sein;
c) ehrenamtliche G.ratsmitglieder, deren Zahl im Rahmen des Art. 13 I Z. 2 der G.rat selbständig bestimmt (Art. 13 II);
d) nach Bedarf berufsmäßige G.ratsmitglieder (eines oder mehrere).

2. Grundsätze der Wahl.

Für die Wahl sind nach § 23 BU. die „Grundsätze des Landtagswahlrechts" anzuwenden. Diese Grundsätze bestimmt § 26 BU. (allgemeine, gleiche, geheime und unmittelbare Wahl nach den „Grundsätzen des Verhältniswahlrechtes"). Die RV. bestimmt in Art. 17 II, daß für die G.wahlen die Grundsätze für die Wahlen zur Volksvertretung gelten; solche Grundsätze enthält Art. 17 I in der Bestimmung: „Die Volksvertretung muß in allgemeiner, gleicher, unmittelbarer und geheimer Wahl von allen reichsdeutschen Männern und Frauen nach den Grundsätzen der Verhältniswahl gewählt werden." Als „G.wahlen" im Sinne der RV. gelten nicht alle in den G.n vorkommenden Wahlen, sondern nur die den Wahlen zur Volksvertretung entsprechenden Wahlen. Dasselbe gilt für die BU. Verfassungsmäßig gebunden ist also nur die Wahl der ehrenamtlichen G.ratsmitglieder, nicht der 1. und der weitere B., auch nicht der berufsmäßigen G.ratsmitglieder. Die Grundsätze der Verhältniswahl können ohnedies nur bei gleichzeitiger Wahl mehrerer Vertreter zur Anwendung kommen. Die Verfassungen hindern nicht, daß die Wahl mehrerer weiterer B. nacheinander, statt gleichzeitig erfolgt.

3. Wahl der Bürgermeister.

a) Der erste Bürgermeister.

Bisher Art. 4 GWG. Maßgebend für den 1. B. Art. 65 Abs. I S. 1, Abs. III, für die weiteren B. Art. 65 Abs. I S. 2, Abs. II, Abs. IV u. Art. 66. Vgl. §§ 121—124 GWO.

4. In jeder G. muß ein erster B. gewählt werden (Art. 13 I Z. 1). Ausnahmen in Bürgermeistereien (Art. 56 ff. und 70). Die ersten B. können in G.n bis zu 3000 Einw. nur als ehrenamtliche, in größeren auch als berufsmäßige gewählt werden. Auch für die Wahl dieser gilt gegenwärtige Bestimmung. Der Gewählte kommt als berufsmäßiger B. erst in Betracht, wenn er durch einen Dienstvertrag angestellt worden ist. Für die Wahl des B. in Bürgermeistereien gilt Art. 70.

5. Maßgebend ist die Einwohnerzahl (Wohnbevölkerung) z. Zt. der Wahl (auch bei Nachwahlen), d. h. nach der letzten amtlichen Volkszählung. Wenn zwischen einer Wahl und einer Nachwahl eine Volkszählung stattgefunden hat und die G. hiernach die Zahl von 3000 Einw. überschritten hat, während sie bei der ursprünglichen Wahl diese Zahl noch nicht erreicht hatte, ist bei der Nachwahl der B. vom G.rat zu wählen. „Bis zu 3000", d. h. mit Einschluß dieser Zahl. (BA. II 25.) Vgl. § 120 III GWO.)

6. Bis 1919 wurden die 1. B. nach der GO. nur in den rrhein. G.n mit Landg.verfassung durch sämtliche Wahlberechtigte, im übrigen aber durch die gemeindlichen Vertretungskörper gewählt. Das WG. v. 1919 und das SWG. sahen allgemein und überall ihre Wahl durch sämtliche Wahlberechtigte vor. Das führte zu Unzuträglichkeiten vor allem in den Fällen, in denen die Wähler einen Bewerber wählten, der als berufsmäßiger B. in Frage kam, während der G.rat es dann ablehnte, mit ihm einen Dienstvertrag zu schließen. Bei Erlaß des GWG. v. 1924 mußte daher die Änderung dieses Zustandes jedenfalls für größere G. ins Auge gefaßt werden. Im Hinblick auf den langjährigen Rechtszustand in den rrhein. Landg.n konnte man sich zwar nicht dazu entschließen, allgemein die Wahl durch den G.rat anzuordnen, sah diese Art der Wahl aber wenigstens für G.n mit mehr als 3000 Einw. vor. Bei Beratung der GO. erhob sich hiegegen keine Stimme. Die Unterscheidung hat offenbar das Richtige getroffen. Die Schwierigkeiten, die aus der verschiedenen Auffassung durch den G.rat und die Gesamtheit der Wähler hinsichtlich der Bestellung eines berufsmäßigen B. in den G.n bis zu 3000 Einw. sich ergeben konnten und auch nach 1924 noch ergeben haben, hat die GO. durch Art. 13 IV durch das Verbot der Bestellung berufsmäßiger B. in den G.n bis zu 3000 Einw. beseitigt.

7. D. h. in den G.n mit mehr als 3000 Einw.

8. Das sind für die Wahl des 1. B. bei den ordentlichen G.wahlen die neugewählten ehrenamtlichen G.ratsmitglieder und etwaige berufsmäßige weitere B., weil diese allgemein Stimmrecht haben, während die berufsmäßigen G.ratsmitglieder nur Stimmrecht in den Gegenständen ihrer Geschäftsaufgaben, also nicht für die Wahl des ersten B. haben. Nur die neugewählten G.ratsmitglieder kommen in Betracht, auch dann, wenn die Wahl vor dem Ablauf der bisherigen Wahlzeit erfolgt. Dies ergibt sich aus dem Wortlaut. Im übrigen besteht die Zuständigkeit der G.ratsmitglieder aus der ablaufenden Wahlzeit weiter, bis die Neugewählten ihr Amt übernommen haben. (Art. 67 II). Wenn G.ratsmitglieder bis zur Wahl des 1. B. noch keine Erklärung über die Annahme ihrer Wahl abgegeben oder sie abgelehnt hatten, bekunden sie durch die Teilnahme an der Wahl des 1. B. die Annahme ihrer Wahl. Die Wahl des 1. B. ist hiewegen nicht zu beanstanden (BGHE. v. 4. Nov. 1925, BGBZ. 26, 888). Bei Nachwahlen sind auch noch die etwaigen inzwischen gewählten ehrenamtlichen weiteren B. wahlberechtigt (BGHE. 11. Nov. 1925, BGBZ. 26, 888).

9. Ungültige Stimmen bleiben außer Betracht. Stimmengleichheit genügt noch nicht für die Wahl, auch nicht die relative Mehrheit bei mehr als zwei Bewerbern, sondern stets die absolute Mehrheit. Der RegE. enthielt noch diese Bezeichnung. Zur Verdeutschung wurde der hier vorliegende Wortlaut gewählt. Verlangt sind bei 100 gültigen Stimmen mindestens 51, ebenso bei 101 gültigen Stimmen. Was eine gültige Stimme ist, bestimmt die WO. Leere Stimmzettel (ohne Eintrag) sind nicht gültig.

10. Wählbar sind als B. alle nach Art. 64 wählbaren Personen, also auch bei der Wahl durch den G.rat nicht etwa nur

Mitglieder des neugewählten G.rates. In G.n bis zu 3000 Einw. ist in Betracht zu ziehen, daß nur ehrenamtliche B. gewählt werden können, daß also alle Personen, die nur als berufsmäßige B. in Betracht kämen, nicht gewählt werden können. Der Wahl geht in G.n mit mehr als 3000 Einw. die Bestimmung der Art des zu wählenden ersten B. (berufsmäßig oder ehrenamtlich) voraus (S. Unterabsatz 2.)

Die förmlichen Vorschriften über die Wahl des ersten B. enthält die GWO. in § 121.

11. b) Der weiteren Bürgermeister.

Nach Art. 13 III kann der G.rat sowohl in G.n bis zu 3000 Einw. wie in großen G.n beschließen, daß ein oder zwei weitere B. in den G.rat zugewählt werden. Es besteht keine Notwendigkeit, einen weiteren B. zu wählen. Es steht dem G.rat ferner frei, zu entscheiden, ob er einen oder zwei weitere B. wählen will. Mehr als zwei weitere B. können nirgends gewählt werden. In G.n bis zu 3000 Einw. können auch die weiteren B. nur als ehrenamtliche gewählt werden, in G.n mit mehr als 3000 Einw. können auch die weiteren B. entweder als ehrenamtliche oder als berufsmäßige gewählt werden.

12. In der GO. ist nicht vorgeschrieben, daß zuerst der erste B. und erst nach ihm die weiteren Bürgermeister zu wählen sind. Die Letzteren können auch zuerst gewählt werden. BGHE. v. 11. Nov. 1925, BGBZ. 1926, 888. § 122 I GWO. Wenn die Wahl des 1. B. angefochten ist, kann trotzdem die des 2. sofort erfolgen (BGHE. v. 22. Juli 1925, BGBZ. 26, 888). Die Ungültigerklärung einer Wahl wirkt auf die spätere nach Art. 74 III Z. 3 ein. Die Wahl durch den G.rat ist hier vorgeschrieben, ohne Rücksicht auf die Größe der G. Die frühere GO. hat dieses Verfahren nur in der Pfalz gekannt. Im rrhein. Bayern wurden auch die Beigeordneten von allen Wahlberechtigten gewählt. Das WG. v. 15. April 1919 und das SWG. haben die Wahl der weiteren B. allgemein durch den G.rat vorgeschrieben. Der G.rat setzt sich für diese Wahl zusammen aus dem ersten B., etwaigen berufsmäßigen (und etwa schon gewählten ehrenamtlichen) weiteren B. und den neugewählten ehrenamtlichen G.ratsmitgliedern.

13. Wenn der G.rat nach Unterabs. 2 bestimmt hat, daß zwei weitere ehrenamtliche B. zu wählen sind, ist damit auch ihre gleichzeitige Wahl beschlossen, die dann nach den in Art. 66 aufgestellten Grundsätzen der Verhältniswahl (mit den nach Art. 75 zulässigen Abweichungen) zu wählen sind. S. § 124 GWO. Die Wahl nach den Grundsätzen der Mehrheitswahl (mit mehr als der Hälfte der abgegebenen Stimmen) kommt nur dann in Betracht, wenn nach Unterabs. 2 beschlossen wird, daß nur ein weiterer B. gewählt werden soll. Doch steht nichts im Wege, daß, nachdem dieser gewählt ist, später die Wahl noch eines weiteren B. beschlossen wird, der dann gleichfalls mit Mehrheitswahl zu wählen ist. Die Reihenfolge der weiteren B. ergibt sich dann aus der durch die Wahl bestimmten Reihenfolge (im Wahlvorschlag oder nach der Stimmenzahl, s. Art. 66 Ziff. 9).

14. Nach Art. 13 III höchstens 2. Die Entscheidung über die Zahl treffen nach Unterabs. 2 die stimmberechtigten Mitglieder des neugewählten G.rats. (S. Anm. 8.)

15. Von den in Art. 66 aufgestellten Grundsätzen (der Verhältniswahl) kann nach Art. 75 für diese Wahl in einzelnen Punkten abgewichen werden, soweit das Verfahren sonst bei der kleinen Zahl der Wähler zu schwerfällig würde. Unrichtig ist die Ansicht von Helmreich (Anm. 12 zu Art. 65), daß auch in Städten mit mehr als 20000 Einwohnern nicht nach der gebundenen, sondern nach der freien Liste gewählt werde. (S. § 124 Ziff. 9 GWO.).

16. Wenn nur ein ehrenamtlicher weiterer B. allein oder mit einem berufsmäßigen, weiteren B., oder ein oder mehrere berufsmäßige weitere B. zu wählen sind. Auch im letzteren Fall kommt nicht Verhältniswahl in Betracht, da hier außer der Parteizugehörigkeit noch andere Gesichtspunkte eine Rolle spielen. (S. auch Ziff. 2).

17. S. Anm. 9. Gültig sind, wie bei allen Wahlen, auch die von den Bewerbern, soweit sie G.ratsmitglieder sind, selbst abgegebenen Stimmen. Art. 20 kommt hier nicht in Betracht, da es sich um die Vergebung eines öffentlichen Amtes, nicht um die Wahrnehmung persönlicher Interessen handelt. Wenn die absolute Mehrheit nicht erreicht wird, gilt Unterabs. 4.

Die Ungültigkeitsgründe für die Wahl nach Art. 73 IV gelten auch bei der Bürgermeisterwahl.

18. S. Anm. 8.

19. Auch dann, wenn die Wahlzeit des früheren G.rates noch nicht abgelaufen ist, ist hier schon eine Zuständigkeit der Mitglieder des neugewählten G.rates gegeben. Im Gegensatz zu Unterabs. 1 ist hier das Wort „neugewählten" beigefügt. Daß die Wahl nur von der neugewählten Vertretung erfolgen kann, erachtet das G. als selbstverständlich. Dagegen wäre ein Zweifel darüber möglich, wer über die Voraussetzungen für die Wahl zu beschließen hat. Ein etwa schon früher gefaßter Beschluß des alten G.rates ist also für die neugewählte Vertretung nicht bindend.

20. Der neugewählte G.rat wählt nicht nur die B., sondern bestimmt auch ihre Zahl. Die Bestimmung ist nach Art. 13 III in allen G.n, ohne Rücksicht auf ihre Größe, ins Ermessen des G.rates gestellt. Er kann beschließen, daß kein weiterer B. zu wählen ist, und kann die Wahl von einem oder zwei weiteren B. beschließen. Feststeht nur, daß mindestens ein B. in jeder G. zu wählen ist (der erste, in Bürgermeistereien [Art. 56 ff.] je ein weiterer).

21. Ehrenamtlich oder berufsmäßig. In G.n bis zu 3000 Einw. ist die Wahl von berufsmäßigen B. unzulässig (Art. 13 III S. 2). Daher erübrigt sich hier ein Beschluß der stimmberechtigten Mitglieder des neugewählten G.rats über die Art der von ihnen zu wählenden B. In größeren G.n wählen die Genannten die sämtlichen B., müssen sich daher vorher auch darüber schlüssig machen, welche Art von B. sie für nötig erachten. Die Bestimmung erstreckt sich also auf den ersten und die weiteren B. Die im SBG. Art. 6 III Z. 2 enthaltene Beschränkung hinsichtlich der Zahl der berufsmäßigen B. ist schon durch Art. 4 II GWG. v. 6. Nov. 1924 beseitigt worden und besteht auch jetzt nicht mehr. Es können also alle oder einzelne B. berufsmäßig sein.

Bei Meinungsverschiedenheiten zwischen dem G.rat und dem Gewählten über den mit dem berufsmäßigen B. abzuschließenden Dienstvertrag ist die Wahl nach Maßgabe des Art. 97 I S. 3 ungültig.

22. **„Auswahl" unter den Bewerbern.**

In G.n bis zu 3000 Einw.

23. S. A. 9.

24. S. A. 8.

25. Auch bei dieser Auswahl handelt es sich nicht um eine Beschlußfassung oder eine Wahl im Sinne des Art. 21, für die die besonderen Formvorschriften der GO., vor allem Art. 19—21 zu gelten hätten, sondern um einen Wahlakt, für den nur die besonderen Wahlvorschriften gelten. (BGHE. v. 1. Febr. 1922, BGBZ. 25, 759).

Die Auswahl ist eine Wahl mit Beschränkung der Bewerberzahl, noch nicht auf 2, sondern auf die 3 Bewerber, die bei der Wahl durch sämtliche Wahlberechtigte nach Unterabs. 1 die höchsten Stimmenzahlen erhalten haben. Stimmen, die bei diesem neuen Wahlgang auf andere als die zugelassenen Bewerber fallen, sind ungültig. Im SBG. und GWG. von 1924 war die Auswahl unter fünf Bewerbern mit den höchsten Stimmenzahlen vorgesehen. Diese Ziffer wurde auf drei gekürzt, weil hiedurch öfters Bewerber mit ganz geringen Stimmenzahlen in die engere Wahl gekommen waren. Die Entscheidung darüber, welche Bewerber bei Stimmengleichheit in diese engere Wahl zu kommen haben, wird durch das Los getroffen. (S. 3 dieses Unterabs.).

Auch für die Auswahl ist ein Wahlausschuß zu bilden, der über alle Anstände zu entscheiden hat. (BGHE. v. 7. Oktbr. 1925, BGBZ. 26, 888). Wenn nur 2 Bewerber vorhanden sind, hat bei Stimmengleichheit erst nach dem 2. Wahlgang (der Stichwahl) der Losentscheid stattzufinden.

26. **Stichwahl.**

Die Stichwahl hat auch dann einzutreten, wenn bei der Auswahl nur zwei Bewerber gleiche Stimmenzahl erhalten haben

Der sofortige Losentscheid ist dann nicht zulässig. Denn bei der Stichwahl kann unter Umständen ein anderes Ergebnis herauskommen als bei der Auswahl, z. B. wenn einer der Bewerber sich noch der Stimme enthalten hatte. Die Nichtbeachtung dieser Vorschrift führt zur Ungültigkeit der Wahl (BGHE. v. 2. Dez. 1925 und 3. März 1926, BGBZ. 26, 887).

27. Nicht die Stimmenzahl im ersten Wahlgang, sondern bei der Auswahl im G.rat ist maßgebend.

28. Der Losentscheid ist für die beiden Wahlgänge zur Vorbereitung nötig, wenn ohne solchen die 2 Bewerber mit den höchsten Stimmenzahlen nicht festgestellt werden können, z. B. wenn an 1. Stelle 3 Bewerber, oder an 2. Stelle 2 Bewerber mit gleichen Stimmenzahlen stehen.

Für den Losentscheid ist jede Form zulässig, die volle Gewähr dafür bietet, daß hiebei die Entscheidung lediglich dem Spiele des Zufalls überlassen bleibt und jede Parteilichkeit ausgeschlossen ist (BGH. 4, 52). Auch für die Losung muß ein Wahlausschuß gebildet werden. Die Person, die die Losung vorbereitet (z. B. durch Herrichtung der Lose), darf nicht zur Ziehung der Lose verwendet werden (BGHE. v. 7. Okt. 1925, BGBZ. 26, 888). Vgl. § 121 II GWO. Die Losung kann nicht durch Verzicht oder Einigung der Bewerber überflüssig gemacht werden. Die Wirkung des Losentscheids ist die der endgültigen Ausscheidung der vom Los nicht begünstigten Bewerber.

29. D. h. bei der Wahl der ersten B. in G.n mit mehr als 3000 Einw. und bei der Wahl der weiteren B.; hier entfällt die Auswahl, die nur im Anschluß an die Volkswahl erforderlich ist, und es tritt sofort die Stichwahl unter den 2 Bewerbern mit den höchsten Stimmenzahlen ein. Wenn infolge von Stimmengleichheit nicht feststeht, welche Bewerber hiefür in Betracht kommen, so entscheidet auch hier das Los darüber, wer in die Stichwahl zu bringen ist.

30. Wahl der berufsmäßigen G.ratsmitglieder.

S. Art. 13 IV S. 2; zu unterscheiden von den berufsmäßigen weiteren B., schon wegen ihres Stimmrechtes. Zunächst Beschluß nach Art. 13 IV S. 2, dann Wahl gemäß Art. 65 I Z. 2. Vgl. § 127 GWO.

31. Die Wahl kann hienach erst erfolgen, wenn der G.rat sein Amt übernommen hat. Die Wahl erfolgt auch bei gleichzeitiger Wahl mehrerer solcher G.ratsmitglieder als Mehrheitswahl.

32. Auch hier findet keine Auswahl nach Ziff. 1 Unterabs. 3 statt.

33. Wahl der ehrenamtlichen G.ratsmitglieder.

Die ehrenamtlichen G.ratsmitglieder. Ihre Zahl bestimmt im Rahmen des Art. 13 I Ziff. 2 nach Art. 13 II der alte G.rat.

Bei Stimmengleichheit im G.rat gilt nicht Stichentscheid des B., sondern der Antrag ist nach Art. 21 I S. 4 abgelehnt. Wenn der neugewählte G.rat eine Änderung der Zahl beschließt, wirkt diese erst für die nächste G.wahl und die nächste Wahlzeit. In einem Fall, in dem mehr G.ratsmitglieder gewählt wurden, als der G.rat beschlossen hatte, hat der BGH. diese Wahl für gültig erklärt. (E. v. 19. Mai 1926, BGBZ. 1926, 890).

34. S. Anm. 6.

35. Art. 66 gibt in Umrissen, wie Art. 9 des WG. v. 1919 und Art. 3 des GWG. v. 1924, ein System der Verhältniswahl.

36. Abs. II stellt für die Wahlen durch den G.rat (neben den in Abs. I enthaltenen Bestimmungen über die Frage, wann hiebei Mehrheitswahl und wann Verhältniswahl stattzufinden hat und wie die Mehrheitswahl durchzuführen ist), die einzige für alle Wahlen durch den G.rat gültige, gesetzliche Bestimmung in formlicher Hinsicht dar. Die Vornahme der in Abs. I vorgesehenen Wahlen durch den G.rat stellt sich nicht als eine Beschlußfassung des G.rats im Sinne der Art. 19—21, auch nicht als eine Wahl im Sinne des Art. 21 dar. (s. Art. 21 II S. 6). Abs. II bestimmt nur, daß, wie bei den durch sämtliche Wahlberechtigte vorzunehmenden Wahlen, auch bei den vom G.rat vorzunehmenden Wahlen weder eine bestimmte Zahl von anwesenden, noch von abstimmenden Wählern zu verlangen ist; hiedurch soll die Sabotierung der Wahlen durch einzelne Gruppen verhindert werden. Die Übertragung der Wahl an einen Senat ist unzulässig.

Die weiteren Formbestimmungen für die nach Art. 65 I durch den G.rat vorzunehmenden Wahlen trifft die GWO. (s. §§ 121 bis 124). Vor allem ist den stimmberechtigten Mitgliedern des G.rates auch Ort, Tag und Stunde der Wahl bekannt zu geben.

Art. 66.

Die ehrenamtlichen Gemeinderatsmitglieder[1] werden nach folgenden Grundsätzen[2] gewählt:

1. Jede Gemeinde bildet einen Wahlkreis[3].
2. Für die Wahl hat die Gemeinde Wählerlisten oder Wahlkarteien aufzustellen[4] und vom 21. bis 14. Tage vor der Wahl öffentlich aufzulegen[5]. Einsprüche[6] sind in der gleichen Frist einzulegen. Wahlberechtigt ist nur[7], wer in die Wählerliste oder in die Wahlkartei eingetragen ist oder einen Wahlschein[8] vorlegt.
3. Einen Wahlschein[9] erhält ein Wahlberechtigter, der nachweist[10],

a) daß er die Einspruchsfrist ohne sein Verschulden versäumt [11] hat oder
b) daß er nach Ablauf der Einspruchsfrist die Wohnung in einen anderen Stimmbezirk der Gemeinde verlegt hat [12] oder
c) daß er am Wahltage während der Wahlzeit aus zwingenden Gründen außerhalb seines Stimmbezirks sich aufhält [13] oder
d) daß er infolge eines körperlichen Leidens oder Gebrechens in seiner Bewegungsfreiheit behindert ist und durch den Wahlschein die Möglichkeit erhält, einen für ihn günstiger gelegenen Wahlraum aufzusuchen [14].

Mit diesem Wahlscheine muß [15] der Wahlberechtigte in jedem Stimmbezirke der gleichen Gemeinde zur Wahl zugelassen werden.

4. Die Wahl geschieht, von den in Ziff. 5 bezeichneten Fällen abgesehen, als Verhältniswahl auf Grund von Wahlvorschlägen [16]. Diese sind spätestens am 17. Tage vor dem Wahltag abends acht Uhr einzureichen [17]. Von da an bis zum 14. Tage vor dem Wahltag abends acht Uhr ist sodann, wenn wenigstens ein Wahlvorschlag vorliegt, noch die Einreichung weiterer Wahlvorschläge, nicht aber die Zurückziehung der bereits vorliegenden Wahlvorschläge zulässig [18].

Ein Wahlvorschlag darf in Gemeinden bis zu 10000 Einwohnern höchstens eineinhalbmal, sonst eineinviertelmal so viele Bewerber enthalten, als Vertreter zu wählen sind [19].

Die Verbindung von Wahlvorschlägen ist zulässig [20].

5. Wird nur ein einziger gültiger Wahlvorschlag oder überhaupt kein gültiger Wahlvorschlag eingereicht [21], so findet Mehrheitswahl [22] ohne Bindung an die vorgeschlagenen Bewerber [23] und ohne das Recht der Stimmenhäufung [24] auf einen Bewerber statt. Die Stimmzettel können doppelt so viele Namen enthalten, als Vertreter zu wählen sind [25]. Gewählt sind die Bewerber in der Reihenfolge der

Stimmenzahlen[26]. Die gleiche Reihenfolge gilt für die Ersatzleute[27]. Bei Stimmengleichheit entscheidet das Los. Liegt ein gültiger Wahlvorschlag mit der höchstzulässigen Bewerberzahl vor, so ist die Reihenfolge der Bewerber in diesem maßgebend, wenn mehr als die Hälfte aller Stimmzettel für den unveränderten Wahlvorschlag abgegeben worden sind[28]. In einem solchen Wahlvorschlage kann die Bewerberzahl bis zur Beschlußfassung über den Wahlvorschlag auf das Doppelte der zu wählenden Vertreterzahl vermehrt werden[29]. Bei einem gemeinsamen Wahlvorschlage mehrerer Gruppen gilt Ziff. 11 Unterabsatz 2 entsprechend[30].

6. Die Wahl dauert von neun Uhr vormittags bis sechs Uhr nachmittags. Sie kann schon vorher geschlossen werden, wenn sämtliche in der Wählerliste eingetragenen Personen ihre Stimmen abgegeben haben. Ist die Wahldauer von neun bis sechs Uhr zu lange, so kann der Gemeindewahlausschuß durch einstimmigen Beschluß die Wahldauer bis auf fünf Stunden abkürzen und den Beginn der Wahl auf zehn Uhr festsetzen[31].

7. In den Gemeinden mit mehr als 20000 Einwohnern sind die Wähler an die Wahlvorschläge gebunden[32]. Die Stimmzettel müssen das Kennwort des Wahlvorschlags enthalten. Sie sollen außerdem auch die Namen der drei ersten Bewerber enthalten[33].

   In den übrigen Gemeinden können die Wähler, abgesehen von den Fällen der Ziff. 5, nur Bewerbern ihre Stimme geben, die in einem von dem Wahlleiter öffentlich bekanntgegebenen Wahlvorschlag aufgenommen sind[34], und zwar einem Bewerber höchstens drei Stimmen[35]. Die Stimmzettel müssen das Kennwort des Wahlvorschlags enthalten und dürfen höchstens so viele Namen enthalten, als nach Ziff. 4 in die Wahlvorschläge aufgenommen werden dürfen[36]. Sie dürfen nicht Namen aus verschiedenen Wahlvorschlägen enthalten[37].

8. Die Sitze werden auf die Wahlvorschläge nach dem Verhältnisse der Zahlen der Stimmzettel verteilt, die für

die einzelnen und verbundenen Wahlvorschläge abgegeben wurden[38]. Bei gleichem Anspruche mehrerer Wahlvorschläge auf einen Sitz fällt dieser dem Wahlvorschlage zu, dessen in Betracht kommender Bewerber die größte Stimmenzahl aufweist; sonst entscheidet das Los[39].

9. Die nach Ziff. 8 einem Wahlvorschlage zugefallenen Sitze werden folgendermaßen verteilt:

In den Gemeinden mit mehr als 20000 Einwohnern ist die Reihenfolge der Bewerber im Wahlvorschlage maßgebend[40].

In den übrigen Gemeinden ist, wenn mehr als die Hälfte aller für einen Wahlvorschlag abgegebenen Stimmzettel für den unveränderten Wahlvorschlag abgegeben worden sind, die Reihenfolge der Bewerber im Wahlvorschlage maßgebend. Andernfalls werden die den einzelnen Wahlvorschlägen zugefallenen Sitze den darin enthaltenen Bewerbern nach der Stimmenzahl zugewiesen, die jeder von ihnen erhalten hat[41]. Haben mehrere Bewerber die gleiche Stimmenzahl erhalten, so entscheidet die Reihenfolge der Benennung im Wahlvorschlag[42].

10. Fallen einem Wahlvorschlag mehr Sitze zu, als er Bewerber enthält, so bleiben die überschüssigen Sitze unbesetzt[43].

11. Die nichtgewählten Bewerber sind in der Reihenfolge nach Ziff. 9 die Ersatzleute der Gewählten. Sie rücken in den Gemeinderat ein, wenn ein Vertreter abgelehnt hat oder aus dem Amt ausscheidet[44].

Bei gemeinsamen Wahlvorschlägen mehrerer Gruppen können die Bewerber der einzelnen Gruppen bis zur Entscheidung über die Zulassung der Wahlvorschläge im voraus als zusammengehörig bezeichnet werden (Untervorschlag). Beim Wegfall eines Bewerbers rücken nur die Ersatzleute aus dem gleichen Untervorschlag in der Reihenfolge der Ziff. 9 in den Gemeinderat ein[45].

RefE. Art. 66; RegE. Art. 66; VerfA. I. 497, 586; II. 74.

Vorbemerkung.

Die Formbestimmungen über den Vollzug der Wahlen enthielt die rrhein. GO. von 1869 in Art. 176 bis 185, die pf. GO. in Art. 105—112. Hiezu kam für die Verhältniswahl das GWG. v. 15. Aug. 1908. Die hiefür grundlegenden Bestimmungen des WG. v. 15. April 1919 enthält Art. 9; hieran schließt sich Art. 3 des GWG. v. 6. Nov. 1924 an.

Auf dieser Grundlage beruht Art. 66 GO. Er bildet die gesetzliche Unterlage für die im übrigen durch die Wahlordnung auf Grund des Art. 75 im einzelnen zu treffende Regelung. Art. 66 enthält die für die förmliche Ordnung der Wahlen der ehrenamtlichen G.ratsmitglieder erforderlichen Bestimmungen, soweit sie grundsätzlicher Art sind.

1. Ehrenamtlich sind die G.ratsmitglieder, die nicht durch Dienstvertrag, sondern durch Art. 73 zur Dienstleistung für die G. verpflichtet sind. Ihre Zahl ergibt sich aus Art. 13 I Z. 2 und dem auf Grund dieser Bestimmung nach Abs. II zu fassenden G.ratsbeschluß. Solange kein solcher Beschluß gefaßt wird, bleibt es bei der bisherigen Regelung. Die Änderung ist nur für die folgende Wahlperiode zulässig. Die Wahl erfolgt nach Art. 65 I Z. 3 durch sämtliche Wahlberechtigte der G.

2. Grundsätze.

Art. 66 enthält die Grundlagen für das Wahlverfahren, nach dem die ehrenamtlichen G.ratsmitglieder gemäß § 23 VU. und Art. 17 II RV. zu wählen sind. Hiefür sind nach § 23 VU. die „Grundsätze des Landtagswahlrechtes" maßgebend. Hierunter sind aber nach der VU. nicht alle einzelnen Bestimmungen des Landtagswahlrechtes zu verstehen, sondern nur die in § 26 I VU. festgestellten, die Unterlage für die Gestaltung des Landtagswahlrechtes bildenden, grundlegenden Bestimmungen, nämlich die allgemeine, gleiche, geheime, unmittelbare Wahl nach den Grundsätzen des Verhältniswahlrechts. Zu dem gleichen Ergebnis führt die RV., die in Art. 17 II die „Grundsätze für die Wahlen zur Volksvertretung" als maßgebend für die G.wahlen bezeichnet, d. h. für die Wahlen zu den der Volksvertretung entsprechenden Vertretungskörpern der politischen G.n. Als solche „Grundsätze" gelten nach allgemeiner Ansicht (s. Anschütz, Giese zu Art. 17) die in Art. 17 I S. 2 RV. aufgestellten Forderungen „in allgemeiner, gleicher, geheimer, unmittelbarer Wahl von allen reichsdeutschen Männern und Frauen nach den Grundsätzen der Verhältniswahl." Insoweit ist für das G.wahlrecht die RV. ausschließlich und unter Beseitigung der ihnen entgegenstehenden Bestimmungen der VU. maßgebend. Im übrigen aber kann das Landesrecht Bestimmungen treffen. Alle anderen Bestimmungen stellen Einzelheiten dar, die für das G.wahlrecht anders geregelt werden können, als bei der Wahl der Volksvertretung, sofern dabei nur die angegebenen „Grundsätze" gewahrt bleiben. (S. VerfA. I, 486 f. und Art. 65 Anm. 2.) Für die Vorschriften des Art. 66 sind also zwar diese Grundsätze maßgebend. Im übrigen konnte Art. 66 frei gestaltet werden. Die förmlichen Wahlbestimmungen verteilen sich einmal auf Art. 66 ff. und sodann auf die nach Art. 75 zu erlassende Wahlordnung.

Ziff. 1. (**Wahlkreis.**)

3. Hieraus folgt, daß sich das Wahlverfahren, vor allem die Wahlvorschläge im Ganzen auf die ganze G. zu erstrecken haben, auch wo zur Erleichterung der Geschäftsabwicklung in den größeren G.n Stimmbezirke gebildet werden, und daß die Verteilung der Sitze in einem Zuge auf Grund der in der ganzen G. abgegebenen Stimmen sich vollzieht. Die Untereinteilung in Stimmbezirke dient nur der Erleichterung der Stimmabgabe und der Ergebnisfeststellung. Die Wiederholung der Wahl in einzelnen Stimmbezirken, in denen sie im Wahlanfechtungsverfahren für ungültig erklärt worden ist, ist hiedurch nicht ausgeschlossen. Doch muß dann das Gesamtergebnis schließlich noch neu festgestellt werden. (S. Art. 74 Anm. 19.)

Ziff. 2. (**Wählerlisten.**)

Vgl. §§ 5—14 GWO.

4. Die Bedeutung der Wählerliste ergibt sich aus Satz 3 dieser Ziffer. Die Wählerlisten sind in der allgemein üblichen Form anzulegen. Die Dauer des Aufenthalts in der G. ist dabei besonders festzustellen. Statt der Wählerliste kann auch die Form der Wahlkartei (Kartothek) gewählt werden. (S. § 9 GWO.) Wählerliste und Wahlkartei können entweder für jede Wahl neu angelegt oder dauernd „fortschreibbar" geführt werden. Die GWO. trifft hierüber keine ausschließende Bestimmung. Die Wählerliste oder Wahlkartei wird von der G. amtlich aufgestellt. Sie kann sich aber hiezu, wie dies bei einigen Arten der Wahlkartei geschieht, der Mitwirkung der Wahlberechtigten bedienen. Über den Inhalt der Wählerliste s. § 5 GWO.

5. Die öffentliche Auslegung der Liste (s. § 10 GWO. über die Vorbereitung und Form der Auslegung) hat den Zweck, den öffentlichen Glauben der Liste vorzubereiten. Die öffentliche Auflage geht soweit, daß jeder Wahlberechtigte von sämtlichen Einträgen, nicht nur von dem ihn selbst betreffenden Eintrag sich überzeugen kann. Doch haben die Wähler nicht das Recht, unter allen Umständen selbst Einsicht in die Liste zu nehmen. Die G. genügt auch ihrer Pflicht durch Auskunftserteilung über den Eintrag. Anders nach der früheren GO. (Art. 176 IV rrh., 105 IV pf. „zur Einsicht". VGH. 7, 166.) Die Hinausgabe der Liste an die Wahlberechtigten kann in unruhigen Zeiten unter Umständen unmöglich sein. VGHE. v. 23. Dez. 1925, BGBZ. 1926, 859.

6. Wer die Liste für unrichtig oder unvollständig hält, kann durch Einspruch bei der G.behörde die nötigen Änderungen, d. h. die Streichung eingetragener oder die Eintragung nichteingetragener Personen oder die Änderung der gemachten Einträge herbeiführen. (§ 11 GWO.) Über den Einspruch befindet zunächst die G.behörde (der 1. B.) und sodann die Aufsichtsbehörde. Über den Charakter derartiger Bescheide der G.behörde (nach Art. 176 GO. v. 1869) hat Meinungsverschiedenheit bestanden. VGH. 12, 104 hat angenommen, es handle sich hier um instanzielle verwaltungsrechtliche Bescheide. Dem ist Sternau (G.wahlen S. 31) entgegengetreten, ebenso Menzinger BlAdmPr. 53, 138 und Dyroff, VGG. 6. Aufl. S. 353. Es handelt sich, vor allem nach der jetzigen Regelung nur um Verwaltungsbescheide und um Entscheidungen der Aufsichtsbehörde. Wenn ein Wähler sein Wahlrecht im Verwaltungsrechtsweg sich sichern will, kann dies nicht in dem einen Bestandteil der formellen Wahlvorbereitung bildenden Einspruchsverfahren geschehen. Vielmehr ist hiezu Antrag auf verwaltungsrechtliche Entscheidung nach Art. 8 Z. 33 VGG. nötig. S. auch Anhang zu Art. 74 Buchst. a. Die G.behörde kann von sich aus bis zum Beginn der Auslegungsfrist die ihr nötig scheinenden Änderungen ohne Weiteres vornehmen, vom Beginn dieser Fristen aber nur noch auf Grund ordnungsgemäß erhobenen Einspruchs. (§ 12 GWO.) Hiedurch wird der Zweck der Listenauflegung und Einsichtnahme gesichert, damit nicht eine Person, die sich durch Einsichtnahme in die Liste davon überzeugt hat, daß sie eingetragen ist, nachträglich gestrichen werden kann, ohne daß sie hievon Kenntnis erhält. Unterbleibt ein Einspruch, so kann nicht im Wahlanfechtungsverfahren die Ungültigerklärung einer Wahl verlangt werden, weil bestimmte Personen nicht in der Wählerliste enthalten waren. Solche Mängel sind im Einspruchsverfahren geltend zu machen. (VGHE. 28. April 1920, BGBZ. 1925 Sp. 757.) Wer die Einspruchsfrist versäumt, kann

Einwendungen gegen die Richtigkeit und Vollständigkeit der Liste (s. § 11 I GWO.) nicht mehr erheben. Sie sind nach Fristablauf ausgeschlossen. Zulässig sind aber im Wahlanfechtungsverfahren andere Einwendungen, etwa gegen die Form und Art der Herstellung der Liste. Wer nach Anlage der Liste bis zum Wahltag wahlberechtigt wird, hat die Ergänzung der Liste durch Einspruch zu bewirken, wenn er nicht ohnehin schon eingetragen ist. Sonst hat er keine Möglichkeit zur Stimmabgabe.

7. Vgl. § 3 GWO. Die Ausübung des Wahlrechtes, nicht das Wahlrecht selbst ist von dem Eintrag in der Wählerliste abhängig, trotz des vielleicht nicht ganz scharfen Wortlautes des Satz 3. Durch den Eintrag erlangt aber ein Nichtwahlberechtigter nicht das Wahlrecht. Die Zulassung zur Wahl kann vielmehr in solchen Fällen aus der Mitte der Wähler und des Wahlvorstandes beanstandet werden. Dann hat der Wahlvorstand hierüber Beschluß zu fassen und, wenn das Wahlrecht wirklich nicht besteht, die Zulassung zur Wahl abzulehnen. Der Wahlvorstand braucht jedoch nicht etwa von amtswegen alle Einträge in der Liste nachzuprüfen. (VGHE. v. 14. Juli 1920, BGBZ. 1925 Sp. 758). Wird ein Nichtwahlberechtigter, der in der Wählerliste eingetragen war, zur Wahl zugelassen, weil kein Anlaß zu der Nachprüfung des Wahlrechtes bestand, so liegt darin keine Verletzung einer wesentlichen Förmlichkeit (VGHE. v. 15. April 1925, BGBZ. 1925 Sp. 757). Wird ein Nichtwahlberechtigter beschlußmäßig von der Zulassung zur Wahl zurückgewiesen, so liegt, auch wenn er in der Liste eingetragen war, darin keine Verletzung einer wesentlichen Förmlichkeit (VGHE. v. 10. Juni 1925 BGBZ. 1925 Sp. 758). Die Zulassung einer Person, die nicht in die Wählerliste eingetragen ist und keinen Wahlschein besitzt, ist die Verletzung einer wesentlichen Förmlichkeit, die zur Ungültigkeit der Wahl führt, wenn die Nichtzulassung zu einem anderen Ergebnis der Wahl hätte führen können (VGH. 15, 135, ferner VGHE. v. 10. Juni 1925, BGBZ. 1925 Sp. 758, ferner VGHE. v. 4. Nov. 1925, BGBZ. 1926 Sp. 886). Fehler, die bei Anlage der Wählerliste begangen worden sind, können nur im Einspruchsverfahren behoben, aber nicht vom Wahlausschuß von Amtswegen wieder gutgemacht werden. Unmöglich ist die Ungültigerklärung einer Wahl deshalb, weil bestimmte Wahlberechtigte nicht in die Wählerliste eingetragen wurden. Solche Mängel sind im Einspruchsverfahren zu rügen. VGHE. v. 28. April 1920, BGBZ. 1925, 757.

8. S. Ziff. 3 und § 15—17 GWO.

Ziff. 3. (**Wahlscheine.**)

9. Der Wahlschein ist eine Einführung des neuen Wahlrechtes nach 1918, wodurch die Schwerfälligkeit der Wählerliste ausgeglichen und die Möglichkeit gegeben werden soll, auch ohne Eintrag

in die Wählerliste überhaupt oder wenigstens des Stimmbezirks, in dem der Wähler abstimmen will, trotzdem aber nicht ohne Verzicht auf entsprechende Prüfung des Wahlrechtes, eine Stimme abzugeben. Die Wahlscheine sind gebührenfrei. Sie werden von der G.behörde, d. h. nach § 5 I GWO. vom 1. B. ausgestellt. Die Mitwirkung des G.rats, die Helmreich (Anm. 13 zu Art. 66) verlangt, ist nicht erforderlich. (Art. 17 I Satz 5 GO.) Über die Behandlung der Wahlscheine bei der Stimmabgabe vgl. § 58 GWO.

10. Voraussetzung für die Ausstellung des Wahlscheins ist einmal das Wahlrecht (Art. 63) und sodann der Nachweis bestimmter Tatsachen, die zur Ausstellung des Wahlscheines berechtigen. Diese Tatsachen sind in Ziff. 3 erschöpfend aufgezählt (§ 15 GWO) und entsprechen den Gründen, die für die Reichs- und Landtagswahl maßgebend sind, soweit sie bei den G.wahlen vorkommen können. Buchst. a behandelt die Fälle ohne Eintrag in die Wählerliste, Buchst. b—d die Fälle, in denen ein Wähler zwar in diese Liste eingetragen ist, aber außerhalb seines Stimmbezirks abstimmen will.

Die Wahlscheine haben bei den G.wahlen lange nicht die Bedeutung, wie bei den Reichs- und Landtagswahlen. Denn im Gegensatz zu diesen Wahlen beschränkt sich die Wirkung des Wahlscheins auf die Ausstellungsg. Der Münchener kann also auch mit Wahlschein bei der G.wahl nicht in Nürnberg wählen, weil ihm hier die Voraussetzung des Art. 63 I Ziff. 2 fehlt. Von Bedeutung ist also hauptsächlich nur Buchst. a; Buchst. b—d kommen nur in größeren Städten, und auch da wohl nur selten vor. Wahlscheine auswärtiger G.n kommen also für die G.wahl nicht in Betracht, was bei der Verbindung solcher Wahlen mit anderen Wahlen zu beachten ist.

11. Buchst. a. (§ 15 Buchst. a) behandelt die Fälle, in denen ein Wahlberechtigter nicht in die Wählerliste eingetragen ist. Nach Ablauf der Einspruchsfrist (Ziff. 2 und § 11 GWO) kann weder der Wahlberechtigte eine Ergänzung der Wählerliste beantragen, noch der 1. B. gemäß § 12 GWO. eine solche von Amts wegen vornehmen. Die Berichtigung von Amtswegen ist übrigens nach § 12 GWO. schon vom Beginne der Einspruchsfrist an unmöglich. Trifft den Wähler ein Verschulden an der Versäumung der Einspruchsfrist, so ist Abhilfe unmöglich. Bei unverschuldeter Fristversäumung dagegen wird der Wähler ohne Eintrag in die Wählerliste auf Grund einer g.lichen Bestätigung über sein Wahlrecht zur Wahl zugelassen. Eine unverschuldete Fristversäumung liegt z. B. vor, wenn der Wähler krank oder verreist war und niemand hatte, der ihn vertreten konnte. Eine engherzige Auslegung der Bestimmung hinsichtlich der Frage des Verschuldens liegt nicht im Sinne des Gesetzes.

12. Buchst. b. (§ 15 Buchst. b GWO.) Veränderungen der Wohnung, die vor oder während der Einspruchsfrist eintreten, können auf Grund Einspruchs berücksichtigt werden. Wenn die Veränderung erst nach dem Ablauf der Einspruchsfrist eingetreten ist, kann der Wähler entweder in seinem früheren Stimmbezirk abstimmen, oder, wenn die Entfernung zu groß ist, was bei älteren und kranken Wählern möglich ist, die Ausstellung eines Wahlscheines verlangen, um dann in einem ihm gelegeneren Wahlraum abzustimmen.

13. Buchst. c. (§ 15 Buchst. c GWO.). Es ist erforderlich, daß der Wahlberechtigte genötigt ist, am Wahltag seinen Stimmbezirk so frühzeitig zu verlassen und daß er dahin erst so spät zurückkehren kann, daß ihm die Abstimmung daselbst nicht möglich ist. Was als „zwingender Grund" hiebei anzusehen ist, entscheidet die den Wahlschein ausstellende G.behörde; z. B. Berufsausübung, Erledigung privater oder öffentlicher Angelegenheiten, Beteiligung am Wahlgeschäft als Wahlvorsteher, Schriftführer. Die Abwesenheit außerhalb der G. führt auch hier zum Verlust des Wahlrechts.

14. Buchst. d (§ 15 Buchst. d GWO.), z. B. wegen günstiger Straßenbahnverbindung zu einem andern als dem zuständigen Wahlraum.

15. S. Anm. 10, Abs. 2. und Art. 66 Ziff. 2 S. 3.

Ziff 4. (Wahlvorschläge.) Vgl. §§ 37—48 GWO. Den Inhalt bestimmt § 40 GWO.

16. Im GWG. v. 15. Aug. 1908 war die Verhältniswahl nur für G.n mit mehr als 4000 Einwohnern vorgesehen. Nach § 23 VU. und Art. 17 II RV. müssen die G.wahlen allgemein ohne Rücksicht auf die Größe der G.n als Verhältniswahlen stattfinden. Diese Folgerung zieht Ziff. 4. Die Verhältniswahl bezweckt die verhältnismäßige Verteilung von Sitzen unter verschiedene Gruppen. Sie ist also nur möglich, wo verschiedene Gruppen vorhanden sind und Anspruch auf Beteiligung an dieser Sitzeverteilung bei der Wahl erheben. Wo dies nicht der Fall ist, ist die Verhältniswahl unmöglich.

Daher ist die wirkliche Durchführung der Wahl als Verhältniswahl von dem Willen der beteiligten Wähler abhängig. Die Verhältniswahl erfordert bestimmte Wahlvorbereitungen, die von der Mitwirkung der Wähler abhängig sind und ohne diese nicht getroffen werden können. Zu dieser Mitwirkung aber können die Wähler nicht gezwungen werden. Ohne Wahlvorschläge kann keine Verhältniswahl durchgeführt werden. Die Wahl erfolgt dann in den gewöhnlichen Formen der Mehrheitswahl. Dies widerspricht nicht den Verfassungsbestimmungen. Denn auch die hier wiedergegebenen Erwägungen gehören zu den Grundsätzen der Verhältniswahl.

17. Einreichungsfrist.

Die Frist für die Einreichung (§§ 37, 38 GWO.). entspricht der für die Landtagswahl bestimmten Frist. Während bisher bei den G.wahlen die Bestimmung der Tagesstunde für den Schluß der Einreichungsfrist dem Wahlleiter überlassen war, ist jetzt diese Stunde auf 8 Uhr Abends im Gesetz festgelegt. Die Wahlleiter müssen also am letzten Tag der Frist bis 8 Uhr Abends Wahlvorschläge entgegennehmen und müssen hiezu die nötigen Anstalten treffen, wenn sie nicht selbst hiezu imstande sind. Sie dürfen andererseits nunmehr nach 8 Uhr Abends keine Wahlvorschläge mehr annehmen. Die Frist für die Einreichung der Wahlvorschläge ist gesetzlich bestimmt. Die Wahlleiter sind nicht berechtigt, sie abzukürzen. Ein Verstoß hiegegen wäre die Verletzung einer wesentlichen Förmlichkeit (BGHE. v. 30. Sept. 1925, BGBZ. 1926 Sp. 861, BGH. 46, 63).

Die Einreichung unter einem Vorbehalt oder einer Voraussetzung ist ungültig. (BGH. 46, 56).

Die Zurückziehung der Wahlvorschläge kann nicht von den Vertrauensmännern allein erfolgen, sondern erfordert die Erklärung der Unterzeichner, d. h. von mehr als der Hälfte derselben. (BGHE. v. 27. Mai 1925, BGBZ. 1925, 725 und § 45 GWO.). Für die Form der Zurücknahme genügt jede Erklärung, die den Willen deutlich erkennen läßt (BGH. 46, 68).

18. Nachfrist.

Unterabs. 2 enthält eine neue Bestimmung zur Verhinderung von Mißständen, die sich beim Vollzug der Bestimmungen über die Einreichung der Wahlvorschläge bei der Wahl 1924 ergeben hatten. Vgl. § 42 GWO. Die Begr. zum RegE. von 1926 führt hiezu Folgendes aus:

„Das Hauptbedenken, das gegen das G.wahlgesetz vom 6. November 1924 erhoben wurde, ist das, daß es der politischen Unehrlichkeit Mittel an die Hand gebe, die Gegner zu überlisten und zu übervorteilen. Dabei wird vor allem auf die Bestimmung des Art. 3 Ziff. 5 hingezielt, wonach Mehrheitswahl stattzufinden hat, wenn kein Wahlvorschlag oder nur ein gültiger Wahlvorschlag eingereicht worden ist. Diese Bestimmung ist im Wahlkampf ziemlich verschieden benützt worden, auf der einen Seite, um Mehrheitswahl auch entgegen einer Verabredung durchzusetzen, auf der anderen Seite auch, um Verhältniswahl zu erzwingen, auch da, wo man Mehrheitswahl vereinbart hatte. Festzustellen ist dabei zunächst, daß die Bestimmung an sich jeder Gruppe die gleichen Möglichkeiten und zwar sowohl für den Angriff, wie für die Abwehr bietet und daß, wenn sie für eine Gruppe zu unliebsamen Erfahrungen geführt hat, hieran nicht die

Bestimmung schuld ist, sondern nur die Tatsache, daß nicht alle Möglichkeiten, die sie bietet, auch von der Gruppe benutzt wurden, die sich hinterdrein über die Bestimmung beklagt. Es ist eine alte Erfahrung, daß die Angriffsmöglichkeiten immer zuerst, die Verteidigungsmöglichkeiten aber immer erst in zweiter Linie erfaßt werden, sodaß bei der Wahl im Dezember 1924 auf Grund dieser Bestimmung manche Angriffe gelungen sind, zu deren Abwehr im Gesetze Mittel vorhanden waren, aber nicht ausgenützt wurden. Nach dem Wahlgesetz vom Jahre 1919 hatte Mehrheitswahl stattzufinden, wenn kein Wahlvorschlag eingereicht worden war. Beim Vorliegen eines Wahlvorschlages hatte also damals Verhältniswahl stattzufinden. Das führte zu unliebsamen Erfahrungen; deshalb hat das Gesetz vom Jahre 1924 auch in den Fällen, in denen ein einziger Wahlvorschlag eingereicht worden ist, trotzdem Mehrheitswahl angeordnet. Nun kamen aber die Fälle nicht selten vor, in denen man sich auf Grund des Vorliegens von zwei Wahlvorschlägen auf Verhältniswahl geeinigt hatte, in denen aber dann der eine Wahlvorschlag unmittelbar vor dem Ablauf des Schlußtermins zurückgezogen wurde, sodaß dann entgegen der Verabredung Mehrheitswahl stattzufinden hatte. Hätte die Partei, die die Verhältniswahl wünschte, sich rechtzeitig darauf gefaßt gemacht, so hätte sie von sich aus zwei Wahlvorschläge einreichen müssen und hätte damit die Zurückziehung des anderen Wahlvorschlages unmöglich gemacht. Ebenso häufig waren die gegenteiligen Fälle, in denen eine Partei, obwohl Mehrheitswahl vereinbart war, unmittelbar vor dem Schluß der Frist für die Einreichung der Wahlvorschläge noch zwei Wahlvorschläge einreichte, sodaß diese allein zur Wahl standen und eine den Verhältnissen gar nicht entsprechende G.vertretung zustande kam.

Zunächst darf wohl angenommen werden, daß derartige Überrumpelungen bei späteren Wahlen, bei denen man die Erfahrungen der letzten Wahl sich zunutze macht, bei entsprechender Achtsamkeit in den meisten Fällen von selbst unmöglich werden. Ein Riegel gegen Illoyalitäten in dieser Hinsicht kann ferner noch dadurch vorgeschoben werden, daß nach Ablauf der Einreichungsfrist durch die Wahlordnung die vorläufige Bekanntgabe der Wahlvorschläge vorgeschrieben und im Gesetze noch eine kurze Nachfrist zur Einreichung weiterer Wahlvorschläge gesetzt wird. Dadurch wird die spekulative Einreichung oder Zurückziehung von Wahlvorschlägen kurz vor dem Ablauf der Einreichungsfrist unwirksam gemacht. Denn in dieser Nachfrist können die gegenteilig interessierten Gruppen auch ihrerseits noch einen Wahlvorschlag oder mehrere Wahlvorschläge einreichen und damit die ihnen entsprechende Wahlart sichern, also im einen Fall die Verhältniswahl überhaupt, im anderen Fall aber mindestens ihre Beteiligung an der Sitzeverteilung nach ihrer Stimmenzahl erzwingen. Allerdings könnte die Nachfrist nur ganz kurz sein. Sie kann in die Frist zur Vereinigung der Wahlvorschläge fallen, sodaß das Verfahren im ganzen nicht aufgehalten wird. Der Vorschlag, die Zurückziehung von Wahlvorschlägen überhaupt zu verbieten, ist nicht durchführbar. Denn es lassen sich sehr wohl Fälle denken, in denen die Zurückziehung etwa wegen nachträglicher Vereinbarungen mit anderen Gruppen durchaus berechtigt und notwendig ist. Würde die Zurückziehung verboten, so würde die Folge die sein, daß alle Wahlvorschläge erst im letzten Augenblick eingereicht würden, um eine möglichst lange Überlegungsfrist zu behalten. Auch der Vorschlag, daß von einer Gruppe nicht mehr als ein Wahlvorschlag soll eingereicht werden können, ist nicht durchführbar. Die Identität oder Zusammengehörigkeit der Einreicher von 2 Wahlvorschlägen läßt sich keinesfalls in einer Weise nachweisen, die jeden Zweifel ausschließt. Eine solche Vorschrift könnte im Gegenteil wieder ausgenützt werden, um mißliebige Wahlvorschläge unmöglich zu machen. Es darf übrigens angenommen werden, daß durch die in Aussicht genommene Nachfrist die Ehrlichkeit und Reinlichkeit bei der Einreichung der Wahlvorschläge gefördert wird. Der mehrfach geäußerte Zweifel, ob der G.wahlleiter über die eingereichten Wahlvorschläge vor ihrer amtlichen Bekanntgabe Aufschluß geben dürfe, ist jedenfalls nicht berechtigt. In dieser Hinsicht gibt es kein Dienstgeheimnis, sondern vielmehr eine Auskunftspflicht".

Der Vollzug der Bestimmung ist durch § 42 GWO. geregelt. Unmittelbar nach dem Schluß der Einreichungsfrist hat der Wahlleiter bekannt zu geben, wieviele und welche Wahlvorschläge eingereicht wurden, und hat auf die Nachfrist aufmerksam zu machen. Am 16., 15. und 14. Tag vor der Wahl können dann noch weitere Wahlvorschläge eingereicht werden. Damit ist die einwandfreie Durchführung der Verhältniswahl gesichert. Wenn am 17. Tag vor der Wahl abends 8 Uhr kein Wahlvorschlag vorliegt, steht fest, daß alle mit der Durchführung der Wahl als Mehrheitswahl einverstanden sind. Dann ist Weiteres nicht veranlaßt. Liegt in diesem Zeitpunkt wenigstens ein Wahlvorschlag vor, so gibt die neue Bestimmung die Möglichkeit, etwa unterlaufenen Illoyalitäten entgegenzutreten und die Verhältniswahl mit Teilnahmemöglichkeit für alle Wahlberechtigten zu sichern. Die Bestimmung wird wohl dazu führen, daß die bei der Wahl 1924 hin und wieder vorgekommenen Kunststücke überhaupt unterbleiben. Die Zurückziehung von Wahlvorschlägen ist in der Nachfrist nicht mehr zulässig. Sonst könnte auch diese Frist zu den gleichen unlauteren Zwecken, wie die Einreichungsfrist mißbraucht werden. Durch die nach § 42 GWO. vorgeschriebene Bekanntgabe der Wahlvorschläge wird der endgültigen Entscheidung hierüber durch den G.Wahlausschuß nicht vorgegriffen.

Gegen Helmreich (Anm. 16 zu Art. 66) ist anzunehmen, daß auch die in der Nachfrist eingereichten Wahlvorschläge nicht mehr zurückgenommen werden können. Die Zurücknahme von Wahlvorschlägen ist überhaupt nur bis zum 17. Tag zulässig. Darüber waren Regierung und Landtag einig. (S. StenBer. S. 210.) Die Ausnahme des Satz 3 ist streng auszulegen.

19. (Zahl der Bewerber.) Auf den Wahlvorschlägen werden meist mehr Bewerber zugelassen, als Vertreter zu wählen sind. Das hat seinen Grund darin, daß für den Ersatz abgehender Vertreter im Voraus ohne Ersatzwahl gesorgt werden muß. Die früher übliche gesonderte Wahl der Ersatzleute in einem eigenen Wahlgang ist bei der Verhältniswahl nicht mehr erforderlich. Mit Rücksicht darauf, daß in größeren G.n im allgemeinen mit mehr Wahlvorschlägen als in kleineren zu rechnen ist, wodurch die Zahl der Ersatzleute sich von selbst erhöht, braucht der Überschuß über die Zahl der zu wählenden Vertreter in den größeren G.n nicht so groß zu sein, wie in kleinen. In großen G.n ist die Beschränkung der Bewerberzahl auch schon mit Rücksicht auf die Übersichtlichkeit der Stimmzettel geboten. Das WG. von 1919 hat in G.n bis zu 30000 Einwohnern die zulässige Bewerberzahl für den einzelnen Wahlvorschlag auf das Doppelte, in größeren G.n auf das $1^1/_2$fache der zu wählenden Vertreter bestimmt. Das GWG. von 1924 hat diese Grenze schon bei 10000 Einwohnern gezogen und die GO. hat die zulässige Zahl weiter noch auf das $1^1/_2$fache und $1^1/_4$fache ermäßigt, was nach den 1924 gemachten Erfahrungen dem Bedürfnis völlig genügt und zu einer Erleichterung der Ergebnisfeststellung führt. Bruchzahlen, die sich hiebei ergeben, sind nach oben aufzurunden (§ 39 Ziff. 1 GWO.). Bei 5 G.ratsmitgliedern sind also 8 Bewerber zulässig. Der Wahlvorschlag muß diese Höchstzahlen an Bewerbern nicht enthalten. Er kann auch weniger Bewerber aufstellen. (BGHE. v. 9. Juni 1920, BGBZ. 1925 Sp. 724.) Schon ein Name genügt. (BGHE. v. 27. Mai 1925, BGBZ. 1925 Sp. 724.) Über eine Abweichung von der zulässigen Bewerberzahl bei Mehrheitswahl s. Ziff. 5.

20. (Listenverbindung.) Sie besteht darin, daß kleineren Wählergruppen, die für sich allein wenig oder keine Aussicht haben, einen Bewerber durchzubringen, weil sie die hiezu nötige Stimmenzahl nicht aufbringen können, sich an größere Wählergruppen oder an mehrere kleinere Wählergruppen anschließen, um den andern Wahlvorschlägen gegenüber vereint vorzugehen. Die Listenverbindung kann weiter auch den Zweck verfolgen, Stimmreste gemeinsam zu verwerten. Die verbundenen Wahlvorschläge sind für die Stimmabgabe und ihre Vorbereitung völlig selbständig und werden nur bei der Ermittelung des Wahlergebnisses den andern an der Verbindung nicht beteiligten Wahlvorschlägen gegenüber als ein Wahlvorschlag behandelt. Dadurch können sie möglicherweise gemeinsam dem Gegner oder den Gegnern einen Sitz abnehmen, den diese sonst erhalten hätten. Die gemeinsame

Errungenschaft wird dann innerhalb der Verbindung dem Wahlvorschlag zugeteilt, der nach den allgemeinen Verteilungsgrundsätzen hierauf den meisten Anspruch hat.

Das GWG. von 1908 hatte die Listenverbindung vorgesehen, ebenso das GWG. von 1919. Bei der Wahl 1919 wurden 234 Verbindungen eingegangen, davon 49 in Städten. Diese Einrichtung hat also keine besondere Rolle gespielt. Im GWG. von 1924 wurde die Zulassung abgelehnt, weil dadurch die Bildung kleiner Gruppen gefördert werde, was im Interesse des öffentlichen Lebens nicht erwünscht sei. Nur für die großen Städte, wo das GWG. von 1924 nachträglich die gebundene Liste einführte, wurde die Listenverbindung zugelassen.

Die Erfahrungen bei der Wahl 1924 ergeben nun, daß doch gerade bei den G.wahlen vielfach ein Bedürfnis zum Zusammengehen verschiedener Gruppen bestand. An Stelle der Listenverbindung bemühte man sich um das Zustandekommen gemeinsamer Wahlvorschläge und stellte in mühevoller Arbeit einen nach der Größe und Bedeutung der einzelnen Gruppen wohlüberlegten Wahlvorschlag zusammen. Die Begr. führte hiezu folgendes aus:

„Die Führer der einzelnen Parteien und Gruppen gaben sich auch alle Mühe, ihre Wähler dazu zu bringen, der ausgegebenen Parole zu folgen. Nicht selten aber verweigerten diese ihren Führern die Gefolgschaft, so daß das Ergebnis schließlich ein ganz anderes als das beabsichtigte war. Daraus entstanden dann Verstimmungen unter den einzelnen Gruppen, die um so unangenehmer waren, als es sich dabei um sich sonst nahestehende Gruppen handelte. Bei der Bearbeitung der Wahlvorschläge hatte man manchmal wohl noch die gebundene Liste im Auge. Man bedachte nicht, daß bei der freien Liste jeder Wähler das Recht zu Streichungen und Häufungen der Bewerber hat, und ferner, daß bei G.wahlen, wie schon öfters erwähnt, die persönlichen Beziehungen zwischen Wählern und Gewählten eine sehr große Rolle spielen. Alle diese Wahlvorvereinbarungen konnten also nur unter einem gewissen Vorbehalt abgeschlossen werden. Wo dies nicht beachtet wurde, kam es zu schweren Enttäuschungen. Diese lassen sich zwar bei der gebundenen Liste vermeiden, weil hier der Wähler an dem Wahlvorschlag nichts ändern kann, nicht aber bei der freien Liste. Wenn bei der freien Liste ein Zusammengehen mehrerer Gruppen gegenüber einem gemeinsamen Gegner erwünscht wird, bleibt nichts übrig, als den Weg der „Listenverbindung" zu wählen. Dann kann jeder Wahlvorschlag bei der Wahlvorbereitung und bei der Stimmabgabe für sich vorgehen. Die Gemeinsamkeit gegenüber dem gemeinsamen Gegner aber kommt bei der Verwertung der Reststimmen zum Ausdruck. „Getrennt marschieren, vereint schlagen." Deshalb hat die GO. schließlich doch wieder die Listenverbindung zugelassen.

Die einzelnen Bestimmungen hierüber enthält die GWO., und zwar über die Einleitung der Verbindung in § 41 Z. 2, über die Entscheidung hinsichtlich der Zulässigkeit in § 46, über die Bekanntgabe in § 48, über die Wirkung bei der Ergebnisfeststellung in § 82, 90.

Nicht zu verwechseln mit der Listenverbindung sind die gemeinsamen Wahlvorschläge mit Untervorschlägen (Art. 66 Ziff. 11).

21. Ziff. 5. (**Mehrheitswahl.**) Über die Vorbereitung s. § 49 GWO., über die Stimmabgabe § 62 IV GWO., über die Ergebnisermittlung § 84, 86, 90 V GWO. Verhältniswahl ist nur möglich, wo die Möglichkeit zu verhältnismäßiger Verteilung der Sitze an mehrere beteiligte Gruppen besteht. Sonst muß es bei der Form der Mehrheitswahl bleiben. (S. Anm. 16.) Das WG. von 1919 schrieb die Mehrheitswahl nur in den Fällen vor, in denen überhaupt kein Wahlvorschlag vorlag. Wenn ein Wahlvorschlag vorlag, trat Bindung an diesen ein, da dieses Gesetz auf der gebundenen Liste beruhte. Dies hat 1919 zu unliebsamen Erfahrungen namentlich in Fällen geführt, in denen Mehrheitswahl vereinbart war, in letzter Stunde aber noch ein Wahlvorschlag eingereicht wurde, der dann allein gewählt werden konnte. Deshalb hat das GWG. von 1924 in Art. 3 Z. 5 bestimmt, daß auch dann, wenn ein einziger Wahlvorschlag vorlag, Mehrheitswahl stattfinden solle. Dies ist begrifflich richtig, denn die verhältnismäßige Verteilung der Sitze ist erst bei 2 Beteiligten möglich. Es ist daher mit den Grundsätzen des Verhältniswahlrechtes durchaus vereinbar, daß auch bei nur einem Wahlvorschlag Mehrheitswahl stattfindet. Nur ein Wahlvorschlag liegt auch in den Fällen vor, in denen die weiteren eingereichten Wahlvorschläge für ungültig erklärt werden mußten.

22. Unter „Mehrheitswahl" ist im Gegensatz zur Verhältniswahl, d. h. der Wahl mit verhältnismäßiger Verteilung der Sitze unter die beteiligten Gruppen die Wahl zu verstehen, bei der die Stimmen nicht für die einzelnen Gruppen von Bewerbern, sondern nur für die einzelnen Bewerber selbst ohne Zusammenfassung in Gruppen gezählt werden und die Bewerber mit den meisten Stimmen als gewählt gelten. Wenn bei der Mehrheitswahl die Formen der Verhältniswahl — soweit dies möglich ist — eingehalten werden, ist dies unschädlich, soweit nicht das Ergebnis dadurch verdunkelt worden sein kann. VGHE. v. 2. Febr. 1925, BGVZ. 1926, 887.

23. Bei der eigentlichen Mehrheitswahl ist der Wähler nicht an die irgendwie vorgeschlagenen Bewerber gebunden, auch nicht in den Fällen, in denen ein gültiger Wahlvorschlag vorliegt (§ 62 IV GWO.), sondern kann seine Stimme jeder wählbaren Person geben.

24. Stimmenhäufung ist bei der Mehrheitswahl begrifflich ausgeschlossen. § 73 Z. 5 GWO. Sie ist auch nicht notwendig. S. den Zweck dieser Maßnahme bei Anm. 35.

25. Satz 2 wurde im VerfA. des Landtags eingefügt, um auch bei der Mehrheitswahl zu ermöglichen, daß, wie nach der GO. von 1869, ebensoviele Ersatzleute zur Verfügung stehen, als Vertreter zu wählen sind. Da bei der Verhältniswahl die 1½fache Zahl der Vertreter in den Wahlvorschlägen und auf den Stimmzetteln enthalten sein darf, steht bei mehreren Wahlvorschlägen immer eine entsprechende Zahl von Ersatzleuten zur Verfügung. Bei einer Einheitsliste, die allgemeinen Anklang findet, würden aber an sich nur halb (oder ein Viertel) soviel Ersatzleute als Vertreter vorhanden sein. Daher ist in Satz 2 bestimmt, daß die Stimmzettel doppelt (statt 1½- oder 1¼ mal, Ziff. 4 Unterabs. 2) soviel Namen enthalten dürfen, als Vertreter zu wählen sind. In Satz 7 ist aus dem gleichen Grund auch noch die nachträgliche Ergänzung des Wahlvorschlages auf die doppelte Bewerberzahl zugelassen. § 49 II Z. 1 GWO.

In der Auswahl der Namen auf den Stimmzetteln sind die Wähler nicht beschränkt. Häufung der Namen ist unzulässig.

26. Entscheidend ist die Höhe der Stimmenzahlen. Als G.ratsmitglieder sind in der Reihenfolge der Stimmenzahlen so viele Bewerber gewählt, als Vertreter in den G.rat zu wählen sind. § 84 GWO.

27. Sämtliche übrige Bewerber sind die Ersatzleute und zwar gleichfalls in der Reihenfolge ihrer Stimmenzahlen. Die gesonderte Wahl von Ersatzleuten, wie sie früher üblich war, kommt also jetzt auch bei der Mehrheitswahl nicht mehr in Frage. (S. auch Ziff. 11 Anm. 44.) § 85 III GWO. Über das Einrücken der Ersatzleute s. § 116 GWO.

28. § 84 II GWO. Wenn ein Wahlvorschlag vorliegt, der die allgemeine Zustimmung findet, dann würde an sich, wie dies z. B. auch nach dem GWG. von 1924 der Fall war, entweder das Los darüber entscheiden, welche Bewerber gewählt und welche Ersatzleute sind, oder die Entscheidung würde von einigen wenigen Wählern getroffen, die entgegen der Vereinbarung Änderungen an dem Wahlvorschlag vornehmen. Dies zu vermeiden ist der Zweck der Sätze 6 und 7. Sie stellen die Übertragung des in Ziff. 9 Unterabs. 3 für die Verhältniswahl durchgeführten Gedankens auf die Mehrheitswahl dar. Hienach gilt ein Wahlvorschlag, der von der Mehrzahl seiner Wähler unverändert gewählt worden ist, als gewählt in der vorgeschriebenen Form und Reihenfolge. Dies rechtfertigt sich insofern, als in solchen Fällen offensichtlich die Mehrheit der Wähler auch die Reihenfolge des Wahlvorschlages und die Ausscheidung zwischen den Vertretern und Ersatzleuten gebilligt hat. Über die Frage, wann der Wahlvorschlag als „unverändert" gilt, s. Anm. 41.

Die Bestimmung vereinfacht die Ergebnisfeststellung in solchen Fällen bedeutend, weil, sobald die Tatsache feststeht, daß mehr als die Hälfte der Stimmzettel für den unveränderten Wahlvorschlag abgegeben ist, von jeder weiteren Feststellung abgesehen werden kann. Zugleich wird dadurch das blinde Spiel des Zufalls ausgeschlossen und an seine Stelle der bewußte Wille der Wähler gesetzt.

Voraussetzung ist, daß ein „gültiger" Wahlvorschlag vorliegt, der den Vorschriften der GWO. hierüber entspricht und in der Frist der Ziff. 4 eingereicht worden ist. Es handelt sich also dabei nicht um formlos verabredete Vorschläge oder Stimmzettel. G.n, die die Anwendung dieser Bestimmung wünschen und durchsetzen zu können glauben, müssen also dafür sorgen, daß ein solcher Wahlvorschlag rechtzeitig und formgerecht eingereicht wird. Denn wenn an den Wahlvorschlag bestimmte Folgen geknüpft werden sollen, muß auch dafür gesorgt sein, daß er in jeder Hinsicht den Vorschriften entspricht. Dazu gehört im Interesse der Vollzähligkeit des G.rates, daß er die nötige Anzahl von Bewerbern enthält und daß auch für Ersatzleute gesorgt ist „mit der höchstzulässigen Bewerberzahl", d. h. $1^1/_2$ oder $1^1/_4$mal soviele, als Vertreter zu wählen sind.

29. § 42 III GWO. Dem in Anm. 28 am Schluß angegebenen Zweck dient auch die Bestimmung in Satz 7. Da die Stimmzettel in solchen Fällen doppelt soviele Namen enthalten dürfen, als Vertreter zu wählen sind, wäre die Abgabe von Stimmzetteln für den unveränderten Wahlvorschlag, der bei seiner Einreichung, solange nicht feststeht, ob Verhältniswahl oder Mehrheitswahl stattzufinden hat, nur das $1^1/_2$ fache oder $1^1/_4$ fache der Vertreterzahl enthalten darf, unmöglich, solange der Wahlvorschlag nicht auch so viele Namen enthält. Daher ist seine Ergänzung auf diese Zahl von Bewerbern zugelassen. Sobald feststeht, daß nur ein Wahlvorschlag vorliegt, die Bestimmung in Ziff. 5 also zur Anwendung kommt (d. h. am 14. Tag vor der Wahl von abends 8 Uhr an), kann der Wahlvorschlag bis zur Beschlußfassung darüber noch auf das Doppelte der Vertreterzahl ergänzt werden. Dann ist die Stimmabgabe nach S. 2 und 6 möglich.

30. S. Anm. 45. Wenn der einzige vorhandene Wahlvorschlag ein gemeinsamer Wahlvorschlag mehrerer Gruppen ist, (was sich daraus ergibt, daß darin die Bewerber der einzelnen Gruppen durch die Zusammenfassung in Untervorschläge als zusammengehörig bezeichnet sind), so erfolgt das Nachrücken der Ersatzleute auch hier nur innerhalb der Untervorschläge, und zwar entweder nach der Stimmenzahl oder in der im Wahlvorschlag vorgesehenen Reihenfolge (S. 6). Ziff. 1 Unterabs. 2 gilt „entsprechend".

Ziff. 6 (Wahlzeit) § 35 GWO.

31. Die Abstimmung fand nach der GO. von 1869 in der Weise statt, daß der Wahlleiter für jeden Wahlgang (B., Beigeordnete, G.räte) eine Frist für die Stimmabgabe setze und, wenn in dieser Frist mehr als die Hälfte der Stimmberechtigten abgestimmt hatte, die Wahl schloß, andernfalls eine weitere Frist setzte, nach deren Ablauf dann die Wahl ohne Rücksicht auf die Zahl der abgegebenen Stimmen geschlossen wurde. Schon das WG. von 1919 schrieb im Gegensatz hiezu die Stimmabgabe in der gleichen Form und Zeit, wie bei den Reichstags- und Landtagswahlen vor, nämlich von 9—6 Uhr, sah aber die Möglichkeit vor, wenn diese Zeit nach den örtlichen Verhältnissen und der Zahl der Wähler zu lang sein sollte, die Wahldauer durch Beschluß des Wahlausschusses bis auf 6 Stunden abzukürzen. Das GWG. von 1924 sah die gleiche Bestimmung vor. Die GO. geht noch weiter, indem sie die Abkürzung auf 5 Stunden (der RegE. hatte sogar 4 Stunden vorgeschlagen) vorsieht, hiezu jedoch einen einstimmigen Beschluß des G.wahlausschusses verlangt. Auch wurde, um alle Zweifel abzuschneiden, ausdrücklich bestimmt, daß der Beginn der Wahl statt auf 9 Uhr auch auf 10 Uhr festgesetzt werden kann. Einstimmigkeit wurde für den Beschluß des G.wahlausschusses deshalb verlangt, um alle Bedenken nach der Richtung auszuschließen, daß eine Mehrheit das Interesse der Minderheit bei Festsetzung der Wahldauer schädigen könne. Bei der Festsetzung der Wahldauer ist zu berücksichtigen, daß auf dem Lande vielfach, vor allem an Sonntagen nicht alle Wahlberechtigten einer Familie zu gleicher Zeit von zu Hause abkommen können. Für solche Fälle muß die Wahlzeit so bestimmt werden, daß auch der zweite Teil der Familie noch zur Stimmabgabe kommen kann, nachdem der erste Teil abgestimmt hat und heimgekehrt ist.

Der Schluß der Abstimmung nach S. 2 erfolgt durch den Wahlvorsteher auf Grund eines Beschlusses des Wahlvorstandes (§ 65 III GWO.). Darauf, daß vielleicht noch Inhaber von Wahlscheinen zur Abstimmung kommen können, braucht keine Rücksicht genommen zu werden. Wenn mehrere Wahlen verbunden sind, hat der vorzeitige Schluß einer Wahl keinen Zweck, solange nicht auch der Schluß der damit verbundenen Wahlen möglich ist.

Die Abkürzung der Wahldauer nach S. 3 kann nicht während des Wahlgeschäftes selbst erst erfolgen. (BGHE. v. 10. März 1920, BGBZ. 1925, Sp. 727). Die Abkürzung ist nur dann zulässig, wenn sie so rechtzeitig erfolgt, daß die Wahldauer mit der vorgeschriebenen Wahlbekanntmachung mit bekanntgegeben werden kann. Unzulässig ist die Abkürzung durch den Wahlleiter allein. (BGHE. v. 8. Febr. 1922, BGBZ. 1925, Sp. 727).

Wird eine Wahl unberechtigterweise vorzeitig geschlossen, so führt dies zur Ungültigkeit der Wahl (BGHE. v. 4. März 1925,

BGVBl. 1925, Sp. 727), ebenso wenn der Wahlleiter die Wahlzeit kürzer ansetzt, als nach Ziff. 6 zulässig ist (BGHE. v. 7. Okt. 1925, BGVBl. 1926 Sp. 862).

Ziff. 7 (Stellung der Wähler zu den Wahlvorschlägen; Behandlung der Stimmzettel durch die Wähler.)

32. Die Vorschriften in dieser Hinsicht gehören zu den wichtigsten des Verhältniswahlrechtes. Über die maßgebenden Gesichtspunkte vgl. zunächst die allgemeinen Ausführungen in der Einleitung zum Abschnitt: Gemeindewahlen.

Wie die Regierung in ihrem Entwurfe, erachtete auch der Landtag in seiner großen Mehrheit grundsätzlich das System der bedingt freien Liste (mit Ausschluß des „Panachierens" und von „Wilden" (s. Anm. 34), sowie mit dem Übergang zur gebundenen Liste auf Grund des Willens der Mehrheit der Wähler) für das richtige Verfahren bei G.wahlen in kleinen und mittleren G., wo die Wahl von Einzelpersonen auf Grund persönlicher Kenntnis ihrer Eigenschaften und Fähigkeiten im Vordergrund steht. Der Landtag pflichtete aber weiter der Regierung auch dahin bei, daß die Gründe, die für die freie Liste sprechen, in großen G.n in den Hintergrund treten gegenüber der Notwendigkeit, hier ein Verfahren zu finden, das mit Rücksicht auf die Zahl der Wähler und der zu Wählenden möglichst einfach gestaltet ist, und auch die gerade hier gefährlichen Zufälligkeiten zu verhindern geeignet ist. Auch der Landtag sprach sich daher für die Ausdehnung der gebundenen Liste, die 1924 nur für 5 Städte eingeführt worden war, aus und billigte die von der Regierung vorgeschlagene Abgrenzung bei 20000 Einwohnern. Der Begr. zur GO. ist zu entnehmen, daß bei der Erhebung nach der Wahl im Jahre 1924 von den Städten, die bei einer Ausdehnung der Wahl mit gebundenen Listen in Frage kommen, sich Bamberg, Hof, Bayreuth, Aschaffenburg, Ingolstadt, Amberg, Erlangen, Coburg, Straubing, Kempten ohnehin schon für diese Wahlart ausgesprochen haben. Um diesen Wünschen nachzukommen, wurde die Abgrenzung bei 20000 Einwohnern gezogen. Von den bei dieser Abgrenzung weiter noch in Betracht kommenden Städten (Würzburg, Regensburg, Kaiserslautern, Pirmasens, Landshut, Speyer, Frankenthal, Ansbach, Passau) haben die meisten zu dieser Frage keine bestimmte Stellung eingenommen, sodaß wohl angenommen werden darf, daß sie gegen die Einreihung unter die Zahl der Städte mit gebundenen Listen wenigstens keinen Widerspruch erheben. Die Stadt Regensburg hat allerdings, wie 1919 so auch jetzt wieder, sich entschieden gegen die gebundene Liste ausgesprochen.

Ein sozialdemokratischer Antrag, die Grenze schon bei 5000 Einwohnern zu ziehen, fand keine Annahme. Hiedurch wären eine sehr große Zahl von Städten noch einbezogen worden, die sich gegen die gebundene und für die freie Liste ausgesprochen haben. Die Gründe, die für die gebundene Liste bei den größeren Städten sprechen, lassen sich bei den Städten zwischen 5000 und 20000 Einwohnern noch ohne zu große Schwierigkeiten vermeiden.

Die „Bindung" der Wähler an die Wahlvorschläge besteht bei der gebundenen Liste darin, daß die Wähler nur den Wahlvorschlag im Ganzen, so wie er von den Einreichern aufgestellt worden ist, wählen können. Sie können bei der Stimmabgabe keinerlei Änderung daran vornehmen. Werden Aenderungen daran versucht, so bleiben sie im günstigsten Fall wirkungslos. Wenn infolge davon aber Zweifel über den Willen des Wählers entstehen können, riskiert der Wähler sogar, daß seine Stimme ganz für ungültig erklärt wird. (§ 72 III GWO.). Die Bestimmung der Ziff. 5 gilt, obwohl sie im Gegensatz zu Unterabs. 2 hier nicht aufgeführt ist, als Ausnahmeregelung auch hier, wenn tatsächlich einmal in einer Stadt mit mehr als 20000 Einwohnern kein oder nur ein Wahlvorschlag vorliegen sollte. Die GO. hält dies nicht für wahrscheinlich, daher die formelle Abweichung von Unterabs. 2.

a) In Gemeinden mit mehr als 20000 Einwohnern.

33. In Satz 2 und 3 des Unterabs. 1 ist der Inhalt der Stimmzettel in den G.n mit mehr als 20000 Einwohnern bestimmt. S. § 62 II GWO. Satz 2 bestimmt den notwendigen Inhalt, ohne den keine gültige Abstimmung vorliegt (§ 72 Z. 2 GWO.), Satz 3 den neben dem notwendigen Inhalt noch weiter zulässigen Inhalt. Notwendig ist das Kennwort des Wahlvorschlags, zulässig und gewünscht die Angabe der drei ersten Bewerber, der „Spitzenkandidaten". Wenn in solchen Fällen die G. von der Befugnis des Art. 69 II zur Einführung des amtlichen Stimmzettels auf Kosten der G. Gebrauch macht, wird der Inhalt des Stimmzettels von der G. bestimmt und der Wähler hat nichts anders zu tun, als den Wahlvorschlag, dem er seine Stimme geben will, deutlich zu kennzeichnen. Sonstige Änderungen an dem Stimmzettel machen ihn ungültig, wenn dadurch die Erkennbarkeit des Wählerwillens in Frage gestellt ist. Wo der amtliche Stimmzettel bei gebundener Liste nicht eingeführt ist, muß der von der Partei ausgegebene, oder vom Wähler selbst hergestellte Stimmzettel zum mindesten das Kennwort des Wahlvorschlages enthalten. Das Fehlen von Namen oder die Eintragung von weniger oder mehr als 3 Namen läßt die Gültigkeit des Stimmzettels unberührt, es sei denn, daß hiedurch der Wille des Wählers zweifelhaft wird, was z. B. bei Eintragung unrichtiger Namen leicht möglich ist. Der Unterschied der Sätze 2 und 3 hat seinen Grund darin, daß zwar die Kennzeichnung durch das Kennwort nötig, aber auch genügend ist, und daß dem Wähler keine in gewissem Sinne unnötige Arbeit auf seinem Stimmzettel zugemutet werden soll. (Vgl. § 72 Ziff. 1—6 GWO.).

b) In Gemeinden bis zu 20 000 Einwohnern.

34. (§ 62 III und § 72 Z. 2—5 GWO.). In den G.n bis zu 20000 Einwohnern gilt die freie Liste in der aus Unterabs. 2 sich ergebenden Form. Eine Ausnahme besteht für die Fälle, wo kein oder nur ein gültiger Wahlvorschlag vorliegt. Hier gilt der Grundsatz der Mehrheitswahl nach Ziff. 5 (vgl. Anm. 20 ff.). Satz 1 bestimmt, welche Personen der Wähler auf seinem Stimmzettel benennen darf. Sie müssen in irgendeinem vom Wahlleiter bekanntgegebenen Wahlvorschlag enthalten sein. Unzulässig sind also Bewerber, die nicht in einem gültigen Wahlvorschlag aufgenommen sind. („Wilde"). Sie dürfen ferner nur einem einzigen Wahlvorschlag entnommen sein, was sich schon aus S. 1 ergibt, zur Abschneidung aller Zweifel aber in S. 3 auch noch ausdrücklich ausgesprochen ist. Das sog. „Panachieren" (Von panaché = bunt, gestreift; panachierte Pflanze = gestreifte oder gefleckte Pflanze; panachierter Stimmzettel = aus mehreren Wahlvorschlägen zusammengesetzter Stimmzettel) der Stimmzettel ist also ausgeschlossen. Der Entwurf des GWG. von 1924 sah diese Möglichkeit vor, um den Wählern tunlichste Freiheit zu gewähren, wobei er die dadurch erwachsenden Schwierigkeiten für die Ergebnisfeststellung in Kauf nahm. Denn der Wettbewerb der einzelnen Wahlvorschläge untereinander kann sich bei Zulassung dieser Freiheit des Wählers nicht auf Grund der Stimmzettel im Ganzen, sondern nur auf Grund der für die einzelnen Bewerber ermittelten und für die Bewerber der Wahlvorschläge erst zusammenzustellenden Stimmenzahlen vollziehen. Einmal mit Rücksicht hierauf, sodann aber wohl auch aus politischen Gründen, weil hiedurch den Parteien Stimmen zugunsten einzelner Bewerber anderer Parteien, denen der Wähler persönlich gewogen ist, entgehen können, hat der Landtag 1924 diese Bestimmung abgelehnt und die Bindung an die Bewerber des einen Wahlvorschlages festgelegt. Deshalb hat sowohl der RegE. wie auch die GO. diese Bestimmung übernommen, sodaß das Panachieren auch in Zukunft unmöglich ist und mindestens zur Ungültigkeit der für solche Außenseiter abgegebenen Stimmen führt.

Dem Wähler steht es frei, einzelne der Bewerber des von ihm gewählten Wahlvorschlages zu streichen. Dies ist unter Umständen sogar notwendig, wenn der Wähler von der Befugnis der „Stimmenhäufung" (s. Anm. 35) Gebrauch machen will. Der Wähler kann eben nicht beliebige Änderungen an den Wahlvorschlägen vornehmen, sondern nur die aus Ziff. 7 sich ergebenden Änderungen.

35. Das „Häufen". S. §§ 62 III und 73 Ziff. 4 GWO. Schon das Wahlrecht von 1908 hatte die Möglichkeit vorgesehen, daß der Wähler statt jedem aus der auf dem Stimmzettel zulässigen Zahl von Bewerbern je eine Stimme einzelnen Bewerbern innerhalb der hiedurch gegebenen Grenzen 2 oder 3 Stimmen geben konnte. Dadurch wird den Wählern die Möglichkeit gegeben, einzelne Bewerber, an deren Wahl ihnen ganz besonders gelegen ist, besonders hervorzuheben. Der Zweck der Bestimmung ist aber vor allem der, die Möglichkeit des „Köpfens der Liste" zu verhindern, d. h. zu verhindern, daß Gegner eines Bewerbers ihn durch Streichung und Zurücksetzung gegenüber anderen Bewerbern zu Fall bringen, eine Maßnahme, die gerade bei der freien Liste verhältnismäßig leicht ist und namentlich, wo sonst Disziplin herrscht, den führenden Köpfen der Liste gefährlich werden kann, wenn nicht Vorbeugungsmaßregeln ergriffen werden. Als solche kennt das Verhältniswahlrecht vor allem das „Häufen" von Stimmen, um dadurch die Angriffe gegen Bewerber, an deren Wahl der Partei vor allem gelegen ist, unschädlich zu machen. (Neben dieser Maßnahme kommt übrigens in der GO. auch noch die Vorschrift in Art. 66 Ziff. 9 Unterabs. 3 als Gegenwirkung gegen die „Köpfen" genannte Manipulation in Betracht).

Die Begr. zum Entw. der GO. von 1926 führt hiezu aus (S. 146):

„Sehr häufig wurden Bedenken gegen das „Häufen" bei der Stimmabgabe geltend gemacht. Nicht überall wurden die Vorschriften hierüber verstanden, so daß sie nur von denen angewendet wurden, die hierüber aufgeklärt waren, also nur einem Teil der Bewerber zugute kamen. Dieser Mangel wird aber bei öfterer Anwendung des neuen Wahlverfahrens verschwinden. Weiter wurde dieser Bestimmung entgegengehalten, daß dadurch der einzelne Wähler zu viel Einfluß auf die Gestaltung des Endergebnisses erhalte, weil einzelne Wähler dadurch die Wahl oder Nichtwahl eines oder des anderen Bewerbers entscheiden können. Es ist aber gerade der Zweck dieser Bestimmung, daß die Parteileitungen dadurch die Möglichkeit erhalten, die Wahl einzelner Führer, auf deren Wahl sie besonderes Gewicht legen, zu sichern, indem sie auf dem von der Partei herausgegebenen Stimmzettel eine Stimmenhäufung für diesen Bewerber vorschlagen. Würde die Vorschrift über das Häufen gestrichen, so könnte die Liste leicht „geköpft" werden. Dann wäre erst recht wieder einzelnen Personen die Möglichkeit gegeben, durch ihre Abstimmung die Gestaltung des Wahlergebnisses gegenüber einer im übrigen Disziplin haltenden Wählerschaft eines Wahlvorschlages entscheidend zu beeinflussen. Bei der freien Liste kann auf das Häufen nicht verzichtet werden, auch dann nicht, wenn die Bestimmung bleibt, wonach bei unveränderter Abgabe der Stimmzettel durch mehr als die Hälfte der Wähler die Reihenfolge im Wahlvorschlage maßgebend ist. Denn es muß auch für die Fälle Vorsorge getroffen werden, in denen mehr als die Hälfte der Stimmzettel verändert abgegeben wird. Man kann sich nicht darauf verlassen, daß dann soviele Änderungen an dem Wahlvorschlag vorgenommen sind, daß ein „Köpfen" nicht mehr in Betracht kommt. Es ist denkbar, daß in solchen Fällen ein einzelner Bewerber auf 60 Prozent der Stimmzettel gestrichen ist, sodaß die Reihenfolge nach den Stimmenzahlen sich bemißt. Wenn dann außerdem auch auf einem Stimmzettel noch der Hauptbewerber, auf dessen Wahl ganz besonderes Gewicht gelegt wird, gestrichen wird, liegt geradezu ein Schulbeispiel für das „Köpfen" einer Liste vor".

Daher hat auch die GO. diese Ergänzung der Bestimmungen über die freie Liste übernommen.

Über den Vollzug wurde im Verfassungsausschuß des Landtags 1924 eingehend gesprochen. Dabei wurde festgestellt, daß zu unterscheiden sei zwischen

1. der Aufstellung der Bewerber im Wahlvorschlag, wobei eine Häufung nicht veranlaßt sei;
2. der Herstellung des von der Parteileitung ausgegebenen parteiamtlichen Stimmzettels, bei der die Parteileitung Vorschläge über die zweckmäßige Art der Häufung machen könne;
3. der Herstellung des Stimmzettels durch den Wähler, wobei dieser entweder der Anregung des parteioffiziellen Stimmzettels folgen oder seine eigene Meinung hinsichtlich der Häufung durch Abänderung in dieser Hinsicht zum Ausdruck bringen könne. Weitere Ausführungen über den Vollzug der Häufung in § 62 III GWO.

36. § 62 III u. § 72 Z. 6, § 73 Z. 3 GWO. Satz 2 enthalten die sonstigen Bestimmungen über den Inhalt der Stimmzettel in G.n bis zu 20000 Einwohnern. Wie im Unterabs. 1 ist das Kennwort notwendiger Bestandteil des Stimmzettels. Sein Fehlen macht den Zettel unter allen Umständen ungültig. Während bei der gebundenen Liste kein weiterer Inhalt des Stimmzettels notwendig ist (s. Anm. 33), ist bei der freien Liste auch die Angabe der Bewerber noch erforderlich, und zwar mindestens eines Bewerbers (§ 72 Z. 5 GWO.) und höchstens so vieler Namen (mit Rücksicht auf die Häufungsmöglichkeit nicht notwendig so vieler Bewerber), als nach Ziff. 4 in die Wahlvorschläge aufgenommen werden können. Zwischen diesen beiden Zahlen kann sich der Wähler bewegen. Es ist gleichgültig, wieviele Namen auf dem Wahlvorschlag enthalten sind. Wenn darin weniger Namen als zulässig sind, enthalten sind, kann der Wähler die Zahl durch Häufen ergänzen. Kennwort und Bewerber müssen dem gleichen Wahlvorschlag entstammen, da sonst der Wille des Wählers nicht deutlich zu erkennen ist.

Die hieraus sich ergebenden Ungültigkeitsgründe für die Stimmzettel regelt im einzelnen die GWO. in §§ 72, 73. Über die Stimmabgabe im einzelnen bestimmen §§ 55—60 GWO., über die äußere Beschaffenheit und die Beschaffung der Stimmzettel §§ 31 bis 33 GWO. Bei Listenverbindung (s. Anm. 20) stimmt der Wähler zunächst und erkennbarer Weise nur für seinen Wahlvorschlag. Wirksam wird seine Stimme aber auch für die verbundenen Wahlvorschläge.

37. Das „Panachieren" ist verboten, s. Anm. 34. § 72 Z. 4 GWO.

Ziff. 8. (**Sitzverteilung unter die Wahlvorschläge.**) § 81, 82 GWO.

38. Grundsatz des Verhältniswahlverfahrens ist, daß die zu verteilenden Sitze unter die an der Wahl beteiligten Gruppen in dem Verhältnis verteilt werden, in dem die von ihnen aufgebrachten Stimmenzahlen zueinander stehen. Das GWG. von 1908, das die Stimmabgabe für Bewerber aus mehreren Wahlvorschlägen („Panachieren" s. Anm. 34) zuließ, mußte der Berechnung dieses Verhältnisses die für die einzelnen Bewerber abgegebenen Stimmen (Bewerberstimmen) zugrundlegen. Das GWG. von 1924, das diese Art der Stimmabgabe nicht zuließ, konnte dagegen das viel schneller und einfacher zu ermittelnde Verhältnis der Stimmzettel, die für die einzelnen Wahlvorschläge abgegeben wurden, als maßgebend bezeichnen. Ebenso die GO. Hiedurch sind auch bei der freien Liste Wahlvorschläge nicht benachteiligt, die nicht die höchstzulässige Zahl von Bewerbern aufweisen. Es besteht also auch für kleinere Parteien nicht die Notwendigkeit, durchaus die Höchstzahl der Bewerber aufzustellen, was unnötige Arbeit verhindert.

Die für die „einzelnen" Wahlvorschläge abgegebenen Stimmzettelzahlen kommen in Betracht, wo keine Listenverbindung vorliegt. Wo solche vorliegt, kommt den anderen, der Verbindung nicht angehörigen Wahlvorschlägen gegenüber nur die Zahl der für die sämtlichen verbundenen Wahlvorschläge insgesamt abgegebenen Stimmzettel in Betracht. Für die Verteilung der der Verbindung gemeinsam zugefallenen Sitze sind dann schließlich wieder die den einzelnen Wahlvorschlägen zugefallenen Stimmzettelzahlen maßgebend.

Über die Art der Verhältnisberechnung und damit der Verteilung trifft die GWO. nähere Bestimmung (§ 81 GWO), ebenso über die Art, wie die Stimmenzahlen festgestellt werden in § 77 ff. GWO.

Außer Zweifel ist, daß nur die gültigen Stimmen in Betracht kommen, obwohl dies im Gesetz nicht ausdrücklich gesagt ist.

39. § 81 III GWO. Wo infolge von Stimmengleichheit die Bestimmung in Ziff. 8 S. 1 nicht zu einem Ergebnis führt, muß eine anderweitige Bestimmung für die Zuteilung des für mehrere Wahlvorschläge in Betracht kommenden Sitzes getroffen werden. In solchen Fällen soll der Wahlvorschlag zum Zuge kommen, dessen für den fraglichen Sitz in Betracht kommender Bewerber die höchste Stimmenzahl aufweist. Wo auch diese Bestimmung nicht zum Ziele führt, hat das Los zu entscheiden. Dies ist der Fall einmal in Städten mit mehr als 20000 Einwohnern, weil hier für die einzelnen Bewerber keine Stimmen abgegeben und festgestellt werden, bei freier Liste in den Fällen der Ziff. 9 Unterabs. 3 Satz 1 und wo mehrere Bewerber die gleiche Stimmenzahl erhalten haben.

Ziff. 9. **(Sitzeverteilung innerhalb der Wahlvorschläge.)** §§ 83 und 90 III GWO.

40. Die Folgerung aus dem Grundsatz der gebundenen Liste ist hier die Vergebung der dem einzelnen Wahlvorschlage im Wettbewerb mit den übrigen Wahlvorschlägen zugefallenen Sitze an die darin zusammengefaßten Bewerber ausschließlich nach der Reihenfolge der Bewerber, wie sie bei Einreichung des Wahlvorschlages beim Wahlleiter von den Einreichern aufgestellt worden ist. (S. Ziff. 7 Unterabs. 1 S. 1). Von dieser Reihenfolge gibt es keinerlei Abweichung.

41. §§ 83 und 90 III GWO. In G.n bis zu 20000 Einwohnern wird nach Ziff. 7 Unterabs. 2 nicht nach der gebundenen, sondern nach der freien Liste gewählt. Hier ist grundsätzlich für die Zuteilung der dem Wahlvorschlag zugefallenen Sitze an die demselben angehörenden Bewerber deren Stimmenzahl maßgebend. Die größere Stimmenzahl begründet den Vorzug vor der kleineren. So das GWG. von 1908. Trotz der durch die Zulassung des Häufens möglichen Korrektur gibt dieses Verfahren die Auswahl der G.ratsmitglieder sehr stark dem Zufall anheim. Um dies zu vermeiden, hat das GWG. von 1924 eine Verteilungsart eingeführt, die die Reihenfolge im Wahlvorschlag auch bei der freien Liste dann maßgebend sein läßt, wenn mehr als die Hälfte der Wähler diese Reihenfolge durch die unveränderte Abgabe ihrer Stimmzettel für den Wahlvorschlag im ganzen ausdrücklich gebilligt hat. Die Begr. zum GWG. von 1924 hat hiezu eingehende Erläuterungen enthalten, die zur Erläuterung der Bestimmung hier wiedergegeben seien:

„Die freie Liste, die an sich vom Standpunkte des Wählers aus entschieden alle möglichen Vorzüge hat, bringt zunächst die Gefahr mit sich, daß infolge der ausschließlichen Bewertung nach der Stimmenzahl für den einzelnen Bewerber gerade die Wahl der Persönlichkeiten, auf deren Wahl das meiste Gewicht gelegt wird, von den Gegnern im eigenen oder fremden Lager verhindert werden kann. Wenn ausschließlich die Stimmenzahl entscheidet, kann nämlich, besonders wo im allgemeinen Parteidisziplin herrscht, unter Umständen von wenigen Wählern das Wahlergebnis geradezu gefälscht, die Liste „geköpft" werden. Die Zulassung der „Häufung" der Stimmen kann dem nicht völlig abhelfen, zumal nicht voraussehbar ist, ob die Wähler dem bezüglichen Vorschlag auch wirklich folgen. Gegen die freie Liste wird weiter der Vorwurf erhoben, daß das Feststellungsverfahren recht umständlich und schwierig ist, namentlich wenn es sich bei den G.wahlen um die gleichzeitige Wahl einer größeren Anzahl von Vertretern handelt. Denn es genügt hierbei nicht, wie bei der gebundenen Liste, festzustellen, wie viele Stimmen im ganzen auf einen Wahlvorschlag entfallen sind, sondern es muß im einzelnen ermittelt werden, wieviele Stimmen jeder einzelne auf den verschiedenen Wahlvorschlägen enthaltene Bewerber auf sich vereinigt hat, weil erst daraus die Summe der auf einen Wahlvorschlag im ganzen entfallenden Stimmen ermittelt werden kann. Wenn nun die Häufigkeit der Abänderungen an den Wahlvorschlägen betrachtet wird, so ist diese sehr verschieden, je nach der Wahl, um die es sich handelt. Bei Kaufmanns- und Gewerbegerichtswahlen z. B. wurden nach einer Statistik nur 10 Prozent der Stimmzettel verändert. Anders dagegen bei G.wahlen, bei denen mit Recht ein besonderes Gewicht auf die Person der zu wählenden Vertreter gelegt wird. Auch hier zeigt aber die Statistik, daß die Zahl der Änderungen mit der Größe der G. abnimmt. Die meisten Änderungen weisen die kleinen, die wenigsten die großen G.n auf. So waren z. B. bei der bayerischen G.wahl 1911 unverändert: bei G.n von 4000 bis 10000 Einwohnern 31 Prozent, von 10 bis 20000 Einwohnern 47 Prozent, von 20 bis 30000 Einwohnern 50 Prozent, von 30 bis 50000 Einwohnern 59 Prozent, von 50000 bis 100000 Einwohnern 67 Prozent, über 100000 Einwohner 80 Prozent, im Durchschnitt 65 Prozent, bei der Gemeindewahl 1908 insgesamt 68 Prozent (vgl. Zeitschrift des Statistischen Landesamts 1912 Seite 489).

Es gibt nun ein System der freien Liste, das die beiden Mängel der gewöhnlichen freien Liste nicht mit sich bringt. Es beruht auf dem sogenannten Grundsatz der „Stellenwahl", wie ihn der Entwurf eines Reichsgesetzes über die Verhältniswahl in größeren Reichstagswahlkreisen vom 16. Februar 1918 (Reichstagsdrucksache Nr. 1288) enthalten und eingehend begründet hat, und wie ihn unter anderem auch schon die Wahlordnung für die Bayerischen Bauernkammerwahlen vom 22. März 1922 (MABl. S. 71) in § 53 angenommen hat. Dabei wird von dem Grundgedanken ausgegangen, daß es neben der Stimmenzahl der Bewerber auch darauf anzukommen hat, in welcher Reihenfolge und an welcher Stelle des Stimmzettels die Bewerber gewählt werden, daß also eine Stimme, die an erster Stelle des Stimmzettels für einen Bewerber abgegeben ist, mehr Gewicht und Bedeutung haben muß, als wenn sie an letzter Stelle einem Bewerber zukommt. Es wird dann gefolgert, daß an erster Stelle gewählt ist, wer an erster Stelle die absolute Mehrheit erhalten hat, auch wenn ein anderer an 2. oder 3. Stelle mehr Stimmen aufzuweisen haben sollte, weil kein Bewerber für die erste Stelle mehr Stimmen erhalten haben kann. In gleicher Weise gilt dann hiernach an 2. Stelle als gewählt, wer an dieser und an erster Stelle zugleich die absolute Stimmenmehrheit erhält usw. Dies führt zu einem weiteren Gedankengang. Wenn bei mindestens der Hälfte aller Stimmen, die für einen ganzen Wahlvorschlag abgegeben worden sind, überhaupt keine Änderungen vorgenommen worden sind, steht fest, daß jeder Bewerber an seiner Stelle die absolute Mehrheit erhalten hat, also an dieser Stelle und auf diese Stelle gewählt worden ist.

Dann kann die ganze Schlußfeststellung der Stimmenzahlen der einzelnen Bewerber unterbleiben und die Reihenfolge auf dem Wahlvorschlag als maßgebend angesehen werden. In diesem Fall besteht weiter auch die Gefahr des „Köpfens" nicht mehr, da einige wenige Stimmen keinen Ausschlag nach der oder jener Richtung zu geben vermögen. Da namentlich in größeren Städten nach der oben angeführten Statistik mehr als die Hälfte der Wähler die Stimmzettel unverändert zu lassen pflegt, ist bei dieser Regelung gerade hier, wo die Arbeit der Feststellung am langwierigsten ist, eine Vereinfachung zu erzielen. Wenn der Wahlvorschlag im Sinne der Wähler richtig zusammengestellt ist, wird die Liste durch die Abstimmung von der freien zur gebundenen. Dies ist auch durchaus berechtigt; denn wenn die Mehrheit der Wähler eines Wahlvorschlages nicht von der vorgeschlagenen Reihenfolge abweichen will, ist nicht einzusehen, warum eine Minderheit ihre abweichende Meinung soll durchsetzen können.

In den Fällen nun, in denen weniger als die Hälfte der Wähler den Wahlvorschlag unverändert gelassen hat, sollte nach dem Reichsgesetzentwurf von 1918 die Stimmenzahl der einzelnen Bewerber für die Reihenfolge ihrer Wahl maßgebend sein, wie dies auch in der Bauernkammerwahlordnung bestimmt ist. Bei dieser Regelung muß also die mühsame Arbeit der Zusammenstellung der einzelnen Ergebnisse geleistet werden. Auch die Gefahr des „Köpfens" besteht dann wieder. Dieser muß also durch die Zulassung der Häufung der Stimmen für den einzelnen Bewerber vorgebeugt werden. Es besteht allerdings statt dessen noch die Möglichkeit, den Grundsatz der Stellenwahl auch dann anzuwenden, wenn weniger als die Hälfte der für den Wahlvorschlag abgegebenen Stimmzettel unverändert geblieben sind, nämlich insoweit als wenigstens einzelne Bewerber mehr als die Hälfte der durchschnittlich auf einen Bewerber des Wahlvorschlages treffenden Stimmen erhalten haben. Als Folgerung des Gedankens der Stellenwahl könnte bestimmt werden, daß für solche Bewerber die Reihenfolge der Benennung im Wahlvorschlag maßgebend sein soll, während die Höhe der Stimmenzahl nur für solche Bewerber in Betracht kommt, die auf sich weniger als die Hälfte der durchschnittlich auf einen Bewerber des Wahlvorschlags treffenden Stimmen vereinigt haben. Ein Beispiel soll diese ganze Gedankenreihe näher erläutern:

Es sei angenommen, daß für einen Wahlvorschlag mit 9 Bewerbern 100 Stimmzettel abgegeben worden sind. Wenn hiervon 60 unverändert abgegeben wurden, so steht fest, daß der an 1. Stelle genannte Bewerber A an dieser Stelle mindestens 60 Stimmen erhalten hat, daß also kein anderer Bewerber mehr Stimmen an 1. Stelle erhalten haben kann; denn in dem für ihn ungünstigsten Falle kann ein anderer Bewerber 40 Stimmen an 1. Stelle erhalten haben. Dasselbe gilt für den Bewerber B an

2. Stelle, C an 3. Stelle usw. Wenn dem Vorschlage 3 Sitze zugefallen sind, werden hiernach A, B und C in dieser Reihenfolge zum Zuge kommen müssen. Wenn man sich also für den Grundsatz der Stellenwahl entschließt, hat es gar keinen Sinn festzustellen, wieviele Stimmen andere Bewerber an weiter zurückliegenden Stellen erhalten haben, ob etwa der Bewerber H an 8. Stelle 80 oder selbst 100 Stimmen aufzuweisen hat. Denn bei dem Grundsatz der Stellenwahl wird davon ausgegangen, daß die Wähler leicht geneigt sind, an späteren Stellen stehende Bewerber nicht zu beachten, weil sie sich sagen, daß diese höchstens als Ersatzmänner in Frage kommen. In dem Falle nun, daß von den 100 für den Wahlvorschlag abgegebenen Stimmzetteln weniger als die Hälfte, also beispielsweise etwa nur 40 unverändert sind, kann entweder der Grundsatz der Stellenwahl beiseitegeschoben und festgestellt werden, wieviele Stimmen jeder Bewerber erhalten hat, einerlei an welcher Stelle er sie erhalten hat, oder es wird auch hier die Folgerung gezogen, daß die Bewerber, die von mehr als der Hälfte der Wähler gewählt worden sind, in der auf dem Wahlvorschlag enthaltenen Reihenfolge gewählt werden wollten. Wenn also in dem angenommenen Beispiel unter der Voraussetzung, daß mehr als die Hälfte der Stimmzettel abgeändert wurden

A	40	E	70
B	52	F	80
C	30	G	20
D	60	H	100

Stimmen erhalten hätten, würden bei Annahme des Grundsatzes der Stellenwahl die drei dem Wahlvorschlage zugefallenen Sitze an B, D und E in dieser Reihenfolge fallen, während als Ersatzmänner die Bewerber F, H A, C, G in dieser Reihenfolge bestimmt wären. Im Falle der Ablehnung des Grundsatzes der Stellenwahl unter ausschließlicher Berücksichtigung der Höhe der Stimmzahlen hätte dagegen die Reihenfolge bei den Gewählten H, F, E, bei den Ersatzmännern D, B, A, C, G zu lauten. Bei der Anwendung des Gedankens der Stellenwahl wird eben in diesem Falle davon ausgegangen, daß sich auf dem ersten Platze keine geschlossene Mehrheit gebildet hat, so daß der an 2. Stelle stehende Bewerber, für den sich eine Mehrheit an dieser Stelle gebildet hat, als zuerst gewählt angesehen werden kann. Der gleiche Gedanke wiederholt sich bei der Einordnung der übrigen Bewerber in die Reihenfolge. Der Vorteil liegt hierbei namentlich darin, daß die Möglichkeit unlauterer Machenschaften, also des „Köpfens" vollständig ausgeschlossen ist, was bei den anderen Verfahren auch bei Zulassung der Stimmenhäufung nicht mit Sicherheit zu erreichen ist. Richtig ist, daß dieses Verfahren theoretisch nicht ganz korrekt ist, weil immerhin die Möglichkeit besteht, daß die Bewerber, die in der Reihenfolge des Wahlvorschlages als gewählt erklärt werden, infolge Veränderungen im Stimmzettel ihre Stimmen teilweise an späteren Stellen erhalten haben, wenn sie die Wähler an ihrer Stelle im Wahlvorschlag gestrichen und weiter unten erst wieder eingesetzt oder andere Bewerber oben an die Liste angesetzt haben. Allein diese theoretische Möglichkeit wird praktisch wohl nur wenig vorkommen. Im allgemeinen wird der Gewählte seine Stimme auf dem Platz bekommen, auf dem er im Wahlvorschlag steht. Die theoretische Möglichkeit einer Unrichtigkeit könnte daher wohl unbedenklich unbeachtet gelassen werden, wenn man sich für den Grundsatz der Stellenwahl entscheiden will. Der Entwurf hat aber hiervon abgesehen, weil die Staatsregierung der Meinung ist, daß die Wähler das Ergebnis, daß ein Bewerber mit 52 Stimmen gewählt, ein anderer mit 100 Stimmen nur Ersatzmann ist, nicht leicht verstehen und ertragen werden, wenn auch dieses Ergebnis für den Sachkundigen wohl nichts Bedenkliches hätte.

Haben mehrere Bewerber die gleiche Stimmenzahl erhalten und handelt es sich um die Besetzung des letzten Sitzes, der einem Wahlvorschlag zugefallen ist, oder um die Reihenfolge der Ersatzmänner, so kann die Entscheidung entweder dem Los überlassen werden oder es kann an Stelle des blinden Zufalls die Reihenfolge der Benennung im Wahlvorschlag als maßgebend bezeichnet werden. Der Entwurf hat den letzteren Weg gewählt, um den blinden Zufall auszuschalten".

Der Landtag hat bei der Beratung des GWG. 1924 die Vorteile dieses Systems wenigstens im ersten Teile des Verfahrens anerkannt, ohne daß sich hiergegen eine Stimme erhoben hätte. Besonders wurde hervorgehoben, daß damit für die großen Städte, über 50000 Einwohner, in denen nach der Statistik stets mehr als 50% der Stimmzettel unverändert blieben, sozusagen automatisch die gebundene Liste eingeführt sei, weshalb eine Ausnahmebestimmung nach dieser Richtung hin sich erübrige.

Über die Frage, wann ein Stimmzettel für den unveränderten Wahlvorschlag abgegeben anzusehen ist, führte ein Regierungsvertreter bei den Landtagsverhandlungen im Jahre 1924 unter allseitiger Zustimmung im Verfassungsausschuß aus: dies sei dann gegeben, wenn sämtliche auf dem Wahlvorschlag benannten Bewerber gewählt seien. Einerlei sei es einmal, wieviele Stimmen der einzelne Bewerber auf dem Stimmzettel erhalten habe, in welcher Weise also der Wähler „gehäuft" habe, ob er dem auf den gedruckten Stimmzettel gemachten Vorschlag in dieser Hinsicht gefolgt sei oder nicht. Als unverändert sei der Wahlvorschlag auch dann noch anzusehen, wenn der Wähler die auf dem Stimmzettel vorgeschlagene Häufung gestrichen und in anderer Weise gehäuft habe. Belanglos sei es ferner, wenn der Bewerber die im Wahlvorschlage enthaltene Reihenfolge der Bewerber nicht eingehalten habe; denn bei dem System der freien Liste sei die Reihenfolge grundsätzlich ohne Bedeutung, also nicht als wesentlicher Bestandteil des Wahlvorschlages anzusehen. Als Veränderung des Wahlvorschlages im Sinne der Ziff. 7 (jetzt 9) gelte es dagegen, wenn ein Bewerber gestrichen sei. Auch wenn ein im Wahlvorschlag nicht enthaltener Name auf dem Stimmzettel erscheint, soll dieser nach dem Ergebnis der Aussprache im Landtag als verändert gelten, wenn diese Stimmgebung auch hinsichtlich dieses Bewerbers nach der GWO. ungültig ist.

Die bei der G.wahl im Jahre 1924 gemachten Erfahrungen haben ergeben, daß in ganz Bayern 55% der Stimmzettel unverändert abgegeben wurden, am meisten in Niederbayern (65%), am wenigsten in Unterfranken (46%). Die Neigung, den Stimmzettel zu verändern, ist in kleinen G.n größer als in den größeren. Der Grund liegt darin, daß in den kleineren G.n der Wähler die Bewerber meist persönlich kennt und daher geneigter ist, hier persönlich mitzuwirken, als in den größeren Orten, wo zudem die Parteidisziplin mitspielt. Das Verhältnis der unveränderten Stimmzettel wächst mit der Größe der G.n von 45%—73%. Von Bedeutung ist auch, ob es sich um Wahlvorschläge politischer Parteien oder um Kompromißvorschläge handelt. Bei diesen ist die Neigung zu Änderungen besonders stark. Auch bei den Parteien ist der Prozentsatz der unveränderten Stimmzettel sehr verschieden, je nach der Disziplin der Wähler der Partei. (Zeitschr. des stat. Landesamts 1925 S. 413). Immerhin hat sich ergeben, daß diese Bestimmung eine nicht unerhebliche Bedeutung erlangt hat, ferner aber auch, daß keine abfälligen oder ungünstigen Kritiken hierüber laut geworden sind. Daher hat auch die GO. sie unverändert übernommen.

Nur wo der Wahlvorschlag bei der Mehrzahl der Wähler keinen Anklang gefunden hat, kommt in den G.n bis zu 20000 Einwohnern die Verteilung der Sitze nach der Stimmenzahl der einzelnen Bewerber zur Anwendung.

42. An Stelle der sonst üblichen Losentscheidung, die den Entscheid dem Zufall überläßt, tritt hier die Entscheidung durch die Reihenfolge der Benennung im Wahlvorschlag ein. Sie ist dem Losentscheid immer noch vorzuziehen. (§ 83 I Z. 2 GWO.).

Ziff. 10. **Zu wenig aufgestellte Bewerber.** (§ 83 II GWO.)

43. Dies ist möglich, wenn ein Wahlvorschlag bei der Wahl sich als zugkräftiger erweist, als man bei seiner Einreichung angenommen hatte, oder wenn während des Vorbereitungsverfahrens eine Anzahl von Bewerbern weggefallen ist. Das WG. von 1919 hatte für diese Fälle die nachträgliche Ergänzung der Wahlvorschläge durch den Vertrauensmann zugelassen, in dem Umfange, daß die Ergänzung bis auf das 1½fache der dem Wahlvorschlage zugefallenen Sitze möglich war. Das war bei der gebundenen Liste unbedenklich, weil hier die Feststellung der Bewerber und ihrer Reihenfolge ohnehin Sache der die Wahlvorschläge einreichenden Personen war. Das GWG. von 1924 hat dagegen in Art. 3

Ziff. 10 bestimmt, daß in solchen Fällen die unbesetzten Sitze unbesetzt zu bleiben haben. Die GO. schließt sich dem an. Anders aus besonderen Gründen in Art. 9 Ziff. 5 Unterabs. 3 BezO. und Art. 10 Ziff. 5 Unterabs. 4 KrO. Die Bestimmung gilt nicht für die Wahl der ehrenamtlichen weiteren Bürgermeister. (Art. 75.) Wenn während der Wahlzeit Erledigungen eintreten, die aus den Ersatzleuten nicht besetzt werden können, tritt Art. 71 ein.

Ziff. 11. (**Ersatzleute.**) §§ 85, 90 III GWO.

44. Unterabs. 1. Nur für die ehrenamtlichen G.ratsmitglieder, nicht für die 1. B. Die Ersatzleute werden bei der Verhältniswahl niemals eigens gewählt. Ersatzleute sind hiebei vielmehr stets die auf den Wahlvorschlägen enthaltenen nicht gewählten Bewerber, in der Reihenfolge, die auch für die Wahl maßgebend ist. Diese Reihenfolge und damit auch der Rang der Ersatzleute wird bei der Wahl stets gleich mit festgestellt. Maßgebend ist nach Ziff. 11 die durch Ziff. 9 festgestellte Reihenfolge, also bei G.n mit mehr als 20000 Einwohnern ausschließlich die Reihenfolge im Wahlvorschlag, in kleineren G.n, wenn mehr als die Hälfte der für den betreffenden Wahlvorschlag abgegebenen Stimmzettel den Wahlvorschlag im ganzen unverändert angenommen hat, gleichfalls die Reihenfolge im Wahlvorschlag, sonst die Stimmenzahl, die jeder einzelne Bewerber erhalten hat, bei Stimmengleichheit die Reihenfolge im Wahlvorschlag. Diese Reihenfolge der Ersatzleute ist bei der Ergebnisfeststellung gleichfalls mit festzustellen.

Die Ersatzleute rücken in den G.rat ein, wenn ein gewählter Vertreter gleich bei der Bekanntgabe des Ergebnisses ablehnt (Art. 73), also gar nicht in den G.rat eintritt, oder, nachdem er eingetreten war, aus einem der in Art. 25, 76, 112, 113 angegebenen Gründe wieder ausscheidet, sei es, daß er sein Amt selbst niederlegt (Art. 112) oder daß es ihm entzogen wird. (Art. 25, 76, 113). Soweit überhaupt noch eine Reihenfolge der G.ratsmitglieder in Betracht kommen kann, entscheidet ihre eigene Stelle, nicht die des zu Ersetzenden. (Anders Helmreich, Anm. 21 zu Art. 66.)

45. Unterabs. 2 (**Untervorschläge.**) §§ 41 Z. 1, 85 II, 90 III GWO. Schon bei Erlaß des WG. von 1919 ergab sich die Notwendigkeit, die Zusammenstellung gemeinsamer Wahlvorschläge zu ermöglichen und zu fördern. Hiefür ist namentlich die Regelung der Ersatzleutefrage von Bedeutung, damit nicht durch den Wechsel eines Vertreters die verhältnismäßige Beteiligung der verschiedenen Gruppen an der gemeinsamen Vertreterzahl, wie sie durch die Vereinbarungen der Beteiligten und durch den Ausfall der Wahl festgestellt war, gestört oder beeinträchtigt wird. Diesem Zweck diente die Abänderung des WG. v. 14. Mai 1919, durch das dem Art. 9 Ziff. 10 des Ges. v. 15. April 1919 ein Zusatz beigefügt wurde, wonach bei gemeinsamen Wahlvorschlägen mehrerer Gruppen die Reihenfolge der Ersatzleute anders (als nach der Gesamtreihenfolge im Wahlvorschlag) geregelt werden konnte. Das GWG. von 1924 hat in Art. 3 Ziff. 11 vorgesehen, daß in solchen Fällen die Bewerber der einzelnen Gruppen des gleichen Wahlvorschlags bis zur Entscheidung über die Zulassung der Wahlvorschläge im Voraus als „zusammengehörig" und daß die in dieser Weise zusammengefaßten Gruppen als „Untervorschläge" des Wahlvorschlags bezeichnet werden können, mit der Wirkung, daß beim Wegfall eines Vertreters nur die Ersatzleute aus dem gleichen Untervorschlag in der bestimmten Reihenfolge in den G.rat einrücken, sodaß die Sitzverteilung unter den Teilgruppen des Wahlvorschlages, wie sie durch die Wahl festgestellt worden ist, auch beim Wechsel einzelner Vertreter unverändert bleibt.

Die gleiche Bestimmung enthält die GO. in Ziff. 11 Unterabs. 2. Satz 2 sichert den Vertreterbestand der einzelnen Bestandteile oder Untergruppen eines gemeinsamen Wahlvorschlages in der Weise, daß für den Angehörigen eines Untervorschlages kein Ersatzmann eines anderen Untervorschlages, sondern nur ein Ersatzmann des gleichen Untervorschlages in Frage kommen kann. Ist kein solcher mehr vorhanden, so bleibt der Sitz unbesetzt. Dies ergibt sich aus dem Wort „nur". Nötigenfalls ist nach Art. 71 zu verfahren.

Die Einrichtung der „Untervorschläge" hat in ihrer Durchführung bei der Wahl 1924 allerdings, wenigstens soweit nach freien Listen gewählt wurde, enttäuscht. Denn die Einhaltung der zugrund liegenden Vereinbarungen hängt in diesen Fällen nicht nur von dem guten Willen der Führer, sondern auch von dem Mitgehen der Wähler ab. Diese aber halten sich oft nicht an die getroffenen Abmachungen. Wenn sie diese durch Streichungen oder Häufungen stören, stellt sich schließlich das Ergebnis ganz anders dar, als beabsichtigt war, sodaß häufig nicht die verabredeten Personen, sondern ganz andere gewählt wurden. Die Bestimmung hat jetzt, da die Listenverbindung zugelassen ist (Art. 66 Ziff. 4 Unterabs. 3), von der gebundenen Liste abgesehen, ihre Bedeutung wohl im Wesentlichen verloren.

Art. 67.

I Die Wahlzeit beträgt fünf Jahre[1]. Den Tag[2] der regelmäßigen Gemeindewahlen bestimmt das Staatsministerium des Innern.

II Bei den regelmäßigen Gemeindewahlen haben die austretenden ehrenamtlichen Bürgermeister und Gemeinderatsmitglieder ihr Amt weiterzuführen, bis die Neugewählten ihr Amt übernommen haben[3].

RefE. Art. 67; RegE. Art. 67; VerfA. I, 503; II, 76.

Wahlzeit.

Vorbemerkung.

Nach der GO. v. 1869 (Art. 176 rrh., 105 pf.) fanden die regelmäßigen Gemeindewahlen in G.n mit städtischer Verfassung alle 3 Jahre, in den übrigen rrhein. G.n alle 6 Jahre, in der Pfalz alle 5 Jahre statt. Nach Art. 75 rrhein. GO. wurden in den G.n mit städtischer Verfassung die nicht rechtskundigen B. und Magistratsräte auf 6 Jahre in der Weise gewählt, daß alle 3 Jahre die Hälfte nach ihrer Reihenfolge auszutreten hatte, während die G.bevollmächtigten auf 9 Jahre gewählt wurden, derart, daß je nach 3 Jahren das älteste Drittel auszuscheiden hatte. Die Mitglieder der G.räte u. G.ausschüsse, auch die B. und Beigeordneten in den rrhein. Landg.n wurden auf 6 Jahre gewählt (Art. 125 rrhein. GO.). Hier hat das SVG. eingegriffen. Es bestimmte in Art. 5, daß die Wahlzeit aller Vertretungen 5 Jahre dauert, beginnend vom 1. Januar 1920 an. Diese Bestimmung übernimmt die GO.

1. Die Berechnung beginnt mit 1. Jan. 1920, 1. Jan. 1925 usw. Die Bestimmung wirkt sich für die ganze G.vertretung aus, mit Einschluß der berufsmäßigen B., soweit für diese nicht durch Dienstverträge eine andere Wahldauer festgelegt ist, und der berufsmäßigen G.-ratsmitglieder, für die gleichfalls der Dienstvertrag über die Amtsdauer entscheidet.

2. Nach der GO. v. 1869 hatten die G.wahlen in den Monaten November und Dezember bis zum 15. Dezember stattzufinden. Die Anberaumung war Sache der Aufsichtsbehörden. Sie fanden an beliebigen Tagen (meist Wochentagen) statt in der Weise, daß immer ein Beamter der Aufsichtsbehörde die Wahl leitete. Nunmehr bestimmt nach der GO. wie nach dem SVG. das Staatsmin. des Innern den Tag der G.wahlen einheitlich für das ganze Land, und zwar nur einen Sonn- oder allgemeinen Feiertag. Die Einhaltung dieses Brauches, auch ohne gesetzliche Festlegung, wurde vom Regierungsvertreter auf Anfrage auch für die Zukunft im VA. zugesagt (VerfA. I, 508). Die Folgerung bei Helmreich, Anm. 1 zu Art. 67, trifft also nicht zu.

Den Tag für andere als die regelmäßigen Wahlen (§§ 119, 120 GWO.) bestimmt die Staatsaufsichtsbehörde, ebenso für Abstimmungen nach Art. 14 GO. (§ 131 GWO.). Soweit Wahlen und Abstimmungen durch alle Stimmberechtigten erfolgen, haben sie an Sonn- oder allgemeinen öffentlichen Ruhetagen stattzufinden (§§ 120 IV, 131 II GWO.).

Fortführung der Geschäfte.

3. (Abs. II.) Nach Art. 186 rrhein. (113 pf.) GO. hatten die Austretenden ihre Funktionen fortzusetzen, bis die Neugewählten in ihr Amt eingewiesen waren. Nach Art. 4 I SVG. kam eine Einweisung nur noch für die ersten Bürgermeister, nicht dagegen für die übrigen Mitglieder des G.rates mehr in Frage. Die Bestimmungen der GO. wurden aber so aufgefaßt, daß der abtretende G.rat so lange zu amtieren hatte, bis die Neugewählten ihr Amt angetreten hatten. Die gleiche Bestimmung trifft Abs. II. Sie gilt nur für die regelmäßigen G.wahlen nach Abs. I und nur für die ehrenamtlichen Mitglieder der G.räte, um zu verhindern, daß eine G. ohne Leitung ist. Bei Nachwahlen, insbesondere z. B. beim Ausscheiden eines berufsmäßigen B. besteht kein Bedürfnis für eine derartige Bestimmung. Verwaltungsgerichtliche Entscheidung kann nach Art. 8 Ziff. 33 VGG. nicht in Frage kommen. S. Anhang zu Art. 74.

Die Übernahme des Amtes kann nicht etwa deshalb verweigert oder verzögert werden, weil die Wahl angefochten ist. Wohl aber kann die Anwendung der Bestimmung in Frage kommen, wenn die Wahl des Bürgermeisters im G.rat nicht zustande kommt.

Art. 68.

Die Bestechung [1] und Nötigung [2] der Abstimmenden [3] hat die Ungültigkeit der Stimmen [4] der dabei Beteiligten [5] und den Verlust ihrer Wählbarkeit [6] bei der betreffenden Wahl [7] zur Folge.

RefE. Art. 68; RegE. Art. 68; VerfA. I, 504; II, 76.

Bestechung und Nötigung.

Vorbemerkung.

Die Bestimmung gleicht dem bisherigen Recht (Art. 175 rrhein., 104 pf. GO.).

Nach Art. 175 rrhein. (gleichlautend 104 pf.) GO. hatte die Bestechung der Wähler die Ungültigkeit der Wahl, soweit sie die Bestechenden und Bestochenen betrifft, und für beide den Verlust des Wahlstimmrechts und der Wählbarkeit bei der betreffenden Wahl zur Folge. Die Bestechung hat hienach nicht nur zur Ungültigkeit der Stimme des einzelnen Bestechenden und Bestochenen, also der an dem einzelnen Bestechungsfall Beteiligten geführt, sondern auch zur Ungültigkeit der etwaigen Wahl dieser Beteiligten, auch wenn die Stimme der Bestechenden und Bestochenen auf das Gesamtwahlergebnis ohne jeden Einfluß waren. Die Ungültigkeit erstreckte sich auf alle Wahlen, die mit der Wahl zusammenhingen, auf die sich die Bestechung bezog.

Die Gesetzgebung von 1919 und 1924 hat hieran nichts geändert. Der RegE. wollte dagegen im Anschluß an die Bestimmungen für die politischen Wahlen nach dem RWG. und LWG. nur noch die Abstimmung der Beteiligten für ungültig erklären. Der Landtag erachtete jedoch auch den Verlust der Wählbarkeit für erforderlich, weshalb die Bestimmung in 2. Lesung ergänzt wurde. Wie im LWG. ist auch für die Nötigung die gleiche Rechtsfolge in der GO. vorgesehen.

1. Unter „**Bestechung**" ist nach § 109 StGB. der „Stimmkauf" zu verstehen, d. h. die Vereinbarung zwischen einem Wahlberechtigten und einer andern Person (nicht nur dem Bewerber, sondern auch einer dritten Person), wonach diese dem Wahlberechtigten irgendeinen Vorteil materieller Art gewährt oder verspricht dafür, daß der Wahlberechtigte seine Stimme in einem bestimmten Sinn abgibt. Im gleichen Sinne ist das Wort in der GO. zu verstehen (s. VGH. 2, 35; 4, 39). Wenn die im Entw. des StGB. v. 1927 in § 106 vorgesehene Erweiterung (Einwirkung zwecks Nichtabstimmung) Gesetz wird, gilt diese nicht auch für die GO. (Anm. 3). Der VGH. nimmt auch an (s. auch E. v. 23. Dez. 1925, BGBZ. 1926, 886), daß die Entscheidung der Frage, ob eine Bestechung vorliegt, sich nach der Entscheidung der Gerichte zu richten hat; ebenso Helmreich (Anm. 1 zu Art. 68). Dagegen ist v. Kahr (II, 197) der Meinung, daß die zuständigen Verwaltungsbehörden auch über die Vorfrage, ob eine Bestechung im Sinne der GO. vorliegt, selbständig zu entscheiden haben und an die gerichtliche Entscheidung nicht gebunden sind. Dieser Auffassung wird beigepflichtet. Eine strafgerichtliche Verurteilung wird allerdings, wie auf die Öffentlichkeit überhaupt, auch auf die Verwaltungsbehörden Eindruck machen und es ist andrerseits zweckmäßig, wenn die Verwaltungsbehörden die im strafgerichtlichen Verfahren gepflogenen Erhebungen und getroffenen Feststellungen verwerten, ohne daß sie jedoch an diese gebunden sind. (S. auch BlAdmPr. 37, 241.)

2. **Nötigung.**

Während die GO. v. 1869 hier nur die Bestechung aufführt, hat der RegE. und mit ihm die GO. im Hinblick auf die zu Art. 19 des LWG. gepflogenen Verhandlungen (LT.-Drucksache Beil. 1351, 1920 S. 139 ff., 241 f.) auch die „Nötigung" in gleicher Weise als Ungültigkeitsgrund aufgenommen. Vgl. § 240 StGB.: „Wer einen andern widerrechtlich durch Gewalt oder durch Bedrohung mit einem Verbrechen oder Vergehen zu einer Handlung, Duldung oder Unterlassung nötigt, . . ." Was zur Bestechung in Anm. 1 ausgeführt ist, gilt auch hier.

Sonstige **Wahlbeeinflussungen** fallen nicht unter Art. 68. Die Wahlfreiheit ist einerseits durch die allgemeinen und einige besondere Vorschriften des StGB. (§§ 107—109), andrerseits durch die für das Wahlverfahren vorgeschriebenen Förmlichkeiten geschützt. Mittel der Wahlbeeinflussung, die keinen Verstoß gegen eine gesetzliche Vorschrift enthalten, sind zulässig, selbst wenn sie vom Standpunkte der guten Sitten aus nicht unbedenklich sind. Nicht als Wahlbeeinflussung wurden vom VGH. z. B. Ratschläge einer Behörde an eine Wählergruppe über ihr zweckmäßiges Verhalten im Wahlverfahren erklärt, zumal solche Vorgänge überhaupt außerhalb des Wahlverfahrens liegen. Wer hierin eine Verletzung der Dienstpflicht der Behörde erblickt, kann hiewegen die

Dienstaufsicht anrufen (BGVZ. 1925, 729; 1926, 886). Rechtswidrig ist eine Wahlbeeinflussung, wenn sie gegen die allgemeinen oder besonderen Bestimmungen des StGB. oder gegen die für das Wahlgeschäft vorgeschriebenen Formen verstößt (BGH. 17, 183).

3. Art. 68 ist nicht auf Nichtwähler anzuwenden. Der Wortlaut der GO. v. 1869 („Wähler") hätte zu einer andern Auslegung führen können. Nach der jetzigen GO. ist diese nicht möglich. Wer also jemand nötigt, einer Abstimmung fern zu bleiben, hat die Folge des Art. 68 für sich nicht zu fürchten. Ob dies beabsichtigt war, ist eine andere Frage.

4. Wie nach der GO. von 1869, ist auch jetzt zu unterscheiden zwischen der Ungültigkeit der Stimmen der Beteiligten und der Ungültigkeit ihrer Wahl. Letzteres drückt die GO. durch „Verlust der Wählbarkeit" aus. In ersterer Hinsicht sind die Stimmen für unbedingt ungültig erklärt, also nicht nur, soweit sie auf den Bestechenden oder Bestochenen lauten, sondern allgemein, mit der Folge, daß angesichts der geheimen Wahl die verschiedenen Möglichkeiten für die Abstimmung der Beteiligten in Betracht gezogen werden müssen, um dann entscheiden zu können, ob hiedurch das Ergebnis der Wahl in Frage gestellt oder verdunkelt sein kann. Bejahendenfalls ist die Wahl nach Art. 74 IV Ziff. 3 ungültig, sonst bleibt sie gültig, soweit sie nicht etwa auf einen Beteiligten selbst gefallen ist, also für dritte Unbeteiligte. (Ebenso v. Kahr II S. 201, anders Sternau, G.wahlen S. 25.) Soweit die Ungültigkeit der Stimmen in Betracht kommt, ist die Einleitung des Verfahrens von der Wahlanfechtung nach Art. 74 IV abhängig, der Verlust der Wählbarkeit dagegen ist nach Art. 74 III Ziff. 1 von Amts wegen zu berücksichtigen; denn er führt zur Nichtigkeit der Wahl.

5. „Beteiligt" sind die Bestechenden und die Bestochenen (Art. 174 GO. von 1869), die Nötigenden und Genötigten, ferner Anstifter und Gehilfen. Letzteres folgt aus der Änderung des Wortlautes, die hiedurch gerechtfertigt erscheint. Nicht beteiligt im Sinne des Art. 68 ist eine Person, die von der Bestechung oder Nötigung zwar Vorteil zieht, aber hievon nichts weiß. Es ist also nicht nur objektive, sondern, wie sich aus dem Zweck und Grund der Bestimmung ergibt, auch subjektive Beteiligung erforderlich. Für den Genötigten rechtfertigt sich die Anwendung der Bestimmung aus der Unfreiwilligkeit der Stimmabgabe, der Nichtübereinstimmung zwischen Wille und Handlung des Abstimmenden.

6. Wie nach der bisherigen GO. Die Folgerungen hieraus ergeben sich nach Art. 74 III Ziff. 1. Sobald eine Aufsichtsbehörde Anzeichen einer Bestechung oder Nötigung entdeckt, hat sie das Nötige festzustellen und das Verfahren nach Art. 74 III Ziff. 1 durchzuführen. Soweit nicht der Verlust der Wählbarkeit

eines Beteiligten, sondern nur die Ungültigkeit der Stimmen der Beteiligten in Betracht kommt, wird das Verfahren nicht von Amts wegen, sondern erst auf Wahlanfechtung gemäß Art. 74 IV Ziff. 3 hin betrieben.

7. Diese Worte wurden in der GO. von 1869 so verstanden, daß hierunter die sämtlichen zusammengehörigen Wahlhandlungen fielen, aber nicht auch Nachwahlen, die infolge der Aufhebung der ersten Wahl vorgenommen wurden, auch nicht außerordentliche Gemeindewahlen während der Wahlzeit (v. Kahr II S. 202). Im VerfA. II S. 77 wurde festgestellt, daß unter der „betreffenden Wahl" auch die in Folge der Aufhebung der ersten Wahl etwa nötige Nachwahl zweckentsprechend einzubeziehen ist. Dies gilt dagegen nicht für Ergänzungswahlen während der Wahlzeit. Sie gehören nicht, wie die Nachwahl, zu der ersten Wahl.

Art. 69.

I Die Kosten der Wahl treffen die Gemeinde.[1]

II Bei der Wahl mit gebundenen Listen kann der Gemeinderat den amtlichen Stimmzettel auf Kosten der Gemeinde einführen.[2]

III Die zum Vollzuge der Wahlen vorgesehenen Ämter[3] sind Ehrenämter, für die keine Vergütung beansprucht werden kann.

IV Alle Wahlverhandlungen[4] mit Ausnahme der Wahlanfechtungen nach Art. 74[5] sind gebührenfrei.[6]

RefE. Art. 69; RegE. Art. 69; VerfA. I, 504; II, 77.

Wahlkosten.

Vorbemerkung.

Nach Art. 188 GO. von 1869 hatte die G.kasse alle Wahlkosten zu tragen; nur die Reisekosten der Wahlkommissäre fielen der Staatskasse zur Last. Alle Amtshandlungen und Ausfertigungen waren gebührenfrei. Ebenso trafen nach Art. 11 des WG. von 1919 die Kosten der Wahl die G. Die Wahlvollzugsämter sind als Ehrenämter erklärt, wofür keine Entschädigung gewährt wird. Die gleichen Bestimmungen enthielt Art. 6 WG. von 1924.

1. Wahlkosten.

Abs. I schließt sich dem bisherigen Recht an. Es ist selbstverständlich Sache der Selbstverwaltungskörper, selbst für die Kosten der Wahl ihrer Vertretungen aufzukommen. Als „Kosten der Wahl" kommen nur die amtlich anfallenden Kosten der Wahlvorbereitung, der Wahlhandlung, Ergebnisfeststellung mit Einschluß der Personen der Gewählten in Betracht, nicht die Kosten des Wahlprüfungsverfahrens nach Art. 74. S. Anm. 4 u. 5.

2. Die **Kosten der Stimmzettel** treffen die Gruppen, welche die Wahlvorschläge eingereicht haben. Wenn sie den Wählern die Stimmabgabe für ihren Wahlvorschlag möglichst erleichtern wollen, müssen sie ihnen Stimmzettel zur Verfügung stellen. Sonst besteht die Gefahr, daß die Wähler einen andern, ihnen angebotenen Stimmzettel annehmen und abgeben oder selbst einen Stimmzettel aufstellen und dabei Fehler machen, die zur Ungültigkeit führen. Eine Anregung, daß bei den G.wahlen, wie bei den politischen Wahlen bis zur Einführung des amtlichen Stimmzettels, ein Teil der Kosten der Stimmzettel durch die Gemeinden ersetzt werden solle, fand im LT. 1924 keine Mehrheit. 1927 wurde hierauf nicht mehr zurückgegriffen. Bei der Beratung im Landtag 1924 wie 1927 stimmte der Landtag der Absicht der Staatsregierung zu, von der Verwendung von **Wahlumschlägen** abzusehen, um das Verfahren zu vereinfachen und zu verbilligen und Verwechslungen der Stimmzettel bei der Verbindung der G.wahlen mit anderen Wahlen möglichst zu verhindern.

Wenn auch die Beschaffung der Stimmzettel und die Tragung der Kosten hiefür den G. im allgemeinen nicht zur Pflicht gemacht ist, so können sie doch die Kosten freiwillig ganz oder teilweise übernehmen. Bei der Wahl mit gebundenen Listen in den Städten können die G.n die Einführung des **amtlichen Stimmzettels** auf Kosten der G. beschließen. § 33 I GWO. Wenn die Beschaffung der Stimmzettel den Parteien überlassen bleibt, enthält der Stimmzettel nur den einzelnen Wahlvorschlag, der gewählt werden soll. Anders beim amtlichen Stimmzettel, wie er jetzt bei den Wahlen zum Reichs- und Landtag eingeführt ist. Er wird von der amtlichen Wahlleitung zusammengestellt und enthält die sämtlichen zur Wahl stehenden Wahlvorschläge. Er wird vor der Abstimmung jedem Wähler amtlich übergeben. Sache der Wähler ist es, durch ein Zeichen auf dem Zettel kund zu tun, welchem von den darauf enthaltenen Wahlvorschlägen er seine Stimme geben will. Da der amtliche Stimmzettel sich überall überraschend gut eingeführt hat, hat auch die GO. ihn übernommen, soweit dies sich mit dem eingeführten Verfahren verträgt. Bei gebundener Liste ist die Übernahme leicht möglich. Hier braucht der Stimmzettel nicht sämtliche auf dem Wahlvorschlag enthaltene Namen aufzuführen. Vielmehr genügt die Kennzeichnung der Wahlvorschläge durch das Kennwort und die Spitzenkandidaten. Anders dagegen bei der sonst üblichen freien Liste. Hier muß jeder Wähler jeden Bewerber, dem er seine Stimme geben will, auf dem Stimmzettel einzeln aufführen. Er kann auch Änderungen an den Wahlvorschlägen in gewissem Umfang vornehmen. Schon wegen des Umfanges, den in diesen Fällen ein amtlicher Stimmzettel bei mehreren Wahlvorschlägen erhalten würde, ist daher seine Einführung bei freier Liste nicht möglich. Doch hat sich bei der G.wahl 1924 herausgestellt, daß eine gewisse Mitwirkung der G.n bei der Beschaffung wenigstens des Papiers für die Stimmzettel im Interesse der Gültigkeit der Abstimmungen sehr förderlich ist, damit nicht die Stimmzettel der verschiedenen Wahlvorschläge durch die Verschiedenartigkeit des Papiers ohne weiteres schon von außen von einander zu unterscheiden sind. Um dies zu verhindern, kann die G. das erforderliche Stimmzettelpapier im ganzen beschaffen und den Wahlvorschlägen entweder kostenlos oder gegen Ersatz der Auslagen zur Verfügung stellen (§ 33 II GWO.). Wenn die G. dies unterlassen hat und sich schließlich Verschiedenartigkeit der Papiere der Stimmzettel ergeben, kann die G., um das Wahlgeheimnis trotzdem zu sichern, nachträglich die Einführung von Wahlumschlägen auf Kosten der G. beschließen (§ 32 II WO.). Geringere Abweichungen in der Tönung des Papiers führen übrigens nach der Rechtsprechung des VGH. nicht ohne weiteres zur Ungültigkeit der Wahl.

3. **Wahlvollzugsämter.**

Es kommen die Ämter des G.wahlleiters, Wahlvorstehers und der Mitglieder des G.wahlausschusses und Wahlvorstandes, auch des Schriftführers in Betracht. S. Art. 132 und 160 RV. Hilfsarbeiter, die zur Bearbeitung der Wahlverhandlungen vom Wahlausschuß herangezogen werden, sind nicht Mitglieder dieser Organe. Ihre Ämter sind also nicht ehrenamtlich, sondern sie können eine Vergütung hiefür erhalten (§ 19 III GWO.). Wenn Wahlleiter bestellt werden, die außerhalb der G. wohnen, können sie übungsgemäß Ersatz für ihre Auslagen erhalten.

4. Zu den Wahlverhandlungen gehören auch die Bescheinigungen, welche die G.n zur Einreichung der Wahlvorschläge einzureichen haben (§ 40 III GWO.).

Gebührenfreiheit.

5. Hierunter fallen nur die eigentlichen Wahlanfechtungen im Sinne des Art. 74 IV, nicht die Verfahren zur Berichtigung nach Art. 74 I und wegen Nichtigkeit einer Wahl nach Abs. II u. III. Auch diese sind gebührenfrei.

6. Gebührenpflichtig sind die Wahlanfechtungen nach Art. 74 IV. Doch kann auch insoweit Gebührenfreiheit ausgesprochen werden, als die Gebühren durch unrichtige Sachbehandlung ohne Schuld der Beteiligten entstanden sind. (Art. 171 KostenG.) VGH. E. v. 17. Febr. 1926, BGBZ. 1926, 890.

Art. 70.

Soweit Bürgermeistereien[1] nur Gemeinden umfassen, in denen die ersten Bürgermeister von allen Wahlberechtigten zu wählen sind,[2] haben die sämtlichen Wahlberechtigten der beteiligten Gemeinden die Wahl des ehrenamtlichen ersten Bürgermeisters vorzunehmen.[3] In den übrigen Fällen wird die Wahl des ersten Bürgermeisters von den vereinigten Gemeinderäten in gemeinschaftlicher Sitzung vorgenommen.[4]

RefE. Art. 70; RegE. Art. 70; VerfA. I, 504; II, 78.

Wahl in Bürgermeistereien.

Vorbemerkung.

Bisher Art. 198 rrhein. und 83 pf. GO. Die Wahl der G.räte und Beigeordneten (Adjunkten) erfolgte in den einzelnen G.n. Der 1. B. wurde stets von den vereinigten G.ausschüssen aus allen wählbaren Bürgern, in der Pfalz vom Gesamtg.rat aus seiner Mitte gewählt. SWG. und GWG. von 1924 enthalten hiefür keine Sonderbestimmungen.

1. S. Art. 56—58 GO. Nach § 57 I wählt jede zu einer Bürgermeisterei gehörende G. ihren G.rat, bestehend aus einem, höchstens zwei weiteren Bürgermeistern (Beigeordneten) und die von ihr festgesetzte Zahl von G.ratsmitgliedern. Der gemeinschaftliche erste B. wird nach Art. 70 gewählt.

2. Die Wahl des ersten B. geht verschieden vor sich, je nachdem die Bürgermeisterei nur aus G.n besteht, die jede für sich nicht über 3000 Einwohner zählen, oder ob sich auch G.n darunter befinden, die mehr als 3000 Einwohner haben. Art. 70 geht nach der Begr. von dem Gedanken aus, daß das Wahlrecht des einzelnen Wählers, das in den kleinen G.n auch das Recht der Wahl des ersten B. umfaßt, durch die Zusammenfassung zu einer Bürgermeisterei nach Möglichkeit nicht beeinträchtigt werden soll. Dies ist möglich, wo nur G.n bis zu 3000 Einwohnern in Frage kommen. Hier nehmen die sämtlichen Wähler aller beteiligten G.n die Wahl vor. Ein vom Bezirksamt bestellter besonderer Wahlleiter stellt das Ergebnis aus sämtlichen G.n für die Bürgermeisterwahl zusammen und veranlaßt nötigenfalls die weiteren Wahlgänge durch die G.räte nach Art. 65 I Ziff. 1 Unterabs. 3. Sind dagegen an der Bürgermeisterei auch G.n mit mehr als 3000 Einwohnern beteiligt, so haben nicht die G.wähler, sondern die zu einer gemeinschaftlichen Sitzung vereinigten G.räte der sämtlichen beteiligten G.n sie vorzunehmen, einerlei, ob die einzelne G. selbst mehr oder weniger als 3000 Einwohner zählt. Das Wahlrecht der G.bürger in den kleinen G.n wird durch das mangelnde Wahlrecht derselben in den größeren G.n beseitigt, nicht umgekehrt den Wählern in diesen G.n ein Wahlrecht verliehen, das sie sonst nicht haben.

3. Die Wahl geht zugleich mit der Wahl der ehrenamtl. G.ratsmitglieder in der sonst üblichen Art vor sich. In den ein-

zelnen G.n werden die Teilergebnisse festgestellt; das Gesamtergebnis stellt der Bürgermeistereiwahlleiter fest. Die näheren Bestimmungen trifft die GWG. in § 125.

4. „In den übrigen Fällen", d. h. in den Fällen, in denen auch G.n mit mehr als 3000 Einwohnern, und wo berufsmäßige erste B. in Betracht kommen. Hiezu ist nach Art. 57 I S. 2 ein übereinstimmender Beschluß der sämtlichen G.räte erforderlich, vorausgesetzt, daß die vereinigten G.n zusammen mehr als 3000 Einwohner zählen.

Die Einberufung der vereinigten G.räte ist Sache des besonders bestellten Wahlleiters, der auch diese Wahl zu leiten hat. Sie erfolgt in der gleichen Form und mit den gleichen Beschränkungen (Art. 65) wie sonst die Wahl des ersten B. durch den G.rat (§ 126 GWO.). In gleicher Weise gehen auch die etwa erforderlichen weiteren Wahlgänge bei der Wahl des ersten B. vor sich, wenn die allgemeine Wahl nicht zu einem Ergebnis geführt hat.

Art. 71.

I Erledigen sich im Laufe der Wahlzeit[1] Gemeindeämter,[2] für die Ersatzleute nicht gewählt[3] oder nicht mehr vorhanden[4] sind, so ist eine Ergänzungswahl vorzunehmen, wenn der Gemeinderat oder die Staatsaufsichtsbehörde es für erforderlich erklärt.[5] Den Tag bestimmt die Staatsaufsichtsbehörde.[6]

II Der Gewählte tritt, vorbehaltlich des Art. 97, nur für die Zeit ein, für die die zu ersetzende Person noch gewählt war.[7]

RefE. Art. 71; RegE. Art. 71; VerfA. I, 504; II, 78.

Ergänzungswahlen.

Vorbemerkung.

Nach der GO. von 1869 wurden die Ersatzmänner bei der Wahl der Mitglieder der Kollegien stets in eigenen Wahlgängen mitgewählt. (Art. 187, 190, 197 rrhein. GO.; Art. 115 pf. GO.) Nach dem GWG. von 1908 waren die Nichtgewählten die Ersatzmänner für die Gewählten aus dem gleichen Wahlvorschlag. Ebenso im WG. von 1919 (Art. 9 Ziff. 10) und im GWG. von 1924 (Art. 3 Ziff. 11), und in der GO. (Art. 66 Ziff. 16).

1. Die Wahlzeit beträgt nach Art. 67 5 Jahre, beginnend mit 1. Januar 1925. Art. 71 kommt also für die Hauptwahl nicht in Betracht. Bei dieser Wahl bleiben Sitze, die nicht besetzt werden können, für ehrenamtliche G.ratsmitglieder nach Art. 66 Z. 10 unbesetzt. Art. 71 gilt für solche erst, wenn der „Lauf der Wahlzeit" begonnen hat.

2. Hier kommen nur die im Abschnitt: „Gemeindewahlen" behandelten G.ämter in Betracht (s. Art. 65), aber auch alle diese.

3. Ersatzleute werden gemäß Art. 66 Ziff. 11 nur für die ehrenamtlichen G.ratsmitglieder und für mehrere gleichzeitig im Verhältniswahlverfahren gewählte, ehrenamtliche weitere B., gewählt, nicht für den ersten B., für berufsmäßige weitere B., für einzeln gewählte ehrenamtliche weitere B., für mehrere gleichzeitig im Mehrheitswahlverfahren gewählte, ehrenamtliche weitere B. (Art. 75 I S. 3) und für berufsmäßige G.ratsmitglieder.

4. Dies kann einmal der Fall sein, wenn der Wahlvorschlag, aus dem sich ein Sitz erledigt, von vornherein keine Ersatzleute mehr enthalten hat, oder wenn die ursprünglich vorhandenen im Laufe der Wahlzeit aufgebraucht worden sind. Dem Wortlaute nach ist Art. 71 nicht auf die Fälle anzuwenden, in denen der Wahlvorschlag von vornherein zu wenig Bewerber aufweist. Denn dann bleiben nach Art. 66 Ziff. 10 die Sitze unbesetzt. Ergeben sich in solchen Fällen aber im Laufe der Wahlzeit weitere Erledigungen, so können auch solche Sitze mit besetzt werden, wenn dies nach Art. 71 I „erforderlich" ist. Über das Wahlrecht bei Ergänzungswahlen s. Art. 63 Anm. 4.

5. Eine „**Ergänzungswahl**" ist nicht unter allen Umständen notwendig, wenn eine Erledigung in einem der beiden Fälle des Art. 71 I eingetreten ist. Vielmehr ist weiter noch Voraussetzung, daß entweder der G.rat selbst oder die Staatsaufsichtsbehörde eine solche Wahl für erforderlich erklärt. Zunächst hat hierüber der G.rat zu beschließen. Hält er eine Ergänzungswahl für erforderlich, so hat die Aufsichtsbehörde sie nach Satz 2 anzuordnen. Hält der G.rat eine Ergänzungswahl nicht für erforderlich, so kann die Aufsichtsbehörde trotzdem eine solche anordnen, wenn sie ihrerseits die Vervollständigung des G.rates für erforderlich hält, die Wahl berufsmäßiger B. oder G.ratsmitglieder jedoch nur dann, wenn eine Verpflichtung der G. insoweit besteht (Art. 15 I). Von der Wahl eines ersten B. kann nur abgesehen werden, wenn ein geeigneter weiterer B. zur Vertretung vorhanden ist. Für Ergänzungswahlen der ehrenamtlichen G.ratsmitglieder ist auf die Erhaltung der Beschlußfähigkeit des G.rates Bedacht zu nehmen (Art. 19 III). Die Vermehrung der Zahl der ehrenamtlichen G.ratsmitglieder während der Wahldauer ist — abgesehen von dem Falle des Art. 8 (Änderungen im Bestande der G.) s. Anm. daselbst — nicht während der Wahldauer zulässig (Art. 13 II S. 2). Die Vermehrung der Zahl der weiteren B. in den Grenzen des Art. 13 III ist während der Wahldauer zulässig. Durch Ergänzungswahlen kann sich der Parteistand des G.rates erheblich verändern, weil auch für die hiebei zu besetzenden Sitze der ehrenamtlichen G.ratsmitglieder der Grundsatz der Verhält-

niswahl gilt. Wenn also z. B., wie dies manchmal schon vorgekommen ist, die sämtlichen einer Partei angehörigen G.ratsmitglieder zurückgetreten sind und ihre Sitze neu zu besetzen sind, werden an diesen bei der Ergänzungswahl auch die übrigen Parteien verhältnismäßigen Anteil bekommen. In anderer Weise kann die Ergänzungswahl nicht durchgeführt werden. Eine derartige Demonstration wäre also im höchsten Grade unklug.

6. Wie immer, auch hier auf einen Sonn- oder öffentlichen Ruhetag. Das Verfahren ist vollständig neu mit neuen Wahlvorschlägen durchzuführen. Wenn alte Wählerlisten benützt werden sollen, sind sie zu ergänzen und neu aufzulegen.

7. Die **Amtsdauer** der Ersatzleute kann nicht länger laufen als die des Kollegiums, in das sie eintreten. Bei den Ersatzleuten, die den Wahlvorschlägen der ordentlichen G.wahl entstammen, ist dies ohnehin selbstverständlich. Aber auch für nachträglich in Ergänzungswahlen Gewählte ist dies durch Abs. III bestimmt. Eine Ausnahme ist nur für die berufsmäßigen B. und G.ratsmitglieder bestimmt. Ihre Amtsdauer regelt sich nach Art. 97, d. h. nach dem mit ihnen abgeschlossenen Dienstvertrag; durch Art. 97 sind sie ohnehin allgemein unabhängig von der Amtsdauer des G.rats gestellt. Deshalb müssen sie auch von der Amtsdauer der Person unabhängig sein, die sie zu ersetzen haben.

Art. 72.

Wird eine Gemeindewahl gleichzeitig mit einer vom Reiche [1] oder mit einer auf Grund des Landeswahlgesetzes [2] ausgeschriebenen Abstimmung vorgenommen, so sind auch für die Gemeindewahl [3] hinsichtlich der Behandlung der Wählerlisten [4] und Wahlkarteien, der Ausstellung der Wahlscheine [5] und der Dauer der Wahlhandlung [6] die hierfür geltenden Bestimmungen des Reiches und des Landeswahlgesetzes anzuwenden.[7]

RefE. Art. 72; RegE. Art. 72; VerfA. I, 504; II, 78.

Verbindung mit anderen Wahlen.

Vorbemerkung.

Die Verbindung der G.wahl mit anderen Wahlen kam früher nicht in Frage, da ihr Wählerkreis und das Wahlverfahren zu stark von den andern Wahlen abwich. Das WG. von 1919 sah die Verbindung mit den Bezirks- und Kreiswahlen vor. Das GWG. von 1924 enthielt in Art. 10 eine Bestimmung, die die Verbindung der damals allein in Betracht kommenden G.wahl mit der Reichstagswahl v. 10. Dez. 1924 ermöglichte, indem es hinsichtlich der Auflage der Wählerlisten und Wahlkarteien, der

Wahlscheine und der Dauer der Wahl die Vorschriften des Reiches hierüber für anwendbar erklärte.

1. Reichsabstimmungen.

Bei den „vom Reich ausgeschriebenen Abstimmungen" kann es sich nur um solche handeln, die in den Formen der eigentlichen Abstimmung vor sich gehen, also um Reichstags- oder Reichspräsidentenwahlen, Volksentscheide, Abstimmungen nach Art. 18 RV., nicht dagegen um Volksbegehren, da deren Dauer die Verbindung mit einer Wahl unmöglich macht.

2. Landesabstimmungen.

Dasselbe gilt für Abstimmungen auf Grund des LWG. Es kommen also nur Landtagswahlen und Volksentscheidungen, nicht Volksbegehren in Betracht. Diese können nicht als „Abstimmung" gelten.

Die Vereinigung der G.wahlen mit den Bezirks- und Kreiswahlen ist dadurch ermöglicht, daß in Art. 1 KrO. und in Art. 10 BezO. die Anwendbarkeit der Bestimmungen der GO., soweit sie für die gemeinsame Abhaltung der Wahlen nötig ist, ohnehin vorgesehen ist. Die Vereinigung mit andern Wahlen (z. B. zu Berufsvertretungen) ist nicht zulässig.

3. In Art. 72 sind nur Abweichungen von den Bestimmungen der GO. in Betracht gezogen. Soweit Abweichungen von den Bestimmungen in Frage kommen, die das StMin. des Innern gemäß Art. 75 I in der GWO. zu treffen hat, kann es selbst die nötigen Anordnungen treffen. Für die Bezirkswahl s. Art. 10 Ziff. 8 BezO., für die Kreiswahl Art. 11 Ziff. 8 KrO. z. B. hinsichtlich der Zusammensetzung der Wahlvorstände und der Förmlichkeiten der Abstimmung. Die Behandlung der Wahlvorschläge, der Inhalt der Stimmzettel, die Ergebnisfeststellung können sich nur nach den Vorschriften der GO. richten. Abweichungen in dieser Hinsicht sind auch ohne Einfluß auf die Möglichkeit der gemeinsamen Abhaltung der Wahlen, die nur die tunlichste Gleichheit des Verfahrens am Wahltag selbst erfordert und durch die Gemeinsamkeit der Wahlunterlagen (Wählerlisten und Wahlscheine) gefördert wird.

4. Die Mitbenützung der auf Grund der Reichsvorschriften hergestellten Wählerlisten ist möglich, wenn darin nur für die Abweichungen des Wahlrechtes hinsichtlich der bei Kommunalwahlen geforderten Aufenthaltsdauer die nötigen Unterlagen enthalten sind.

5. Die Gründe, die bei der G.wahl nach Art. 66 Ziff. 3 zur Ausstellung eines Wahlscheines berechtigen, sind ohnehin den Bestimmungen der Reichsstimmordnung, an die auch das LWG sich anschließt, soweit als möglich angepaßt. Ganz können sie allerdings nicht übereinstimmen, da die Möglichkeit der Verwendung von Wahlscheinen bei G.wahlen mit Rücksicht auf die Beschränkung des Wahlgebietes eingeschränkter ist als bei politischen Wahlen. Der Münchener Wähler kann z. B. zwar bei der Reichstagswahl, nicht aber bei der G.wahl in Nürnberg wählen, da ihm für letztere Wahl dort das Wahlrecht mangelt.

6. Hinsichtlich der **Wahldauer** ist die Anwendung verschiedener Bestimmungen, also eine verschiedene Dauer der Wahl bei verbundenen Wahlen schon deshalb unmöglich, weil sonst Wähler, die nach Schluß der einen Wahl zur Abstimmung kommen, der Möglichkeit beraubt wären, für die andre Wahl abzustimmen, und viele Wähler sich darauf verlassen würden, daß die Abstimmungszeiten für beide Wahlen gleich sind.

7. Da die reichsrechtlichen Bestimmungen bei Verbindung von Wahlen nicht geändert werden können, muß das Landesrecht für die G.wahlen in den Punkten, wo Übereinstimmung unerläßlich ist, sich dem Reichsrecht anpassen. Das Gleiche gilt für die Bestimmungen des LWG. Die Anpassung ist sachlich durchaus möglich.

Art. 73.

I Personen, die zu Gemeindeämtern[1] gewählt[2] werden, können[3] die Wahl ablehnen,[4]

1. wenn sie das sechzigste Lebensjahr zurückgelegt haben,[5]
2. wenn sie eine Beschäftigung haben, die eine häufige oder lang andauernde Abwesenheit von der Gemeinde mit sich bringt,[6]
3. wenn sie durch ihre Gesundheitsverhältnisse an der Erfüllung der ihnen durch die Wahl obliegenden Verpflichtungen dauernd gehindert sind,[7]
4. wenn sie das Amt eines Bürgermeisters oder Gemeinderatsmitglieds während voller fünf Jahre bekleidet haben,[8]
5. wenn sie im Dienste des Reiches, Staates oder von Körperschaften und Anstalten des öffentlichen Rechtes angestellt sind,[9]
6. weibliche Personen außerdem, wenn sie durch die Wahrnehmung des Gemeindeamtes ihren Pflichten in der Familie übermäßig entzogen würden.[10]

II Die Ablehnung ist binnen einer Woche nach der Aufforderung zur Erklärung über die Annahme der Wahl unter Angabe des Grundes zu erklären. Die Entscheidung über die Zulässigkeit der Ablehnung trifft der Gemeindewahlausschuß. Hiergegen ist binnen einer Woche Beschwerde an die Staatsaufsichtsbehörde zulässig. Diese entscheidet endgültig unter Ausschluß des Verwaltungsrechtsweges.[11]

III Wer die Übernahme eines Gemeindeamtes verweigert, ohne einen Ablehnungsgrund geltend zu machen oder, nachdem die Ablehnung als unzulässig erklärt worden ist, wird mit Geldstrafe von 50 bis 250 RM bestraft. Für die Aburteilung sind die Gerichte zuständig. Die Geldstrafe fließt in die Gemeindekasse.[12]

IV In Gemeinden bis zu 2000 Einwohnern dürfen Ehegatten, Eltern und Kinder, ferner Geschwister[13] nicht gleichzeitig Mitglieder des Gemeinderates sein.[14] In einem solchen Fall ist die Wahl in einem späteren Wahlgang ungültig.[15] Bei gleichzeitiger[16] Wahl schließen die Bürgermeister einander nach der Reihenfolge aus; der Bürgermeister schließt die Gemeinderatsmitglieder aus; die Gemeinderatsmitglieder schließen einander aus

1. bei Mehrheitswahl[17] nach der Stimmenzahl oder, wenn die Reihenfolge in einem Wahlvorschlage maßgebend ist, nach dieser,
2. bei Verhältniswahl[18] innerhalb des gleichen Wahlvorschlags, soweit die Reihenfolge im Wahlvorschlage maßgebend ist, nach dieser, sonst nach der Zahl der erhaltenen Stimmen, auf verschiedenen Wahlvorschlägen, wenn bei sämtlichen beteiligten Wahlvorschlägen die Stimmenzahl maßgebend ist, nach dieser, sonst nach dem Lebensalter.

Wo die Stimmenzahl maßgebend ist, entscheidet bei Stimmengleichheit, wenn Bewerber eines Wahlvorschlags in Frage kommen, die Reihenfolge in diesem, sonst das Lebensalter, nötigenfalls das Los.[19] Die Entscheidung trifft der Gemeindewahlausschuß.[20] Hiergegen ist binnen einer Woche Beschwerde an die Staatsaufsichtsbehörde zulässig. Diese entscheidet endgültig unter Ausschluß des Verwaltungsrechtsweges.

RefE. Art. 73; RegE. Art. 73; VerfA. I, 504, 587; II, 78.

Ablehnung von G.ämtern Anm. 1. bis 12. a) Gründe Anm. 1—10. b) Verfahren Anm. 11, 12.

Ausschluß naher Verwandter Anm. 13—16.

Nach Art. 174 rrhein. GO. von 1869 bestand eine Verpflichtung zur Übernahme der Ämter des B., Beigeordneten, G.-bevollmächtigten, Distriktsvorstehers, Ortsvorstehers, Ortsführers, sowie der Mitglieder des Magistrates, G.- oder Ortsausschusses; ein Ablehnungsrecht bestand nur in gewissen, gesetzlich bestimmten Fällen. Die Entscheidung hierüber stand zunächst dem Wahlausschusse zu. Sie konnte im verwaltungsrechtlichen Verfahren angefochten werden. Anders in der Pfalz (Art. 118, 121, 58 I); dort konnte die Wahl ohne Angabe von Gründen beliebig abgelehnt werden. Das SVG. hatte diesen Zustand beibehalten.

Der RegE. beseitigte diese Verschiedenheit und ließ nur in bestimmt festgelegten Fällen ein Ablehnungsrecht der Gewählten zu. Der Landtag stimmte dem RegE. mit geringen Abänderungen zu. Neu ist nur die im RegE. nicht enthaltene, aus dem bisherigen Recht wieder aufgegriffene Bestimmung über den gesetzlichen Ausschluß der gleichzeitigen Amtsführung bestimmter naher Verwandter im G.rat. (Art. 3 II u. III SVG.; Art. 192 III, IV rrhein. GO.; Art. 117 IV pf. GO.)

1. Gemeindeämter.

Es handelt sich auch hier nur um die Ämter der ehrenamtlichen B., G.ratsmitglieder, Ortspfleger, Ortsausschußmitglieder. Für berufsmäßige Mitglieder des G.rates besteht keine Pflicht zur Übernahme dieses Amtes. Solche können auch nicht verpflichtet sein, ohne neue Wahl das Amt als ehrenamtliches Mitglied des G.rates zu übernehmen, etwa weil nachträglich statt des berufsmäßigen Amtes das gleiche Amt als Ehrenamt in Betracht gezogen wird, wenn der abzuschließende Dienstvertrag nicht zustande kommt. Denn in diesem Fall ist die Wahl als berufsmäßiges Mitglied des G.-rates nach Art. 97 I ungültig.

2. Art. 73 kommt nur für Gewählte in Betracht, also nicht für Ortsführer. Solche können also frei ablehnen, da keine Pflicht zur Amtsübernahme für sie besteht, soweit sie nicht Mitglieder des G.rates sind. (Anders Helmreich, Anm. 1 zu Art. 73.) Ehe die Ablehnung in Frage kommen kann, muß die Wahl vollständig durchgeführt sein. Wenn hiebei ein Losentscheid nötig ist, muß auch dieser vorher stattgefunden haben. Es ist nicht zulässig, daß ein Bewerber vor dem Losentscheid zugunsten des weiter in Betracht kommenden Bewerbers zurücktritt. Denn Rücktritt, d. h. Verzicht auf eine Wahl oder Ablehnung der Wahl ist erst möglich, wenn die Wahl erfolgt ist. Wenn ein Bewerber nach dem Losentscheid zurücktritt, tritt für ihn nicht der durch das Los ausgeschlossene Bewerber, sondern der Ersatzmann ein, oder es hat eine Neuwahl stattzufinden. Auf Ersatzleute ist Art. 73 zunächst, solange sie nur Ersatzleute sind, nicht anwendbar. Sie haben sich erst dann, wenn sie in den G.rat einrücken sollen, über die Annahme der Wahl zu äußern, und die Ablehnungsgründe sind nach dem Stande der Verhältnisse zu jener Zeit zu beurteilen.

3. Die Ablehnung aus den vorgesehenen Gründen ist in das Ermessen des Gewählten gestellt. Trotz vorliegender Gründe kann der Gewählte das Amt annehmen. Andere als die in Ziff. 1—6 aufgeführten Gründe berechtigen nicht zur Ablehnung. Beweispflichtig ist der Gewählte (BGH. 8, 112). Ohne Bedeutung ist, daß der Gewählte im Wahlvorbereitungsverfahren der Aufnahme seines Namens in den Wahlvorschlag schon unterschriftlich zugestimmt hat. Dies kann auch aus andern Gründen als in der Absicht, ein solches Amt nach der Wahl zu übernehmen, geschehen, etwa um durch die Zugkraft eines bekannten Namens für die Partei Anhänger zu sammeln. In der Übernahme des Amtes ist kein endgültiger Verzicht auf die Geltendmachung etwaiger Ablehnungsgründe zu erblicken. Solche können auch später im Laufe der Wahlzeit jederzeit noch im Verfahren nach Art. 112 I geltend gemacht werden. Ein Zwang zur Niederlegung des Amtes besteht, wenn Verhältnisse eintreten, die die Fortführung unmöglich machen (Art. 112 II).

4. Zu unterscheiden ist die Ablehnung der Wahl, ehe sie angenommen worden ist, und die Niederlegung des Amtes, nachdem es übernommen worden ist. Auch für die freiwillige Niederlegung sind die Voraussetzungen des Art. 73 erforderlich (Art. 112). Die Bestimmung steht im Einklang mit Art. 132 RV. (Pflicht zur Übernahme ehrenamtlicher Tätigkeiten „nach Maßgabe der Gesetze").

Über das Verfahren s. Abs. II und Anm. 11.

Nach Schrifttum und Rechtsprechung ist es nicht zulässig, die Annahme einer G.wahl oder den Verzicht auf die Geltendmachung von Ablehnungsgründen an Bedingungen zu knüpfen oder sie zeitlich einzuschränken. Eine solche Erklärung wäre einer Ablehnung gleichzuachten (v. Kahr II 263, BGH. 8, 112). Über deren Berechtigung wäre im regelmäßigen Verfahren zu entscheiden (S. Anm. 11). Helmreich, Anm. 5 zu Art. 73.

Zu Ziff. 1.

5. (S. Art. 174 I Ziff. 2 rrhein. GO. v. 1869, unverändert.) Das 60. Lebensjahr muß im Augenblick der Erklärung vollendet sein. Wenn das 60. Lebensjahr erst später vollendet wird, kann es sich nicht um die Ablehnung nach Art. 73, sondern nur um die Niederlegung nach Art. 101 handeln.

Zu Ziff. 2.

6. (S. Art. 174 I Ziff. 4 rrhein. GO. v. 1869, unverändert.) Nicht nur eine berufliche, sondern auch eine sonstige Tätigkeit kommt in Betracht, wenn sie häufige (wenn auch nur kurz dauernde) oder lang andauernde (wenn auch nicht häufige) Abwesenheiten von der G. mit sich bringt. Wer aber nur häufige oder lang andauernde Vergnügungsreisen zu machen pflegt, kann sich deshalb seiner Bürgerpflicht nicht entziehen. Wenn ein Gewählter zunächst die Übernahme des Amtes versucht, in der Annahme, seine Beschäftigung werde ihm dessen Führung ermöglichen, kann er, falls sich dies als irrtümlich erweist, das Amt später immer noch niederlegen.

Die Entscheidung ist unter Berücksichtigung der Verhältnisse des Gewählten, wie auch der in der G. sonst üblichen Lebensweise zu treffen. Meinungsverschiedenheit besteht, ob Abgeordnete unter Ziff. 2 fallen. Die Frage ist zu bejahen (mit Roesch, Art. 174 Anm. 7, gegen v. Kahr II 193 Anm. 6).

Zu Ziff. 3.

7. (S. Art. 174 Ziff. 1 rrhein. GO. v. 1869.) Unter den „Gesundheitsverhältnissen" ist die körperliche Gesundheit und die geistige Arbeitsfähigkeit zu verstehen. Es genügt, daß jemand „gehindert" oder behindert im Dienst ist; nicht erforderlich ist die volle Verhinderung oder Unmöglichkeit der Betätigung. Es genügt schon eine Beeinträchtigung, wenn sie dauernd und so stark ist, daß die Führung des Amtes dem Gewählten deshalb nicht zugemutet werden kann, während bisher „Unfähigkeit" verlangt wurde.

Der über die Ablehnung entscheidende Ausschuß kann die Vorlage eines ärztlichen Zeugnisses verlangen, wenn er nicht in der Lage ist, ohne solches auf Grund seiner persönlichen Kenntnis der Gesundheitsverhältnisse des Gewählten die Entscheidung zu treffen. Die Genehmigung der Ablehnung unter dem Vorbehalt der nachträglichen Beibringung eines Zeugnisses ist nicht zulässig (VGH. 4, 28). Ein solcher Bescheid stellt überhaupt keine endgültige Entscheidung dar.

Zu Ziff. 4.

8. Bis 1919 war in Art. 174 I Ziff. 3 rrhein. GO. entsprechend der längeren Wahldauer sechsjährige, seit dem SVG. fünfjährige Dienstleistung verlangt. Die Dienstleistung kann sich aus verschiedenen Ämtern zusammensetzen, z. B. erst G.ratsmitglied, dann Bürgermeister. Nur die hier bezeichneten Ämter kommen in Betracht, nicht die Tätigkeit als Ortspfleger usw., nicht die Stellung als Ersatzmann. Die Dienstleistung braucht nicht in den letzten 5 Jahren erfolgt zu sein. Sie kann auch länger zurückliegen, auch ganz oder teilweise in andern G.n erfolgt sein. Anders Helmreich, Anm. 3 zu Art. 73, und v. Kahr II 193; der jetzige Wortlaut stützt diese Auffassung nicht.

Zu Ziff. 5.

9. Nach Art. 174 II rrhein. GO. befreite öffentlicher Dienst „im Dienst des Staates oder der Kirche oder als Notar oder als öffentlicher Lehrer" von der Übernahmepflicht. Nunmehr ist der Reichsdienst noch eingefügt; Reichsbeamte müssen freigelassen werden, da das bayer. Recht über ihre Zeit und Arbeitskraft nicht verfügen kann (Roesch, Anm. 8). An Stelle der Angestellten der Kirchen und der öffentlichen Lehrer befreit die GO. allgemein die Angestellten aller Körperschaften und Anstalten des öffentlichen Rechtes. Darunter fallen also nun auch die Beamten, Angestellten und Arbeiter der G.n und G.verbände. Die Notare haben als Beamte des Staates ein Ablehnungsrecht, die öffentlichen Lehrer als Angestellte von Körperschaften des öffentlichen Rechtes. Als Anstalt des öffentlichen Rechtes kommt z. B. die Notariatskasse in Betracht. Die neue Fassung erweitert also den Kreis der Ablehnungsberechtigten in sachgemäßer Weise und schließt die bisherigen Zweifel hierüber aus. Unter die Angestellten im Sinne dieser Ziff. fallen die Beamten und die auf Dienstvertrag (auch privatrechtlichen Vertrag) angestellten Personen (Beamte, Angestellte und Arbeiter, Art. 114 II). Anders Helmreich, Anm. 4 zu Art. 73. Das Verhältnis zwischen dem Angestellten und seinem Arbeitgeber wird durch Art. 73 nicht berührt. Der letztere kann seine Angestellten verpflichten, von dem Ablehnungsrechte Gebrauch zu machen, soweit nicht Art. 114 II GO. und Art. 160 RV. entgegenstehen (früher Art. 4 III SVG.).

Zu Ziff. 6.

10. Ziff. 6 enthält neues Recht, da bis 1919 kein Anlaß hiezu bestand, seitdem aber des öfteren der Mangel einer Vorschrift empfunden wurde, die die Berücksichtigung des eigentlichen Berufes der Frau ermöglicht. Er wird damit vor anderen privaten Berufen bevorzugt. Er gilt nicht nur für verheiratete, sondern auch für unverheiratete Personen, wenn diese Pflichten in der Familie haben, die ihnen die Wahrnehmung des G.amtes unmöglich machen. Unter den „Pflichten in der Familie" sind die auf der Zugehörigkeit zur Familie, nicht auf Dienstvertrag beruhenden Pflichten verstanden. Diese privatvertraglichen Pflichten sind ebensowenig wie andere private Verpflichtungen bevorzugt. Die Pflichten in der Familie und die Pflichten gegenüber der G. sind gegeneinander abzuwägen, um zu bemessen, ob die Frau durch die letzteren den ersteren „übermäßig" entzogen würde.

11. Verfahren bei der Ablehnung. (Abs. II.) S. §§ 115, 116 GWO. Nach Art. 191 rrhein. GO. entschied über die Ablehnungsgründe der Wahlausschuß. Gegen seine Entscheidung war nach Art. 196 V Wahlbeschwerde im Verwaltungsrechtsweg zulässig. Das Verfahren ist nach der GO. v. 1927 dasselbe geblieben, abgesehen davon, daß die endgültige Entscheidung jetzt — unter Ausschluß des

Verwaltungsrechtsweges — die Staatsaufsichtsbehörde trifft. Der G.wahlleiter, nicht die G.behörde hat die Gewählten sofort von ihrer Wahl zu verständigen mit der Aufforderung, sich über die Annahme der Wahl möglichst sofort, spätestens binnen einer Woche nach Empfang der Aufforderung zu erklären. Wird die Ablehnung nicht in der Frist erklärt, so ist sie ungültig und die Wahl gilt als angenommen. (Anders v. Kahr II 263 und VGH. 4, 315. Durch die Fristsetzung in Art. 73 II und § 115 I GWO. ist die Rechtslage jetzt anders. Ebenso Helmreich, Anm. 5 zu Art. 73.) Bedingte oder befristete Annahme oder Ablehnung gilt als Ablehnung (VGH. 8, 112). Die manchmal gestellte Bedingung, daß einem in den G.rat Gewählten keine besonderen Ämter oder Referate im G.rat zugeteilt werden dürfen, bildet keinen berechtigten Ablehnungsgrund. Sie berechtigt nicht zu späterem Austritt, wenn sie nicht beachtet wird. Von der Pflicht zur Übernahme des Wahlamtes wird der Gewählte erst durch die Entscheidung des G.wahlausschusses frei.

Wird in der Frist des Abs. II die Ablehnung erklärt, so entscheidet der G.wahlausschuß sofort oder nach Vornahme der etwa nötigen Erhebungen über die Zulässigkeit der Ablehnung. Hiezu muß er unter Umständen noch einmal zusammentreten. Für die Stimmberechtigung im Ausschuß gelten auch in diesem Fall die allgemeinen Bestimmungen der GWO. Auch diese Sitzung des Wahlausschusses ist öffentlich. Die in VGH. 4, 315 dargelegten Gründe, wonach nicht der G.wahlausschuß, sondern die G.behörde erzwingbare Anordnungen zu erlassen hat, die schon Sternau, Gemeindewahlen S. 104, bekämpfte, treffen jetzt auf keinen Fall mehr zu, weil solche Anordnungen jetzt nicht mehr nötig sind; denn bei fruchtlosem Ablauf der Frist gilt die Wahl als angenommen. Wenn die Aufforderung zur Erklärung einem Gewählten, etwa weil er krank oder verreist ist, nicht eröffnet werden kann, bleibt das Verfahren für ihn so lange ausgesetzt, bis die Aufforderung nachgeholt werden kann. Gegen den Beschluß des G.wahlausschusses gibt es nur noch Beschwerde an die Staatsaufsichtsbehörde, nicht mehr Antrag auf verwaltungsgerichtliche Entscheidung nach Art. 8 Ziff. 33 VGH. Die GO. erachtet solche Entscheidungen nicht für so wichtig, daß der Verwaltungsrechtsweg hiewegen eröffnet werden müßte.

12. (Abs. III.) Wer keinen Ablehnungsgrund geltend macht oder keine Erklärung abgibt, hat die Wahl angenommen wie der, der die Wahl ausdrücklich angenommen hat. Strafbarkeit tritt ein, wenn jemand ablehnt, ohne einen Ablehnungsgrund geltend zu machen, oder auf der Ablehnung beharrt, nachdem sein Ablehnungsgrund endgültig verworfen worden ist. Mit der einmaligen Bestrafung ist das Verfahren aber erledigt. Eine Wiederholung der Strafe ist nicht zulässig (BlAdmPr. 20, 173). Im Landtag wurde daher bei der Beratung der GO. v. 1869 und 1927 die Strafe als ein Loskaufen bezeichnet. Sachlich kann dieser Vorgang auch so angesehen werden. Der Gewählte kann jedoch durch mittelbaren Zwang zur Ausübung des Amtes gezwungen werden (Ordnungsstrafen nach Art. 25 und dienststrafrechtliche Ahndung von B.n).

Wenn das Amt unberechtigterweise niedergelegt wird (Art. 112 I), ist kein strafgerichtliches Verfahren möglich.

Die Festsetzung der Geldstrafe ist zulässig gemäß Art. VIII der V. v. 6. Febr. 1924 über Vermögensstrafen und Bußen (RGBl. I 44). Zuständig ist das Amtsgericht. § 27 Ziff. 2 GVG. Während es sich früher im Hinblick auf Art. 5 AG. StPO. v. 18. Aug. 1879 um eine Übertretung handelte, ist die Straftat jetzt ein Vergehen.

13. Ausschluß naher Verwandter. (Abs. IV.) § 115 III GWO. Nach Art. 192 III u. IV, 197 IV rrhein. GO., 117 IV pf. GO. konnten nahe Verwandte (Vater und Sohn, Brüder, Stiefvater und Stiefsohn, Schwiegervater und Schwiegersohn, im rrhein. Bayern auch noch Oheim und Neffe) nicht gleichzeitig Mitglied eines g.lichen Vertretungskörpers sein. Die spätere Wahl war ungültig; bei gleichzeitiger Wahl war die größere Stimmenzahl maßgebend. Art. 3 SWG. hielt diese Bestimmung für Eltern und Kinder und Geschwister aufrecht. Der RegE. sah keine derartige Bestimmung vor. Der Landtag führte eine solche jedoch auf Antrag des Bauernbundes für G.n bis zu 2000 Einwohnern wieder ein und dehnte sie auf Ehegatten aus, um das Überwiegen einseitiger Familieninteressen im G.rat zu verhindern. Entgegen dem früheren Recht sind jetzt Verschwägerte in auf- und absteigender Linie oder in der Seitenlinie vom gleichzeitigen Eintritt in den G.rat nicht ausgeschlossen. Als „Geschwister" sind auch halbbürtige Geschwister anzusehen, die nur den Vater oder die Mutter gemeinsam haben. (VGH. 4, 16 und VGHE. v. 24. Febr. 1926, BGVZ. 1926, 887.) Unter „Eltern" sind nicht Stiefvater oder Stiefmutter zu verstehen. Hier besteht nicht wie bei den Halbgeschwistern Blutsverwandtschaft. Die Bestimmung gilt für Verhältnis- und Mehrheitswahl, in Bürgermeistereien nur für solche einzelne G.n, die für sich allein nicht mehr als 2000 Einwohner zählen. Dies ergibt sich aus dem Zweck und Anlaß der Bestimmung. A. A. Helmreich, Anm. 11 zu Art. 73.

14. Die Wirkung der Bestimmung war nach der früheren GO., daß diese Personen „vom Eintritt in den G.rat ausgeschlossen" waren, nach dem SWG., daß sie „nicht zugleich Mitglieder des G.rates" sein können. Jetzt ist bestimmt, daß sie „nicht gleichzeitig Mitglieder des G.rates sein" können, ferner, daß die Wahl teils ungültig ist, teils daß solche Gewählte einander ausschließen. Es handelt sich also nicht um einen von den Beteiligten geltend zu machenden Ablehnungsgrund, sondern um einen gesetzlichen Ausschließungsgrund, der von Amts wegen zu beachten und von Gesetzes wegen mit bestimmten Rechtsfolgen ausgestattet ist. Die Feststellung ist Sache des G.wahlausschusses. Gegen seine Entscheidung ist Beschwerde an die Staatsaufsichtsbehörde zulässig. Sie entscheidet endgültig. Der Verwaltungsrechtsweg ist nicht zugelassen, mit Rücksicht darauf, daß es sich hier immer um ganz klar liegende Verhältnisse handelt, deren Entscheidung an Hand von eingehenden Bestimmungen weder von weiteren Rechts- noch von Ermessensfragen abhängig ist. Aus dem Wortlaut, wonach die Betreffenden nicht gleichzeitig Mitglieder des G.rates sein können, folgt, daß die Bestimmung nicht schon auf die Ersatzleute anwendbar ist. Denn sie sind noch nicht Mitglieder des G.rates. Auch nahe Verwandte von Mitgliedern des G.rates oder andere Ersatzleute können also Ersatzleute bleiben. Die Ungültigkeit der Wahl tritt erst in dem Zeitpunkt in Erscheinung, in dem sie Mitglieder des G.rates werden sollen. Dies ist schon deshalb veranlaßt, weil bis dahin der Verwandte, der den Eintritt versperrte, aus dem G.rat ausgeschieden sein kann. Aus Satz 1 ergibt sich, ohne daß auf die folgenden Bestimmungen zurückgegriffen zu werden braucht, die Unmöglichkeit des Eintrittes des Ersatzmannes, wenn ein naher Verwandter von ihm schon im G.-rat sich befindet. Von gleichzeitiger oder späterer Wahl ist hiebei nicht die Rede.

Die Ungültigkeit der Wahl (Satz 2) und der Ausschluß vom Eintritt (Satz 3 und Satz 1) wirken endgültig. Es ist nicht möglich, daß ein Ausgeschlossener etwa bei späterem Wegfall des Ausschlußgrundes, d. h. beim Wegfall des nahen Verwandten nachträglich in den G.rat eintritt. Ebenso bei Scheidung der Ehe. Der zum Mitglied des G.rats Gewählte kann nicht in die Reihe der Ersatzleute treten, da er hiezu nicht gewählt ist (VGH. 6, 257). Jeder Ersatzmann kann nur einmal in den G.rat berufen werden.

15. Spätere Wahl. Soweit es sich nicht um gleichzeitig erfolgte Wahlen handelt, ist die zeitliche Priorität der Wahl entscheidend. In Art. 3 III SWG. wurde die „spätere Wahl" als ungültig erklärt. Dies wurde so ausgelegt, daß sämtliche Wahlgänge im Zuge einer Wahl als zusammengehörig gerechnet wurden. Wird die Bestimmung nicht beachtet, so hat sie die Staatsaufsichtsbehörde nach Art. 112 II durchzuführen (VGH. 28, 93). Nach VGHE. v. 8. Juli 1921 (BGVZ. 1925, 723) wurden unter gleichzeitiger Wahl die Wahlen in allen Wahlgängen des gleichen Wahlgeschäftes bis zur Herstellung der vollständigen G.vertretung verstanden. Als „spätere Wahl" wurden nur Nachwahlen nach Art. 200 GO. u. Wahlen auf Grund von Art. 29 SWG. (jetzt Art. 14 GO.) verstanden. Diese Auslegung ist jetzt nicht mehr möglich, da jetzt die Wahl im späteren „Wahlgang" für ungültig erklärt ist. Gleichzeitige Wahl ist also nur noch die Wahl im gleichen Wahlgang. Wenn z. B. bei einer G.wahl ein Bruder zum G.ratsmitglied gewählt worden ist, kann nicht nachträglich ein anderer Bruder im Verfahren des Art. 65 I Ziff. 1 Unterabs. 3 zum B. gewählt werden.

16. „**Gleichzeitige Wahl**" ist die Wahl im gleichen Wahlgang (s. Anm. 15). Sie ist möglich bei ehrenamtlichen G.ratsmitgliedern (berufsmäßige Mitglieder des G.rates gibt es in G.n unter 2000 Einwohnern nach Art. 13 IV überhaupt nicht), weil sie in einem Wahlgang gewählt werden. Sie ist ferner möglich bei dem ersten B. und den ehrenamtlichen G.ratsmitgliedern, weil sie auf einem Stimmzettel gewählt werden. Sie ist weiter möglich bei der Wahl von zwei weiteren ehrenamtlichen B.n. Für diese 3 Fälle trifft Abs. IV die erforderlichen Bestimmungen. Der 1. B. schließt die ehrenamtlichen G.ratsmitglieder, der 2. B. den 3. B. aus. Der 1. B. wird ohnehin regelmäßig in einem früheren Wahlgang gewählt, schließt also die nachträgliche Wahl des weiteren B.s aus. Wird er ausnahmsweise nach den weiteren B.n, also in einem späteren Wahlgang, gewählt, so schließt der weitere B. die Wahl eines nahen Verwandten zum ersten B. aus, weil die „spätere" Wahl ungültig ist. Für das Verhältnis der gleichzeitig gewählten ehrenamtlichen G.ratsmitglieder sind eingehende Bestimmungen nötig, die verschieden gestaltet sein müssen, je nachdem es sich um Mehrheits- oder Verhältniswahl handelt.

17. Bei der Mehrheitswahl ist grundsätzlich die Stimmenzahl entscheidend. Dabei muß aber für den Fall der Stimmengleichheit mehrerer Bewerber und für den nach Art. 66 Ziff. 5 möglichen Fall Vorsorge getroffen werden, daß auch hier nicht die Stimmenzahl, sondern die Reihenfolge in einem Wahlvorschlag für den Eintritt in den G.rat maßgebend ist. In diesem letzteren Fall entscheidet die Reihenfolge im Wahlvorschlag auch unter den beiden Verwandten oder Ehegatten. Wo dagegen die Stimmenzahl für den Eintritt in den G.rat maßgebend ist, entscheidet bei Stimmengleichheit, wenn Bewerber eines Wahlvorschlages in Frage kommen, die Reihenfolge in diesem, sonst das Lebensalter, so daß der ältere der beiden Verwandten oder Ehegatten in den G.rat eintritt, während der andere ausgeschlossen bleibt; bei Zwillingen entscheidet das Los.

18. Bei der Verhältniswahl ist zu unterscheiden der Fall, daß die Verwandten oder Ehegatten auf einem Wahlvorschlag enthalten sind, von dem Fall, daß sie auf verschiedenen Wahlvorschlägen gewählt sind:

a) Im ersteren Fall innerhalb des gleichen Wahlvorschlages besteht einmal die Möglichkeit, daß die Verteilung der Sitze gemäß Art. 66 Ziff. 9 Unterabs. 3 Satz 1 nach der Reihenfolge im Wahlvorschlag vor sich zu gehen hat (wenn mehr als die Hälfte der auf den Wahlvorschlag gefallenen Stimmen für den unveränderten Wahlvorschlag abgegeben worden sind). Dann entscheidet auch über den Anfall des Sitzes unter Verwandten und Ehegatten diese Reihenfolge. Wer weiter vorne im Wahlvorschlag steht, schließt die andern aus. Wenn dagegen für die Verteilung der Sitze unter den Bewerbern eines Wahlvorschlages die Stimmenzahl der einzelnen Bewerber maßgebend ist, also wenn der soeben behandelte Ausnahmefall nicht gegeben ist, dann ist auch für die Ausscheidung unter den Verwandten und Ehegatten die Stimmenzahl maßgebend. Der Verwandte oder Ehegatte mit der höheren Stimmenzahl tritt in den G.rat ein, die Wahl des anderen ist ungültig.

b) Befinden sich die konkurrierenden Verwandten oder Ehegatten dagegen auf verschiedenen Wahlvorschlägen, so besteht einmal die Möglichkeit, daß für sämtliche hiebei beteiligte Wahlvorschläge die Zahl der Stimmen der einzelnen Bewerber für den Eintritt in den G.rat innerhalb des Wahlvorschlages entscheidet. Dann entscheidet diese auch für den Wettbewerb der aus verschiedenen Wahlvorschlägen in Betracht kommenden Verwandten oder Ehegatten. Denn es ist vertretbar, daß jemand, der eine große Zahl von Stimmen auf sich vereinigt hat, eher in den G.rat eintritt, als ein naher Verwandter von ihm oder sein Ehegatte, der weniger Stimmen erhalten hat, selbst wenn dieser älter sein sollte. Diese Ausscheidungsmöglichkeit versagt aber, wenn bei sämtlichen oder einzelnen Wahlvorschlägen nach Art. 66 Ziff. 9 Unterabs. 3 Satz 1 die Verteilung der Sitze nicht nach der Stimmenzahl der Bewerber, sondern nach der Reihenfolge im Wahlvorschlag sich vollzieht. In diesem Fall bleibt nur die Möglichkeit, das Lebensalter entscheiden zu lassen, das Los soll nur bei Zwillingen maßgebend sein.

19. Die für alle Möglichkeiten nötigen Bestimmungen für die Fälle der Stimmengleichheit und des gleichen Lebensalters betrifft der Schlußabsatz.

20. S. § 115 III GWO.

Art. 74.

I Die Staatsaufsichtsbehörde hat die Wahlverhandlungen [1] zu prüfen [2] und das von den Wahlausschüssen [3] festgestellte Ergebnis [4] zu berichtigen, [5] wenn es mit den für die Wahlvorschläge und die einzelnen Bewerber festgestellten Stimmenzahlen nicht im Einklange steht.

II Die Staatsaufsichtsbehörde hat die Nichtigkeit einer Wahl festzustellen und eine Neuwahl anzuordnen, wenn statt Verhältniswahl zu Unrecht Mehrheitswahl oder statt dieser zu Unrecht Verhältniswahl stattgefunden hat. [6]

III Die Staatsaufsichtsbehörde hat die Nichtigkeit der Wahl einer Einzelperson [7] festzustellen,

1. wenn eine nichtwählbare Person gewählt ist,[8]
2. wenn bei der Wahl eines Bürgermeisters oder bei der nach den Grundsätzen der Mehrheitswahl durchgeführten Wahl eines einzelnen Gemeinderatsmitglieds die Mehrheit der abgegebenen Stimmen für ungültig erklärt wurde,[9]
3. wenn bei der Wahl oder Auswahl eines Bürgermeisters durch die Abstimmung von Mitgliedern des Gemeinderats, deren Wahl als nichtig festgestellt oder auf Grund einer Wahlanfechtung für ungültig erklärt wurde, eine Verdunkelung des Wahlergebnisses eingetreten sein kann.[10]

IV Jeder Wahlberechtigte [11] kann die Wahl anfechten [12]

1. wegen Verletzung der Vorschriften über Förmlichkeiten des Wahlverfahrens,[13]
2. wegen vorschriftswidriger sachlicher Bescheide des Gemeindewahlleiters oder der Wahlausschüsse,[14]
3. wegen Ungültigkeit einzelner Stimmen gemäß Art. 68,[15]

wenn und soweit das Wahlergebnis hierdurch verdunkelt [16] worden sein kann. Die Wahlanfechtung ist innerhalb drei Wochen nach dem Tage der Wahl bei der Staatsaufsichtsbehörde anzubringen und zu begründen.[17] Diese entscheidet hierüber.[18]

V In den Fällen des Abs. III und IV ist das Ergebnis richtigzustellen, soweit Ersatzleute vorhanden sind.[19] Eine Nachwahl findet nur unter der in Art. 71 angegebenen Voraussetzung statt.[20]

VI Die Berichtigung des Wahlergebnisses, die Feststellung der Nichtigkeit einer Wahl und die Entscheidung über eine Wahlanfechtung erfolgt im verwaltungsgerichtlichen Verfahren.[21] Über die Berichtigung des Wahlergebnisses entscheidet die Kreisregierung endgültig, im übrigen im zweiten und letzten Rechtszuge der Verwaltungsgerichtshof.[22]

VII Eine Nachwahl ist erst nach Eintritt der Rechtskraft des verwaltungsgerichtlichen Beschlusses anzuordnen.[23]

RefE. Art. 74; RegE. Art. 74; VerfA. I, 508; II, 80.

Wahlprüfung Anm. 1, 2.
Wahlberichtigung Anm. 3—5.
Wahlnichtigkeit Anm. 6—10,
a) allgemeine Anm. 6,
b) für einzelne Gewählte Anm. 7—10.
Wahlanfechtung Anm. 11—18.

Vorbemerkung.

Nach Art. 196 I u. 197 VI rrhein. GO. und Art. 122 pf. GO. wurden die Wahlakten nach der Beendigung der Wahl durch den Wahlleiter der vorgesetzten Verwaltungsbehörde übersendet, die sie zu prüfen hatte. Darauf hatte sie die B. und berufsmäßigen Magistratsräte zu bestätigen und ihre Verpflichtung und Einweisung anzuordnen. Im Falle der Nichtigkeit der Wahl (d. h. wenn eine nichtwählbare Person gewählt war, wenn nicht die erforderliche Zahl von Wählern abgestimmt hatte und wenn die Gewählten nicht die erforderliche Stimmenzahl erhalten hatten) war diese Nichtigkeit auszusprechen und vorbehaltlich der Beschwerde eine Neuwahl anzuordnen. Jeder Wahlberechtigte konnte binnen 14 Tagen die Wahl wegen Verletzung vorgeschriebener wesentlicher Förmlichkeiten bei der Wahl anfechten oder wegen gesetzwidriger Anerkennung von Ablehnungsgründen sowie wegen rechtswidriger persönlicher Benachteiligung durch das Verfahren oder die Beschlüsse eines Wahlkommissärs oder Wahlausschusses Beschwerde ergreifen. Die Entscheidung hierüber hatte im Verwaltungsrechtsweg zu ergehen.

Nach Art. 4 SVG. war das Ergebnis der Wahl der Aufsichtsbehörde anzuzeigen. Die Wahlverhandlungen waren ihr zur Prüfung vorzulegen. Die Gewählten bedurften keiner Bestätigung. Nur die ersten B. wurden verpflichtet und eingewiesen. Im übrigen galt Art. 196 GO. weiter.

Die GO. weicht hievon nicht wesentlich ab. Neben der Nichtigkeit der Wahl aus bestimmten, der jetzigen Rechtslage angepaßten Gründen kennt sie die Berichtigung des Ergebnisses. Alle andern Gründe sind durch die Wahlanfechtung geltend zu machen in der die frühere Wahlanfechtung und Wahlbeschwerde vereinigt sind. Die Begr. führt hiezu folgendes aus: „Die Einteilung (des Art. 196 GO.) entspricht nicht mehr dem heutigen Rechtsstand. Insbesondere sind die Nichtigkeitsgründe meist nicht mehr anwendbar, während es anderseits mißlich ist, daß Gründe, die ein Wahlverfahren als vollständig unhaltbar erscheinen lassen, nicht von Amts wegen, sondern nur dann berücksichtigt werden können, wenn ein Beteiligter sie geltend macht. Solche Verstöße können einmal bei der Entscheidung darüber, ob Verhältniswahl oder Mehrheitswahl stattzufinden hat, und weiter bei der Vorbereitung der Verhältniswahl, aber auch bei der Feststellung des Wahlergebnisses unterlaufen und derart wesentlich sein, daß eine hiermit behaftete Wahl schlechterdings nicht als Grundlage für die Vertretung einer G. angenommen werden kann. Endlich aber ist die Unterscheidung zwischen Wahlanfechtung und Wahlbeschwerde nicht mehr zeitgemäß, zumal sie, genau betrachtet, der inneren Begründung entbehrt. Es handelt sich bei der Nachprüfung der Wahlverhandlungen nicht so sehr um die Prüfung, ob alle persönlichen Ansprüche der Beteiligten gewahrt worden sind, auch dann, wenn sie ohne jeden Einfluß auf die Rechtsgültigkeit der Wahl sind, als darum, ob das öffentliche Interesse an einer korrekten Wahlhandlung gewahrt worden ist. Von diesem Gedanken geht der Entwurf aus". An Stelle der früheren Bestätigung der Wahl der ersten B. ist die Möglichkeit der Einlegung von Verwahrung hiegegen getreten (Art. 76).

1. Die „**Wahlverhandlungen**" umfassen die Verhandlungen über die Wahl der G.ratsmitglieder von der Aufstellung des G.wahlleiters bis zur Bekanntgabe des Wahlergebnisses, auch die Verhandlungen über die Annahme und Ablehnung der Wahl, ferner über die Wahl der B. und der berufsmäßigen G.ratsmitglieder auch über die Ortschaftswahlen (s. Art. 4 SWG. und VGHE. v. 24. März 1926 BGVB. 926, 890). Alle diese Wahlen kommen für Berichtigungen, Nichtigkeitserklärungen und Wahlanfechtungen in Betracht.

2. Die „**Prüfung**" von Amts wegen erstreckt sich darauf, ob das Ergebnis richtig festgestellt oder zu berichtigen ist (Halbsatz 2) und ob nicht eine Nichtigkeit der Wahl im ganzen (Abs. II) oder hinsichtlich einzelner Personen (Abs. III) vorliegt. Die in Abs. IV enthaltenen Gründe der Ungültigkeit der Wahl dagegen sind nur auf Antrag zu würdigen.

3. Im RegE. hieß es: „von dem G.wahlausschuß". In 2. Lesung wurden diese Worte auf Antrag der Regierung ersetzt durch: „von den Wahlausschüssen", da bei der B.wahl ein eigener Wahlausschuß tätig wird.

4. In den von der GWO. vorgeschriebenen Formen.

5. Die „**Berichtigung**" stellt eine Neueinrichtung der GO. dar. Sie ist bei allen in Anm. 1 aufgeführten Wahlverhandlungen zulässig. Gegenstand ist das vom Wahlausschuß festgestellte Ergebnis, wenn dieses mit den aus den Verhandlungen sich ergebenden Stimmenzahlen nicht in Einklang steht. Zugrund zu legen sind die bei der Ergebnisfeststellung ermittelten Einzelzahlen. Nicht möglich ist hiebei die Nachprüfung, ob die einzelnen Stimmen vom Wahlvorstand oder Wahlausschuß zu Unrecht als gültig oder ungültig behandelt worden sind, ferner ist nicht zulässig die Richtigstellung von Verstößen gegen die Wahlvorschriften oder von sachlichen Entscheidungen des Wahlleiters,

Wahlausschusses, Wahlvorstehers oder Wahlvorstandes. Nur Rechenfehler und sonstige offensichtliche Irrtümer sind zu berichtigen. Die Rechenfehler können beim Zusammenzählen der Ergebnisse für die Wahlvorschläge, aber auch für die Einzelbewerber vorliegen. Es können Rechenfehler im engeren Sinn, aber auch Auslassungen, z. B. Überspringen einer Seite, sein. Solche Fehler können beim Feststellen der Stimmenzahlen, aber auch beim Ziehen der Folgerungen hieraus vorkommen, z. B. bei Feststellung der absoluten Mehrheit, bei Feststellung der Mehrheit nach Art. 66 Ziff. 9 Unterabs. 3, bei Feststellung der Reihenfolge der Bewerber nach ihren Stimmenzahlen. Zulässig ist also jede Richtigstellung des Ergebnisses auf Grund der unangetasteten und unveränderten tatsächlichen Ergebnisse, die Richtigstellung der unrichtig gezogenen Schlüsse aus den vorhandenen Unterlagen, z. B. die Feststellung, daß ein Bewerber nicht zum 1. B. gewählt ist, weil er zu wenig Stimmen erhalten hat, und die Notwendigkeit einer Wahl nach Art. 65 Ziff. 1 Unterabs. 3; die Feststellung, daß nicht der A, sondern der B noch in den G.rat gewählt ist. Hiedurch soll vermieden werden, daß eine Wahl, die auf einer offensichtlich falsch zusammengestellten Unterlage beruht, mangels einer Wahlanfechtung zu Recht besteht, oder wegen einer derartigen Kleinigkeit unnötigerweise für nichtig oder auf Anfechtung für ungültig erklärt werden muß und eine Neuwahl stattzufinden hat. Da das Verfahren als verwaltungsrechtlich erklärt ist, sind die Interessen der Beteiligten gewahrt.

Beteiligt am Verfahren sind hier alle Personen, deren Wahl durch die Berichtigung beeinflußt wird oder werden kann, vorausgesetzt, daß sie sich am Streit beteiligen wollen (VGH. 15, 149). Solche Personen sind vom Stand der Sache zu verständigen, es ist ihnen Gelegenheit zur Wahrnehmung ihrer Interessen zu geben. Wenn sie die Beteiligung am Rechtsstreit vorläufig ablehnen oder die Beteiligung mit einer Bedingung oder einem Vorbehalt verknüpfen oder zeitlich beschränken wollen, kommt einem solchen Beisatz keine Wirkung zu. Die Stellungnahme der Gewählten ist also zweifelsfrei festzustellen. Schweigen gilt als Nichtteilnahme (VGH. 27, 80).

Beschwerdeberechtigt sind nur die hienach am Rechtsstreit Beteiligten (s. auch Begr. z. RegE.). Auch durch die Erklärung der Nichtigkeit einer Wahl wird nur gegenüber den Beteiligten eine Verwaltungsrechtssache geschaffen (VGH. 4, 57). Ein prozessual am Streit Nichtbeteiligter kann nur dann Beschwerde einlegen, wenn er sachlich daran beteiligt ist und nur aus Irrtum der Behörde nicht auch prozessual beteiligt worden ist (VGH. 27, 81). Die sonstigen Wahlberechtigten sind an den Nichtigkeitsverfahren nicht beteiligt, daher auch nicht beschwerdeberechtigt, da ihnen zustehende oder erwachsene Rechte nicht beeinträchtigt werden. Das einzige aus Art. 74 den Wahlberechtigten zustehende Recht ist das Recht der Anfechtung aus Abs. IV, dessen Ausübung für den Einzelnen als Kläger oder Antragsteller zur Beteiligung am Anfechtungsstreit und aus diesem Grund allein auch zum Beschwerderecht in einem solchen führt.

Die Durchführung der Berichtigung ist nicht an eine Frist gebunden.

Nichtigkeit der Wahl: a) im ganzen.

6. (Abs. II.) Die „Nichtigkeit" einer Wahl, entweder im ganzen (Abs. II) oder einer einzelnen Person (Abs. III) ist in den in der GO. bezeichneten Fällen anläßlich der Prüfung nach Abs. I von Amtswegen auszusprechen. Sie kann aber auch später noch festgestellt werden. Die Unterlassung der Nichtigerklärung bei der Prüfung nach Abs. I macht die nichtige Wahl nicht gültig. (BGH. 4, 57.)

Die Begr. führt hiezu folgendes aus:

„Der Entwurf behält die Möglichkeit, eine Wahl von Amts wegen für nichtig zu erklären, bei und dehnt sie sogar auf solche Fälle aus, in denen grundlegende Bestimmungen des ganzen Wahlverfahrens nicht beachtet wurden. Als solche sind die Bestimmungen über die Unterscheidung zwischen Verhältniswahl und Mehrheitswahl angenommen, allerdings auf die Fälle beschränkt, in denen statt der Verhältniswahl zu Unrecht Mehrheitswahl oder umgekehrt stattgefunden hat. Bei diesen Bestimmungen darf angenommen werden, daß das Wahlergebnis durch ihre Nichtbeachtung immer verdunkelt wird, sodaß eine Nachwahl notwendig ist. Der Entwurf nimmt ferner eine teilweise Nichtigkeit der Wahl als notwendig an, wenn eine nichtwählbare Person gewählt worden ist, und weiter in dem Falle, wenn bei der Wahl eines B. oder der nach den Grundsätzen der Mehrheitswahl durchgeführten Wahl eines einzelnen G.-ratsmitglieds die Mehrheit der abgegebenen Stimmen für ungültig erklärt wurde. (Im Landtag wurde auf Antrag der Regierung noch die Ziff. 3 eingefügt). Der erste Fall bedarf keiner weiteren Erläuterung. Hierunter fällt auch der Fall des Art. 64 Abs. II Satz 2, wenn der G.rat es ablehnt, einen Dienstvertrag mit einem Gewählten zu schließen, der die Voraussetzung des zwölfmonatigen Aufenthalts in der G. nicht erfüllt. (S. übrigens auch Art. 97 I Satz 3.) In dem zweiten Falle werden nach dem bisherigen Recht unter Außerachtlassung der für ungültig erklärten Stimmen die von den gültigen Stimmen gewählten Bewerber als gewählt erklärt, auch dann, wenn die Mehrheit der Stimmen für ungültig erklärt wurde. Dies wird jedoch der Stimmung der Wähler sicher nicht gerecht. Es erscheint daher veranlaßt, für solche, allerdings wohl nicht besonders häufige Fälle einen weiteren Nichtigkeitsgrund vorzusehen."

Mehrheitswahl kann nur in den in Art. 66 Ziff. 5 bezeichneten Fällen stattfinden. Wenn in einem anderen Fall Mehrheitswahl stattfindet, also wenn zur maßgebenden Zeit zwei oder mehr gültige Wahlvorschläge vorlagen, hat dies die Staatsaufsichtsbehörde aufzugreifen und zu beanstanden. Ebenso wenn Verhältniswahl stattgefunden hat, obwohl nicht mindestens zwei gültige Wahlvorschläge vorlagen. Die Staatsaufsichtsbehörde muß daher bei der Prüfung der Wahlverhandlungen die grundlegende Frage der Gültigkeit der Wahlvorschläge prüfen, sobald hiedurch die Wahlart, d. h. die Frage, ob Mehrheits- oder Verhältniswahl stattzufinden hatte, beeinflußt werden kann. Sie braucht hienach nur die Grenzfälle zu prüfen, sich dagegen nicht von Amts wegen mit der Frage der Gültigkeit einzelner Wahlvorschläge zu befassen, wenn hiedurch die Wahlart nicht beeinflußt werden kann. Die GO. erachtet die Einhaltung der richtigen Wahlart für so wesentlich, daß sie die Nachprüfung in dieser Hinsicht, zumal es sich hier zum Teil um die Beachtung von Bestimmungen der Verfassungen handelt, der Staatsaufsichtsbehörde von Amts wegen zumutet, und für den Fall der Verletzung der zugrunde liegenden Vorschriften die Nichtigkeitserklärung der ganzen Wahl auch dann verlangt, wenn kein Wähler die Wahl hiewegen angefochten hat. Im übrigen ist die Nachprüfung der Vorschriften über die Wahlvorschläge von der Wahlanfechtung nach Abs. IV abhängig. Die Prüfung der Staatsaufsichtsbehörde hat sich nicht nur darauf zu erstrecken, ob die Beschlüsse des G.wahlausschusses formell in Ordnung sind, sondern auch darauf, ob sie sachlich begründet sind.

Die Feststellung der Nichtigkeit nach Abs. II erfolgt nach Abs. VI im verwaltungsgerichtlichen Verfahren. Über Beteiligung und Beschwerdeberechtigung s. Anm. 5.

Über den Umfang der Nichtigkeit entscheidet die Staatsaufsichtsbehörde oder die Beschwerdeinstanz. Die Wählerlisten werden nur dann zu erneuern sein, wenn während des Verfahrens zu lange Zeit verstrichen ist (etwa 1/2 Jahr, VGHE. v. 1. Juli 1925 BGVZ. 1925, 726). Die Erneuerung der Wahlvorschläge oder wenigstens eine neue Fristsetzung hiezu wird aus dem gleichen Grunde zu verlangen sein (VGHE. v. 24. Juni 1925 BGVZ. 1925, 726.) Wenn die Entscheidung rasch ergeht und über die Unterlagen kein Zweifel bestehen kann, kann die Neuwahl auf Grund derselben angeordnet werden. Eine Neuwahl ist hier aber auf alle Fälle nötig. Von der Neuwahl (§ 119 I GWO.) ist zu unterscheiden die Nachwahl (Abs. V, s. Anm. 20, § 119 II, III GWO.) und die Ergänzungswahl (Art. 71, § 120 GWO., ferner die Wiederholungswahl (für einzelne Stimmbezirke, § 119 IV GWO.).

b) einer Einzelperson.

7. (Abs. III). Die „Nichtigkeit" der Wahl einer Einzelperson war nach der bisherigen GO. dann auszusprechen, wenn eine nichtwählbare Person gewählt war, sodann, wenn bei der Wahl nicht die erforderliche Anzahl von Wählern abgestimmt hatte, und endlich, wenn der Gewählte nicht die erforderliche

Stimmenzahl erhalten hatte. Der mittlere Fall scheidet aus, da es eine Vorschrift, wonach die Gültigkeit einer Wahl in der G. von einer bestimmten Wahlbeteiligung abhängig wäre, nicht mehr gibt. Die Fälle der 3. Art können und müssen nach Abs. I durch die „Berichtigung" des Ergebnisses geregelt werden, soweit eine bestimmte Stimmenzahl (mehr als die Hälfte oder mehr als die andern) vorgeschrieben, von dem Betreffenden aber tatsächlich nicht erreicht ist.

Wenn z. B. die absolute Stimmenmehrheit bei der Wahl des 1. B. nicht erreicht ist, ist nach Abs. I die Anordnung zur Wahl durch den G.rat von der Staatsaufsichtsbehörde zu erlassen. Wenn die Reihenfolge der Bewerber auf Grund der feststehenden Stimmenziffer unrichtig festgestellt ist, ist sie zu berichtigen. Soweit solche Unstimmigkeiten nicht auf diesem Wege ausgeglichen werden können, also nicht offen zutage liegen, sind sie nur, wenn hierauf eine Wahlanfechtung gestützt wird, zu verfolgen. Die Fälle der ersten Art (Nichtwählbarkeit) sind in Ziff. 1 übernommen, in Ziff. 2 u. 3 sind zwei weitere Fälle aufgenommen, die ein Vorgehen von Amts wegen gegenüber der Wahl von Einzelpersonen erfordern. Die Nichtigkeitsgründe sind hier erschöpfend aufgezählt. Weitere solche gibt es nicht. Alle anderen Gründe sind nur bei Wahlanfechtung zu berücksichtigen. Das Verfahren nach rechtskräftiger Feststellung der Nichtigkeit bestimmt Abs. V.

8. (Ziff. 1.) Über die Voraussetzungen der Wählbarkeit s. Art. 64. Nicht entscheidend ist der Eintrag in der Wählerliste (BGHE. v. 13. Mai 1925, BGBZ. 1925, 758). An Stelle der ausgeschiedenen Person tritt der Ersatzmann; wo kein solcher vorhanden ist, ist gemäß Art. 71 eine Nachwahl anzuordnen (Abs. V und Anm. 19, 20).

9. (Ziff. 2.) Der in Ziff. 2 neu eingeführte Fall der Nichtigkeit der Wahl einer einzelnen Person geht auf folgende Erwägungen zurück: Wenn bei der Wahl eines B. oder der nach den Grundsätzen der Mehrheitswahl (z. B. bei einer Nachwahl) durchgeführten Wahl eines einzelnen G.ratsmitgliedes aus irgendwelchen besonderen Gründen die Mehrheit der abgegebenen Stimmen für ungültig erklärt werden mußte, kann der Fall eintreten, daß infolge hievon ein Bewerber mit verhältnismäßig wenig Stimmen zum Zug kommt, wenn er nur die Mehrheit der verbleibenden gültigen Stimmen auf sich vereinigt hat. Eine solche Entscheidung würde der Stimmung der Wähler jedoch nicht gerecht. Für solche, wenn auch nicht besonders häufigen, aber immerhin möglichen Fälle hat die GO. jetzt einen Nichtigkeitsgrund vorgesehen, weil eine Mehrheitswahl, bei der die Mehrheit der abgegebenen Stimmen als ungültig ausscheidet, sozusagen als mißglückt angesehen werden muß. Da in diesen Fällen kein Ersatzmann in Betracht kommen kann, hat hier nach Abs. V eine Nachwahl stattzufinden, wenn der Ersatz des Ausgeschiedenen nötig ist.

Das Verfahren nach Ziff. 2 setzt ein rechtskräftig erledigtes weiteres Verfahren voraus, in dessen Verlauf die Voraussetzung der Ungültigkeitserklärung der abgegebenen Stimmen geschaffen wurde. Nicht zulässig ist die Verbindung der beiden Verfahren etwa in der Weise, daß eine Staatsaufsichtsbehörde, der bei der Prüfung der Wahlverhandlungen Bedenken wegen der Gültigkeit einer großen Anzahl von Stimmen aufstiegen, diese von Amts wegen prüft, um schließlich die Nichtigkeit nach Ziff. 2 auszusprechen. Die Nachprüfung der Gültigkeit der Stimmen der Wähler kann vielmehr (von Ziff. 1 abgesehen) nur auf Grund einer Wahlanfechtung nach Abs. IV erfolgen.

10. Ziff. 3 berücksichtigt einen weiteren Sonderfall im Verfolg eines Wahlnichtigkeits- oder Wahlanfechtungsverfahrens. Wenn die Wahl einzelner Mitglieder des G.rats (B. oder G.ratsmitglieder) als nichtig festgestellt oder zufolge einer Wahlanfechtung für ungültig erklärt worden ist, kann dadurch die Wahl oder Auswahl eines vom G.rat, unter Beteiligung dieser Mitglieder des G.rates gewählten ersten oder weiteren B. in Frage gestellt sein. In solchen Fällen hat die Staatsaufsichtsbehörde von Amts wegen diese Wahlen nachzuprüfen, indem sie die ausfallenden Stimmen unter Berücksichtigung aller für ihre Abgabe bestehenden Möglichkeiten aus der Abstimmung nachträglich ausschaltet. Wenn sich ergibt, daß infolge des Wegfalles dieser Stimmen die Möglichkeit eines anderen Wahlausfalles gegeben ist, wenn also eine Verdunkelung des Wahlergebnisses eingetreten sein kann, ist die Wahl des betreffenden B. für nichtig zu erklären. Daß insoweit ein Nichtigkeitsgrund und nicht blos ein Wahlanfechtungsgrund geschaffen wurde, hat seinen Grund darin, daß es sich um die Wahl des B. handelt, der einer einwandfreien Mehrheit bedarf, wenn er für seine Amtshandlungen die richtige Unterlage haben soll. In diesem Fall ist nach Abs. V Satz 2 unter der dort bestimmten Voraussetzung eine Nachwahl nötig. Ziff. 3 bezieht sich nicht auf die Wahl der G.ratsmitglieder (auch nicht der berufsmäßigen, die durch den G.rat erfolgt), (Art. 65 I Ziff. 2.)

11. (Abs. IV, **Wahlanfechtung.**) Anfechtungs- und beschwerde**berechtigt** war nach Art. 196 rrh. GO. (122 pf. GO.) „jeder G.bürger", jetzt „jeder Wahlberechtigte". Vgl. Art. 63. Nach der Rechtsprechung des VGH. (s. BGBZ. 1925, 759; 1926, 890) sind nur die Wahlberechtigten als solche anfechtungsberechtigt, nicht die G.n oder G.räte, G.wahlleiter oder Wahlausschüsse, Wahlvorsteher oder Wahlvorstände, auch nicht die Vertrauensmänner der Wahlvorschläge als solche, nicht Parteien, Vereine jeder Art oder Wählervereinigungen. Wenn solche Wahlanfechtung erheben, können diese als zulässig behandelt werden, wenn die Unterzeichner sie für ihre Person übernehmen. In solchen Fällen ist zu prüfen, ob eine von einer Wählervereinigung eingereichte Wahlanfechtung allein von dieser ausgeht, oder ob nach den Umständen des Falles angenommen werden kann, daß die Unterzeichner sie auch für ihre Person mit erhoben haben. (BGHE. v. 17. Juni 1925, BGBZ. 1925, 759.) Nicht anfechtungsberechtigt ist, wer in der Wählerliste eingetragen ist, wenn er das Wahlrecht nicht besitzt. (PreußVerwBl. 1926, 176.) Der nachträgliche Verlust des Wahlrechts ist für die Weiterführung der Sache ohne Bedeutung (BGH. 46, 56). Nicht erforderlich ist, daß der Betreffende das Wahlrecht ausgeübt hatte.

Beteiligt am Verfahren sind außer den Personen, die die Wahlanfechtung erhoben haben, die in Anm. 5 bezeichneten Personen.

Eine mündliche Wahlanfechtung ist nur gültig, wenn sich ihr Zeitpunkt und Wortlaut unzweifelhaft feststellen läßt. (BGHE. v. 19. Mai 1926, BGBZ. 1926, 890.)

12. Im Gegensatz zum früheren Recht (Art. 196 rrhein. und 122 pf. GO.), das zwischen Wahlbeschwerde und Wahlanfechtung unterschied, gibt es jetzt nur noch eine „Anfechtung" der Wahl. In dieser ist das Recht der Wahlberechtigten gegenüber den G.wahlen zusammengefaßt. Unter den Anfechtungsgründen ist Ziff. 1 unverändert gegenüber dem bisherigen Recht geblieben, während bei Ziff. 2 die bisher verlangte persönliche Benachteiligung des Beschwerdeführers ausgeschaltet wurde, sodaß die Anfechtung schon wegen vorschriftswidriger sachlicher Bescheide des Wahlleiters oder der Wahlausschüsse zulässig ist. Die in der bisherigen GO. besonders behandelte, gesetzwidrige Anerkennung von Ablehnungsgründen ist nur insofern noch Anfechtungsgrund, als sie unter Ziff. 2 fällt. Ziff. 3 regelt noch die Form des Verfahrens bei feststellbarer Bestechung oder Nötigung nach Art. 68. Das Anfechtungsrecht besteht in allen Fällen nur dann, wenn die die Anfechtung begründende Tatsache von Einfluß auf das Wahlergebnis ist, es „verdunkelt" haben kann, wie der vom BGH. in vielen Entscheidungen zur Feststellung des Begriffes der „wesentlichen" Förmlichkeit gebrauchte Ausdruck lautet. Der betreffende Vorgang muß also zum mindesten geeignet sein, einen störenden Einfluß auf die Wahl auszuüben. Nicht erforderlich ist der Nachweis, daß die Formverletzung oder der unrichtige Beschluß das Wahlergebnis wirklich beeinflußt hat. Es genügt die Möglichkeit der Beeinflussung. BGH. 22, 14. Bei der Beurteilung dieser Frage ist zu prüfen, wie die Wahl ausgefallen wäre, wenn die vorschriftswidrige Handlung oder Unterlassung nicht stattgefunden hätte. Läßt sich genau feststellen, daß das Ergebnis auch dann nicht anders gewesen wäre, als es gewesen ist, dann ist keine Verdunkelung anzunehmen. Läßt sich dies nicht feststellen, besteht also Sicherheit oder zum mindesten die Möglichkeit eines anderen Wahlergebnisses, so ist der Wahlanfechtung stattzugeben. (BGHE. v. 25. Mai 1925 BGBZ. 1925, 723.) Nicht zulässig ist die Feststellung (etwa durch eidliche oder sonstige Einvernahme), wie ein Wähler gestimmt hat, das würde dem Grundsatz der geheimen Wahl (§§ 23 und 26 I WU.) widersprechen (VGH. 27, 61). Freiwillige Angaben hierüber sind zwar zulässig, aber mit einiger Vorsicht zu behandeln.

Die Wahlanfechtung ist nur aus den in der GO. vorgesehenen Gründen möglich, nicht etwa auch deshalb, weil Versprechungen nicht eingehalten werden, die vor der Wahl abgegeben wurden. (VGHE. v. 4. Nov. 1925, BGVZ. 1926, 890.)

Über die Frage, welchen Umfang die Anfechtung hat, wenn die „G.wahl" angefochten wird, hat der VGH. in den in BGVZ. 1925, 722 und 1926, 858 aufgeführten Entscheidungen ausgesprochen, daß darunter die Wahl der ehrenamtlichen G.räte und B. zu verstehen ist. Durch die Anfechtung der G.wahl ist immer diese im ganzen, einschließlich der Wahl der B. (des ersten und der weiteren), im Streit befangen, wenn nicht aus der Anfechtung die Einschränkung auf die Wahl der G.ratsmitglieder hervorgeht. Eine Einschränkung ist auch insofern möglich, als zwar die Wahl des 1., aber nicht die des 2. B. mit angefochten wird. Wenn nur die Wahl der G.ratsmitglieder angefochten ist, ist damit die Anfechtung der Wahl des 2. B. nicht mit erfolgt, auch wenn er jenen entnommen worden ist. In dieser Hinsicht wirkt jetzt Abs. III Ziff. 3 ein, insoferne als die Gültigkeit der Wahl des B. bei Nichtigkeits- oder Ungültigkeitserklärungen der Wahl der Mitglieder der G.ratsmitglieder von Amts wegen, auch ohne Wahlanfechtung nachgeprüft werden muß.

Im Wahlanfechtungsverfahren wegen der Wahl des 2. B. kann die Gültigkeit der Wahl eines G.ratsmitgliedes als Zwischenpunkt nachgeprüft werden, selbst wenn diese im 1. Rechtszug als gültig erklärt worden ist, und obwohl hiegegen keine Beschwerde eingelegt wurde. Durch die Beschwerde hinsichtlich der Wahl des 2. Bürgermeisters ist die Entscheidung über die Wahl der G.ratsmitglieder nicht mit umfaßt. Jeder Gewählte kann nur seine eigene Wahl verteidigen. Unterläßt er die Verteidigung oder führt er sie unrichtig, so kann er im Prozeß unterliegen, obwohl er im Recht ist. Es kann auch nicht von der Notwendigkeit einer einheitlichen Entscheidung gesprochen werden. Denn es handelt sich um 2 verschiedene Wahlen, zwischen denen kein solcher Zusammenhang besteht, daß die Ungültigkeit der späteren Wahl ohne Weiteres auf die früheren zurückwirken müßte (VGHE. v. 19. Mai 1926, BGVZ. 1926, 859).

13. (Ziff. 1. **Verletzung von Formvorschriften.**) Welche Vorschriften über Förmlichkeiten des Wahlverfahrens, soweit es angefochten wird, so wichtig (Art. 196 GO. von 1869: wesentlich) sind, daß durch ihre Nichtbeachtung das Wahlergebnis verdunkelt worden sein kann, ist von Fall zu Fall zu entscheiden. Soweit der VGH. hiezu schon Stellung genommen hat, ist diese bei den einschlägigen Bestimmungen wiedergegeben. Zu dem „Wahlverfahren“ gehören, wie zu der „Wahlhandlung“ nach der GO. von 1869, auch die dem eigentlichen Wahlgeschäfte vorhergehenden vorbereitenden Akte, soweit sie eine notwendige Voraussetzung oder einen wesentlichen Bestandteil des Wahlgeschäftes bilden und demnach zu ihm in einer durch die Wahlvorschriften geregelten inneren Beziehung stehen. VGH. 15, 18; VGHE. vom 19. Mai 1920, BGVZ. 1925, 723.) Z. B. die Herstellung der Wählerlisten, die amtliche Behandlung der Wahlvorschläge nach ihrer Einreichung beim Wahlleiter, nicht schon vorher. (VGHE. v. 14. Okt. 1925, BGVZ. 1926, 860). Wenn der Grund der Ungültigkeit in einem Mangel hinsichtlich eines Wahlvorschlages liegt, sind hiedurch die Wahlvorschläge für ungültig zu erklären. (VGHE. v. 29. April 1925, BGVZ. 1925, 726). Neben oder an Stelle der Wahlanfechtung kann ein Gewählter seinen Anspruch auf Eintritt in den G.rat jederzeit mittels Antrags auf verwaltungsgerichtliche Entscheidung (Art. 8 Z. 33 VGH.) geltend machen (VGHE. v. 24. Febr. 1926, BGVZ. 1926, 889). Ferner gehören hiezu die Ermittelung und Feststellung der Ergebnisse und der Abschluß der Wahl. Die Gesetzesverletzungen müssen sich auf die Wahlhandlung beziehen, die angefochten wird, nicht auf eine frühere (VGH. 26, 20). Eine unrichtige sachliche Entscheidung über das Wahlrecht bedeutet nicht die Verletzung einer Vorschrift über Förmlichkeiten des Wahlverfahrens (VGH. 4, 31). Die Verletzung einer Formvorschrift bleibt aber eine solche, auch wenn der Wahlausschuß oder Wahlvorstand sich damit beschlußmäßig befaßt hat (VGH. 10, 122).

14. (Ziff. 2 **Vorschriftswidrige sachliche Bescheide.**) Die Wahlanfechtung, die sich gegen sachlich unrichtige, den bestehenden Vorschriften (nicht bloß dem Gesetze) zuwiderlaufende Bescheide richtet, braucht nicht mehr, wie bisher, eine persönliche Benachteiligung des Anfechtenden nachzuweisen. Es genügt aber, nicht nur die Behauptung der Unrichtigkeit eines Bescheides, vielmehr ist der Nachweis erforderlich, daß ein solcher den Vorschriften zuwiderläuft und das Ergebnis verdunkelt hat. Gegenüber der Entscheidung von Fragen, die in das Ermessen des Wahlleiters oder Wahlausschusses gestellt ist, die also, wie sie auch ausfallen mag, immer den Vorschriften entspricht, ist daher keine Anfechtung möglich. Hat statt des Wahlausschusses der Wahlleiter entschieden, so liegt die Verletzung einer wesentlichen Förmlichkeit vor (VGH. 12, 143). Auch wegen sachlich unrichtiger Bescheide der Wahlvorsteher oder Wahlvorstände, nicht sonstiger amtlicher Organe, ist Wahlanfechtung zulässig. Solche ist hier nicht etwa nur wegen Verletzung von Formvorschriften möglich. Ein innerer Grund für eine verschiedene Behandlung der Wahlausschüsse und Wahlvorstände besteht nicht. Die Bestimmung stammt aus der GO. von

1869, wo kein Unterschied zwischen beiden gemacht war. Den Unterschied kennt auch nur die GWO., nicht die GO.

15. (Ziff. 3). Nach Art. 68 hat die Bestechung und Nötigung der Abstimmenden die Ungültigkeit der Stimmen der Beteiligten und den Verlust ihrer Wählbarkeit zur Folge. Der letztere wird als Nichtigkeitsgrund gemäß Art. 74 III Ziff. 1 von Amts wegen berücksichtigt. Die Ungültigkeit der Stimmen der an solchen Vorfällen Beteiligten dagegen wird nur auf Grund einer Wahlanfechtung, die jeder Wahlberechtigte erheben kann, festgestellt, wenn und soweit das Wahlergebnis hierdurch verdunkelt worden sein kann, (s. Anm. 12). In solchen Fällen führt die Ungültigkeitserklärung der Stimmen der Beteiligten zur Ungültigerklärung der Wahl.

16. S. Anm. 12.

17. Verfahren bei der Wahlanfechtung. Die Anfechtung hatte nach der GO. von 1869 „binnen 14 Tagen nach der Bekanntmachung des Wahlergebnisses" zu erfolgen. Die Erfahrung zeigte, daß die Bekanntgabe nicht immer in der vorgeschriebenen Weise erfolgte, so daß der Beginn der 14tägigen Frist sich nicht immer einwandfrei feststellen ließ. Daher ist der Fristbeginn jetzt an die Wahl selbst geknüpft, dafür aber die Frist auf 3 Wochen verlängert, um einen Ausgleich zu schaffen.

Bei der Frist handelt es sich nicht um eine Prozeßfrist, sondern um eine Frist für den Antrag auf verwaltungsgerichtliche Entscheidung, eine materiellrechtliche Frist, eine Verjährungsfrist; gegen ihren Ablauf gibt es keine Wiedereinsetzung in den vorigen Stand (BGHE. v. 23. Dez. 1925, BGBZ. 1926, 889). Die Berechnung erfolgt nach den Vorschriften des BGB., die Frist endet also nicht an einem Sonn- oder Feiertag, sondern erst am nächsten Werktag (BGHE. v. 30. Sept. 1925, BGBZ. 1926, 890, BGH. 46, 59). Ein Protest vor der Wahl genügt nicht (BGHE. v. 17. März 1920, BGBZ. 1925, 760).

Die Wahlanfechtung ist bei der „Staatsaufsichtsbehörde" einzubringen (Art. 59). Durch anderweitige Anbringung wird die Frist nicht gewahrt. Durch die Anfechtung seitens eines Nichtlegitimierten wird die Frist nicht gewahrt, auch wenn ein Wahlberechtigter sich ihr nachträglich anschließt (Preuß. Verw. Bl. 1925, 176).

Die Anfechtung muß in der Frist nicht nur angebracht, sondern auch „begründet" werden. Die „Begründung" der Anfechtung muß die Anfechtungsgründe im einzelnen ersehen lassen. Die nachträgliche Beibringung der Begründung ist ohne Wirkung, ebenso eine allgemein gehaltene Begründung BGH. 10, 94. BGHE. v. 28. Apr. und 15. Dez. 1920, BGBZ. 1925, 760. Eingehend BGH. 10, 94.

Die Zurücknahme einer Wahlanfechtung ist bis zur Entscheidungsverkündung zulässig, der Widerruf einer Zurücknahme dann, wenn er während der Frist erfolgt. (BGBZ. 1926, 889 und

890). Wird eine Wahlanfechtung zurückgezogen, so wird das Verfahren eingestellt, soweit es nicht nach Abs. I—III etwa von Amts wegen weiter zu führen ist.

18. Nach Abs. VI im verwaltungsgerichtlichen Verfahren. Entweder wird die Wahlanfechtung abgewiesen oder die Wahl, soweit sie durch einen der in Ziff. 1—3 angegebenen Gründe verdunkelt worden sein kann, als „ungültig" erklärt. Darauf hat dann die „Richtigstellung" des Ergebnisses oder eine Nachwahl nach Abs. V zu erfolgen.

19. Folgen der Entscheidung der Verwaltungsgerichte.

In den Fällen des Abs. II ist stets eine Neuwahl nötig. Im Falle des Abs. III (Nichtigkeit der Wahl einer oder mehrerer Einzelpersonen) rücken, soweit Ersatzleute vorhanden sind, für die Personen, deren Wahl für nichtig erklärt worden ist, die Ersatzleute aus dem gleichen Wahlvorschlag ein. Dasselbe gilt für die Fälle des Abs. IV, wenn nur die Wahl einer Einzelperson für ungültig erklärt wird. Wo in diesem Fall die ganze Wahl für ungültig erklärt werden muß, entfällt diese Möglichkeit. Auch hier kommt dann Satz 2 in Betracht.

Auch nach der GO. ist es zulässig, daß hiebei eine Wahl nur in einzelnen Stimmbezirken für ungültig erklärt wird, obwohl eine dem Art. 11 III BezO. und Art. 12 III KrO. entsprechende Bestimmung hier fehlt. Dies ergibt sich aus den Worten: „soweit das Wahlergebnis hiedurch verdunkelt worden sein kann". Die „Richtigstellung" des Ergebnisses durch Einberufung des Ersatzmannes erfolgt nicht im verwaltungsgerichtlichen Verfahren, sondern in dem Verfahren, das bei sonstiger Erledigung von Sitzen vorgeschrieben ist. Abs. V zieht nur die Folgerung aus der verwaltungsgerichtlichen Entscheidung über die Wahlanfechtung (Abs. VI). So wenig wie die Nachwahl in Satz 2 verwaltungsgerichtlich anzuordnen ist, ebensowenig ist dies für die Richtigstellung nach Satz 1 der Fall. A. A. Helmreich, Anm. 19 zu Art. 74.

20. (§ 119 II, III GWO.) Wo keine Ersatzleute vorhanden sind, sei es daß für die betreffende Stelle keine solchen gewählt werden (z. B. für die B.), oder daß keine mehr vorhanden sind, oder daß die ganze Wahl, also auch die der Ersatzleute, für ungültig erklärt worden ist, hat eine Nachwahl stattzufinden. Die Nachwahl kann eine vollständige Nachwahl sein, wenn der ganze Vertretungskörper neu zu wählen ist oder eine teilweise, also eine Ergänzungswahl, wenn unter der Voraussetzung des Art. 71 eine solche veranlaßt ist. Wo eine vollständige Nachwahl in Betracht kommt, ist sie unbedingt erforderlich, eine teilweise dagegen nur, wenn G.rat oder Staatsaufsichtsbehörde sie für erforderlich erklären.

S. noch Abs. VII. Über die Wahlberechtigung bei Nachwahlen s. Art. 63 Anm. 4.

21. Die sämtlichen Entscheidungen in diesen Fällen, auch die der 1. Instanz, der Staatsaufsichtsbehörde, haben im verwaltungsgerichtlichen Verfahren zu erfolgen.

22. Bei Berichtigungen gibt es, wo die Kreisregierung Staatsaufsichtsbehörde ist, also gegenüber kreisunmittelbaren Städten, hienach nur eine Instanz, bei Wahlen in mittelbaren G.n zwei Instanzen, wobei die Kreisregierung die zweite und letzte Instanz bildet. Der VGH. scheidet hiebei aus. „Im übrigen" d. h. bei Feststellung der Richtigkeit einer Wahl und bei Wahlanfechtungen entscheidet immer der VGH. im 2. und letzten Rechtszug, d. h. wo das Bezirksamt Staatsaufsichtsbehörde ist, geht die Beschwerde unter Überspringung der Kreisregierung unmittelbar an den VGH., wo die Kreisregierung Staatsaufsichtsbehörde ist, an den VGH. Vgl. Art. 143 GO.

Beschwerdeberechtigt sind alle, als gewählt an der Sache beteiligten Personen, die auf Grund dieser ihrer Beteiligung am Verfahren in der Vorinstanz wirklich teilgenommen haben oder hätten teilnehmen können, wenn sie von der Vorinstanz beigezogen worden wären, bei Wahlanfechtungen außerdem die Antragsteller, die auf Grund ihres Wahlrechtes die Wahl angefochten haben, nicht dagegen Gewählte, die die Beteiligung abgelehnt oder versäumt haben. (VGH. 27, 79).

Eine Beschwerde ist nicht gegen die Begründung eines amtlichen Bescheides zulässig. Denn die Gründe sind nicht für sich allein der Rechtskraft fähig. Anders nur, wenn die Gründe eine Feststellung oder Anordnung enthalten, die nicht eine eigentliche Begründung des Entscheidungssatzes darstellt, nicht nur sachleitender Art ist, sondern die rechtliche Natur einer selbständigen Entscheidung in einer den Verwaltungsrechtsstreit berührenden Frage in sich trägt. Gegen einen solchen Ausspruch in den Gründen ist eine selbständige Beschwerde zulässig. (VGHE. v. 10. Juni 1925, BGVZ. 1925, 760).

Die **Kosten** eines nach Abs. I—III von Amts wegen eingeleiteten Verfahrens können, wenn ein Beteiligter in das Verfahren eingetreten und unterlegen ist, diesem überbürdet werden, sonst, wo weiter kein Beteiligter am Streit teilgenommen hat, nur der Staatskasse zur Last fallen, da niemand da ist, von dem Ersatz der angefallenen Auslagen verlangt werden könnte (VGH. 22, 213). Ein solches Verfahren ist nach Art. 69 IV gebührenfrei. Auch wenn ein die Richtigkeit von Amts wegen aussprechender Bescheid auf Beschwerde hin wieder aufgehoben wird, fallen die Kosten der sämtlichen Rechtszüge der Staatskasse zur Last. (VGHE. v. 24. März 1926, BGVZ. 1926, 891.)

Die Kosten einer Wahlanfechtung nach Abs. IV dagegen fallen der unterliegenden Partei zur Last. Wenn die Gewählten, deren Wahl angefochten worden ist, sich am Verfahren nicht beteiligt haben, sodaß sie als Kostenträger nicht in Betracht kommen (VGHE. v. 3. Febr. 1926, BGVZ. 1926, 890), haben die Wahlanfechter als Veranlasser des Verfahrens dessen Kosten auch dann zu tragen, wenn auf Grund der Wahlanfechtung die Wahl entsprechend ihrem Antrag für ungültig erklärt worden ist. Es ist ebenso unmöglich, sie der G., dem Wahlleiter, Wahlausschuß oder sonst jemand, der etwa die Wahlanfechtung durch sein Verfahren nötig gemacht hat, am Verfahren aber nicht beteiligt ist, zu überbürden, als sie der Staatskasse aufzuerlegen oder niederzuschlagen. Die Niederschlagung von Kosten gibt es nach dem Kosteng. überhaupt nicht, die von Gebühren nur dann, wenn sie durch eine unrichtige Sachbehandlung ohne Schuld der Beteiligten entstanden sind (Art. 171 Kostenges. v. 16. Febr. 1921). (VGHE. v. 17. Febr. 1926, BGVZ. 1926, 890.)

Als Kosten eines Wahlanfechtungsverfahrens hat der VGH. auch die Auslagen der zur mündlichen Verhandlung geladenen Beteiligten erachtet; die unterlegenen Gegner haben sie zu ersetzen. Sie sind zu berechnen und festzusetzen. Anders, wenn die Beteiligten einen Rechtsanwalt bevollmächtigt haben. Dann sind zwar die für seine Tätigkeit aufgerechneten Kosten zu ersetzen, aber nicht daneben auch noch die Kosten für die Reise der Partei selbst. Kosten, die den politischen Parteien erwachsen sind, auch durch eine Reise zu dem Parteisekretär, sind nicht ersatzfähig. (VGHE. v. 22. und 27. Jan. 1926, BGVZ. 1926, 891.)

23. Abs. VII gehört inhaltlich zu Abs. V. Als Nachwahl kommen vollständige oder teilweise Wahlen in Betracht. (S. Anm. 20.) Der verwaltungsgerichtliche Beschluß wird erst mit seiner Rechtskraft wirksam und vernichtet in diesem Augenblick die Wirkung der Wahl. Daraus folgt, daß diese bis dahin wirksam ist, daß also weder die Einleitung eines Verfahrens nach Abs. I—III, noch eine Wahlanfechtung nach Abs. IV die Wirkung der Wahl beeinträchtigt und die Bestätigung der Gewählten nach ihrer Amtsübernahme behindert. Die in Art. 196 V Schlußsatz der GO. von 1869 enthaltene Bestimmung, wonach die Beschwerden keine aufschiebende Wirkung haben, ist in der neuen GO. nicht ausdrücklich enthalten. Art. 24 VGG. ist auf die Einleitung von Verfahren nach Abs. I—III und für Wahlanfechtungen schon nach seinem Wortlaut nicht anwendbar. Wenn eine G.wahl formell abgeschlossen und die Erklärung der Gewählten über die Annahme der Wahl erfolgt ist, besteht für die Gewählten mit dem Beginn ihrer Wahlzeit (1. Januar) zunächst ein auf Art. 67 beruhendes Recht auf Übernahme ihres Amtes. Gegenüber Angriffen hierauf können sie sich im verwaltungsgerichtlichen Verfahren zur Wehr setzen. Ihr Recht kann ihnen nur in diesem Verfahren entzogen werden. Hätte ein auf Art. 74 gegründeter Angriff auf dieses Recht aufschiebende Wirkung haben sollen, so hätte dies ausdrücklich bestimmt werden müssen. (Dagegen ist nicht erforderlich, daß der Mangel der aufschiebenden Wirkung besonders bestimmt wird.) Da eine solche Bestimmung nicht getroffen ist, fehlt ohne Weiteres die aufschiebende Wirkung. Ebenso wie im Landtagswahlrecht, wo auch das Mandat erst mit der Entscheidung über die Wahlanfechtung erlischt. Das Gleiche ergibt sich aus Art. 113. (Begr. zu Art. 102.) Dasselbe gilt auch hinsichtlich der „Verwahrung" gegenüber der Wahl des B. nach Art. 78. Ebenso Helmreich Anm. 22 zu Art. 74 und VGH. 4, 472.

Anhang zu Art. 74.

Über die in Art. 73, 74 geregelten Fälle hinaus sind Anträge auf verwaltungsgerichtliche Entscheidung auf dem Gebiete des G.wahlrechtes nach Maßgabe des Art. 8 Z. 33 VGG. auch in Zukunft noch zulässig, soweit nicht die GO. dieses Verfahren für einzelne Fälle ausdrücklich ausschließt und soweit sie nicht andre Fälle auch hinsichtlich des Verfahrens erschöpfend regelt.

Art. 8 Z. 33 VGG. sieht verwaltungsgerichtliche Entscheidungen in folgenden Fällen vor:

a) **hinsichtlich des Wahlrechtes.** Entscheidungen hierüber sind bei Verwaltungsrechtsstreitigkeiten, die auf Grund Art. 74 GO. eingeleitet werden, vielfach als Zwischenpunkt-Entscheidungen möglich. Die Möglichkeit einer besonderen verwaltungsgerichtlichen Entscheidung hierüber sieht die GO. zwar nicht ausdrücklich vor. Doch ist sie nach dem VGG. neben der GO. z. B. in solchen Fällen möglich, in denen bei Anlegung der Wählerliste das Wahlrecht einer Person bestritten und von der Staatsaufsichtsbehörde im Einspruchsverfahren, das nach der GO. und GWO. nicht verwaltungsgerichtlicher Art ist, nicht anerkannt wird. In diesem Fall kann der Betreffende allerdings ein rechtliches Interesse daran haben, sein Wahlrecht festgestellt zu sehen und kann hiezu Antrag nach Art. 8 Z. 33 VGG. stellen.

b) **hinsichtlich der Wählbarkeit.** Die Wählbarkeit kann angezweifelt werden bei Beschlüssen der Wahlausschüsse über die Zulassung der Wahlvorschläge und über das Ergebnis der Wahl, in letzterer Hinsicht auch bei Beschlüssen der Wahlvorstände, endlich auch bei nachträglichen Beschlüssen auf Grund des Art. 68 (s. Anm. 6 daselbst). Die Verbescheidung solcher Zweifel erfolgt nur nach Art. 74 III und IV im verwaltungsgerichtlichen Verfahren. Wenn sonst noch ein Interesse besteht, die Wählbarkeit einer Person festzustellen, ist ein Verwaltungsrechtsverfahren nach Art. 8 Z. 33 VGG. in dieser Hinsicht zulässig. S. z. B. Buchst. e am Schluß.

c) **hinsichtlich der Gültigkeit der Wahlen.** Diese kann, wie bisher nur in der Form des Art. 196 V (122) GO. von 1869, so jetzt nur in den in Art. 74 festgelegten Formen angezweifelt und festgestellt werden. Sonstige Möglichkeiten, über die Gültigkeit der G.wahlen verwaltungsgerichtliche Entscheidung herbeizuführen, besteht auch jetzt nicht. Nach der Rechtsprechung des VGH. fällt aber unter diese Vorschrift nicht nur die Frage der formalen Gültigkeit und Gesetzmäßigkeit der Wahlhandlung, einschließlich der Feststellung des Wahlergebnisses, sondern auch das hieraus für den Gewählten sich ergebende Recht zum Eintritt in ein G.amt (VGH. 6, 111, 206; 13, 156), allerdings nicht in dem Sinn, daß jeder Wahlberechtigte in dieser Hinsicht ein Beanstandungsrecht hätte (VGH. 10, 7), sondern daß nur der Gewählte selbst ein solches Recht geltend machen kann. Insbesondere gehört hierher das Recht eines Ersatzmannes auf Einrücken in den Vertretungskörper (VGH. 6, 111) und die Frage der Reihenfolge der G.ratsmitglieder (VGH. 13, 156). In der Entsch. Bd. 6, 115 ist hiezu ausgeführt, auch die Erwägung sei nicht belanglos, daß es gewissermaßen zur Verneinung eines zweckbewußten und folgerechten gesetzgeberischen Gedanken führen müßte, anzunehmen, daß zwar die Berechtigung zum Austritt aus einer gemeindlichen Wahlfunktion, nicht aber die Berechtigung zum Eintritt in eine solche dem Schutze der obersten Verwaltungsrechtsinstanz unterstellt werden wollte.

Auch in der VGHE. v. 24. Febr. 1926 (BVBl. 1926, 889) ist ausgeführt, daß der Gewählte gemäß Art. 8 Z. 33 VGG. seinen Anspruch auf Eintritt in den G.rat mittels selbständigen Antrags auf verwaltungsgerichtliche Entscheidung „jederzeit“ geltend machen könne.

Es ist zutreffend, daß, wenn der Anspruch eines Gewählten auf Eintritt in den G.rat bestritten wird, der Gewählte diesen Anspruch nur geltend machen kann, indem er die Gültigkeit der Wahl und die Feststellung ihres Ergebnisses angreift. Insofern ist die Auslegung, die der VGH. dem Art. 8 Z. 33 VGG. gibt, durchaus richtig. Fraglich aber kann sein, ob die Geltendmachung dieses Anspruchs „jederzeit“ zulässig ist. Die verwaltungsgerichtliche Zuständigkeit muß sich auf die Bestreitung der Gültigkeit der Wahl gründen. Diese ist aber nach Art. 74 IV nur in der Form der Wahlanfechtung und nur binnen drei Wochen nach dem Tage der Wahl zulässig. Wenn sich nach Ablauf dieser Frist Gründe ergeben sollten, die die Gültigkeit der Wahl als zweifelhaft erscheinen lassen, so ist keine Wahlanfechtung mehr möglich, auch nicht in solchen Fällen, wie die hier in Frage stehenden. Denn die verwaltungsgerichtliche Zuständigkeit stützt sich auch für diese Fälle und auch nach Art. 8 Z. 33 VGG. nur auf die behauptete Ungültigkeit der Wahl. Für diese Behauptung aber setzt Art. 74 GO. eine Ausschlußfrist fest, um die Gültigkeit der Wahlen nach einer gewissen Zeit außer Zweifel zu stellen. Späterhin kann also auch der Gewählte selbst seinen Anspruch auf Eintritt in den G.rat nicht mehr verwaltungsgerichtlich geltend machen. Nicht angängig wäre es, etwa den Fall der nachträglichen Erledigung eines Sitzes und das dann erforderliche Einrücken eines Ersatzmannes als „Wahl" im Sinne des Art. 74 IV S. 2 aufzufassen. Auch der Vergleich mit der Behandlung der Ansprüche auf Berechtigung zum Austritt aus dem G.-rat, wie ihn der BGH. in Bd. 6, 115 gezogen hat, ist jetzt unbehelflich, weil die GO. hiefür den Verwaltungsrechtsweg ohnehin jetzt ausgeschlossen hat (s. Buchst. d unten.)

d) hinsichtlich der Verpflichtung zur Übernahme der G.Ämter. Diese Verpflichtung regelt jetzt Art. 73 I—III ausschließend. Er bestimmt die Ablehnungsgründe und schließt das Verwaltungsrechtsverfahren insoweit ausdrücklich aus. Die Anwendung von Art. 8 Z. 33 VGG. auf solche Fälle ist also in Zukunft unmöglich.

e) hinsichtlich der Berechtigung und Verpflichtung zum Austritt aus einem G.amt. Über die Berechtigung zum Austritt trifft Art. 112 Bestimmung. Die Entscheidung erfolgt nach Abs. III S. 1 und 2 unter Ausschluß des Verwaltungsrechtswegs. Über die Verpflichtung zum Austritt treffen Art. 112 II und 113 Bestimmung. Im Fall des Art. 112 II ist nach Abs. III das Verwaltungsrechtsverfahren einzuhalten. Für die aus Art. 113 folgenden Verpflichtungen zum Austritt aus dem G.rat (auf Grund des Amtsverlustes nach Ziff. 1, 3—5) ergibt sich dagegen aus Art. 8 Z. 33 VGG. auch für die Zukunft noch die Notwendigkeit der Einhaltung des Verwaltungsrechtsweges. Nicht hierunter fällt Art. 67 II, der nicht den Austritt aus dem G.rat im Auge hat, sondern die Weiterführung der Geschäfte nach dem Erlöschen derselben.

Art. 75.

I Das Verfahren bei der Wahl regelt das Staatsministerium des Innern durch eine Wahlordnung.[1] Es kann hierbei hinsichtlich der gleichzeitig vorzunehmenden Wahl weiterer ehrenamtlicher Bürgermeister von den Vorschriften in Art. 66 Ziff. 2, 4, 6 und 10 abweichen. Wenn Mehrheitswahl nach Art. 66 Ziff. 5 stattzufinden hat, werden hierbei keine Ersatzleute gewählt.[2]

II Das Staatsministerium des Innern regelt auch die Wahl der Ortschaftsvertretungen.[3]

RefE. Art. 75; RegE. Art. 75; VerfA. I, 508; II, 81.

Ermächtigung zum Erlaß der Wahlordnung.

Vorbemerkung.

Die GO. von 1869 hat alle für die G.wahlen erforderlichen Bestimmungen selbst enthalten. Schon das GWG. von 1908 mußte, da das Verhältniswahlverfahren viel eingehendere Bestimmungen als das Mehrheitswahlverfahren erfordert, zu dem Verfahren übergehen, nur noch die wichtigsten Bestimmungen im Gesetze selbst zu treffen, die Ausführungsbestimmungen aber einer Wahlordnung (vom 18. Aug. 1908) zu überlassen. Ebenso verfuhren das WG. v. 15. April 1919 (Art. 12 und GWO. vom gleichen Tage) und das GWG. v. 6. Nov. 1924 (Art. 7 und WO. vom gleichen Tage). Den gleichen Weg schlägt auch die GO. ein.

Für die Ortschaftswahlen hat Art. 199 rrhein. GO. die direkte Wahl in schriftlicher oder mündlicher Abstimmung vorgeschrieben. Art. 85 pf. GO. gab überhaupt keine Formvorschriften hierüber. Art. 12 II WG. v. 15. April 1919 überließ diese Vorschriften der WO. Hierin wurden die allgemeinen Vorschriften mit gewissen Erleichterungen für anwendbar erklärt, ebenso nach Art. 7 II GWG. v. 6. Nov. 1924.

1. Die GWO. regelt außer der Wahl der ehrenamtlichen G.ratsmitglieder, die den Hauptbestandteil bildet, auch noch die Einzelheiten der Wahl der ersten und weiteren B., enthält ferner die Bestimmungen über die Wahl der Bezirks- und Kreistagsmitglieder (auf Grund der Art. 12 BezO. und Art. 13 KrO.) und endlich die Bestimmungen über die Volksanträge und Volksabstimmungen nach Art. 14 GO.

Wahl der ehrenamtlichen weiteren Bürgermeister.

2. (§ 124 GWO.). Wenn gleichzeitig mehrere ehrenamtliche weitere B. zu wählen sind, hat diese Wahl nach Art. 65 I Z. 1 Unterabs. 1 S. 2 nach den in Art. 66 für die Wahl der ehrenamtlichen G.ratsmitglieder aufgestellten Grundsätzen zu erfolgen. Das Verfahren kann allerdings, wenn es bei den viel engeren und kleineren Verhältnissen nicht zu schwerfällig sein soll, sich nicht in allem an die in Art. 66 gegebenen Vorschriften halten. So sind die Vorschriften über die Wählerlisten (Z. 2), über die Fristen für die Wahlvorschläge (Z. 4), über die Wahldauer (Z. 6) bei solchen Wahlen nicht durchführbar. Auch die Vorschrift über das Offenbleiben von Sitzen, die bei der Wahl nicht besetzt werden, ist für diese Wahl nicht zweckmäßig. Die Bestimmungen über die Wahlscheine kommen von selbst in Wegfall. In den Fällen der Ziff. 5 des Art. 66 hat auch bei der B.wahl Mehrheitswahl stattzufinden. Doch werden dann entgegen der Ziff. 5 nach dem Schlußsatz des Abs. I keine Ersatzleute gewählt. (§ 124 Z. 11 GWO.) Wo Mehrheitswahl stattgefunden hat, ist also bei Erledigung der Stelle eines weiteren ehrenamtlichen B. unter der Voraussetzung des Art. 71 eine Ersatzwahl vorzunehmen.

Die Wahl erfolgt nach Art. 66 Z. 7 in G.n mit mehr als 20000 Einwohnern mit Bindung der Wähler an die Wahlvorschläge, in kleineren G.n dagegen nach dem System der freien Liste, wie es in Art. 66 Z. 7 Unterabs. 2 vorgeschrieben ist. Der Wähler kann also hier zwar Namen aus dem Wahlvorschlag streichen, aber nicht Namen aus verschiedenen Wahlvorschlägen und auch keine Namen, die nicht in einem Wahlvorschlag enthalten sind, auf den Stimmzettel setzen. Der Stimmzettel darf bis zu 4 Namen enthalten. Die Sitzeverteilung erfolgt nach Art. 66 Z. 8 und 9. Die Bestimmung der Z. 11 über die Ersatzleute ist auch bei dieser Wahl maßgebend. Gemeinsame Wahlvorschläge und Untervorschläge sind zulässig.

3. Bei der Regelung der **Ortschaftswahlen** hat das StMdJ. völlig freie Hand. Weder die RV., noch die BU. enthalten hier eine Bindung, ebensowenig die GO. Die GWO. kann also auch die Mehrheitswahl anordnen. Die Begr. enthält den Satz: „für die Regelung der Ortschaftswahlen besteht die Bindung an die Verhältniswahl nicht. Für die kleinen Ortschaften mit weniger als 100 Einwohnern soll daher die Mehrheitswahl vorgeschrieben werden, da die Verhältniswahl für so kleine Gemeinwesen nicht paßt". Vgl. §§ 132 ff. GWO.

Art. 76.

I Die Kreisregierung kann binnen vier Wochen nach Verkündung des Wahlergebnisses gegen die Wahl eines Bürgermeisters Verwahrung einlegen.[1]

II Die Verwahrung ist nur statthaft, wenn Tatsachen vorliegen, die die Dienstentlassung begründen würden, falls sie nach Erlangung des Amtes eingetreten wären.[2] Dem Gewählten ist die Verwahrung zu eröffnen.[3] Legt er binnen vierzehn Tagen Widerspruch ein, so entscheidet der Disziplinarhof im disziplinargerichtlichen Verfahren, ob die Voraussetzungen des Satzes 1 vorliegen.[4] Gibt der Disziplinarhof der Verwahrung statt, so wird die Wahl insoweit ungültig.[5] Das gleiche gilt, wenn der Gewählte binnen der gesetzten Frist gegen die Verwahrung Widerspruch nicht erhebt.[6]

III Die Kreisregierung kann vor Ablauf der Frist nach Abs. I auf die Verwahrung verzichten.[7]

RefV. Art. 79; RegE. Art. 79; VerfA. I, 524, 533; II, 83, 87, 123.

Verwahrung gegen die B.wahl.

Vorbemerkung (zugleich zu Art. 77.)

Im rrhein. Bayern war durch Art. 78 GO. für die B. und rechtskundigen Stadträte in kreisunmittelbaren Städten die Bestätigung des StMdJ., in den übrigen Städten und Märkten die Bestätigung der Kreisregierung, in Art. 126 für die B. und Beigeordneten die Bestätigung der Bezirksverwaltungsbehörde vorgesehen; ebenso war in der Pfalz durch Art. 57 GO. für die B. und Adjunkten die Bestätigung der Kreisregierung verlangt. In Art. 79 I und 126 rrhein. GO. und Art. 57 II pf. GO. war ferner die Verpflichtung und Einweisung der B. in den kreisunmittelbaren Städten durch einen von der Kreisregierung ernannten Kommissär, sonst durch die vorgesetzte Verwaltungsbehörde vorgesehen.

Art. 4 SVG. hat die Bestätigung beseitigt, die Verpflichtung und Einweisung der ersten B. durch die Aufsichtsbehörde aber beibehalten. Wie alle öffentlichen Beamten waren sie nach der V. über die Beeidigung der öffentlichen Beamten v. 3. Mai 1920 (GVBl. 191) zu beeidigen, durch die Aufsichtsbehörde unmittelbar oder durch besondere Beauftragte. Die übrigen Gewählten wurden nicht mehr verpflichtet. Der RegE. hat diesen Zustand hinsichtlich der Bestätigung beibehalten. Die ersten B. sollten durch die Staatsaufsichtsbehörde, die übrigen G.beamten durch den ersten B. durch Handschlag verpflichtet werden. An Stelle des Bestätigungsrechtes aber wurde ein abgeschwächtes Recht der Staatsaufsicht vorgeschlagen, nämlich das Recht, gegen die Wahl des ersten B. in besonderen Fällen „Verwahrung" einzulegen, wobei dieses Recht der verwaltungsgerichtlichen Entscheidung unterstellt wurde.

Die GO. hat dies übernommen und in Art. 76 das Recht der Verwahrung gegen die Wahl des B., in Art. 77 die Verpflichtung der Mitglieder des G.rates durch Handschlag vorgesehen.

Verwahrung.

1. Die Begr. zum RegE. führt hiezu aus: „Der erste B. ist Träger der Sicherheitspolizei der G., die weiteren B. sind seine Stellvertreter in dieser wichtigen Aufgabe. Nach dem heutigen Recht seit der Erlassung des SVG. sind nur die Personen von diesem Amt ausgeschlossen, die zur Zuchthausstrafe verurteilt sind. (§ 31 StGB.). Es ist unerträglich, daß Personen, die andere schwere Freiheitsstrafen erlitten haben, oder die sich sonst in einer Weise betätigt haben, daß die Tat zur Amtsentlassung führen müßte, falls sie während der Amtszeit begangen worden wäre, das Amt eines B. ausüben dürfen. Diesem Mangel will der Entw. abhelfen". Über die Bestimmung wurde im VerfA. eingehend verhandelt. Dabei wurde der Gedanke verfolgt, daß es zweckmäßig sei, Personen, deren Wahl zum B. unmöglich hingenommen werden könne, gleich von der Wählbarkeit auszuschließen. Man versuchte hiezu verschiedene Formulierungen, indem durch einen Zusatz zu Art. 64 Personen von der Wählbarkeit zum ersten B. ausgeschlossen werden sollten, die wegen bestimmter Straftaten mit bestimmten Strafen oder wenigstens mit einer Mindeststrafe belegt worden waren. Allein es ergab sich, daß eine befriedigende Regelung nicht zu finden war. Daher kehrte man zu dem Vorschlag des RegE. wieder zurück, wobei nur an Stelle des VGH. der Disziplinarhof zur Entscheidung im Streitfalle berufen wurde.

Die Verkündung des Wahlergebnisses ist die nach § 86 Ziff. 1 GWO. vom G.wahlleiter vorzunehmende Veröffentlichung des Wahlergebnisses nach dessen Feststellung. Bei der Wahl durch den G.rat erfolgt die Verkündung durch den Wahlleiter nach § 121 V Satz 4 GWO. Die Staatsaufsichtsbehörde erhält durch die Anzeige der G.Behörde nach § 124 II GWO. Kenntnis von dem Ergebnis.

Die Bestimmung gilt nicht nur für die ersten, sondern auch für die weiteren B., für berufsmäßige und ehrenamtliche B. Die Verwahrung stellt eine Beanstandung einer Wahl, ein Veto dar, über das der Betroffene durch seinen Widerspruch eine richterliche Entscheidung herbeiführen kann.

Die Verwahrung steht im Ermessen der Kreisregierung. Abs. III. Sie erfolgt durch die Eröffnung der Erklärung der Kreisregierung an den Betreffenden, dessen Sache es dann ist, sich hiegegen zu wehren. Abs. II Satz 2 und 3.

2. Die Dienstentlassung kann erfolgen im Verfahren nach Art. 102 I, II Unterabs. 2 Z. 4 (Art. 117), wenn ein G.beamter die ihm obliegenden Pflichten schuldhaft verletzt. Die Pflichten bestimmen Art. 80 und 116. Nach Art. 103 VI kann gegen einen G.beamten wegen einer Handlung, die er vor dem Eintritt in das Dienstverhältnis zu einer Zeit begangen hat, in der er noch nicht öffentlicher Beamter war, nur dann dienststrafrechtlich eingeschritten werden, wenn die Handlung die Dienstentlassung begründet. Dieses Verfahren wäre nach Art. 117 auch auf die ehrenamtlichen B. anwendbar, sobald der Gewählte in sein Amt eingetreten ist. Solange dies noch nicht geschehen ist und um dies zu verhindern, um das Verfahren also abzukürzen, kann unter den gleichen Voraussetzungen durch die „Verwahrung" sein Eintritt in den Dienst verhindert werden. Es ist Sache der Kreisregierung, die festgestellten Tatsachen daraufhin zu würdigen, ob sie Anlaß zu einer Dienstentlassung geben könnten. Nicht erforderlich ist, daß ein Strafverfahren anhängig war, oder eine gerichtliche Verurteilung stattgefunden hatte. Ob die Verwahrung eingelegt werden soll, ist ins Ermessen der Kreisregierung gestellt. Nach der Lage kann sie bei ganz besonderen Verhältnissen, z. B. wenn die Tatsachen länger zurückliegen, von der Verwahrung Abstand nehmen, vor allem dann, wenn der Gewählte sich wieder der allgemeinen Achtung erfreut.

3. Die Eröffnung setzt die 14tägige Widerspruchsfrist in Lauf. (S. 3). Sie hat auch die Gründe der Verwahrung anzugeben.

4. Für die **Zusammensetzung des Disziplinarhofes** gilt Art. 110. (Art. 117 II). Der Disziplinarhof entscheidet, ob die Voraussetzungen des Abs. II S. 1 gegeben sind, und gibt entweder der Verwahrung statt oder erklärt sie für unwirksam.

5. **Wirkung der Entscheidung des Disziplinarhofes.**

Die Entscheidung des Disziplinarhofes, die der Verwahrung stattgibt, führt ohne Weiteres zur Ungültigkeit der Wahl mit dem Augenblick der Entscheidung. Die Wirkungen sind die gleichen, wie die des Amtsverlustes nach Art. 103 I Z. 3, Verlust der Rechte des Gewählten und Notwendigkeit seines Ersatzes in derselben Weise, wie bei jeder anderen Erledigung durch Nichtannahme oder Ausscheiden. (Art. 71). Bis zur Entscheidung des Disziplinarhofes ist der Gewählte zur Ausübung des Amtes befugt. (Begr. z. RegE. Seite 93).

6. Die Wirkungen, die sonst mit der Entscheidung des Disziplinarhofes eintreten, ergeben sich hier durch ungenützten Fristablauf mit dem Ende der Frist.

7. Durch den ausdrücklichen Verzicht kann erreicht werden, daß die Verpflichtung nach Art. 77 schon während der Frist möglich ist (Art. 77 II). Hiedurch wird, wie durch den Fristablauf, das Verwahrungsrecht endgültig beseitigt.

Art. 77.

I Die ersten Bürgermeister werden durch die Staatsaufsichtsbehörde, die weiteren Mitglieder des Gemeinderats durch den ersten Bürgermeister auf die gewissenhafte Erfüllung ihrer Obliegenheiten durch Handschlag verpflichtet.[1]

II Hat die Kreisregierung Verwahrung nach Art. 76 eingelegt, so unterbleibt die Verpflichtung bis zur Entscheidung des Disziplinarhofes.[2]

RefE. Art. 84; RegE. Art. 84 I u. II S. 1; VerfA. I, 513; II, 87, 107.

Vorbemerkung. S. vor Art. 76.

1. Die Einführung in das Amt ist mit Rücksicht auf ihre Bedeutung mit einer gewissen Feierlichkeit umgeben worden. Der RegE. enthielt einen Zusatz, daß die Unterlassung der Verpflichtung auf die Gültigkeit der Amtshandlungen und auf die Verantwortlichkeit wegen Pflichtverletzungen ohne Einfluß sein solle. Der Zusatz wurde zwar gestrichen, aber nicht etwa deswegen, weil diese Folgerung nicht gezogen werden wollte, sondern nur, weil man den Zusatz für überflüssig hielt. Allgemein wurde für selbstverständlich gehalten, daß die Unterlassung der Verpflichtung keinen Einfluß auf die Gültigkeit der Amtshandlungen der zu Verpflichtenden haben könne. Ebensowenig vermag aber die Verpflichtung Nichtigkeits- oder Ungültigkeitsgründe der Wahl zu heilen.

über die Art der Verpflichtung s. Art. 17 Anm. 2 Buchst. e. Gleichzeitig mit der Verpflichtung hat die Vereidigung auf die Verfassung zu erfolgen. B. v. 3. Mai 1920, GVBl. S. 191. S. auch MB. v. 14. Juni 1920. MABl. S. 186. Hienach erstreckt sich die Vereidigung auf die Verfassung nur auf die ersten B. und die berufsmäßigen G.Beamten, also nicht auf die ehrenamtlichen weiteren B.

2. Die Verpflichtung hat nur in den in Abs. II angegebenen Fällen zu unterbleiben. In allen anderen Fällen hat sie zu erfolgen, z. B. auch denn, wenn die Wahl angefochten worden ist.

Wahlbestimmungen der Bezirksordnung (Art. 7—12).

Art. 7.

Die Mitglieder[1] des Bezirkstags werden in allgemeiner, gleicher, unmittelbarer, geheimer Wahl nach den Grundsätzen des Verhältniswahlrechts[2] auf die Dauer von fünf Jahren[3] gewählt.

RefE. Art. —; RegE. Art. 7; VerfA. I, 265; II, —; StenBer. 285, 291.

Vorbemerkung.

Nach dem DistriktsratsG. v. 28. Mai 1852 wurde für jeden Distrikt ein Distriktsrat gewählt. Er bestand

a) aus den Vertretern der sämtlichen zum Distrikte gehörigen G.n in der Art, daß G.n bis zu 2000 Einwohnern einen, größere G.n für je 2000 Einwohner mehr einen weiteren Abgeordneten zu wählen hatten,
b) aus den Eigentümern desjenigen Grundbesitzes, von welchem die höchsten Grundsteuern im Distrikt entrichtet wurden („Personallisten") mit $^1/_8$ der Zahl der Vertreter der G.n,
c) aus den Vertretern des unter b nicht inbegriffenen größeren Grundbesitzes mit $^1/_4$ der Zahl der Vertreter der G.n,
d) aus einem Vertreter des Staatsärars, wo dieses an den Distriktsumlagen beteiligt war.

Die Vertreter der G.n wurden in den Städten von Magistrat und G.bevollmächtigten, sonst vom G.ausschuß oder G.rat gewählt.

Das WG. v. 15. April 1919 führte dementgegen die unmittelbare Wahl der Mitglieder der Bezirkstage durch alle Wahlberechtigten nach den Grundsätzen der Verhältniswahl ein. Die Zahl der Bezirkstagsmitglieder setzte Art. 8 SWG. auf $^1/_3$ der bisherigen Zahl der Vertreter der G.n fest.

Der RefE. zur BezO. v. 1925 sah dagegen wieder die mittelbare Wahl durch die G.räte der dem Bezirk angehörigen G.n vor. Hienach sollte der Bezirkstag aus den Vertretern der G.n mit mehr als 150 Einwohnern bestehen. G.n mit mehr als 300 (in der Pfalz mehr als 1200) Einwohnern sollte für je 500 Einwohner eine weitere Stimme zustehen, ferner war die Zuwahl weiterer Mitglieder durch den Bezirkstag vorgesehen.

Der RegE. zur BezO. von 1926 sah gleichfalls die Zusammensetzung der Bezirkstage aus den Vertretern der G.n vor. Die G.-

räte der G.n mit mehr als 1000 Einwohnern (in der Pfalz mehr als 2000) sollten für je 1000 (in der Pfalz für je 2000) Einwohner einen Vertreter wählen. Die G.räte der übrigen G.n sollten zu Wahlkörpern mit je 600—1400 Einwohnern vereinigt werden. Der Bezirkstag sollte weitere Mitglieder zuwählen können.

Da im Landtag jedoch zu der hierin liegenden Abweichung von § 23 VU. die erforderliche $^2/_3$-Mehrheit nicht zu erreichen war, legte die Regierung dem Landtag am 15. Juni 1927 einen neuen Gesetzentwurf zur BezO. vor, der die unmittelbare Wahl der Bezirkstage durch sämtliche Wahlberechtigte nach den Grundsätzen der Verhältniswahl vorsah. Auf diesem Entwurf beruht die BezO.

Die auf die Wahlen bezüglichen Bestimmungen enthalten die Art. 7—12.

1. Die sämtlichen Mitglieder, auch die nach Art. 8 II den Wahlvorschlägen zur Benennung zugeteilten Vertreter, haben ihre Sitze im Bezirkstag auf Grund der in Art. 7 festgestellten Grundsätze der allgemeinen, gleichen, unmittelbaren, geheimen Wahl nach den Grundsätzen des Verhältniswahlrechtes inne (s. Anm. 2 zu Art. 8).

Grundsätze des Wahlrechtes.

2. Diese Worte stellen die nach § 23 VU. der Wahl der Vertretungskörper der Bezirke zugrunde zu legenden, in § 26 I VU. festgelegten „Grundsätze des Landtagswahlrechtes" dar. Die RV., die sonst, nämlich für die Wahl der Volksvertretung in Art. 17 I S. 2, und für die G.wahlen in Art. 17 II für die Landesgesetzgebung auf dem Gebiete des Wahlrechtes bindende Vorschriften aufstellt, hat für die Wahl der Vertretungskörper der G.verbände keine Bestimmung getroffen, die Regelung vielmehr ausschließlich der Landesgesetzgebung überlassen (Prot. des VerfA. der Nationalversammlung 1919 S. 437 ff.).

„allgemein" = ohne Unterschied von Geburt, Geschlecht, Glauben, Beruf, Vorbildung, Einkommen oder Vermögen. Eine Modifikation bildet § 8 mit § 6 VU., wonach einmal eine Altersgrenze (20. Lebensjahr) eingeführt ist, sodann die bayer. Staatsangehörigkeit (jetzt nach Art. 110 II RV. eine deutsche Staatsangehörigkeit) und endlich der mindestens sechsmonatige Wohnsitz in Bayern verlangt wird. Diese Erfordernisse erachtet die VU. als nicht im Widerspruch mit dem Grundsatze der „allgemeinen" Wahl stehend.

„gleich" = ohne Unterschied der Wirkung der einzelnen Stimme, also kein Plural- oder Klassenwahlrecht.

„unmittelbar" = in einem einzigen Wahlgang mit einmaliger Stimmabgabe, ohne Zwischenschaltung von urgewählten Wahlmännern, die ihrerseits erst die Vertreter zu wählen haben.

„geheim" = ohne öffentliche Bekanntgabe der Stimmabgabe des einzelnen Wählers und ohne Möglichkeit, seine Stimmabgabe zu erkennen.

Als „Grundsatz der Verhältniswahl" gilt die Verteilung der Vertretersitze unter die an der Wahl sich beteiligenden Wählergruppen nach dem Verhältnis der für sie bei der Wahl abgegebenen Stimmen.

3. Wie bisher nach Art. 5 SVG. Eine Ausnahme besteht für die ersten auf Grund der BezO. gewählten Bezirkstage durch Art. 46.

Art. 8.

I In den Bezirkstag sind so viele Mitglieder zu wählen, daß auf je angefangene 1000 (in der Pfalz auf je angefangene 2000) Einwohner ein Vertreter trifft, höchstens jedoch 45.[1]

I Außerdem werden den Wahlvorschlägen nach dem Verhältnis ihrer Stimmenzahlen im ganzen Bezirke fünf Vertreter zur Benennung zugeteilt.[2]

RefE. —; RegE. Art. 8; VerhA. I, 265; II, —.

Vorbemerkung.

Über die Zusammensetzung der Distriktsräte nach dem G. v. 28. Mai 1852 vgl. Vorbem. zu Art. 7.

Das SVG. setzte die Zahl der Bezirkstagsmitglieder auf 1/3 der nach dem DistriktsratsG. sich ergebenden bisherigen Zahl der Vertreter der G.n fest. Das SVG. gab ferner die Möglichkeit der Zuwahl von sonstigen Wahlberechtigten wenigstens als Mitglieder von Ausschüssen (Art. 20). Auch war die vorübergehende Einberufung von Ersatzmännern für den Fall der Verhinderung der gewählten Vertreter vorgesehen.

Über die in dem RefE. und RegE. vorgesehene Gestaltung s. Vorbem. zu Art. 7.

Mitgliederzahl.

1. (Zu Abs. I.) Bei der Bestimmung der Mitgliederzahl der Bezirkstage wurde davon ausgegangen, daß diese zwar so groß sein müssen, daß sich die wirtschaftlichen, konfessionellen und politischen Verschiedenheiten des Bezirks darin auswirken können, daß sie aber aus verwaltungstechnischen und Sparsamkeitsgründen nicht über die hiedurch gebotenen Grenzen hinausgehen dürfen. Die Durchschnittseinwohnerzahl der rrhein. Bezirke liegt zwischen 25000 und 30000. Wird für je 1000 Einwohner ein Vertreter gewählt, so ergibt sich hiedurch wie bei den Beratungen im Landtag angenommen wurde, eine Vertreterzahl, mit der den gestellten Anforderungen im allgemeinen entsprochen werden kann.

Doch sieht die BezO. Abweichungen hievon nach 2 Richtungen vor. Einmal ist eine feste Höchstzahl von 45 für die größten Bezirke festgesetzt. Man ging davon aus, daß diese Zahl, unter

Hinzurechnung der in Abs. II weiter vorgesehenen 5 Mitglieder, in allen Bezirken zur entsprechenden Vertretung aller Interessen genüge und daß größere Körperschaften für die in Betracht kommenden Aufgaben zu unhandlich und zu teuer werden würden. Eine weitere Ausnahme ist für die Pfalz vorgesehen, mit Rücksicht darauf, daß hier die großen Städte noch im Bezirksverband stehen. Eine Berechnung ergibt, daß bei Zugrundelegung der Zahl 2000 für einen Vertreter für die pfälzischen Bezirkstage sich ungefähr die gleiche durchschnittliche Mitgliederzahl wie für die rrhein. Bezirkstage ergibt.

Maßgebend ist die letzte amtliche Volkszählung vor der Anberaumung der Wahl und zwar die „Wohnbevölkerung" (s. § 144 GWO.). Über die Feststellung der Zahl der Vertreter, die ja nicht zweifelhaft sein kann, ist keine besondere Bestimmung getroffen. Sie wird vom Bezirkswahlleiter bei der Aufforderung zur Einreichung der Wahlvorschläge bekanntgegeben.

Weitere benannte Mitglieder.

2. (Abs. II). Hier ist eine Ergänzung der Bezirkstage durch weitere Vertreter vorgesehen, deren Wahl in ähnlicher Weise, wie nach dem LWG. die der Landesabgeordneten erfolgt. (S. Art. 42, 58, 61 III LWG.) Der Grund, der zu dieser Errichtung geführt hat, ist vor allem der, daß dadurch den Zufälligkeiten, die mit der Verhältniswahl namentlich bei der Wahl mit freien Listen nun einmal verknüpft sind, wenigstens etwas abgeholfen werden soll. Die Wahlvorschläge erhalten dadurch die Möglichkeit, führenden Persönlichkeiten oder Arbeitskräften, die sonst ausgeschaltet wären, aber für die Arbeit im Bezirkstag nötig sind, noch zu einem Sitz zu verhelfen und ferner bei der Wahl nicht zum Zug gekommenen Gegenden des Bezirkes oder Berufsständen noch eine Vertretung zukommen zu lassen.

Auch diese Vertreter sind in unmittelbarer Wahl (s. Art. 7 Anm. 1 u. 2) gewählt. Denn es handelt sich bei dem ihrer Wahl zugrund liegenden Vorgang nicht um einen zweiten Wahlgang, sondern, wie bei der Wahl der nach Abs. I gewählten Vertreter, um eine Wahl auf Grund der von sämtlichen Wahlberechtigten im einzigen Wahlgang abgegebenen Stimmen. Ein Unterschied besteht nur hinsichtlich der Art der Bewerberbestimmung. Die Auswahl oder Bestimmung der Bewerber ist ein notwendiger Bestandteil der Verhältniswahl. Sie geht bei den verschiedenen Systemen der Verhältniswahl verschieden vor sich. Im allgemeinen werden die Bewerber von den Personen, die den Wahlvorschlag einreichen, vor der Abstimmung im Voraus bestimmt. Dabei ist der Einfluß der Organisationen, die die Wahlvorschläge aufstellen, und der Wähler verschieden abgegrenzt. Während bei der gebundenen Liste der Einfluß der Parteiorganisationen ausschlaggebend für die Wahl der Bewerber ist, ist er bei der freien

Liste erheblich geringer. Der Einfluß der Organisationen wird sich im allgemeinen vor der Abstimmung auswirken. Er kann aber auch nachher noch mitbestimmend sein, ohne daß deswegen von mittelbarer Wahl gesprochen werden kann. So ist z. B. die bayer. Einrichtung der „Landesabgeordneten", die im bayer. LWG. v. 12. Mai 1920, wie in der Wahlordnung v. 7. Dez. 1918, enthalten ist, zu beurteilen. Solche Abweichungen von der Vorausbenennung der Bewerber sind auch von den Verfechtern des Grundsatzes der unmittelbaren Wahl nie als Verletzung dieses Grundsatzes, sondern nur als besondere Spielarten in der Bewerberbestimmung angesehen worden. Diese Auffassung ist auch rechtlich durchaus begründet. Denn die Mandate auch solcher Vertreter beruhen nicht auf den Stimmen der Wähler, die die Person der Vertreter auswählen, nicht auf Stimmen, die in einem weiteren Wahlgang abgegeben werden, sondern auf den Stimmen des einzigen Wahlganges, der auch bei solchen Wahlen allein stattfindet, also auf den Stimmen der Wähler, nicht von Wahlmännern. Auf Grund der Stimmen der gesamten Wählerschaft werden den beteiligten Wahlvorschlägen nach dem Verhältnis, in dem ihre Stimmenzahlen zueinander stehen, noch eine Anzahl von Sitzen zugeteilt, deren Inhaber von den Wahlvorschlägen in andrer Weise, als die Inhaber der übrigen Sitze bestimmt werden können. Dieser Unterschied bedeutet also nur eine Variante bei der Bewerberbestimmung, wie das Verhältniswahlrecht so viele Verschiedenheiten aufweist, aber nicht eine grundsätzliche Abweichung von der unmittelbaren Wahl. Die Art, wie die Auswahl der Vertreter zustande kommt, und der Kreis der Personen, die hiefür in Betracht kommen, ist im Hinblick auf das allein wesentliche Kriterium des Unterschiedes zwischen unmittelbarer und mittelbarer Wahl, nämlich eines einzigen Wahlganges hiefür bedeutungslos.

Die BezO. weicht vom LWG. insofern ab, als sie auch die Benennung von Bewerbern zuläßt, die nicht auf einem Wahlvorschlag enthalten sind. Das hängt mit der von der BezO. besonders angestrebten möglichsten „Lokalisierung" der Vertreter, ihrer möglichst weitgehenden Verteilung über den ganzen Bezirk zusammen. Im Landtag wurde hiegegen keinerlei Einwand rechtlicher oder politischer Art erhoben.

Art. 9.[1]

Die Bezirkstagsmitglieder werden nach folgenden Grundsätzen gewählt:

1. Jeder Bezirk[2] bildet einen Wahlkreis.[3]
2. Die Wahlvorschläge sind für die Bezirke im ganzen, ohne Einteilung in Stimmkreise, aufzustellen. Jeder

Bewerber kann für eine oder mehrere Gemeinden, bei Gemeinden, die in Stimmbezirke eingeteilt sind, für einen oder mehrere Stimmbezirke aufgestellt werden.[4]

3. Die Stimmzettel werden in der Weise amtlich hergestellt, daß sie die sämtlichen für die Gemeinde (bei Gemeinden, die in mehrere Stimmbezirke eingeteilt sind, für den Stimmbezirk) aufgestellten Bewerber mit dem Kennworte des Wahlvorschlages enthalten, dem die Bewerber angehören.[5]

4. Jeder Wähler kann seine Stimme nur einem der für die Gemeinde oder, wenn diese in Stimmbezirke eingeteilt ist, für den Stimmbezirk aufgestellten Bewerber[6] eines von dem Wahlleiter öffentlich bekanntgegebenen[7] Wahlvorschlages geben, indem er durch ein auf den Stimmzettel gesetztes Kreuz oder auf andere Weise seine Stimmabgabe kenntlich macht.[8] Ist der Name eines Bewerbers auf einem Stimmzettel gestrichen, so wird die Stimme als Listenstimme für den Wahlvorschlag gezählt.[9]

5. Für die Wahlen nach Art. 8 Abs. I[10] werden die Sitze auf die Wahlvorschläge nach dem Verhältnisse der Zahlen der Stimmzettel[11] verteilt, die für die einzelnen Wahlvorschläge abgegeben worden sind. Bei gleichem Anspruche mehrerer Wahlvorschläge[12] auf einen Sitz fällt der Sitz dem Wahlvorschlage zu, dessen in Betracht kommender Bewerber die größte Stimmenzahl aufweist. Bei Stimmengleichheit entscheidet in diesem Falle das Los.

Die einem Wahlvorschlage zugefallenen Sitze werden auf die einzelnen darin enthaltenen Bewerber nach der Zahl der für sie in den Gemeinden oder Stimmbezirken, in denen sie aufgestellt sind, abgegebenen Stimmen verteilt.[13] Bei Stimmengleichheit entscheidet die Reihenfolge der Benennung im Wahlvorschlage.[14]

Fallen einem Wahlvorschlage mehr Sitze zu, als er Bewerber enthält, so können für die überschüssigen

Sitze Personen benannt werden, die nicht in dem Wahlvorschlag enthalten sind, sofern sie wählbar sind.[15]

6. Die nichtgewählten Bewerber sind in der Reihenfolge der Ziff. 5 die Ersatzleute der Gewählten.[16] Sie rücken in den Bezirkstag ein, wenn ein Bewerber abgelehnt[17] hat oder ausscheidet.[18] Sind auf einem Wahlvorschlage keine Ersatzleute mehr vorhanden, so findet Ziff. 5 Unterabs. 3 Anwendung.[19]

7. Für die Besetzung der nach Art. 8 Abs. II zu vergebenden Sitze gelten die Bestimmungen des Landeswahlgesetzes über die Landesabgeordneten entsprechend mit der Maßgabe, daß hierfür auch Personen benannt werden können, die in keinem Wahlvorschlag enthalten sind, sofern sie wählbar sind.[20]

RefE. —; RegE. Art. 9; VerfA. I, 265; II, —.

Vorbemerkung.

S. zunächst im allgemeinen die Vorbem. zu Art. 7. Das WG. v. 15. April 1919 hatte auch für die Bezirkswahlen die gebundene Liste zugrunde gelegt. Der Wähler war an die Wahlvorschläge gebunden; auch die Reihenfolge der Bewerber war darin unabänderlich festgelegt. Das führte nun bei der Wahl 1919, da die einzelnen Wahlvorschläge selbstverständlich ohne Rücksicht auf die Zusammensetzung der übrigen Wahlvorschläge festgestellt wurden, dazu, daß die gewählten Vertreter keineswegs entsprechend über den ganzen Bezirk verteilt waren, sondern daß nicht selten größere Gebiete ohne Vertretung im Bezirkstag waren, während einzelne G.n über Gebühr vertreten waren. Die auf die einzelnen Wahlvorschläge entfallenen Sitze wurden eben einfach nach der Reihenfolge der Bewerber im Wahlvorschlag vergeben, ohne daß auf die räumliche Verteilung der Vertreter im Bezirke irgendwelche Rücksicht genommen wurde. Hiegegen richtete sich, außer gegen die Bindung bei der Stimmabgabe, hauptsächlich die Kritik. Die vollständige Behebung dieses Mangels ist allerdings nicht möglich. Denn der Bezirk muß als Wahlkreis beibehalten werden und der Grundsatz der Verhältniswahl verlangt, daß die verfügbaren Sitze in erster Linie nicht räumlich entsprechend auf alle Teile des Bezirks, sondern verhältnismäßig auf die an der Wahl beteiligten politischen Parteien und Interessentengruppen verteilt werden. Die gebundene Liste hatte auch bei dieser Wahl wie bei der G.wahl wenig Anklang gefunden. Der Beschluß des Landtags v. 21. Mai 1920 verlangte demzufolge, daß auch für diese Wahl ein System der freien Liste eingeführt werden solle. Nachdem durch Beschluß des Landtags v. 23. Mai 1927 die Unmittelbarkeit der Wahl im Gegensatz zu dem RegE. von 1926 festgelegt war, konnte daher nur die freie Liste für Art. 9 in Betracht kommen. Durch die Bestimmungen mußte ferner den Wünschen nach „Lokalisierung" der Vertreter, d. h. nach ihrer möglichst weitgehenden Verteilung über den ganzen Bezirk Rechnung getragen werden. Die Begr. z. Entw. v. 15. Juni 1927 führte hiezu folgendes aus:

„Die Lokalisierung soll nach dem Entwurf einmal dadurch erreicht werden, daß auch bei den Bezirkstagswahlen die „einnamige" Wahl vorgeschrieben wird und von der mehrnamigen Wahl, bei der der Wähler seine Stimme für eine Mehrzahl von Bewerbern zu gleicher Zeit abgibt, abgesehen wird. Diese Bestimmung führt zu der Frage, wie die Bewerber hierbei auf die einzelnen Teile des Bezirkes zu verteilen sind. Die Verteilung wäre einmal dadurch möglich, daß der Bezirk in Unterwahlbezirke eingeteilt wird, etwa nach Art der Stimmkreise bei der Landtags- und Kreistagswahl. Während aber für die Kreistagswahl die Landtagsstimmkreise mitverwendet werden können, lassen sich diese bei der Bezirkstagswahl nicht verwenden. Hier müßten daher die Stimmkreise neu hergestellt werden. Von der Zentralstelle könnte diese Arbeit wegen der mangelnden Kenntnis der örtlichen Verhältnisse überhaupt nicht geleistet werden. Ihre Übertragung an die örtlichen Stellen aber würde diese mit einer Aufgabe belasten, die außerordentlich unangenehm, ja fast unmöglich wäre. Würde sie dem Bezirkstag oder Bezirksausschuß übertragen, so würde ihre Lösung eine Selbstverleugnung der einzelnen Mitglieder und Parteien voraussetzen, die kaum zu erwarten ist. Für jede Behörde aber würde sie die Übernahme eines Odiums bedeuten, das ihre sonstigen Verwaltungsaufgaben sehr erschweren würde. Denn viel mehr als bei politischen Wahlen besteht hier ein sehr wesentliches Interesse der einzelnen Bewerber an der Ausgestaltung der Stimmkreise, weil das Durchdringen der einzelnen lokalen Kandidaten von der Ausgestaltung ihrer Stimmkreise abhängt. Da nun die Wähler der verschiedenen Parteien in den Bezirken niemals, auch nicht annähernd gleich verteilt sind, ist das Interesse der verschiedenen Parteien an der Gestaltung der Stimmkreise sehr verschieden. Während die eine Partei z. B. für ihren Bewerber in einem Stimmkreise die Gemeinde A. dringend benötigt, schädigt den Bewerber einer anderen Partei die Zuteilung dieser Gemeinde und muß er an deren Stelle die Zuteilung der Gemeinde B. zu dem Stimmkreis wünschen. Noch unangenehmer werden die Verhältnisse bei der Konkurrenz der verschiedenen Bewerber desselben Wahlvorschlages. Die befriedigende Vereinigung der widerstreitenden Interessen, ohne daß auch für späterhin sehr fühlbare Verstimmungen auf mindestens einer Seite zurückbleiben, wäre eine reine Glückssache. Deshalb sieht der Entwurf von der amtlichen Bildung von Stimmkreisen ab, indem er die Zusammenfassung der G.n den an der Wahl beteiligten Organisationen nach ihrem Bedürfnis für ihre besonderen Zwecke überläßt. Die Grundlage für die Aufstellung der Bewerber zur Bezirkstagswahl sollen die G.n sein, in größeren Gemeinden die üblichen Stimmbezirke. Es bleibt dann den Wahlvorschlägen vorbehalten, den aufgestellten Bewerbern je eine Anzahl solcher „Zellen" zuzuteilen, also gewissermaßen um den aufgestellten Lokalkandidaten für die Zwecke der Partei und des Bewerbers selbst einen „beweglichen Stimmkreis" zu schaffen, der zwar rechtlich nicht in Erscheinung tritt, tatsächlich aber von großer Bedeutung ist. Damit ist erreicht, daß jede Partei die Einteilung anders, je nach ihrem Interesse treffen kann, wobei die örtliche Verteilung der Wähler der einzelnen Parteien eine Hauptrolle spielen wird, aber auch der Wunsch, für eine bestimmte Gegend einen bestimmten örtlichen Vertreter zu sichern. Damit ist weiter erreicht, daß die Konkurrenz der Bewerber innerhalb der einzelnen Wahlvorschläge bei der hiefür zuständigen Stelle, in der Partei selbst ausgetragen wird. Ein Teil der oben geschilderten Unannehmlichkeiten wird also überhaupt vermieden und die Gegenwirkung gegen die anderen den hiefür geeigneten Organen aufgebürdet. Es darf als Pflicht der an der Wahl beteiligten Organisationen betrachtet werden, durch Übernahme dieser Aufgabe mit dazu beizutragen, daß das gesteckte Ziel erreicht wird.

Anschließend an diesen Grundgedanken, durch den die Voraussetzung für eine örtliche Bindung der Vertreter geschaffen wird, enthält der Entwurf dann einige Vorschriften, welche diese örtliche Bindung ähnlich wie bei den Kreistagswahlen weiter ermöglichen sollen. Für die Bezirkstagswahlen steht allerdings das Mittel, das infolge der Größe der Stimmkreise für die Kreistagswahl verwendbar ist, nämlich die Möglichkeit der gleichzeitigen Aufstellung von zwei Bewerbern in einem Stimmkreise für einen Wahlvorschlag, nicht zur Verfügung. Denn bei der Bezirkstagswahl müssen die Vertreterbezirke möglichst klein sein. Dafür können aber hier die Parteileitungen, wenn sie die Beweglichkeit der Stimmkreise richtig ausnützen und nicht etwa Überraschungen hinsichtlich der Stimmung der Wähler erleben, ihrerseits die entsprechende Verteilung der Vertreter selbst sichern. In Art. 8 Abs. II ist auch für die Bezirkstagswahl die Zuteilung einer bestimmten Anzahl von Sitzen an die Wahlvorschläge zur nachträglichen Benennung als Ausgleich für etwaige Überraschungen durch Mißerfolge vorgesehen, wodurch auch nichtberücksichtigte Gegenden und Stände noch zu einer Vertretung kommen können. Auch die für die Kreistagswahl noch weiter vorgesehenen Bestimmungen, durch die die Berücksichtigung ausgefallener Gegenden,

Stände oder Persönlichkeiten ermöglicht werden soll, sind in dem Entwurf noch vorgeschlagen (Art. 9 Ziff. 5 Unterabs. 3, ferner Art. 9 Ziff. 6 u. 7)."

1. Die Vorschriften für die Wahl der Bezirkstagsmitglieder sind in Art. 9 und 10 enthalten. Sie sind auf diese beiden Artikel nach dem rein äußerlichen Gesichtspunkt verteilt, je nachdem eigene Bestimmungen in der BezO. zu treffen sind, oder die Vorschriften der GO. für anwendbar erklärt werden können. Die Zahl der zu Wählenden ergibt sich aus Art. 8 I. (S. Anm. 1 daselbst).

Ziff. 1. (Wahlkreis.)

2. Bei Änderungen des Bezirks während der Wahlperiode kann eine vollständige Neuwahl oder eine teilweise Ergänzungswahl angeordnet werden. (Art. 40 II).

3. Daraus folgt, daß sich das Wahlverfahren auf den Bezirk im ganzen ohne Untereinteilung zu erstrecken hat trotz der Einteilung in Stimmbezirke, die nur der Erleichterung der Stimmabgabe und Ergebnisfeststellung dient, daß die Wahlscheine im ganzen Bezirk gültig sind (Art. 10 Z. 3), daß die Wahlvorschläge für den Bezirk im ganzen aufzustellen sind (Art. 9 Z. 2) und daß die Sitzeverteilung nach Maßgabe der im ganzen Bezirk insgesamt abgegebenen Stimmen erfolgt (Art. 9 Z. 5).

Ziff. 2. (Wahlvorschläge.)

4. Über Form und Inhalt der Wahlvorschläge ist hier nur gesagt, daß sie für die Bezirke im ganzen, ohne Untereinteilung in Stimmkreise, wie solche bei der Kreistags- und Landtagswahl vorgeschrieben ist, aufzustellen sind, daß aber jeder Bewerber für eine oder mehrere G.n, bei größeren G.n, die in Stimmbezirke eingeteilt sind, für einen oder mehrere Stimmbezirke zu benennen ist. Über die Gründe dieser letzteren Bestimmung siehe die Vorbem. zu Art. 9. In jeder G. oder jedem Stimmbezirk kann nur ein Bewerber für jeden Wahlvorschlag aufgestellt werden. In Art. 10 Z. 4 ist ferner noch bestimmt, daß die Wahlvorschläge nicht mehr, wohl aber weniger Bewerber enthalten dürfen, als Vertreter nach Art. 8 I zu wählen sind, also ohne Rücksicht auf die nach Art. 8 II zu benennenden Vertreter. Eine Ausnahme in letzterer Hinsicht gilt nach Art. 10 Ziff. 7 Unterabs. 2 für den Fall, daß nur ein gültiger Wahlvorschlag eingereicht wird. In Art. 10 Z. 4 sind noch die Bestimmungen der GO. über die Behandlung der Wahlvorschläge für anwendbar erklärt. Soweit sonstige Bestimmungen erforderlich sind, namentlich über die Form der Wahlvorschläge, trifft sie die GWO. S. dort §§ 37—48.

Die Verteilung der G.n und Stimmbezirke unter die Bewerber ist außerordentlich wichtig. Sie ist die Aufgabe der Einreicher der Wahlvorschläge, also im wesentlichen der Parteileitungen. Sie müssen sich annähernd ausrechnen, (an Hand früherer Wahlergebnisse), wieviele Sitze sie zu erwarten haben, müssen die in Betracht kommenden Bewerber entsprechend im Bezirk verteilen, ihnen die genügende Anzahl von G.n und Stimmbezirken zuweisen, damit die Bewerber, auf deren Mitarbeit im Bezirkstag gerechnet werden muß, wirklich gewählt werden können. Sie müssen auch auf eine genügende Anzahl von Ersatzleuten Bedacht nehmen. Wo diese Vorkehrungen richtig getroffen werden und die Wähler die Parteileiter nicht enttäuschen, da wird das jetzige System der Bezirkswahl wohl besser als das des WG. v. 15. April 1919 befriedigen.

Selbstverständlich ist, daß jeder Wahlvorschlag die G.n und Stimmbezirke unter seine Bewerber nach seinen Bedürfnissen, also verschieden von den anderen Wahlvorschlägen und ohne Rücksicht auf deren Verteilung ihrer Bewerber verteilen kann. Eine große Partei wird kleine Unterabteilungen, eine kleine Partei dagegen große Unterabteilungen bilden.

Da wohl fast immer mehrere Wahlvorschläge in die Zahl der Vertreter sich teilen, sind in den nicht gewählten Bewerbern genügend Ersatzleute vorhanden. Nötigenfalls kann auch auf dem Wege des Art. 9 Z. 6 Satz 3 für Ersatz gesorgt werden. Für den Fall, daß nur ein Wahlvorschlag vorliegt, sieht Art. 10 Z. 7 das Nötige vor, indem hier die Zahl der Bewerber auf das Eineinhalbfache der Zahl der Vertreter vermehrt werden kann.

Ziff. 3. (Amtliche Stimmzettel.)

5. Auch bei der Bezirkswahl wird der „amtliche Stimmzettel" eingeführt. (S. Art. 69 GO. Anm. 2). Die Einführung ist hier leicht möglich, da keine allzu große Zahl von Bewerbern auf den Stimmzettel zu setzen ist. Sie verhindert ungültige Stimmabgaben, weil hiedurch den Wählern genau bekannt gegeben wird, unter welchen Personen sie ihre Auswahl am einzelnen Ort zu treffen haben.

Die Stimmzettel sind für jede G., in G.n, die in Stimmbezirke eingeteilt sind, für jeden Stimmbezirk gesondert festzustellen und zu vervielfältigen. Dies ist Aufgabe des Bezirkswahlleiters. Siehe § 34 GWO.

Ziff. 4. (Stellung der Wähler zu den Wahlvorschlägen; Behandlung der Stimmzettel durch die Wähler.)

6. Die Abstimmungsart ist die gleiche wie nach dem LWG. bei der Landtagswahl. Der Wähler hat die Wahl unter den Bewerbern, die von den verschiedenen an der Wahl sich beteiligenden Wahlvorschlägen für die G. oder den Stimmbezirk der G. des Wählers aufgestellt worden sind, (d. h. für jeden Wahlvorschlag ein Bewerber). Für andere Bewerber kann nicht gültig abgestimmt werden, also nicht für einen Bewerber, der überhaupt nicht oder für eine andere G. oder einen anderen Stimmbezirk aufgestellt ist. Da mit amtlichen Stimmzetteln (Z. 3) gewählt wird, auf denen die sämtlichen in Betracht kommenden Namen enthalten sind, besteht die Tätigkeit des Wählers nur in dem Ersichtlichmachen des Bewerbers, für den seine Stimme gelten soll. Eine Ausnahme enthält S. 2. (Anm. 9.) Vgl. § 63 GWO.

7. Die Bekanntgabe erfolgt nach der Beschlußfassung des Wahlausschusses über die eingereichten Wahlvorschläge und enthält diese, soweit sie zur Wahl zugelassen wurden. S. §§ 46—48 GWO.

8. Die Abstimmung geschieht in der bei amtlichen Stimmzetteln jetzt allgemein üblichen Weise; der Wähler kann sie durch ein Kreuz oder sonstwie (etwa durch Unterstreichen) ersichtlich machen. Sie muß nur den Willen des Wählers deutlich ersehen lassen. Sonst ist sie ungültig (§§ 63, 93 GWO.).

Bewerberstimmen, Listenstimmen.

9. Wenn ein Wähler seine Stimme ohne Änderung an dem Stimmzettel abgibt, spricht man von „Bewerberstimme", weil solche Stimmen nicht nur dem Wahlvorschlag im ganzen im Wettbewerb mit den übrigen Wahlvorschlägen, sondern auch der Person des Bewerbers, also in seinem Wettbewerb mit den übrigen Bewerbern des gleichen Wahlvorschlags zu gute kommen. Der Wähler kann sich aber auch, wenn ihm die Person des Bewerbers nicht zusagt, damit begnügen, dem Wahlvorschlag im ganzen seine Stimme zu geben. Dann verzichtet er auf den ihm zustehenden Einfluß hinsichtlich der Verteilung der dem Wahlvorschlag zufallenden Sitze unter dessen Bewerber. Hiezu verlangt die BezO., daß der Wähler den Namen des Bewerbers streicht. Selbstverständlich muß er dabei den Wahlvorschlag im ganzen als von ihm gewählt kennzeichnen. Ob die Streichung des Namens allein ohne solche weitere Kennzeichnung schon genügt, ist Tatfrage im einzelnen Fall, die der Wahlvorstand entscheidet. Die Streichung allein genügt, entsprechend dem Schlußsatz der Z. 4, wenn sonst kein Zweifel über den Willen des Wählers bestehen kann (§ 63 I GWO.). Solche Stimmen nennt die BezO. „Listenstimmen". Sie kommen bei der Ergebnisfeststellung nach Z. 5 nur für den Unterabs. 1, nicht für Unterabs. 2 in Betracht (§ 63 I GWO.).

Ziff. 5. **(Ergebnisfeststellung; Verteilung der Sitze.)**

10. Für die Wahlen nach Art. 8 II gilt Z. 7.

11. Die Zahl der Stimmzettel ist (im Gegensatz zu den G.wahlen, wo mehrnamige Stimmgebung erfolgt), hier, wo einnamige Wahl vorgeschrieben ist, gleich der Zahl der Stimmen. In Betracht kommen selbstverständlich nur die gültigen Stimmzettel und zwar sowohl die Bewerberstimmen wie die Listenstimmen. (S. Anm. 8, 9.) Vgl. §§ 91, 92 GWO.

Die Art der Verteilung regelt in der üblichen Weise nach dem D'Hondt'schen Verfahren die GWO. (§§ 98 mit 81).

12. Dieser Fall kann eintreten, wenn infolge von Stimmengleichheit die letzte Höchstzahl, auf die ein Sitz entfällt, (s. §§ 98 mit 81 III GWO.) bei mehreren Wahlvorschlägen sich findet. Dann soll nicht sofort das Los entscheiden, sondern es ist zunächst festzustellen, wieviele Stimmen die Bewerber aufweisen, denen bei den in Betracht kommenden Wahlvorschlägen der betreffende Sitz zufallen würde. Der Wahlvorschlag, dessen Bewerber hiebei die höchste Stimmenzahl aufweisen kann, erhält dann den Sitz. Nur wenn auch hier Stimmengleichheit besteht, läßt die BezO. das Los entscheiden.

13. Zum Zwecke des Wettbewerbes der Bewerber des einzelnen Wahlvorschlages untereinander hinsichtlich der nach Unterabs. 1 dem Wahlvorschlag im ganzen zugefallenen Sitze ist festzustellen, wieviele Stimmen (Bewerberstimmen) jeder einzelne Bewerber für sich erhalten hat. Die Bewerber werden dann zweckmäßig in der Reihenfolge ihrer Stimmenzahlen geordnet. In dieser Reihenfolge sind dann so viele Bewerber des Wahlvorschlages gewählt, als er Sitze erhalten und zu vergeben hat. Bewerber, die in mehreren G.n oder Stimmbezirken aufgestellt sind, sind hiedurch naturgemäß, bei sonst gleichen Verhältnissen, im Vorteil gegenüber anderen Bewerbern.

14. Die Reihenfolge im Wahlvorschlag ist dem Zufallsentscheid des Loses immer noch vorzuziehen.

15. In solchen Fällen bestünde die Möglichkeit, den Sitz unbesetzt zu lassen (Art. 66 Z. 10 GO., Art. 57 II LWG.) — dies wäre aber mit Rücksicht auf die kleineren Bezirkstage unerwünscht — oder die unbesetzten Sitze unter Ausschaltung des zunächst berechtigten Wahlvorschlages unter die übrigen Wahlvorschläge zu verteilen — dies würde dem Grundsatz der Verhältnismäßigkeit und dem Willen der Wähler zuwiderlaufen — oder die nachträgliche Ergänzung des Wahlvorschlages zuzulassen, wie dies auch Art. 9 Z. 9 des WG. v. 15. Apr. 1919 vorgesehen hatte. Die BezO. hat diesen letzteren Weg gewählt und auch diesen Fall benützt, um die Lokalisierung der Vertreter tunlichst zu fördern. (S. Vorbem. zu Art. 9 am Schluß.)

Ziff. 6. **(Ersatzleute.)**

16. Die Regelung des Ersatzes der Vertreter ist die gewöhnliche. Ersatzleute sind auf jedem Wahlvorschlag seine nicht gewählten Bewerber. Ihre Reihenfolge ergibt sich aus Ziff. 5. Sie wird bei der Ergebnisfeststellung mit festgestellt. (§ 98 IV GWO.)

17. Die Ablehnung ist im Gegensatz zur GO. (Art. 73) ohne weiteres und ohne Grundangabe (s. auch Art. 13) zulässig. Es besteht keine Pflicht zur Übernahme des Amtes. Art. 132 RV., der die Übernahme der Ehrenämter zur Pflicht macht, behält die Regelung durch Gesetz vor, behindert diese also nicht.

18. Die Mitglieder der Bezirkstage scheiden nach Art. 13 S. 2 aus diesem nach Maßgabe des Art. 113 Z. 1, 3, 4 GO. aus:

a) infolge Verlustes der Wählbarkeit, insbes. beim Wegfall des Aufenthalts im Bezirk (Art. 10 Z. 1.)

b) infolge Nichtigkeits- oder Ungültigkeitserklärung der Wahl (Art. 11 I, II BezO. mit Art. 74 II—V GO.).

c) infolge nachträglicher Änderung des Wahlergebnisses (Art. 11 I, II BezO. mit Art. 74 I GO.).

d) infolge schriftlicher Erklärung über die Niederlegung des Amtes (Art. 13 S. 1).

19. S. Anm. 15.

Ziff. 7. (**Wahl nach Art.** 8 II.)

20. Zu den nach Art. 8 I auf dem Wege der Z. 5 verteilten Sitzen werden nach Art. 8 II in jedem Bezirk noch 5 Sitze unter die beteiligten Wahlvorschläge zur freien Benennung verteilt. S. Art. 8 Anm. 2. Die Verteilung erfolgt nach dem Verhältnis der Stimmenzahlen, die für die Verteilung der Sitze nach Art. 8 I (s. Z. 5 Unterabs. 1) maßgebend sind. Die maßgebenden Bestimmungen des LWG. finden sich in Art. 58 I—VI des Ges. v. 12. Mai 1920, geändert am 18. Juli 1925 (GVBl. 211) in der Fassung v. 30. März 1928 (GVBl. 85). Eine Abweichung von den Bestimmungen des LWG. liegt nur insofern vor, als nicht nur nichtgewählte Bewerber, sondern alle wählbaren Personen benannt werden können. (S. Art. 8 Anm. 2; § 99 GWO.)

Beteiligt an dieser Verteilung sind alle an der Wahl überhaupt beteiligten Wahlvorschläge. Die Wahlvorschläge mit geringen Stimmenzahlen können dabei indes nicht zum Zug kommen.

Für den Ersatz solcher etwa wegfallender Vertreter gilt Art. 61 III LWG. entsprechend.

Art. 10.

Im übrigen finden die Vorschriften der Gemeindeordnung[1] Anwendung hinsichtlich

1. der Wahlberechtigung[2] und der Wählbarkeit[3] mit der Maßgabe, daß an Stelle eines zwölfmonatigen Aufenthalts in der Gemeinde hinsichtlich der Wahlberechtigung der sechsmonatige Aufenthalt in Bayern und der nicht nur vorübergehende oder nur gelegentliche Aufenthalt im Bezirke, hinsichtlich der Wählbarkeit der sechsmonatige Aufenthalt im Bezirke tritt,

2. der Behandlung der Wählerlisten und Wahlkarteien,[4]
3. der Ausstellung von Wahlscheinen,[5] mit der Maßgabe, daß die Wahlscheine zur Abstimmung innerhalb des gleichen Bezirks berechtigen,
4. der Behandlung der Wahlvorschläge mit der Maßgabe, daß die Wahlvorschläge nicht mehr Bewerber enthalten dürfen, als Vertreter nach Art. 8 Abs. I zu wählen sind,[6]
5. der Behandlung der Untervorschläge mit der Maßgabe, daß für die Bestimmung der Ersatzleute die Vorschriften in Art. 9 Ziff. 5 und 6 gelten,[7]
6. der Dauer der Wahlhandlung,[8]
7. des Wahlvorgangs, wenn kein oder nur ein gültiger Wahlvorschlag eingereicht worden ist, mit folgender Maßgabe:[9]

Wenn kein Wahlvorschlag eingereicht worden ist, dürfen die Stimmzettel nur je einen Namen enthalten. Die nach Art. 8 Abs. I und II insgesamt in Betracht kommenden Vertreter sind in einem Wahlgange zu wählen.

Wenn nur ein gültiger Wahlvorschlag eingereicht worden ist, und bis zur Beschlußfassung darüber auf das eineinhalbfache der Zahl der nach Art. 8 Abs. I und II zu wählenden Vertreter ergänzt wird, können die Wähler entweder für einen einzelnen der in dem Wahlvorschlag enthaltenen Bewerber oder für den unveränderten Wahlvorschlag im ganzen abstimmen. Wenn mehr als die Hälfte der Wähler für den unveränderten Wahlvorschlag im ganzen abgestimmt hat, sind die darin enthaltenen Bewerber in der vorgeschlagenen Reihenfolge gewählt oder als Ersatzleute bestimmt. Wenn dagegen in solchen Fällen weniger als die Hälfte der Wähler für den unveränderten Wahlvorschlag im ganzen abgestimmt hat, finden die Grundsätze der Mehrheitswahl Anwendung. Die Stimmzettel, die für den unveränderten Wahlvorschlag im ganzen abgegeben worden sind, sind dann für den Bewerber zu zählen, der in dem Wahlvorschlage für die Gemeinde oder den Stimmbezirk aufgestellt ist, wenn die Wähler nicht in den Stimmzetteln zu erkennen geben, daß die Stimmzettel in diesem Falle für einen anderen in dem Wahlvorschlag enthaltenen Bewerber zählen sollen;

8. der Wahlen, die gleichzeitig mit einer vom Reich oder auf Grund des Landeswahlgesetzes ausgeschriebenen Abstimmung vorgenommen werden,[10]

9. der Folgen von Bestechung und Nötigung der Abstimmenden,[11]

10. der Kosten der Wahl mit der Maßgabe, daß die Gemeinden nur die auf die Bereitstellung des Wahlraumes und der sonstigen für die Wahl nötigen Gegenstände sowie auf die Wählerlisten und Wahlkarteien treffenden Kosten, die Bezirke dagegen die übrigen Kosten zu tragen haben,[12]

11. der Fortführung des Amtes durch die Bezirkstagsmitglieder bei Ablauf der Wahlzeit.[13]

RefE. —; RegE. Art. 10; VerfA. I, 272; II, 13.

Vorbemerkung.

Art. 10 ergänzt die in Art. 9 enthaltenen Wahlbestimmungen. S. die Vorbem. zu Art. 9.

1. In der BezO. sind hinsichtlich des Wahlverfahrens nur die Bestimmungen getroffen, die nach dem hier angewandten System von den Bestimmungen der GO. abweichen müssen. Soweit deren Bestimmungen entweder unverändert oder mit einigen Änderungen auch für die Bezirkswahl Anwendung finden können, sind sie für anwendbar erklärt. In Art. 10 sind sie, namentlich soweit Abweichungen nötig sind, aufgeführt. Im übrigen kann das StMdJ. gemäß Art. 12 die weiter erforderlichen Bestimmungen in der GWO. treffen.

2. Wahlberechtigt sind nach Art. 63 GO. für die G.wahlen alle reichsdeutschen Männer und Frauen, die am Tage der Wahl
a) das 20. Lebensjahr vollendet haben,
b) sich seit wenigstens 12 Monaten in der G. aufhalten. (§ 1 Ziff. 2 GWO.)

Systematisch richtig wäre deshalb, daß für die Bezirkswahlen der 12-monatige Aufenthalt im Bezirk verlangt würde. In dieser Form war die Bestimmung von der Regierung beabsichtigt, konnte jedoch im Landtag so nicht durchgesetzt werden. Zum Verständnis der jetzigen, hievon abweichenden Bestimmung ist eine kurze Schilderung ihres Werdeganges erforderlich.

Die allgemeine unmittelbare Wahl zu den Bezirkstagen hat zuerst auf Grund des WG. v. 15. April 1919 im Juni 1919 stattgefunden. Nach Art. 2 dieses G. waren wahlberechtigt alle männlichen und weiblichen Personen, die am Tage der Wahl das 20. Lebensjahr vollendet haben, die bayerische Staatsangehörigkeit besitzen und sich seit mindestens 6 Monaten im Bezirk aufhalten. Durch Art. 110 II RV. erhielten das Wahlrecht auch die Angehörigen der anderen deutschen Länder. Die VU. bestimmte in §§ 23 mit 26, daß für die Wahl zu den Vertretungskörpern der G.verbände der Grundsatz der allgemeinen Wahl maßgebend sei, und in § 8, daß jeder Staatsbürger (nach Art. 110 II RV. jeder Deutsche) das Recht hat, an den von der VU. vorgesehenen Wahlen (also auch an den Bezirkswahlen) teilzunehmen, wenn er seit mindestens 6 Monaten seinen Wohnsitz in Bayern hat. Art. 17 RV. bezieht sich ausgesprochenermaßen nicht auf die Wahlen zu den höheren Kommunalverbänden. Das Landesrecht hat also insoweit völlig freie Hand. § 8 VU. gilt daher für diese Wahlen, im Gegensatz zu den Gemeinde- und Landtagswahlen weiter. (Näheres BVBl. 1927, 256.)

Der RegE. v. 20. März 1926 hatte für die Bezirkswahlen die mittelbare Wahl vorgesehen. Nachdem jedoch das sog. Mantelgesetz, worin die für die G.gesetzgebung nötigen Verfassungsänderungen zusammengefaßt waren, die verfassungsmäßige $^2/_3$-Mehrheit nicht erhalten hatte, wurde in dem neuen Entw. der BezO. v. 15. Juni 1927 hinsichtlich des Wahlrechtes zunächst die Rechtslage zugrunde gelegt, wie sie sich aus § 8 VU. ergibt, wobei die weitere Initiative zur Verbesserung dieses Zustandes zunächst dem Landtag überlassen wurde. Im VerfA. wurde auch ein Antrag Dr. Samer, der das Wahlrecht von dem 6monatigen Aufenthalt im Bezirk abhängig machen wollte, angenommen. In der Vollversammlung v. 15. Juli 1927 wurde jedoch zunächst ein Antrag Timm, der statt dessen nur den nicht blos vorübergehenden oder gelegentlichen Aufenthalt als Voraussetzung setzen wollte, abgelehnt, ebensowenig aber erhielt auch der im Ausschuß mit einfacher Mehrheit angenommene Antrag Dr. Samer die nötige Mehrheit. Darauf ergriff in der 2. Lesung wieder die Regierung die Initiative und beantragte zunächst, um wenigstens die Übereinstimmung mit dem Wahlrecht für die Kreistage, wie es in der gleichen Sitzung damals beschlossen worden war, herbeizuführen, das Wahlrecht von dem 6monatigen Aufenthalt im Kreise und daneben von dem nicht blos vorübergehenden oder gelegentlichen Aufenthalt im Bezirk abhängig zu machen. Nachdem auch dieser Antrag abgelehnt worden war, wurde schließlich der Antrag der Staatsregierung angenommen, wonach der 6monatige Aufenthalt in Bayern und der nicht nur vorübergehende oder nur gelegentliche Aufenthalt im Bezirk erforderlich sein soll. Damit ist die Bestimmung des § 8 BU. in die BezO. aufgenommen, wobei nur an Stelle des Wohnsitzes der Aufenthalt gesetzt wurde, um zu vermeiden, daß bei gleichzeitig stattfindenden G.-, Bezirks- und Kreiswahlen nebeneinander Wohnsitz und Aufenthalt maßgebend sind; denn dies hätte zu Verwechslungen oder zur fälschlichen Gleichsetzung beider Begriffe geführt und damit Wahlanfechtungsgründe geschaffen. Über die Begriffe „Wohnsitz" und „Aufenthalt" s. Art. 66 GO. Anm. 7. Der weiter vom Landtag beschlossene Zusatz, daß außer dem 6monatigen Aufenthalt in Bayern der nicht bloß vorübergehende oder gelegentliche Aufenthalt im Bezirk gefordert wird, hat seinen Grund darin, daß sonst streng genommen jeder Wahlberechtigte an jedem beliebigen Ort an der Bezirkswahl nach Eintrag in die Wählerliste teilnehmen könnte, ohne daß er irgendwelche weitere Beziehungen zu dem Orte zu haben brauchte, als die der einmaligen Anwesenheit daselbst. Um dies zu vermeiden, ist außer dem wenigstens 6-monatigen Aufenthalt in Bayern auch noch verlangt, daß der Wähler sich in dem Bezirk, in dem er an der Bezirkswahl teilnehmen will, nicht nur vorübergehend oder nur gelegentlich aufhält. An Stelle der im Voraus bestimmten mehrmonatigen Aufenthaltsdauer tritt also hier nur das negative Moment, daß der Aufenthalt im Bezirk nicht vorübergehend oder gelegentlich sein darf. Er muß wenigstens auf einige Dauer bemessen sein und darf nicht blos aus Anlaß einer bestimmten Gelegenheit genommen sein. Wenigstens insoweit müssen also auch nach der jetzt geltenden Bestimmung Beziehungen zwischen Wähler und Bezirk bestehen. Der Begriff ist der gleiche wie ihn Art. 1 LWG. für das Landtagswahlrecht und § 163 der Reichsstimmordnung (RGBl. 1924 I S. 173) enthält. In dieser ist der „gewöhnliche" Aufenthalt verlangt und beigefügt: „Ein nur für Tage oder wenige Wochen bemessener oder nur gelegentlicher Aufenthalt ist kein gewöhnlicher Aufenthalt im Sinn dieser Bestimmung." In diesem Sinn sind die Worte: nicht vorübergehend oder gelegentlich auch in der BezO. auszulegen.

Nach diesen Darlegungen ist wohl zu verstehen, warum das Bezirkstagswahlrecht in seinen Voraussetzungen von denen des G.wahlrechtes systematisch abweicht. Die Abweichung läßt sich nicht sachlich, sondern nur parlamentarisch erklären. S. auch Anm. 2 zu Art. 11 KrO.

3. Für die **Wählbarkeit** ist nach Art. 64 I GO. außer dem Wahlrecht erforderlich, daß der Gewählte das 25. Lebensjahr zurückgelegt und nicht durch Richterspruch die Fähigkeit zur Bekleidung öffentlicher Ämter verloren hat. (Vgl. Anm. 3—5 zu Art. 64 GO.) Neben dem 6-monatigen Aufenthalt in Bayern und dem nicht blos vorübergehenden oder gelegentlichen Aufenthalt im Bezirk, die infolge des Verlangens der Wahlberechtigung zu fordern wären, tritt aber hier weiter das Erfordernis des mindestens sechsmonatigen Aufenthaltes im Bezirk. S. § 3 Z. 2 GWO. Hiedurch soll erreicht werden, daß wenigstens die gewählten Vertreter sich vor der Wahl doch einige Zeit im Bezirk aufhalten müssen, ehe sie in den Bezirkstag eintreten können, damit bei ihnen wenigstens einige Kenntnis der Verhältnisse im Bezirk vorausgesetzt werden kann. Durch Aufgeben des Aufenthaltes im Bezirk verliert der Vertreter auch jetzt noch Wahlrecht und Wählbarkeit und hat damit aus dem Bezirkstag auszuscheiden. Die in Art. 73 IV GO. vorgesehenen Gründe, die gewisse nahe Verwandte vom Eintritt in den G.rat ausschließen, gelten nicht für den Bezirkstag. Über den Begriff „Aufenthalt" s. Anm. 7 zu Art. 63 GO.

Ziff. 2. (**Wählerlisten und Wahlkarteien.**)

4. S. Art. 66 Z. 2 GO. Die G. hat die Wählerlisten aufzustellen und öffentlich aufzulegen. Die Bestimmungen über die Auflagefrist und die Einspruchseinlegungen gelten auch hier (§§ 5—14 GWO.), ebenso die Bestimmung, daß wahlberechtigt nur der ist, der in eine Wählerliste oder Wahlkartei eingetragen ist oder einen Wahlschein besitzt. (§ 3 GWO.)

Mit Rücksicht auf die Verschiedenartigkeit der Voraussetzungen des Wahlrechts muß die WO. bei Verbindung der Bezirkswahl mit anderen Wahlen Bestimmungen über die Unterscheidung treffen. (§ 7 GWO.)

Ziff. 3. (**Wahlscheine.**)

5. S. Art. 66 Z. 3 GO. Die durch die Wahlscheine erzielte Freizügigkeit bei der Stimmabgabe beschränkt sich auf das Gebiet des Bezirks, in dem der Wähler wahlberechtigt ist. (§§ 15—17 GWO.) Die Bindung an den Bezirk ist durch die Forderung des nicht vorübergehenden Aufenthaltes im Bezirke für das Wahlrecht gedeckt.

Ziff. 4. (**Wahlvorschläge.**)

6. Über die Form und Aufstellung der Wahlvorschläge bestimmt Art. 9 Ziff. 2, daß sie die Namen der sämtlichen für den ganzen Bezirk aufgestellten Bewerber im ganzen zu enthalten haben, und daß für jeden Bewerber anzugeben ist, für welche G., oder, wenn die G. in mehrere Stimmbezirke eingeteilt ist, für welche Stimmbezirke jeder Bewerber aufgestellt ist. Jeder Bewerber kann für eine G. oder einen Stimmbezirk oder mehrere G.n oder Stimmbezirke aufgestellt werden. In Ziff. 4 ist noch bestimmt, daß nicht mehr — wohl aber weniger — Bewerber aufgestellt werden dürfen, als Vertreter nach Art. 8 I zu wählen sind. Eine Ausnahme enthält Ziff. 7 für den Fall eines einzigen gültigen Wahlvorschlages. Über die übrigen Formvorschriften vgl. GWO. §§ 37—48.

Hinsichtlich der Behandlung der Wahlvorschläge sind die Vorschriften der GO. (Art. 66 Z. 4) für maßgebend erklärt. Die

Bestimmungen der GO. über die Einreichungs- und Nachfrist gelten also auch für die Bezirkswahl. Die weiteren Vorschriften über die Prüfung und Vereinigung der Wahlvorschläge, über die Beschlußfassung hierüber und die Bekanntmachung derselben trifft die GWO. §§ 43—48.

Aus der Anwendbarkeit der Vorschriften der GO. folgt auch die Zulassung der Verbindung der Wahlvorschläge (Art. 66 Z. 4 Unterabs. 3 GO. und Anm. 20 zu Art. 66 GO.) mit der in der GO. hiefür vorgesehenen Wirkung. Die einzelnen Bestimmungen über die Verbindung enthält die GWO. §§ 41 Ziff. 2, 98, 99. Die Bestimmung in Art. 66 Z. 4 Unterabs. 2 GO. ist durch Art. 10 Z. 4 ersetzt.

Ziff. 5. (**Gemeinsame Wahlvorschläge; Untervorschläge.**)

7. Nach Art. 66 Z. 11 Unterabs. 2 GO. können bei gemeinsamen Wahlvorschlägen mehrerer Gruppen die Bewerber der einzelnen Gruppen bis zur Entscheidung über die Zulassung der Wahlvorschläge im Voraus als zusammengehörig bezeichnet werden. Solche Zusammenfassungen nennt die GO. „Untervorschläge“. Die Zusammenfassung hat die Wirkung, daß beim Wegfall eines gewählten Angehörigen eines Untervorschlags nur die dem gleichen Untervorschlag angehörigen Bewerber in ihrer allgemeinen Reihenfolge als Ersatzleute in Betracht kommen, also hier nur die nach Art. 9 Z. 6 bestimmten Ersatzleute aus dem gleichen Untervorschlag in der Reihenfolge des Art. 9 Z. 5. Sind keine solchen Ersatzleute mehr vorhanden, so können sie nach Art. 9 Z. 5 Unterabs. 3 für den in Betracht kommenden Untervorschlag neu und frei benannt werden, ohne daß zuvor die Ersatzleute aus den anderen Untervorschlägen des gleichen Wahlvorschlages einzutreten hätten.

Bei der Verteilung der Sitze nach Art. 9 Z. 5 spielen die Untervorschläge als solche noch keine Rolle. Sie werden erst beim Wegfall von Bewerbern wirksam. Die Einrichtung ist nur bestimmt, die einmal gegebene Verteilung der Sitze auf die einzelnen Untergruppen auf die Dauer zu gewährleisten.

§§ 41 Z. 1 und 98 IV GWO.

Ziff. 6. (**Dauer der Wahl.**)

8. Vgl. Art. 66 Z. 6 GO. Wenn der G.wahlausschuß bei einer etwaigen Verbindung v. G.- und Bezirkswahlen die Wahldauer abkürzt, gilt dies kraft Art. 10 Ziff. 6 auch für die Bezirkswahl. (S. § 35 GWO.)

Ziff. 7. (**Mehrheitswahl.**)

9. Daß kein Wahlvorschlag eingereicht wird, ist für die Bezirkswahl nicht wahrscheinlich. Immerhin muß auch hiefür Vorsorge getroffen werden. Eher möglich ist (wie dies 1919 in 9 Bezirken vorgekommen ist), daß ein gemeinsamer Wahlvorschlag aller beteiligten Parteien aufgestellt wird, aber auch, daß von mehreren eingereichten Wahlvorschlägen alle bis auf einen für ungültig erklärt werden müssen. Für diese Fälle gilt Art. 66 Z. 5 GO., d. h. es findet Mehrheitswahl ohne Bindung an die vorgeschlagenen Bewerber statt. Auch hiebei gilt an sich die Bestimmung in Art. 9 Z. 4, wonach jeder Wähler nur einen Namen auf seinen Stimmzettel setzen darf, also der Grundsatz der einnamigen Wahl. (S. Anm. 6 zu Art. 9.) Dies bestimmt Z. 7 der Deutlichkeit halber zunächst ausdrücklich für den Fall, daß kein Wahlvorschlag eingereicht worden ist. Jeder Wähler stimmt für einen von ihm beliebig zu benennenden Bewerber. Gewählt sind die Bewerber mit den meisten Stimmen, und zwar nach Ziff. 7 so viele, als insgesamt nach Art. 8 I u. II für den Bezirkstag erforderlich sind. Ersatzleute sind die nichtgewählten Bewerber.

Schwieriger war die Regelung für den Fall, daß ein einziger gültiger Wahlvorschlag eingereicht worden ist, auf dessen möglichst unveränderte Annahme die Vertreter, die ihn aufgestellt haben, Gewicht legen müssen. Die möglichste Förderung dieser Wahlvorschläge wurde im Landtag gewünscht. Doch war andrerseits zu berücksichtigen, daß es sich um freie, nicht um gebundene Listen handelt. Es lag daher nahe, an die Bestimmung in Art. 66 Z. 9 Unterabs. 3 GO. anzuknüpfen. Dabei mußte aber für den Fall von Änderungen an dem Wahlvorschlag die einnamige Wahl verlangt werden, so daß nur für den Fall der unveränderten Annahme des Wahlvorschlages ausnahmsweise die mehrnamige Wahl in Betracht kommen konnte. Daher sind in Ziff. 7 zwei Möglichkeiten der Abstimmung vorgesehen, unter denen die Wähler die Wahl haben. Wer mit dem Wahlvorschlag im ganzen einverstanden ist, den Bezirkstag also in der vorgeschlagenen Zusammensetzung gewählt sehen will, kann dies durch Abgabe eines Stimmzettels in diesem Sinne — wobei nach § 63 II S. 3 GWO. keinerlei besondere Kennzeichnung verlangt ist — zum Ausdruck bringen. Wenn die Mehrheit der Wähler so abstimmt, gilt der Wahlvorschlag im ganzen in der vorgeschlagenen Form als gewählt. Voraussetzung ist dabei, daß der Wahlvorschlag die nötige Anzahl von Vertretern samt Ersatzleuten (das $1^1/_2$fache der nach Art. 8 I u. II insgesamt zu wählenden Vertreter) enthält oder bis zur Beschlußfassung hierüber auf diese Zahl ergänzt wird. Diese Ergänzung muß also rechtzeitig von den Einreichern des Wahlvorschlages noch vorgenommen werden, ehe darüber Beschluß gefaßt wird. Sonst könnte nicht in dieser Weise über den Wahlvorschlag abgestimmt werden. Wenn etwa nach der Ergänzung des Wahlvorschlages noch ein weiterer gültiger Wahlvorschlag eingereicht wird, müßte der erstere wieder auf die nach Art. 9 Z. 4 zulässige Zahl zurückgeführt werden.

Wähler, die dem Wahlvorschlag nicht im ganzen zustimmen wollen, haben die weitere Möglichkeit, in der sonst bei der Bezirkswahl üblichen Form ihre Stimme abzugeben, d. h. sie können für je einen der in dem Wahlvorschlag enthaltenen Bewerber stimmen. Sie sind insofern gebunden, als sie nur für einen der vorgeschlagenen Bewerber, also nicht für eine andere Person stimmen können; sie sind aber nicht an die für die G. oder den Stimmbezirk vorgeschlagene Person gebunden, haben also mehr Freiheit als im Falle der Verhältniswahl.

Bei der Ergebnisfeststellung ist zunächst festzustellen, wie groß die Zahl der für den Wahlvorschlag im ganzen abgegebenen gültigen Stimmzettel ist. Beträgt sie mehr als die Hälfte der abgegebenen gültigen Stimmen, so sind die darin vorgeschlagenen Bewerber (wie im Falle des Art. 66 Z. 9 Unterabs. 3 GO.) in der vorgesehenen Reihenfolge gewählt oder als Ersatzleute bestimmt. Für den gegenteiligen Fall muß die Auszählung der einzelnen Stimmen stattfinden. Gewählt sind dann die Bewerber mit den meisten Stimmen in der Reihenfolge der Stimmenzahlen. Die übrigen sind in der gleichen Reihenfolge Ersatzleute. Um die Stimmen der Wähler, die für den Wahlvorschlag im ganzen abgestimmt haben, hiebei einreihen zu können, stellt das Gesetz eine Fiktion dahin auf, daß diese Wähler für diesen Fall für den Bewerber stimmen wollten, der für ihre G. oder ihren Stimmbezirk aufgestellt ist, wenn sie nicht auf irgendeine Weise (durch Unterstreichen, Ankreuzeln usw.) zu erkennen geben, daß sie für diesen Fall ihre Stimme einem andern geben wollen.

Die Bestimmung ist nicht ganz einfach, kann aber wohl nicht einfacher gestaltet werden, wenn sie den verschiedenen eingangs aufgestellten Gesichtspunkten Rechnung tragen soll.

Ziff. 8. (**Verbindung mit anderen Abstimmungen.**)

10. Für diesen Fall sieht Art. 72 GO. vor, daß hinsichtlich der Behandlung der Wählerlisten und Wahlkarteien (für die Herstellung dagegen sind Sondervorschriften nötig), der Ausstellung der Wahlscheine und der Dauer der Wahlhandlung die Vorschriften des Reiches oder des LWG. maßgebend sind. Denn die verschiedene Behandlung für die verbundenen Wahlen auch in diesen Richtungen würde das Wahlverfahren zu sehr erschweren. Im übrigen können Verschiedenheiten, soweit solche überhaupt noch vorhanden sind, in Kauf genommen werden. Hinsichtlich des materiellen Wahlrechts entscheidet die BezO.

Ziff. 9. (**Bestechung und Nötigung.**)

11. S. Art. 68 GO. Bestechung und Nötigung führen auch hier nicht nur zur Ungültigkeit der einzelnen Stimmen, sondern auch zum Verlust der Wählbarkeit. Eine Wahlanfechtung hiewegen führt aber — vom letzteren Fall abgesehen — nur dann zum Erfolg, wenn durch die Ungültigkeit einzelner Stimmen aus diesem Anlaß das Wahlergebnis verdunkelt worden sein kann.

Ziff. 10. (Kosten der Wahl.)

12. S. Art. 69 I, III, IV GO. Abs. I ist durch Z. 10 abgeändert. Die Kosten treffen bei der Bezirkswahl im allgemeinen — von den Kosten der rein örtlichen Wahlhandlung sowie der Herstellung und Behandlung der Wählerlisten abgesehen — den Bezirk. Auch die Wahlscheine (als Anhängsel der Wählerliste) gehören zu den auf Kosten der G. zu beschaffenden Gegenständen.

Durch Art. 9 Z. 3 ist der amtliche Stimmzettel ohnehin eingeführt. Die Kosten treffen nach Art. 10 Z. 10 den Bezirk. Die Ämter zum Vollzuge der Wahlen sind Ehrenämter. Die Verhandlungen sind mit Ausnahme der Wahlanfechtungen gebührenfrei. Da über diese der Bezirkstag, also nicht eine Behörde entscheidet, kommen auch für diese Entscheidungen keine Gebühren in Frage.

Ziff. 11. (Amtsdauer.)

13. Nach Art. 67 II GO. haben bei den regelmäßigen Wahlen die G.ratsmitglieder ihr Amt weiterzuführen, bis die Neugewählten ihr Amt übernommen haben. Das gleiche gilt bei den regelmäßigen Bezirkstagswahlen, die auch für den Bezirkstag nach Art. 7 alle 5 Jahre stattzufinden haben, für die Bezirkstagsmitglieder und die Mitglieder des Bezirksausschusses.

Art. 11.

I Über die Gültigkeit der Wahlen und über Wahlanfechtungen entscheidet der Bezirkstag endgültig.[1]

II Hierbei findet Art. 74 Abs. I bis V der Gemeindeordnung entsprechend Anwendung mit der Maßgabe, daß die in Abs. IV vorgesehene Entscheidung auch ohne Wahlanfechtung von Amts wegen erfolgen kann.[2] An die Stelle der Staatsaufsichtsbehörde tritt dabei der Bezirkstag, an die Stelle des Gemeindewahlleiters der Bezirkswahlleiter, an die Stelle des Gemeindewahlausschusses der Bezirkswahlausschuß.[3]

III Wenn der Bezirkstag das Wahlergebnis in einzelnen Gemeinden oder Stimmbezirken für ungültig erklärt und feststellt, daß es nach der Wählerzahl dieses Gebietes auf das Gesamtwahlergebnis von Einfluß sein kann, hat eine Wiederholungswahl[4] in diesem Gebiet auf Grund der alten Wählerlisten oder Wahlkarteien und der alten Wahlvorschläge stattzufinden. Der Bezirkswahlausschuß stellt das Wahlergebnis hierauf neu fest.

IV Die Anordnung einer Neuwahl obliegt dem Staatsministerium des Innern.[5]

RefE. —; RegE. Art. 11; VerfA. I, 278; II, —.

Vorbemerkung.

Über Wahlanfechtungen gegenüber der Wahl der Distriktsratsmitglieder entschied nach dem Ges. v. 1852 der Distriktsrat selbst ausschließlich. Das gleiche galt nach dem WG. v. 15. April 1919 und dem SWG. Während über Beanstandungen der G.wahlen, wie bisher, auch nach der GO. die Verwaltungsrechtsbehörden zu entscheiden haben, bleibt es hinsichtlich der Bezirkstage bei dem bisherigen Recht. Auch jetzt entscheidet über die Gültigkeit der Bezirkswahlen der Bezirkstag allein und ausschließlich. Hierin kommt das mehr parlamentarisch gestaltete Selbstverwaltungsrecht des Bezirkstags zum Ausdruck. Ein Verwaltungsrechtsverfahren kommt insoweit nicht in Betracht.

1. **Wahlprüfung.**

Die Wahlen sind zunächst von Amts wegen durch den Bezirkstag zu prüfen. Das Ergebnis ist beschlußmäßig festzulegen. Außerdem ist über Wahlanfechtungen besonders zu beschließen. Gegen den Beschluß, der „endgültig" ist, gibt es keinerlei Rechtsmittel. Auch nicht Beschwerde zum Staatsgerichtshof. Denn der Bezirkstag ist keine Behörde im Sinn des § 93 VU.

2. Der Beschluß des Bezirkstages kann also darstellen:

a) eine Berichtigung des Wahlergebnisses, wenn es mit den für die Wahlvorschläge und die einzelnen Bewerber tatsächlich sich ergebenden Stimmenzahlen nicht in Einklang steht (Art. 74 I GO.);
b) die Feststellung der Nichtigkeit der ganzen Wahl (Art. 74 II GO.);
c) die Feststellung der Nichtigkeit einzelner Gewählter aus den in Art. 74 III GO. aufgeführten Gründen;
d) die Feststellung der Ungültigkeit der Wahl einzelner oder mehrerer (auch aller) Bezirkstagsmitglieder aus den in Art. 74 IV Z. 1—3 GO. angegebenen Gründen, wenn durch diese Gründe das Wahlergebnis verdunkelt worden sein kann. Eine Wahlanfechtung einzelner Wahlberechtigter ist, wie bei der GO., auch hier zulässig, aber nicht wie nach der GO. erforderlich, um ein solches Verfahren in Lauf zu setzen. Der Bezirkstag kann, zum Unterschied von den nach der GO. mit derartigen Entscheidungen befaßten Behörden, solche Feststellungen auch von Amts wegen treffen.

3. Es handelt sich hier nur um die nach Art. 74 GO. in Betracht kommende Zuständigkeit der Staatsaufsichtsbehörde, des G.wahlleiters und G.wahlausschusses.

4. Einzelne Mitglieder des Bezirkstages, die infolge eines Berichtigungsverfahrens (Art. 74 I GO.) oder infolge der Feststellung

der Nichtigkeit ihrer Wahl (Art. 74 III GO.) oder infolge der Ungültigerklärung ihrer Wahl (Art. 74 IV GO.) aus dem Bezirkstag ausscheiden, werden gemäß Art. 13 BezO. mit Art. 113 Z. 1, 3, 4 GO. durch ihre Ersatzleute ersetzt (Art. 9 Z. 6). Eine Neuwahl ist nötig, wenn die Nichtigkeit oder Ungültigkeit der ganzen Wahl oder der sämtlichen Vertreter ausgesprochen wird. Die BezO. sieht noch eine weitere Möglichkeit, nämlich die Ungültigkeitserklärung der Wahl nur in einzelnen G.n oder Stimmbezirken ausdrücklich vor. Diese ist möglich, wenn z. B. an einzelnen Orten wesentliche Verfahrensvorschriften verletzt worden sind. Dann kann die Nachwahl, wie nach Art. 65 LWG. und § 37 RWG., auf die betreffenden G.n oder Stimmbezirke sich beschränken, wobei naturgemäß die alten Wählerlisten oder Wahlkarteien und Wahlvorschläge zugrunde gelegt werden müssen. Auf Grund des neuen Wahlergebnisses hat dann der Bezirkswahlausschuß das Gesamtwahlergebnis für den ganzen Bezirk neu festzustellen.

5. Da hinsichtlich der Wiederholungswahl keine Ausnahme bestimmt ist, obliegt die Anordnung auch einer solchen dem StMdJ. Für die Anordnung der allgemeinen Bezirkswahlen gilt Art. 12.

Art. 12.

Das Staatsministerium des Innern bestimmt den Tag der Wahl[1] und regelt das Verfahren bei der Wahl durch eine Wahlordnung.[2]

RefE. —; RegE. Art. 12; VerfA. I, 284; II, —.

1. S. Art. 67 I GO. für die G.wahlen, und Art. 13 KrO. für die Kreiswahlen.

2. GWO. v. 30. März 1928, GVBl. S. 116.

Wahlbestimmungen der Kreisordnung (Art. 8—13).

Art. 8.

Die Mitglieder des Kreistags werden in allgemeiner, gleicher, unmittelbarer, geheimer Wahl nach den Grundsätzen des Verhältniswahlrechts[1] auf die Dauer von fünf[2] Jahren gewählt.

RefE. Art. 6; RegE. Art. 8; VerfA. I, 698, 725; II, —; StenBer. 285, 291.

Vorbemerkung.

Nach dem alten Landratsgeš. v. 28. Mai 1852 wurde für jeden Kreis ein Landrat gewählt. Er bestand:

a) aus den Vertretern der Distriktsg.n in der Art, daß je zwei Distriktsräte einen Vertreter zu wählen hatten,
b) aus den Vertretern der kreisunmittelbaren Städte in der Art, daß jede Stadt mindestens einen, größere Städte mehrere Vertreter zu wählen hatten,
c) aus den gewählten Vertretern des großen Grundbesitzes mit ¼ der Zahl der Vertreter der Distrikte,
d) aus 3 Vertretern der selbständigen Pfarrer,
e) aus einem Vertreter der im Kreis befindlichen Universität.

Das WG. v. 15. April 1919 führte auch für die „Kreistage" die unmittelbare Wahl durch alle Wahlberechtigten nach den Grundsätzen der Verhältniswahl ein. Die Zahl der Vertreter setzte das SWG. auf 30, für Oberbayern auf 45 fest.

Der RefE. sah die mittelbare Wahl der Vertreter zum Kreistag durch die Bezirke und kreisunmittelbaren Städte vor. Der RegE. v. 20. März 1926 dagegen schlug wieder die unmittelbare Wahl durch alle Wahlberechtigten vor.

Die auf die Wahlen bezüglichen Bestimmungen enthalten die Art. 8—13.

Grundsätze des Wahlrechts.

1. In Art. 8 sind die Grundsätze enthalten, auf denen das Wahlrecht zu den Kreistagen in der KrO. aufgebaut ist. Über die Einzelheiten der Bestimmung s. Anm. 1 u. 2 zu Art. 7 BezO.

2. Wie bisher nach Art. 5 SWG. Eine Ausnahme besteht für die ersten auf Grund der KrO. gewählten Kreistage durch Art. 43.

Art. 9.

I In den Kreistag sind doppelt so viele Vertreter zu wählen, als Landtagsabgeordnete nach dem Landeswahlgesetz auf den Kreis treffen.[1]

II Außerdem wird der vierte Teil der hiernach zu wählenden Vertreter, höchstens jedoch 10 Sitze den Wahlvorschlägen nach dem Verhältnis ihrer Stimmenzahlen im ganzen Kreise zur Benennung zugeteilt.[2] Bruchteile gelten hierbei als voll.

RefE. —; RegE. Art. 8; VerfA. I, 699, 726; II. —.

Vorbemerkung.

Über die Zusammensetzung der Landräte nach dem G. v. 28. Mai 1852 s. Vorbem. zu Art. 8. Das SVG. setzte die Zahl der Mitglieder der Kreistage auf 30, für Oberbayern auf 45 fest.

Über die Ausgestaltung der Wahl zu den Kreistagen führte die Begr. zum RegE. v. 20. März 1926 folgendes aus: „Wenn auch der Grundsatz der allgemeinen, geheimen, gleichen, unmittelbaren Verhältniswahl für die Wahl zu den Kreistagen beibehalten werden soll, so kann das Gesetz vom 15. April 1919 doch nicht ohne Änderung hiefür übernommen werden. Gegen das Gesetz wurden nämlich insoferne Bedenken erhoben, als die Wahl nach dem Grundsatze der gebundenen Liste ohne jede weitere Untereinteilung der Kreise erfolgte. Hiernach wurden die zu besetzenden Sitze auf die verschiedenen Wahlvorschläge nur nach Maßgabe der auf sie entfallenen Stimmenzahlen nach der Reihenfolge der Benennung der Bewerber auf den Wahlvorschlägen verteilt, ohne daß auf die räumliche Verteilung der Vertreter im Kreise irgendwelche Rücksicht genommen wurde. So kam es, daß bei der letzten Wahl vielfach große Teile der Kreise in den Kreistagen unvertreten waren, während andere Teile wieder über Gebühr hinaus mit Vertretern bedacht waren. Die Beseitigung dieses Mißstandes ist aber gerade bei den in den Kreistagen vielfach in Betracht kommenden örtlichen Interessen ein besonders dringliches Bedürfnis. Allerdings darf, wer die Behebung dieses Mangels verlangt, nicht aus dem Auge verlieren, daß als Wahlkreis stets nur der ganze Kreis in Frage kommen kann und daß in erster Linie der Gesichtspunkt der verhältnismäßigen Verteilung der verfügbaren Sitze auf die sich an der Wahl beteiligenden politischen und Interessentengruppen zu beachten ist. Damit ist der Wunsch nach einer möglichst gleichmäßigen räumlichen Verteilung der Vertreter über den ganzen Kreis nicht leicht zu vereinbaren. Immerhin muß der Versuch zur Vereinigung der beiden Gesichtspunkte gemacht werden, doch ist zu bedenken, daß eine voll befriedigende Lösung nicht möglich ist, sondern daß nur ein Kompromiß in Frage kommen kann."

„Der Entwurf der KrO. versucht die ‚Lokalisierung', die örtliche Bindung der Mitglieder der Kreistage, indem er von der Listenwahl nach gebundenen Listen, wie sie das Ges. vom 15. April 1919 vorgesehen hat, absieht und dafür ein dem Landtagswahlverfahren ähnliches Verfahren vorschlägt. Dies setzt die Einteilung der Wahlkreise, also der Kreise, in Stimmkreise für die einzelnen Bewerber und den Zwang für den Wähler voraus, im einzelnen Stimmkreis nur für den hier aufgestellten Bewerber zu stimmen. Die Neuschaffung von Stimmkreisen wäre eine sehr schwierige Arbeit. Denn viel mehr als bei politischen Wahlen besteht hier ein sehr wesentliches Interesse der Parteien sowohl, als auch der einzelnen Bewerber an der Ausgestaltung der Stimmkreise. Das Durchdringen von Lokalkandidaten hängt fast immer von der Ausgestaltung des ihnen zugewiesenen Stimmkreises ab. Da die Wähler der verschiedenen Parteien in den Kreisen räumlich keineswegs gleich verteilt sind, ist das Interesse der verschiedenen Parteien an der Gestaltung der Stimmkreise sehr verschieden. Noch unangenehmer macht sich dabei die Konkurrenz der verschiedenen Bewerber des gleichen Wahlvorschlages geltend. Die befriedigende Vereinigung der widerstreitenden Interessen wäre eine außerordentlich schwierige Aufgabe. Deshalb sieht der Entwurf vor, für die Kreistagswahl die Stimmkreise der Landtagswahl zu benützen, zumal damit auch die Möglichkeit geschaffen würde, die für die Landtagswahl bestehenden Parteiorganisationen auszunützen. Die Zahl der Stimmkreise in den einzelnen Kreisen bleibt allerdings hinter den Vertreterzahlen zurück, die zur Bildung der Kreistage, auch in den kleineren Regierungsbezirken nötig sind. Werden jene Zahlen verdoppelt, so werden sich überall entsprechende Sitzezahlen ergeben. Daher wählt der Entwurf den Ausweg, in sämtlichen Landtagsstimmkreisen je 2 Vertreter wählen zu lassen.

Der Entwurf enthält sodann noch einige weitere Vorschriften, welche die örtliche Bindung der Gewählten mit den Wählern zu erleichtern trachten. Hiezu ist vor allem die Bestimmung in Art. 10 Ziff. 4 (jetzt 5) Unterabs. 3 zu nennen, wonach in einem Stimmkreis für einen Wahlvorschlag, obwohl die Wähler immer für 2 Bewerber zu stimmen haben, erst dann ein 2. Sitz anfallen kann, wenn dem gleichen Wahlvorschlag in allen übrigen Stimmkreisen Sitze zugefallen sind. Als weiteres Ausgleichsmittel, vor allem für Fälle, in denen dieses Mittel infolge der Parteizersplitterung versagt, schlägt der Entwurf in Art. 9 Abs. II ferner vor, daß eine bestimmte Anzahl von Vertretern nach Art der „Landesabgeordneten" des Landeswahlgesetzes den Wahlvorschlägen zur freien Benennung zugeteilt wird, damit sie die Möglichkeit haben, Gegenden, die infolge irgendwelcher Zufälligkeiten ausgefallen sind, noch mit Vertretern zu bedenken oder auch Vertreter von Berufen und Ständen einzuberufen, auf deren Mitarbeit sie Wert legen. Dem gleichen Zweck dient auch die an sich etwas ungewöhnliche Bestimmung, daß beim Mangel von verfügbaren Bewerbern eines Wahlvorschlages auch Personen benannt werden können, die nicht auf einem Wahlvorschlag stehen (Art. 10 Z. 4 [jetzt 5] Unterabs. 4 und Z. 6 [jetzt 7])."

Bei der Beratung wurde der Vorschlag grundsätzlich allgemein als praktisch und zweckmäßig bezeichnet. Nur die daraus sich ergebenden Vertreterzahlen wurden von einzelnen Seiten als etwas hoch erachtet. Daher wurde erwogen, statt der doppelten Zahl nur die einfache oder eineinhalbfache Zahl der Landtagsabgeordneten als Vertreter zu wählen. Mit Rücksicht darauf aber, daß die Kreistage dann in manchen Kreisen wieder zu klein wären und sich von den Kreisausschüssen nicht mehr unterscheiden würden, auch die Besetzung weiterer Ausschüsse dann nicht mehr möglich wäre, sah man von einer Verkleinerung der Kreistage ab, um nicht dadurch auch den Wunsch zu beeinträchtigen, daß allen Gegenden des Kreises zu einer Vertretung verholfen werden solle. Es blieb daher bei der Regierungsvorlage.

1. (Gewählte Vertreter.) Nach Abs. I treffen gemäß Art. 41 II LWG. in der Fassung des G. v. 6. Febr. 1924 (GVBl. 29) auf

Oberbayern	2×25 = 50	Oberfranken	2×12 = 24
Niederbayern	2×12 = 24	Mittelfranken	2×15 = 30
Pfalz	2×14 = 28	Unterfranken	2×12 = 24
Oberpfalz	2×10 = 20	Schwaben	2×13 = 26

zu wählende Mitglieder. Art. 9 Abs. I geht nur von der Zahl der „nach dem LWG." auf den Kreis „treffenden" Abgeordneten aus, nicht von der Zahl der Abgeordneten, die nach der Wahl dem Kreis wirklich zufallen. Beide Zahlen brauchen im Hinblick auf Art. 55, 57, 61 LWG. nicht zusammenzufallen. Die zweite Zahl kann schon deshalb nicht in Betracht kommen, weil sie bei Erledigung von Sitzen sich im Laufe der Wahlzeit ändern kann.

2. (Zugeteilte Vertreter.) (Abs. II.) Wie in Art. 8 II BezO. ist auch in der KrO. die Ergänzung der Kreistage durch weitere Vertreter vorgesehen, die in gleicher Weise wie dort gewählt, d. h. auf die beteiligten Wahlvorschläge verteilt werden sollen. Maßgebend sind hiebei nach Art. 10 II die Bestimmungen des LWG. über die sog. Landesabgeordneten. S. Art. 42, 58, 61 III LWG. Über die Gründe dieser Bestimmung s. Art. 8 BezO. Anm. 2. Während in der BezO. die Zahl dieser Vertreter überall gleich festgesetzt ist, ist diese Zahl in der KrO. nach der Größe der Kreistage verschieden bestimmt und nur nach oben durch eine Höchstzahl begrenzt, die sich aber nur bei Oberbayern auswirkt. Nach der Begr. ist die Zahl so gewählt, damit die Zahl der zugewählten Vertreter nicht zu groß wird, um den Einfluß der zugewählten Vertreter nicht zu groß werden zu lassen, und damit sie andrerseits doch groß genug ist, um die Beteiligung möglichst vieler Wahlvorschläge zu ermöglichen. Hienach treffen insgesamt auf

Oberbayern	50+10 = 60	Oberfranken	24+6 = 30
Niederbayern	24+ 6 = 30	Mittelfranken	30+8 = 38
Pfalz	28+ 7 = 35	Unterfranken	24+6 = 30
Oberpfalz	20+ 5 = 25	Schwaben	26+7 = 33

Vertreter. Dabei bezeichnen die ersten Zahlen die nach Abs. I, die zweiten Zahlen die nach Abs. II gewählten Vertreter, die dritten Zahlen die Gesamtzahl der Mitglieder der Kreistage.

Art. 10.

Die Kreistagsmitglieder[1] werden nach folgenden Grundsätzen gewählt:

1. Jeder Kreis bildet einen Wahlkreis.[2]
2. Der Wahl wird die Stimmkreiseinteilung[3] für die Landtagswahl zugrunde gelegt mit der Maßgabe, daß für jeden Stimmkreis in jedem Wahlvorschlage zwei Bewerber[4] aufgestellt werden können.
3. Die Stimmzettel werden für jeden Stimmkreis in der Weise amtlich hergestellt,[5] daß sie die sämtlichen für den Stimmkreis aufgestellten Bewerber mit dem Kennworte des Wahlvorschlages enthalten, dem die Bewerber angehören.[6]
4. Jeder Wähler kann seine Stimme nur den für den Stimmkreis aufgestellten Bewerbern eines von dem Wahlleiter öffentlich bekanntgegebenen Wahlvorschlages geben,[7] indem er durch ein auf den Stimmzettel gesetztes Kreuz oder auf andere Weise seine Stimmabgabe kenntlich macht.[8] Ist auf einem Stimmzettel der Name der Bewerber oder, wenn für den Stimmkreis nur ein Bewerber aufgestellt ist, der Name dieses Bewerbers gestrichen, so wird die Stimme als Listenstimme für den Wahlvorschlag gezählt.[9]
5. Für die Wahlen[10] nach Art. 9 Abs. I werden die Sitze auf die Wahlvorschläge nach dem Verhältnis der Zahlen der Stimmzettel[11] verteilt, die für die einzelnen Wahlvorschläge abgegeben worden sind. Bei gleichem Anspruch mehrerer Wahlvorschläge auf einen Sitz fällt der Sitz dem Wahlvorschlage zu, dessen in

Betracht kommender Bewerber die größte Stimmenzahl aufweist.[12] Bei Stimmengleichheit entscheidet in diesem Falle das Los.

Die auf einen Wahlvorschlag entfallenen Sitze werden auf die einzelnen darin enthaltenen Bewerber nach der Zahl der für jeden Bewerber in den Stimmkreisen, in denen er aufgestellt ist, abgegebenen Stimmen verteilt.[13] Bei Stimmengleichheit wird hierbei der Stimmkreis berücksichtigt, der für den Wahlvorschlag die größere Stimmenzahl aufgebracht hat; nötigenfalls entscheidet die Reihenfolge der Benennung im Wahlvorschlag.[14]

In einem Stimmkreis kann einem Wahlvorschlag erst dann ein weiterer Sitz zufallen, wenn der Wahlvorschlag schon in den sämtlichen übrigen Stimmkreisen, für die er Bewerber aufgestellt hat, einen Sitz erhalten hat.[15]

Fallen einem Wahlvorschlage mehr Sitze zu, als er Bewerber enthält, so können für die überschüssigen Sitze Personen benannt werden, die nicht auf dem Wahlvorschlag stehen, sofern sie wählbar sind.[16]

6. Ersatzmann für einen Gewählten ist zunächst der im gleichen Stimmkreis und auf dem gleichen Wahlvorschlage nicht gewählte Bewerber; im übrigen sind die nicht gewählten Bewerber in der Reihenfolge der Ziff. 5 die Ersatzleute der Gewählten.[17] Sie rücken in den Kreistag ein, wenn ein Bewerber abgelehnt[18] hat oder ausscheidet.[19] Sind auf einem Wahlvorschlage keine Ersatzleute mehr vorhanden, so findet Ziff. 5 Unterabs. 4 Anwendung.[20]

7. Für die Besetzung der nach Art. 9 Abs. II zu vergebenden Sitze gelten die Bestimmungen des Landeswahlgesetzes über die Landesabgeordneten entsprechend mit der Maßgabe, daß hierfür auch Personen benannt werden können, die in keinem Wahlvorschlag enthalten sind, sofern sie wählbar sind.[21]

RefE. —; RegE. Art. 10; VerfA. I, 703; II, 316.

Vorbemerkung.

S. zunächst die allgemeinen Vorbemerkungen zu Art. 8.

Das WG. v. 15. April 1919 hatte auch für die Kreiswahlen die gebundene Liste zugrunde gelegt. Die Mängel, die dieses System mit sich brachte, sind in der Vorbem. zu Art. 9 BezO. dargelegt. Die Kritik richtete sich auch bei dieser Wahl gegen die Bindung der Wähler und gegen die ungenügende Verteilung der Gewählten über den Kreis. Deshalb sah der RegE. ein System der freien Liste vor und traf, wie für die Bezirkswahlen, Vorkehrungen zur Lokalisierung der Vertreter, zu ihrer möglichsten Verteilung über den Kreis und ihrer möglichst nahen Verbindung mit den Wählern, soweit sich das bei der Verhältniswahl überhaupt durchführen läßt.

1. Die Zahl der zu Wählenden ergibt sich aus Art. 9. In der in Anm. 1 dortselbst wiedergegebenen Begr. sind die Zahlen enthalten. Sie werden vom Kreiswahlleiter bei der Aufforderung zur Einreichung der Wahlvorschläge mit bekannt gegeben. Für Art. 9 I bildet Z. 1—6, für Art. 9 II Z. 7 die nötige Ergänzung. Art. 10 und 11 sind rein äußerlich (wie Art. 9 und 10 BezO.), darnach ausgeschieden, je nachdem eigene Bestimmungen in der KrO. zu treffen sind oder die Bestimmungen der GO. für anwendbar erklärt werden können.

Ziff. 1. (Wahlkreis.)

2. Bei Änderungen in den Kreisgrenzen können Änderungen in der Zusammensetzung der Kreistage nur auf Grund Gesetzes vorgenommen werden. (Art. 39 II.) Denn die Stimmkreiseinteilung für die Landtagswahl, die nach Art. 10 Z. 2 auch der Kreiswahl zugrunde liegt, ist Bestandteil des LWG., kann also nur durch Gesetz geändert werden. Bei jeder Änderung der Vertreterzahl des Kreistages und jeder hienach veranlaßten Neu- oder Ergänzungswahl muß aber die Verbindung mit der Stimmkreiseinteilung für die Landtagswahl ständig oder vorübergehend gelöst oder diese Stimmkreiseinteilung (s. Anm. 3) zuvor geändert werden. Beides kann nur durch Gesetz geschehen.

Über die weiteren Wirkungen dieser Bestimmung s. Anm. 3 zu Art. 9 BezO.

Ziff. 2. (Stimmkreiseinteilung.)

3. Vom Wahlkreis zu unterscheiden sind die Stimmkreise. Beide Worte geben die gleichen Begriffe wieder, wie für die Landtagswahl, nur findet naturgemäß keine Stimmrestverwertung über den Wahlkreis hinaus statt. Denn die Zusammenfassung ist zwar bei der Landtagswahl, wo es sich um die Wahl einer für alle Wahlkreise gemeinsamen Vertretung handelt, nicht aber

bei den Kreistagen möglich, weil diese voneinander völlig unabhängig sind.

Die letzte Stimmkreiseinteilung ist durch Ges. v. 6. Febr. 1924 (GVBl. 29), eine kleine Änderung durch Ges. v. 18. Juli 1925 (GVBl. 209) erfolgt. Die Einteilung kann nach Art. 43 LWG., da sie als Bestandteil dieses Gesetzes erklärt ist, nur durch Gesetz, und zwar mit verfassungsändernder Mehrheit (Art. 79 LWG.) geändert werden. Durch das in Art. 10 Z. 2 aufgestellte System für die Kreiswahlen sind diese damit, solange dieses System bestehen bleibt und soweit eine Änderung der Stimmkreiseinteilung nötig wird oder gewünscht wird, gleichfalls unter die Bindung des Art. 92 VU. gestellt. Die Lösung der formellen Verbindung mit dem Landtagswahlrecht kann allerdings durch Aufstellung eines neuen Systems für die Kreiswahlen mittels einfachen Ges. ohne die Mehrheit des Art. 92 VU. erfolgen.

4. Da nach Art. 9 I doppelt so viele Vertreter für den Kreistag zu wählen sind, als Landtagsabgeordnete nach dem LWG. auf den Kreis treffen, muß, wenn eine neue Stimmkreiseinteilung vermieden und die schon eingelebte Stimmkreiseinteilung für die Landtagswahl verwendet werden soll, zugelassen werden, daß in jedem Stimmkreis für jeden Wahlvorschlag zwei Bewerber aufgestellt werden. Sonst würde nicht die genügende Anzahl von Vertretern und Ersatzleuten zur Verfügung stehen. Die Vorschrift dient, im Zusammenhalt mit der weiteren Bestimmung, daß in jedem Stimmkreis auf einem Wahlvorschlag erst dann ein weiterer Bewerber zum Zug kommen kann, wenn der Wahlvorschlag schon in den sämtlichen übrigen Wahlvorschlägen, in denen er Bewerber aufgestellt hat, einen Sitz erhalten hat, zugleich auch der „Lokalisierung" der Vertreter, ihrer Verbreitung über den ganzen Wahlkreis. Über die Stimmabgabe s. Z. 3.

Es ist nicht erforderlich, daß jede Partei in jedem Stimmkreis je 2 Bewerber aufstellt. Sie braucht nur in den Stimmkreisen, in denen sie dies beliebt, überhaupt Bewerber aufzustellen; sie kann sich auch mit einem Bewerber begnügen. Allerdings ist dann auch der etwaige Ersatz des Vertreters beim Ausscheiden nicht aus dem Stimmkreise möglich. Diese Art des Ersatzes bietet manche Vorteile (Ziff. 6). Die Entscheidung über die Zahl der Bewerber hängt lediglich von dem Belieben der Partei ab. Wenn in einem Stimmkreis für eine Partei kein Bewerber aufgestellt wird, kann hier allerdings für den Wahlvorschlag auch keine Stimme abgegeben werden. Durch die Aufstellung nur eines Bewerbers in einem Stimmkreis ist der Wahlvorschlag gegenüber den andern Wahlvorschlägen mit zwei Bewerbern nicht im Nachteil; denn das Verhältnis der Wahlvorschläge zueinander für die Sitzeverteilung bemißt sich nach Z. 4 Unterabs. 1 nach der Zahl der abgegebenen Stimmzettel, einerlei wieviele Bewerber für den einzelnen Wahlvorschlag hierauf verzeichnet sind. Zweckmäßig ist die Aufstellung von je zwei Bewerbern für Parteien, die darauf rechnen können, mehr als die Hälfte der Sitze zu besetzen, damit sie die über die Hälfte der Sitze hinausgehenden Sitze aus den zweiten Bewerbern besetzen können und auch noch Ersatzleute zur Verfügung haben (Z. 5 Unterabs. 3). Die Aufstellung der zweiten Bewerber hat weiter den Vorteil, daß damit für jeden Vertreter gleich ein Ersatzmann aus dem gleichen Stimmkreis vorhanden ist, so daß nicht beim Ausscheiden eines Vertreters ein Ersatzmann aus einem entlegenen Stimmkreis einrückt, sondern der Sitz dem Stimmkreis erhalten bleiben kann.

Zulässig ist, daß ein Bewerber in mehreren Stimmkreisen aufgestellt wird. Wenn eine Partei besonderes Gewicht darauf legt, daß ein Bewerber sicher gewählt wird, wird es sich empfehlen, daß sie ihn in mehreren Stimmkreisen aufstellt, wenn sie in dem Stimmkreis, in dem er zunächst aufgestellt wird, nicht ohnehin so viele Anhänger zählt, daß seine Wahl gesichert erscheint.

Es ist möglich, daß die zwei Bewerber des gleichen Wahlvorschlages verschiedene Stimmenzahlen aufbringen, da die Wähler nach Z. 3 S. 2 berechtigt sind, wie bei der Landtags- und Bezirkswahl, den Namen des einen oder der beiden Bewerber zu streichen. Wenn beide Bewerber gleich viele Stimmen erhalten, entscheidet über ihre Reihenfolge nach Z. 5 Unterabs. 2 S. 2 Schlußhalbsatz die Reihenfolge im Wahlvorschlag.

Im übrigen bestimmt die Form und den Inhalt der Wahlvorschläge die WO. (s. §§ 37—48 GWO.); für ihre Behandlung gelten nach Art. 11 Z. 4 die Bestimmungen der GO. (s. Art. 11 Anm. 6).

Ziff. 3. (Amtliche Stimmzettel.)

5. Über den amtlichen Stimmzettel im allgemeinen s. Art. 69 GO. Anm. 2. Die Einführung ist auch bei den Kreiswahlen, wie bei den Bezirkswahlen leicht möglich. Sie dient auch hier der Verhinderung ungültiger Stimmabgaben, weil sie die Gefahr von Verwechslungen der Bewerber durch die Wähler beseitigt.

6. Während bei der Bezirkswahl die G. oder der Stimmbezirk der G. die Grundlage bildet, für die die Stimmzettel je nach den in Betracht kommenden Bewerbern verschieden hergestellt werden, bildet bei der Kreiswahl der Stimmkreis des LWG. die Unterlage, die unterste örtliche Einteilung. Für die Stimmkreise werden wie bei der Landtagswahl die Bewerber aufgestellt. Die Wähler sind dann nach Z. 4 in der Weise an die im Stimmkreis aufgestellten Bewerber gebunden, daß sie nur die hier benannten Bewerber wählen können. Sie können sie zwar streichen und sich mit der Abgabe einer Listenstimme begnügen, aber sie können nicht einem in andren Stimmkreisen, oder überhaupt nicht aufgestellten, Bewerber ihre Stimme geben. Die amtlichen Stimmzettel müssen die sämtlichen, für den einzelnen Stimmkreis benannten Bewerber samt den Kennworten enthalten. (S. § 34 GWO.).

Ziff. 4. (Stellung der Wähler zu den Wahlvorschlägen; Behandlung der Stimmzettel durch die Wähler.)

7. Jeder Wähler kann auf seinem Stimmzettel zwei Stimmen abgeben oder vielmehr seine Stimme für zwei zusammengehörige Bewerber abgeben. Das G. weicht insoweit von der bei der Bezirkswahl vorgeschriebenen einnamigen Wahl ab, weil diese unter zwei in einem Stimmkreis für einen Wahlvorschlag aufgestellten Bewerbern zu einem sehr unerwünschten, unerquicklichen Wettbewerbe zwischen den beiden, doch zusammengehörigen Bewerbern, innerhalb der gleichen Partei führen würde. Ganz läßt sich dieser Wettbewerb allerdings nicht verhindern, weil der Wähler ja immer noch den einen Bewerber vor dem andern dadurch bevorzugen kann, daß er den Namen des andern streicht. Aber es handelt sich doch nicht um einen amtlich angeordneten Wettbewerb.

Möglich ist bei der Stimmabgabe:

a) daß der Wähler an dem Wahlvorschlag nichts ändert, also nicht nur für die Partei, sondern auch ohne Änderung für den oder die Bewerber stimmt, die sie in dem Stimmkreis aufgestellt hat, oder

b) daß er einen oder beide Namen der Bewerber auf dem Stimmzettel streicht. (S. Anm. 11.)

Unmöglich ist bei der Stimmabgabe:

a) die Abstimmung für zwei Bewerber aus verschiedenen Wahlvorschlägen. Bei Wahlen, die im großen und ganzen unter politischen Gesichtspunkten vor sich gehen, ist diese Möglichkeit, die zudem die Feststellung des Ergebnisses außerordentlich erschweren würde, ohnehin kaum denkbar;

b) die Abstimmung für Bewerber, die für einen anderen Stimmkreis aufgestellt sind, auch wenn es sich um Bewerber des gleichen Wahlvorschlages handelt. Trotzdem handelt es sich hier nicht um eine Art der „gebundenen Liste", sondern um eine Abart der „freien Liste", weil bei der gebundenen Liste vor allem auch die Bindung an die Reihenfolge der Bewerber vorliegen muß, die hier den Wählern nicht auferlegt ist. Die Wähler haben es hier vielmehr in der Hand, durch ihre Abstimmung die Reihenfolge der Bewerber des Wahlvorschlages selbst zu bestimmen;

c) die Abstimmung für Personen, die nicht auf einem Wahlvorschlag stehen.

Die Bekanntgabe der Wahlvorschläge erfolgt nach der Beschlußfassung des Wahlausschusses über die eingereichten Wahlvorschläge und enthält diese, soweit sie zur Wahl zugelassen sind (§ 48 GWO.).

8. Die Abstimmung erfolgt in der bei amtlichen Stimmzetteln allgemein üblichen Weise durch Kennzeichnung, durch ein Kreuz oder auf andere Weise (etwa durch Unterstreichen). Sie muß nur den Willen des Wählers genau ersichtlich machen, sonst ist sie ungültig. (§ 64 GWO.)

9. Wenn ein Wähler einen Wahlvorschlag unverändert wählt, also bei keinem der Bewerber zu erkennen gibt, daß er ihm seine Stimme nicht geben will, spricht man von Bewerberstimmen. Sobald aber ersichtlich ist, daß der Wähler den beiden Bewerbern, oder wenn für den betr. Wahlvorschlag nur ein Bewerber aufgestellt ist, diesem seine Stimme nicht geben will, spricht man von Listenstimmen. Zwischen beiden Abstimmungsarten liegt der Fall, daß ein Wähler nur einen der beiden Namen streicht. Dann liegt noch keine Listenstimme vor. Nur verzichtet der Wähler darauf, auch dem 2. Bewerber seine Stimme zu geben. Die Partei erleidet dadurch keinen Schaden, so wenig wie bei der Abgabe von Listenstimmen überhaupt, weil die Sitze unter den Parteien nach den Stimmzetteln, die für sie abgegeben worden sind, verteilt werden. Einen Schaden hat nur der Bewerber, dessen Name gestrichen worden ist. Durch jede der 3 Möglichkeiten wirft also der Wähler seine Stimme für den Wahlvorschlag im Verhältnis zu den übrigen Wahlvorschlägen voll und ganz in die Wagschale. Wenn und soweit er die Namen unverändert läßt, fördert er auch die in seinem Stimmkreis aufgestellten Bewerber im Verhältnis zu ihren Mitbewerbern aus dem gleichen Wahlvorschlag. Soweit er die Namen streicht, unterläßt er nur diese Förderung, begünstigt aber damit in gewisser Beziehung die Mitbewerber aus anderen Stimmkreisen.

Über die Frage, wie ein Stimmzettel zu behandeln ist, auf dem nur die Streichung, sonst aber keine Kennzeichnung enthalten ist, s. Anm. 8.

Ziff. 5. (**Ergebnisfeststellung.**)

10. Für die Wahlen nach Art. 9 II gilt Z. 7 unten.

11. Nur die Zahl der Stimmzettel, also der Wähler, nicht die Zahl der von ihnen abgegebenen Stimmen kommt in Betracht. Im Gegensatz zu den Bezirkswahlen sind beide Zahlen nicht gleich, weil ein Wähler unter Umständen zwei Stimmen (nicht Stimmzettel) abgeben kann. In Betracht kommen nur die gültigen Stimmzettel, seien sie Bewerber- oder Listenstimmen.

Die Art der Verteilung der Sitze regeln in der üblichen Weise nach dem D'Hondt'schen Verfahren §§ 104—114 GWO.

12. S. Anm. 12 zu Art. 8 BezO. Es ist festzustellen, welche Bewerber des einen, wie des anderen Wahlvorschlages zum Zuge kämen. Der Bewerber mit der größten Stimmenzahl gibt den Ausschlag für die Zuteilung des Sitzes an den Wahlvorschlag.

13. S. Anm. 13 zu Art. 8 BezO. Grundsatz der freien Liste. Eine Besonderheit bei der Kreiswahl stellt Unterabs. 3 dar. Wenn in der Reihenfolge der Bewerber nach ihrer Stimmenzahl, wie dies leicht möglich ist, für die zu vergebenden Sitze aus einem Stimmkreis an sich die beiden Bewerber in Betracht kämen, hat von diesen der Bewerber mit der geringeren Stimmenzahl zunächst außer Betracht zu bleiben. Dies ist erforderlich, um die „Lokalisierung" der Vertreter und ihre möglichste Verteilung über den ganzen Kreis zu erreichen. (S. Anm. 15). Dabei ist ohne Bedeutung, aus welchem Stimmkreis die Stimmen der Bewerber hauptsächlich stammen. Nur die Stimmenzahlen der Bewerber im ganzen werden verglichen. Der Bewerber mit der größeren Stimmenzahl geht vor.

Ein von der Staatsregierung in der 2. Lesung gemachter Vorschlag (VerfA. II, 316), der die möglichste Verteilung der Vertreter noch weiter fördern wollte, beruhte auf dem Gedanken, daß zunächst in jedem Stimmkreis der Vertreter mit der örtlichen Mehrheit, auch wenn sie nur relativ sein sollte, als gewählt angesehen wird. Würde ein Wahlvorschlag hiedurch mehr Sitze erhalten, als ihm nach Unterabs. 1 zustehen, so hätte er in dem Stimmkreis, in dem er unter den beteiligten Stimmkreisen die geringste Stimmenzahl hat, zugunsten des Wahlvorschlages zurückzutreten, der in diesem Stimmkreis die nächst höhere Stimmenzahl aufweist. Sitze, die dem Wahlvorschlag nach Unterabs. 1 noch weiter zustehen, hätte er für die Bewerber mit den höchsten Stimmenzahlen zu beanspruchen, die bei dieser Verteilung noch unberücksichtigt geblieben sind. Hiedurch wäre die sog. Lokalisierung völlig gewährleistet, während sie bei dem System des Gesetzes, das der Landtag wegen der Kompliziertheit des eben erwähnten Vorschlages vorzog, nicht völlig sicher ist. Die Bedenken, die gegen einen ähnlichen Vorschlag in Preußen in der Begr. zum RegE. (S. 17) erhoben sind, gelten für den eben besprochenen Vorschlag nicht, da sie durch die Möglichkeit der Doppelbesetzung der Stimmkreise aufgehoben sind. Daß hiebei im allgemeinen der Vertreter der örtlichen Mehrheit Stimmkreisvertreter wäre, wäre ein weiterer Vorzug des Vorschlages.

14. Bei Stimmengleichheit mehrerer Bewerber aus mehreren Stimmkreisen wird zur Entscheidung hier die Zahl der Stimmen (nicht Stimmzettel) berücksichtigt, die für den Wahlvorschlag in den Stimmkreisen aufgebracht worden sind. Hier werden also ausnahmsweise die „Bewerberstimmen" der beiden Bewerber zusammengezählt. Der Stimmkreis, der mehr Stimmen aufweist, erhält den streitigen Sitz für seinen Bewerber. Erst wenn auch diese Ziffern gleich sind, entscheidet die Reihenfolge der Benennung im Wahlvorschlag.

15. S. Anm. 13. Praktisch kann hienach der Fall, daß ein Wahlvorschlag in einem Stimmkreis zwei Sitze erhält, vor allem dann eintreten, wenn er mehr als die Hälfte der Sitze zu beanspruchen hat. Denn dann hat er die sämtlichen Stimmkreise besetzt und hat noch Anspruch auf weitere Sitze. Im allgemeinen ist der 2. Bewerber nur Ersatzmann. Auf diese Weise gehen die ersten (nach der Stimmenzahl im Stimmkreis) Bewerber aus einem Stimmkreis, der dem Wahlvorschlag nur wenig Stimmen gebracht hat, den zweiten Bewerbern aus anderen Wahlkreisen vor, auch wenn diese sehr viel mehr Stimmen als jene erhalten haben. Die Bestimmung ist notwendig, um die geeignete Verteilung der Vertreter zu gewährleisten und auch gerechtfertigt, wenn die (nach ihrer Stimmenzahl) an zweiter Stelle stehenden Bewerber nur als Ersatzbewerber angesehen werden. Wenn ein Bewerber in mehreren Stimmkreisen aufgestellt ist, gilt er, wenn er zum Zuge kommt, als Vertreter dieser mehreren Stimmkreise, schließt also die 2. Bewerber in diesen sämtlichen Stimmkreisen, solange aus, bis alle Stimmkreise ihren Vertreter haben. (§ 110 II GWO.). In einem solchen Fall kann ein zweiter Bewerber auch schon früher zum Zuge kommen, als eingangs erwähnt.

16. S. Anm. 15 zu Art. 8 BezO.

Ziff. 6. (**Ersatzleute.**)

17. Für die Regelung der Ersatzfrage besteht für die Kreiswahl die aus den Doppelkandidaturen sich ergebende Möglichkeit des Ersatzes aus dem gleichen Stimmkreis. Der zweite Bewerber (nach der Stimmenzahl gemessen) im gleichen Stimmkreis und Wahlvorschlag ist zunächst immer der Ersatzmann des Gewählten, ohne Rücksicht auf die Stimmenzahlen in andern Stimmkreisen. Erst wenn ein solcher zweiter Bewerber nicht zur Verfügung steht oder ablehnt, kommen die nicht gewählten Bewerber des gleichen Wahlvorschlages aus den übrigen Stimmkreisen in der Reihenfolge ihrer Stimmenzahlen in Betracht.

18. Die Ablehnung ist wie bei der Wahl in den Bezirkstag, auch hier ohne Grundangabe frei möglich. Die Übernahme des Amtes liegt im freien Ermessen der Gewählten. Art. 132 RV. behält die Regelung durch Gesetz vor, behindert diese also nicht, obwohl er eine Pflicht zur Übernahme von Ehrenämtern aufstellt. (S. § 118 GWO.).

19. Die Mitglieder der Kreistage scheiden nach Art. 14 aus diesen nach Maßgabe des Art. 113 Z. 1, 3, 4 GO. aus. Vgl. Anm. 18 zu Art. 8 BezO.

20. S. Anm. 19 und 15 zu Art. 8 BezO.

Ziff. 7. (**Wahl nach Art. 9 II.**)

21. S. Anm. 20 zu Art. 8 BezO.

Art. 11.

Im übrigen finden die Vorschriften der Gemeindeordnung[1] Anwendung hinsichtlich

1. der Wahlberechtigung[2] und der Wählbarkeit[3] mit der Maßgabe, daß an Stelle des zwölfmonatigen Aufenthalts in der Gemeinde hinsichtlich der Wahlberechtigung der sechsmonatige Aufenthalt in Bayern und der nicht nur vorübergehende oder nur gelegentliche Aufenthalt im Kreise, hinsichtlich der Wählbarkeit der sechsmonatige Aufenthalt im Kreise tritt,
2. der Behandlung der Wählerlisten und Wahlkarteien,[4]
3. der Ausstellung der Wahlscheine[5] mit der Maßgabe, daß die Wahlscheine zur Abstimmung innerhalb des gleichen Kreises berechtigen,
4. der Behandlung der Wahlvorschläge[6] mit der Maßgabe, daß die Wahlvorschläge nicht mehr Bewerber enthalten dürfen, als Vertreter nach Art. 9 Abs. I zu wählen sind,
5. der Behandlung der Untervorschläge[7] mit der Maßgabe, daß für die Bestimmung der Ersatzleute die Vorschriften in Art. 10 Ziff. 5 und 6 gelten,
6. der Dauer der Wahlhandlung,[8]
7. des Wahlvorgangs, wenn kein oder nur ein gültiger Wahlvorschlag eingereicht wird, mit der Maßgabe, daß die Stimmzettel nur je einen Namen enthalten dürfen. Die nach Art. 9 Abs. I und II insgesamt in Betracht kommenden Vertreter sind hierbei in einem Wahlgange zu wählen;[9]
8. der Wahlen, die gleichzeitig mit einer vom Reich oder auf Grund des Landeswahlgesetzes ausgeschriebenen Abstimmung vorgenommen werden,[10]
9. der Folgen von Bestechung und Nötigung der Abstimmenden,[11]
10. der Kosten der Wahl mit der Maßgabe, daß die Gemeinden nur die auf die Bereitstellung des Wahlraumes und der sonstigen für die Wahl nötigen

Gegenstände, sowie für die Wählerlisten und Wahlkarteien, die Kreise dagegen die übrigen Kosten zu tragen haben,[12]

11. die Fortführung des Amtes durch die Kreistagsmitglieder bei Ablauf der Wahlzeit.[13]

RefE. —; RegE. Art. 11; VerfA. I, 708; II, 319.

Vorbemerkung.

Art. 11 ergänzt die in Art. 10 enthaltenen Wahlbestimmungen. S. die Vorbem. zu Art. 10.

1. S. Anm. 1 zu Art. 10 BezO.

2. Hinsichtlich der **Wahlberechtigung** vgl. Anm. 2 zu Art. 10 BezO. In der Sitzung des Landtags v. 15. Juli 1927 erhielt Ziff. 1 zunächst die Fassung, daß der sechsmonatige Aufenthalt im Kreis erforderlich sein sollte. Diese Abweichung vom Wahlrecht zu den Bezirkstagen ist nur darauf zurückzuführen, daß bei der Abstimmung über diese Bestimmung der KrO. 87 Abgeordnete (einer mehr als die erforderliche Zweidrittelmehrheit) für den Ausschußbeschluß, der den sechsmonatigen Aufenthalt im Kreise verlangte, waren, während für die entsprechende Bestimmung der BezO. bei der kurz darauf stattfindenden Abstimmung (wohl mehr aus Zufall als aus sachlichen Gründen) nur 84 Stimmen aufgebracht werden konnten. In der BezO. konnte also die Opposition der Bestimmung ihren Stempel aufdrücken, während in der KrO. noch die Mehrheit ihren Willen durchsetzen konnte. Sachliche Gründe für diese Verschiedenheit wird man vergeblich suchen. Da sie bei gemeinsamer Durchführung von Bezirks- und Kreiswahlen für die mit der Anlage der Wählerlisten befaßten Behörden Schwierigkeiten verursachen kann, wurde die Bestimmung der KrO. durch G. vom 29. März 1928 (GVBl. S. 116) der Vorschrift der BezO., wenigstens hinsichtlich der Dauer des Aufenthalts, angepaßt. Ein Unterschied besteht insoferne noch, als in der BezO. der nicht vorübergehende Aufenthalt im Bezirk, und hier im Kreise verlangt ist.

S. § 1 GWO.

3. Für die **Wählbarkeit** ist nach Art. 64 I GO. außer der Wahlberechtigung erforderlich, daß der Gewählte das 25. Lebensjahr zurückgelegt und nicht durch Richterspruch die Fähigkeit zur Bekleidung öffentlicher Ämter verloren hat (vgl. hiezu Anm. 3—5 zu Art. 64 GO.). Hiezu verlangt die KrO. noch den mindestens sechsmonatigen Aufenthalt im Kreise. Über den Begriff „Aufenthalt" s. Anm. 7 zu Art. 63 GO. Durch Aufgeben des Aufenthaltes im Kreise verliert der Vertreter Wahlrecht und Wählbarkeit und hat damit aus dem Kreistag auszuscheiden. Die in Art. 73 IV GO. vorgesehenen Gründe, die gewisse Personen vom Eintritt in den G.rat ausschließen, gelten nicht für den Kreistag (s. § 4 GWO.).

Ziff. 2. (Wählerlisten und Wahlkarteien.)

4. S. Anm. 4 zu Art. 10 BezO.

Ziff. 3. (Wahlscheine.)

5. S. Art. 66 Z. 3 GO. Die durch die Wahlscheine erzielte Freizügigkeit bei der Stimmabgabe beschränkt sich auf das Gebiet des Kreises, in dem der Wähler wahlberechtigt ist.

Ziff. 4. (Wahlvorschläge.)

6. Über den Inhalt der Wahlvorschläge bestimmt Art. 10 Z. 2, daß für jeden Stimmkreis in jedem Wahlvorschlag zwei Bewerber aufgestellt werden können (aber nicht müssen). Schon damit ist die Höchstzahl der Bewerber (die doppelte Zahl der Stimmkreise) bestimmt. Die gleiche Bestimmung trifft hier Z. 4 (s. Anmerk. 4 zu Art. 10). Die sonstigen Formbestimmungen trifft die GWO. in §§ 37—48.

Hinsichtlich der Behandlung der Wahlvorschläge ist Art. 66 Z. 4 GO. maßgebend. S. Anm. 6 zu Art. 10 BezO. Auch bei der Kreiswahl ist die Verbindung von Wahlvorschlägen nach Art. 66 Z. 4 Unterabs. 3 GO. zulässig.

Ziff. 5. (Gemeinsame Wahlvorschläge; Untervorschläge.)

7. S. Art. 66 Z. 11 GO. und Anm. 7 zu Art. 10 BezO.; ferner § 41 Z. 1 und § 110 IV GWO.

Ziff. 6. (Dauer der Wahl.)

8. S. Art. 66 Z. 6 GO. und Anm. 8 zu Art. 10 BezO. (S. § 35 GWO.)

Ziff. 7. (Mehrheitswahl.)

9. Die KrO. trifft auch für den bei der Kreiswahl allerdings wohl so gut wie unmöglichen Fall Vorsorge, daß kein oder nur ein gültiger Wahlvorschlag hiefür eingereicht wird. Dann ist Art. 66 Z. 5 anwendbar, d. h. es findet Mehrheitswahl ohne Bindung an die vorgeschlagenen Bewerber statt. Um die Ergebnisfeststellung nicht zu sehr zu erschweren, steht die KrO. vor, daß, abweichend von der GO., jeder Wähler nur einen Namen auf seinen Stimmzettel setzen darf. Gewählt sind die Bewerber in der Reihenfolge der Stimmenzahlen. Die gewählten Bewerber sind in der gleichen Reihenfolge die Ersatzleute der Gewählten. Wie bei der Bezirkswahl sind auch hier die Vertreter nach Art. 9 I u. II zusammen zu wählen. Denn die Voraussetzung für die Verteilung der nach Art. 9 II zu vergebenden Sitze in der dort vorgesehenen Weise ist nicht gegeben.

Die in Art. 10 Z. 7 BezO. geschaffene Erleichterung für gemeinsame Wahlvorschläge ist für die Kreiswahl nicht vorgesehen, da ein Bedürfnis hiefür nicht besteht.

(S. §§ 109 Z. 2 und 112 GWO.)

Ziff. 8. (**Verbindung mit anderen Abstimmungen.**)

10. S. Art. 72 GO. und Anm. 10 zu Art. 10 BezO. (S. § 128 GWO.)

Ziff. 9. (**Bestechung und Nötigung.**)

11. S. Art. 68 GO. und Anm. 11 zu Art. 10 BezO.

Ziff. 10. (**Wahlkosten.**)

12. S. Art. 69 I, III, IV GO. und Anm. 12 zu Art. 10 BezO.

Ziff. 11. (**Amtsdauer.**)

13. S. Art. 67 II GO. und Anm. 13 zu Art. 10 BezO.

Art. 12.

I Über die Gültigkeit der Wahlen und über Wahlanfechtungen entscheidet der Kreistag endgültig.[1]

II Hierbei findet Art. 74 Abs. I bis V der Gemeindeordnung entsprechend Anwendung mit der Maßgabe, daß die in Art. 74 Abs. IV vorgesehenen Entscheidungen auch ohne Wahlanfechtung von Amts wegen erfolgen können.[2] An Stelle der Staatsaufsichtsbehörde tritt dabei der Kreistag, an Stelle des Gemeindewahlleiters der Kreiswahlleiter, an Stelle des Gemeindewahlausschusses der Kreiswahlausschuß.[3]

III Wenn der Kreistag das Wahlergebnis in einzelnen Stimmbezirken für ungültig erklärt und feststellt, daß es nach der Wählerzahl dieses Gebietes auf das gesamte Wahlergebnis von Einfluß sein kann, hat eine Wiederholungswahl in diesem Gebiete auf Grund der alten Wählerlisten oder Wahlkarteien und der alten Wahlvorschläge stattzufinden. Der Kreiswahlausschuß stellt das Ergebnis hierauf neu fest.[4]

IV Die Anordnung einer Neuwahl obliegt dem Staatsministerium des Innern.[5]

RefE. —; RegE. Art. 12; VerfA. I, 708; II, 324.

Vorbemerkung.

Nach dem Landratsgesetz von 1852 entschied über Wahlanfechtungen der Landrat selbst. Das gleiche galt nach dem WG. v. 15. April 1919 und dem SVG. Während über Beanstandungen der G.wahlen, wie bisher, auch nach der GO. die Verwaltungsrechtsbehörden zu entscheiden haben, bleibt es hinsichtlich der Kreistage bei dem bisherigen Recht. Auch in Zukunft entscheidet über die Gültigkeit der Kreiswahlen der Kreistag allein und ausschließlich. Hierin kommt der Charakter des Kreistages als parlamentarische Körperschaft zum Ausdruck. Ein verwaltungsgerichtliches Verfahren kommt insoweit nicht in Betracht.

1. Die **Wahlprüfung** erfolgt durch den Kreistag von Amts wegen. S. Anm. 1 zu Art. 11 BezO.

2. Über die nach Art. 12 II S. 1 möglichen Entscheidungen des Kreistages s. Anm. 2 zu Art. 11 BezO.

3. S. Anm. 3 zu Art. 11 BezO.

4. Über den Ersatz von Mitgliedern des Kreistags, die infolge des Wahlprüfungsverfahrens aus dem Kreistag auszuscheiden haben, über die Notwendigkeit von Nachwahlen und die Möglichkeit teilweiser Nachwahlen (Wiederholungswahlen) und die Durchführung solcher Wahlen s. Anm. 4 zu Art. 11 BezO.

5. Auch die Anordnung der Wiederholungswahlen nach Abs. III, da hiefür keine Ausnahmebestimmung getroffen ist.

Art. 13.

Das Staatsministerium des Innern bestimmt den Tag der Wahl[1] und regelt das Verfahren bei der Wahl durch eine Wahlordnung.[2]

RefE. —; RegE. Art. 13; VerfA. I, 709; II, —.

1. S. Art. 67 GO. für die G.wahlen und Art. 12 BezO. für die Kreiswahlen.

2. GWO. v. 30. März 1928, GVBl. S. 116.

Wahlordnung

für die Gemeinde-, Bezirks- und Kreiswahlen (GWO.).

Auf Grund des Art. 75 I und II GO., Art. 12 BezO., Art. 13 KrO. und Art. 14 GO. erläßt das Staatsministerium des Innern folgende Bestimmungen für die Gemeinde-, Bezirks- und Kreiswahlen und für Anträge und Abstimmungen nach Art. 14 GO.

Übersicht über die Abschnitte.

I. Wahlrecht.

§ 1.

Wahlberechtigt sind alle reichsdeutschen Männer und Frauen, wenn sie am Wahltage das 20. Lebensjahr vollendet haben und sich

1. bei Gemeindewahlen seit wenigstens 12 Monaten in der Gemeinde,[1]
2. bei Bezirkswahlen seit wenigstens 6 Monaten in Bayern und nicht nur vorübergehend oder nur gelegentlich im Bezirke,[2]
3. bei Kreiswahlen seit wenigstens 6 Monaten in Bayern und nicht nur vorübergehend oder gelegentlich im Kreis[3]

aufhalten.[4]

1. S. Art. 63 I GO.
2. S. Art. 10 Z. 1 BezO.
3. S. Art. 11 Z. 1 KrO., abgeändert durch G. v. 29. März 1928 (GVBl. 85).
4. S. Art. 63 GO. Anm. 7.

§ 2.

I Vom Wahlrecht ist ausgeschlossen,

1. wer entmündigt ist oder unter vorläufiger Vormundschaft oder wegen geistiger Gebrechen unter Pflegschaft steht,

2. wer rechtskräftig durch Richterspruch die bürgerlichen Ehrenrechte verloren hat.

II Die Ausübung des Wahlrechts ruht für die Soldaten während der Dauer der Zugehörigkeit zur Wehrmacht.

III Behindert in der Ausübung ihres Wahlrechts sind Personen, die wegen Geisteskrankheit oder Geistesschwäche in einer Heil- oder Pflegeanstalt untergebracht sind, ferner Straf- und Untersuchungsgefangene, sowie Personen, die infolge gerichtlicher oder polizeilicher Anordnung in Verwahrung gehalten werden. Personen, die sich aus politischen Gründen in Schutzhaft befinden, werden hiervon nicht berührt.

Wortlaut des Art. 63 II—IV GO. Die Bestimmungen sind nach Art. 10 Z. 1 BezO. und Art. 11 Z. 1 KrO. auch für die Bezirks- und Kreiswahlen anwendbar.

§ 3.

I Wählen kann nur, wer in die Wählerliste oder Wahlkartei eingetragen[1] ist oder einen Wahlschein besitzt.[2]

II Die Wahlberechtigten können nur in dem Stimmbezirke wählen, in dessen Wählerliste oder Wahlkartei sie eingetragen sind. Inhaber von Wahlscheinen können in jedem beliebigen Stimmbezirke des Wahlgebietes[3] (Gemeinde, Bezirk, Kreis) wählen.

1. S. Art. 66 Z. 2 Satz 3 GO. (Art. 10 Z. 1 BezO. und Art. 11 Z. 1 KrO.)

2. S. Art. 66 Z. 3 Unterabs. 2 GO. (Art. 10 Z. 1 BezO. und Art. 11 Z. 1 KrO.)

3. S. Art. 66 Z. 3 Unterabs. 2 GO. (Art. 10 Z. 3 BezO. und Art. 11 Z. 3 KrO.)

§ 4.

Wählbar[1] sind

1. zu Gemeindeämtern — vorbehaltlich Art. 64 II GO. — die nach § 1 Ziff. 1 wahlberechtigten Personen,
2. in den Bezirkstag die nach § 1 Ziff. 2 wahlberechtigten Personen, wenn sie sich seit wenigstens sechs Monaten im Bezirk aufhalten,[2]

3. in den Kreistag die nach § 1 Ziff. 3 wahlberechtigten Personen, wenn sie sich seit wenigstens sechs Monaten im Kreis aufhalten,[3]

wenn sie in allen drei Fällen das 25. Lebensjahr vollendet und nicht durch Richterspruch die Fähigkeit zur Bekleidung öffentlicher Ämter verloren haben.

1. S. Art. 64 I GO. und Art. 10 Z. 1 BezO. und Art. 11 Z. 1 KrO.

2. Die Sonderbestimmung hinsichtlich des Aufenthaltes für die Bezirkswahl erklärt sich durch die hinsichtlich der Aufenthaltsdauer für die Bezirkswahl von den Bestimmungen für die G. abweichenden Vorschriften. (S. Art. 10 BezO. Anm. 3.)

3. S. Anm. 2. Die Bestimmungen für die Bezirks- und Kreiswahl sind durch G. v. 29. März 1928 einander angeglichen.

II. Allgemeine Vorbereitungen für die Abstimmungen.

1. Anlegung der Wählerlisten und Wahlkarteien.

§ 5.

I Sobald eine Gemeinde-, Bezirks- oder Kreiswahl oder eine Abstimmung nach Art. 14 GO. angeordnet ist, haben die Gemeindebehörden die Wählerlisten für die Gemeinde[1] oder, wenn die Gemeinde in mehrere Stimmbezirke eingeteilt ist (§ 23), für die Stimmbezirke nach Anlage 1 in einfacher Fertigung[2] anzulegen. Als Gemeindebehörde gilt im Sinne dieser Wahlordnung der erste Bürgermeister.[3]

II Vor dem Eintrag jeder Person ist ihr Stimmrecht[4] zu prüfen.

III In den Wählerlisten sind in alphabetischer[5] Ordnung unter fortlaufender Nummer alle für die betreffende Wahl oder Abstimmung Stimmberechtigten einzutragen, und zwar nach Zu- und Vorname, Geburtstag,[6] Wohnort oder Wohnung,[7] nebst einem Vermerk über die Dauer des Aufenthalts in der Gemeinde, wenn Bezirks- und Kreiswahlen in Betracht kommen, auch in Bayern. Für die Gemeindewahl kommt nur in Betracht, wer sich seit mindestens 12 Monaten in der Gemeinde, für die Bezirks- und Kreiswahl, wer sich mindestens seit 6 Monaten in Bayern aufgehalten hat und nicht nur vorübergehend oder gelegentlich im Bezirk oder im Kreis sich aufhält.[8] In Gemeinden, die in mehrere Stimmbezirke eingeteilt sind, ist die Wohnung genau zu bezeichnen. Die Liste muß ferner eine Spalte für Bemerkungen und möglichst viele Spalten für Vermerke über die Stimmabgabe (nicht vor, sondern nach den sonstigen Angaben), enthalten.

IV Die Wählerlisten dürfen auch nach Geschlechtern[9] getrennt oder nach Bezirken, Distrikten, Buchstaben, Straßen oder Hausnummern angelegt werden. Dann genügt es, wenn die Stimmberechtigten nach diesen Unterabteilungen fortlaufend beziffert werden.

V Personen, bei denen Stimmrechtsausschlußgründe (§ 2 I) bestehen oder deren Stimmrecht ruht (§ 2 II), sind in die Wählerlisten nicht aufzunehmen.[10]

VI Personen, die nach § 2 III an der Ausübung des Stimmrechts behindert sind, sind in die Wählerlisten einzutragen. In der Spalte für den Vermerk über die Stimmabgabe ist einzutragen: „behindert" oder „b". Besteht die Ursache der Behinderung am Abstimmungstage nicht mehr, so ist dieser Vermerk zu streichen und der Sachverhalt in der Spalte „Bemerkungen" zu erläutern.[11]

VII Es ist zulässig, ausgefüllte Haushaltungslisten oder Hausbogen, wenn sie alle für die Wählerliste vorgeschriebenen Angaben enthalten, geordnet und geheftet als Wählerlisten zu verwenden.

1. Die Wählerlisten müssen so angelegt sein, daß ihre Zusammenfassung für die G., oder die Stimmbezirke der G. möglich ist. Wenn eine G.wahl stattfindet, ist eine Zusammenfassung mehrerer G.n zu einem Stimmbezirk nicht möglich. Ebenso bei Bezirkswahlen.

2. Auch wenn mit der G.wahl eine Bezirks- oder Kreiswahl oder eine sonstige Abstimmung verbunden wird, ist die Wählerliste nur in einem Stück für sämtliche Abstimmungen benötigt.

3. Eine Beschlußfassung des G.rates über die Liste ist also auch bei der G.wahl so wenig wie bei andern Wahlen mehr nötig oder zulässig. (Art. 17 I GO.)

4. S. §§ 1, 2. Auf Ausschließungsgründe ist zu achten.

5. Die Anlage erfolgt entweder
a) alphabetisch nach dem Namen der Wähler ohne Rücksicht auf die Wohnung (in kleinen G.n) oder

b) nach Bezirken, Distrikten, Buchstaben, Straßen, Hausnummern.

Sie erfolgt entweder ohne Rücksicht auf das Geschlecht der Wähler oder getrennt für Männer und Frauen.

6. S. Art. 63 Anm. 4 u. 5.

7. Hierunter ist der Raum oder die Räume zu verstehen, in denen der Wähler sein Hab und Gut verwahrt und sich aufhält, wenn er nicht an der Arbeitsstätte sich befindet oder dem Vergnügen und der Erholung auswärts nachgeht, sondern „zu Hause" sich aufhält.

8. S. § 1.

9. S. §§ 26 III, 28 II. Die getrennte Anlage der Wählerliste ist die Voraussetzung für die nach Geschlechtern getrennte Abstimmung.

10. Bei nachträglichem Wiederaufleben des Stimmrechtes kann der Eintrag in die Wählerliste durch Einspruch nach § 11 bewirkt werden; wenn das Ereignis erst später eintritt, ist die Ausstellung eines Wahlscheins nicht zulässig. Art. 66 Z. 3a GO. kommt nicht in Betracht, da zuvor kein Stimmrecht, also auch kein Einspruchsrecht bestand, daher auch die Einspruchsfrist nicht versäumt werden konnte. Auch beim Ruhen des Stimmrechts ist die Ausstellung eines Wahlscheines nicht möglich, da die Bestimmungen in Art. 66 Z. 3a GO. im Hinblick auf die geringere Bedeutung der Wahlscheine bei den Kommunalwahlen nur die wichtigeren Fälle der Wahlscheine aus Art. 14 u. 15 LWG. übernommen, diesen Fall aber nicht geregelt haben.

11. Der Behinderungsvermerk kann auch nach dem Abschluß der Wählerliste noch gestrichen werden. Er ist nach § 12 I nicht als Änderung im Sinne des § 12 anzusehen, da er nur die Feststellung einer Tatsache, nicht eines Rechtes bezweckt. Die „Behinderten" sind nach dem Abschlußvermerk auf der Wählerliste in der Zahl der Stimmberechtigten inbegriffen. Die Streichung kann auch der Wahlvorsteher am Wahltag vornehmen. Es ist kein weiterer Nachweis nötig, als daß der bisher Behinderte erscheint. Damit ist bewiesen, daß der tatsächliche Zustand der Behinderung nicht mehr besteht.

§ 6.

I Für Stimmberechtigte, die in einer Gemeinde seit mindestens 12 Monaten in Arbeit stehen, infolge der Wohnungsnot aber daselbst erst seit weniger als 12 Monaten eine Wohnung inne haben, gilt der Aufenthalt in der Arbeitsgemeinde [1] in seiner ganzen Dauer als Aufenthalt im Sinne der GO. Demgemäß sind solche Personen in die Wählerliste dieser Gemeinde einzutragen. Der früheren Aufenthaltsgemeinde ist über den Eintrag nötigenfalls eine Mitteilung zu machen, um eine Eintragung in mehrere Wählerlisten zu vermeiden. Dies gilt nicht für die Angehörigen solcher Personen. Die Bestimmung ist sinngemäß auch für die Bezirks- und Kreiswahlen anzuwenden.

II Als nicht bloß vorübergehender Aufenthalt gilt ein solcher, dessen Ende zunächst nicht abzusehen ist oder der, wenn sein Ende sich absehen läßt, dann wenigstens auf einige Dauer, also nicht bloß auf einige Tage oder Wochen berechnet ist. Als gelegentlicher Aufenthalt ist ein Aufenthalt zu bestimmten vorübergehenden Zwecken (z. B. Erholung, Geschäfte, Besuche) anzusehen.

III Wenn der Aufenthalt infolge auswärtiger Arbeitsbetätigung an Sonn- und Werktagen verschieden ist, ist für den Eintrag in der Wählerliste der Aufenthalt am Sonntag maßgebend.

IV Bei Eingemeindungen gilt für den Eintrag in die Wählerliste der Aufenthalt in dem einbezogenen Gebiet als Aufenthalt in der neuen Gemeinde.[2] Dasselbe gilt bei Veränderung von Bezirks- und Kreisgrenzen.

1. Es kann zweifelhaft sein, ob der Stimmberechtigte in den Fällen des Abs. I in der Wohn- oder Arbeitsgemeinde abzustimmen hat. Ein Antrag Timm bei Beratung des GWG. v. 6. Nov. 1924, dem der Landtag beitrat, verlangte die Regelung nach Abs. I.

2. Vgl. Art. 9 II GO. Der Grundsatz ist nach Art. 10 Z. 1 BezO. und Art. 11 Z. 1 KrO. auch für die Bezirks- und Kreiswahlen anwendbar.

§ 7.

Wird die Gemeinde-, Bezirks- oder Kreiswahl gleichzeitig mit einer anderen vom Reich oder auf Grund des Landeswahlgesetzes ausgeschriebenen Wahl oder Abstimmung vorgenommen, so gelten die Bestimmungen über die Anlegung der Wählerlisten für diese andere Wahl oder Abstimmung auch für die Gemeinde-, Bezirks- oder Kreiswahl.[1] Doch ist bei der Anlage der Listen für jeden Stimmberechtigten zu prüfen, ob er auch für die Gemeinde-, Bezirks- oder Kreiswahl wahlberechtigt ist.[2] Soweit dies nicht der

Fall ist, ist in der Spalte „Bemerkungen" einzutragen: „nicht für die ...... Wahl". Auch ist die Spalte, in welcher der Abstimmvermerk für diese Wahl zu machen wäre, im voraus mit Farbstift zu durchstreichen.[3]

1. S. Art. 72 GO., Art. 10 Z. 8 BezO., Art. 11 Z. 8 KrO.

2. Infolge der für die Kommunalwahlen verlangten Dauer des Aufenthaltes in der G. bzw. in Bayern sind Verschiedenheiten im Wahlrecht bei der Verbindung mit einer Reichstags- oder Landtagswahl sehr wohl möglich.

3. Bei der Ausstellung von Wahlscheinen ist in solchen Fällen eine entsprechende Einschränkung des Umfangs ihrer Gültigkeit erforderlich.

§ 8.

Die Gemeindebehörden haben alles, was nach § 2 für die Anlegung der Wählerlisten von Bedeutung ist oder zur Aufdeckung von Unregelmäßigkeiten in den Wählerlisten führen kann, insbesondere bei der polizeilichen Abmeldung Wegziehender, vor allem die Aberkennung der bürgerlichen Ehrenrechte, die Entmündigung und sonstige Wahlrechtsausschlußgründe mit Angabe des Beginnes ihrer Wirksamkeit sich gegenseitig mitzuteilen.

Die Verpflichtung besteht fortlaufend; die Ausschlußgründe werden den G.n von den Gerichten und Staatsanwälten mitgeteilt. Sie haben diese Mitteilungen zu verwahren und bei Abmeldung des Betreffenden weiterzugeben.

§ 9.

I An Stelle der Wählerliste kann eine Wahlkartei verwendet werden. Sie muß in verschließbaren Kästen verwahrt werden und so beschaffen sein, daß die Karten durch eine Vorrichtung festgehalten[1] werden, und daß nach dem Abschlusse der Kartei die willkürliche Herausnahme und Einfügung von Karten unmöglich ist. Jede Karte muß möglichst viele Spalten für die Vermerke über die Stimmabgabe enthalten.

II Alle Bestimmungen über die Wählerlisten gelten auch für die Wahlkarteien.[2]

1. Lose Karteien sind also nicht zulässig. Am besten ist die Aufreihung auf eine Stange.

2. Die Karten müssen, wie die Einträge in die Wählerliste beziffert werden. Wegen des Abschlusses s. § 13 II.

2. **Auslegung der Wählerlisten; Einsprüche; Änderungen und Abschluß der Wählerlisten.**

§ 10.

I Die Gemeindebehörden haben die Wählerlisten vom 21. bis 14. Tage vor dem Wahltage an einem allgemein zugänglichen Ort in der Gemeinde zu jedermanns[2] Einsicht öffentlich auszulegen.[1]

II Einsprüche hiergegen sind bei Meidung des Ausschlusses in der gleichen Frist bei den Gemeindebehörden einzulegen.[3]

III Die Gemeindebehörden bestimmen die Stunden für die Auslegung der Listen und für die Entgegennahme der Einsprüche. Hiefür sind zunächst die ortsüblichen Amtsstunden maßgebend. Abgesehen hiervon sind die Stunden, entsprechend dem örtlichen Bedürfnis, so zu bestimmen, daß die Einsichtnahme in die Listen und die Einspruchserhebung jedermann möglich ist. Insbesondere muß beides auch an den in die Frist fallenden Sonn- und Feiertagen in entsprechend nach dem örtlichen Bedürfnisse zu bestimmenden Stunden ermöglicht werden.

IV Die Gemeindebehörden haben Ort und Zeit der Auslegung der Wählerlisten (nach Tagen und Stunden) vor dem Beginne der Auslegungsfrist in ortsüblicher Weise öffentlich bekannt zu geben und dabei darauf hinzuweisen, daß Einsprüche gegen die Wählerlisten während der Auslegungsfrist einzulegen sind, und wo solche Einsprüche entgegengenommen werden.

V In der Bekanntmachung über die Auslegung der Wählerlisten ist darauf hinzuweisen, daß Stimmberechtigte, die vor dem Ablauf der Auslegungsfrist in einen anderen Stimmbezirk innerhalb der Gemeinde (des Bezirkes oder Kreises) verzogen sind, die Übertragung ihres Namens in die Wählerliste des neuen Aufenthaltsortes zu beantragen haben.

VI Die Gemeindebehörden sollen die Anfertigung von Abschriften der Wählerlisten zulassen, soweit der Dienstbetrieb hiedurch nicht gestört wird, oder, soweit möglich, gegen Erstattung der Auslagen Abschriften der Wählerlisten erteilen.

1. S. Art. 66 Z. 2 GO., Art. 10 Z. 2 BezO., Art. 11 Z. 2 KrO. S. Anm. 5 zu Art. 66 GO. über den Begriff der Einsicht BGHE. in BGBZ. 1926, 859.

2. Vgl. Anm. 5 zu Art. 66 GO.

3. Vgl. Anm. 1.

§ 11.

I Wer eine Wählerliste für unrichtig oder unvollständig hält, kann dies innerhalb der Auslegungsfrist bei der Gemeindebehörde durch Einspruch schriftlich oder mündlich selbst oder durch einen Bevollmächtigten geltend machen. Hierdurch kann die Aufnahme eines neuen Eintrags, sowie die Streichung oder Berichtigung eines vorhandenen Eintrags beantragt werden.[1] Die Angaben sind nötigenfalls glaubhaft zu machen. Den Beteiligten ist Gelegenheit zur Äußerung hiezu zu geben.

II Wenn die Gemeindebehörde einem Einspruche nicht stattgibt, hat sie ihn sofort ihrer Aufsichtsbehörde vorzulegen. Diese hat ihre Entscheidung spätestens am achten Tage vor der Abstimmung und so rechtzeitig zu treffen, daß der Bürgermeister unter allen Umständen am siebenten Tage vor der Abstimmung im Besitze der Entscheidung ist.[2]

III Die Entscheidungen sind den Beteiligten durch die Gemeindebehörde zu eröffnen und in den Wählerlisten vorzumerken.

1. S. Art. 66 Z. 2 GO., Art. 10 Z. 2 BezO., Art.11 Z. 2 KrO.

2. Verspätete Entscheidungen, die erst nach Abschluß der Wählerliste in die Hand des B. gelangen, sind unvollziehbar. Auch Wahlscheine können in solchen Fällen nicht ausgestellt werden. Für solche würde die Rechtsgrundlage fehlen. Anders Helmreich-Rock Anm. 7 zu Art. 66 GO.

§ 12.

I Änderungen in den Wählerlisten sind vom Beginne der Auslegungsfrist an bis zum Abschlusse der Listen nur noch auf rechtzeitig erhobenen Einspruch hin zulässig.[1] Als Änderung gilt nicht die Streichung eines Vermerkes nach § 5 VI und der Eintrag von Vermerken nach § 15 V.[2]

II Ergänzungen sind als Nachträge in die Wählerlisten aufzunehmen. Änderungen und Streichungen nach § 5 VI müssen den Grund ersehen lassen und mit Datum und Unterschrift des vollziehenden Beamten versehen sein. Die Belege hiezu sind zu den gemeindlichen Akten zu nehmen.

1. Die WO. ist berechtigt, den Rahmen der GO. auch hinsichtlich der Einsprüche auszufüllen. Dies geschieht in gleicher Weise wie im Landtagswahlrecht.

2. Die Streichung von Behinderungsvermerken ist noch zulässig, da hiedurch nur eine unrichtig vermerkte Tatsache (der Behinderung) richtiggestellt wird; ebensowenig bedeutet der Vermerk über die Ausstellung von Wahlscheinen eine Änderung im Sinne des § 12. Er ist bis zum Abschluß der Liste zulässig; von da an aber (mit Rücksicht auf den Wortlaut des Abschlußvermerkes) nicht mehr. Nachträglich ausgestellte Wahlscheine hat nach § 16 II der Wahlvorsteher in der Wählerliste vorzumerken. Die Streichung von Behinderungsvermerken dagegen ist bis zur Abgabe der Liste an den Wahlvorsteher zulässig.

§ 13.

I Am siebenten Tage vor der Abstimmung schließen die Gemeindebehörden die Wählerlisten ab mit der Bestätigung, daß und wie lange sie ausgelegt waren[1] und daß die Bekanntmachung über die Auslegung rechtzeitig[2] erfolgt war, endlich wieviele Stimmberechtigte in die Listen eingetragen sind, deren Namen nicht mit dem Vermerk W (d. h. Wahlschein) versehen wurde.[3]

II Die Behälter der Wahlkarteien sind durch Schlösser, Plomben oder Siegel so zu verschließen, daß die Entnahme oder Einfügung von Karten unmöglich ist.[4]

III Kurz vor der Wahl stellen die Gemeindebehörden die Wählerlisten den Wahlvorstehern zu.[5]

1. S. § 10 III.
2. S. § 10 IV.

3. Von der Gesamtzahl der Stimmberechtigten sind diejenigen abzuziehen, denen die G.behörde einen Wahlschein ausgestellt hat. Dieser Abzug ist erforderlich, da sie sonst in der Gesamtzahl der Stimmberechtigten doppelt gezählt würden.

4. S. § 9.

5. Sie haben zunächst die Wählerlisten nach § 52 durch Vormerkung der nachträglich ausgestellten Wahlscheine noch zu ergänzen.

§ 14.

I Werden Gemeinde-, Bezirks- und Kreiswahlen miteinander verbunden, so ist beim Abschluß der Wählerlisten genau festzustellen, wie viele Stimmberechtigte für jede der verbundenen Wahlen in Betracht kommen.

II Wird eine Gemeinde-, Bezirks- oder Kreiswahl gleichzeitig mit einer anderen vom Reich oder auf Grund des Landeswahlgesetzes ausgeschriebenen Wahl oder Abstimmung vorgenommen, so gelten die Bestimmungen über die Auslegung und den Abschluß der Wählerlisten und über die Einsprüche für diese andere Wahl oder Abstimmung auch für die Gemeinde-, Bezirks- oder Kreiswahl. Auch in diesem Fall ist beim Abschluß der Wählerliste genau festzustellen, wieviele Stimmberechtigte für jede der verbundenen Wahlen in Betracht kommen.

Die Bestimmungen für die verschiedenen Wahlen sind ohnehin aneinander angeglichen nur mit dem Unterschied, daß bei der Reichstagswahl die Auflagefrist nicht (wie nach der GO.) gesetzlich festgelegt ist, sondern der Bestimmung des Reichsministeriums des Innern überlassen ist (§ 18 RWO.). Bei Verbindung mit einer Reichstagswahl gelten die hiebei für die Wählerlisten festgesetzten Fristen auch für die verbundenen Wahlen. Der Abschluß der Wählerliste erfolgt nach § 27 RStO. kurz vor der Abgabe an den Wahlvorsteher. Bis dahin sind auch Vermerke über die Ausstellung von Wahlscheinen durch die G.behörde noch zulässig.

3. Wahlscheine.

§ 15.

I Einen Wahlschein [1] erhält ein Stimmberechtigter, wenn er nachweist,

a) daß er die Einspruchsfrist ohne sein Verschulden versäumt hat, oder

b) daß er nach Ablauf der Einspruchsfrist in einen anderen Stimmbezirk der Gemeinde, bei Bezirks- und Kreiswahlen des Bezirkes oder Kreises, verzogen ist, oder

c) daß er am Wahltage während der Wahlzeit aus zwingenden Gründen außerhalb seines Stimmbezirkes sich aufhält, oder

d) daß er infolge eines körperlichen Leidens oder Gebrechens in seiner Bewegungsfreiheit behindert ist, und durch den Wahlschein die Möglichkeit erhält, einen für ihn günstiger gelegenen Wahlraum aufzusuchen.

II Inhaber von Wahlscheinen sind in jedem Stimmbezirke des Wahlgebietes (Gemeinde, Bezirk oder Kreis) zur Wahl zugelassen. Wahlscheine auswärtiger Gemeinden berechtigen also nicht zur Teilnahme an der Gemeindewahl; zur Teilnahme an der Bezirks- oder Kreiswahl berechtigen sie nur dann, wenn die ausstellende Gemeinde im gleichen Bezirk oder Kreise gelegen ist.

III Zuständig zur Ausstellung des Wahlscheines ist die Gemeindebehörde, in deren Wählerliste der Wahlberechtigte eingetragen ist oder einzutragen wäre.[2]

IV Den Grund für die Ausstellung eines Wahlscheines hat der Antragsteller auf Erfordern[3] glaubhaft zu machen. Über seine Berechtigung,[4] den Antrag zu stellen und den Wahlschein in Empfang zu nehmen, muß er sich gehörig ausweisen.

V Die Ausstellung von Wahlscheinen ist in einem Verzeichnisse in alphabetischer Reihenfolge vorzumerken. Bei der Ausstellung von Wahlscheinen nach Abs. I b—d ist in der Wählerliste in der Spalte für den Abstimmvermerk für die Gemeinde-, Bezirks- oder Kreiswahl einzutragen: W (d. h. Wahlschein). Bei der Ausstellung von Wahlscheinen nach Abs. I a ist Vorsorge zu treffen, daß die mehrfache Ausstellung von Wahlscheinen an eine Person verhindert wird. Hiezu ist die Ausstellung der Wahlscheine an einer einzigen Stelle in jeder Gemeinde und die alphabetische Vormerkung[5] der Wahlscheinempfänger erforderlich.

VI Die Wahlscheine sind nach Anlage 2 auszustellen.[6] Verlorene Wahlscheine werden nicht ersetzt.

VII Gegen die Versagung eines Wahlscheines ist Einspruch[7] an die Aufsichtsbehörde zulässig. Deren Entscheidungen sind mit möglichster Beschleunigung zu erlassen. Die Entscheidungen sind den Beteiligten durch die Gemeindebehörden zu eröffnen und, wenn der Wahlschein auszustellen ist, nach Abs. V vorzumerken.

1. S. Art. 66 Z. 3 GO. Anm. 9; Art. 10 Z. 3 BezO.; Art. 11 Z. 3 KrO.

2. „Eingetragen ist" umfaßt die Fälle der Buchst. b—d, „Einzutragen wäre" die Fälle des Buchst. a. Polizeiliche Bestätigungen über den Aufenthalt sind keine Wahlscheine.

3. Wenn der Grund nicht amtsbekannt oder ohne weiteres glaubhaft ist.

4. Durch Stimmrecht in der G. oder Bevollmächtigung durch einen Stimmberechtigten zur Antragstellung für diesen.

5. In dem Verzeichnis nach Satz 1.

6. Auch wenn das Muster nicht wörtlich benützt ist, ist der Schein gültig, sofern er die nötigen Angaben enthält.

7. Hiefür gibt es keine Ausschlußfrist, da auch für die Anträge auf Ausstellung von Wahlscheinen nach § 16 keine Frist läuft. Durch den Bescheid der Aufsichtsbehörde wird nicht über das Stimmrecht selbst, sondern nur über die Frage seiner Ausübung an einem andern als dem regelmäßigen Ort, oder über die Frage der schuldhaften oder unverschuldeten Versäumung der Einspruchsfrist entschieden.

§ 16.

I Die Ausstellung von Wahlscheinen ist bis zu dem Tage vor dem Wahltag zulässig. Am Wahltage selbst ist sie unzulässig.[1]

II Wenn nach Abschluß[2] der Wählerlisten noch Wahlscheine ausgestellt werden, ist dem Wahlvorsteher bis zum Beginne der Wahlhandlung ein Auszug aus dem Verzeichnisse nach § 15 V für diese Stimmberechtigten auszuhändigen, damit er bei ihnen die nachträgliche Ausstellung von Wahlscheinen in der Wählerliste noch vormerken kann. Der Wahlvorsteher hat die Liste dann vor dem Beginne der Wahlhandlung hiernach zu berichtigen, indem er bei den Stimmberechtigten, die in dem ihm übermittelten Verzeichnisse vorgetragen sind, in der Wählerliste in der Spalte für den Abstimmvermerk einträgt: W (d. h. Wahlschein)[3] und im Vermerk über den Abschluß der Liste die Zahl der verbleibenden Stimmberechtigten richtigstellt.[4]

1. Weil die Wahlvorbereitung sonst technisch zu schwierig würde.

2. S. § 13 (am 7. Tag vor der Wahl). Die G.behörde hat also hinsichtlich der nachträglich ausgestellten Wahlscheine in der Wählerliste von sich aus keinen Vermerk zu machen. Nachdem sie am 7. Tag vor der Wahl die Liste abgeschlossen hat, hat sie es dabei zu belassen und die Eintragung der Wahlscheine dem Wahlvorsteher zu überlassen. Nur er hat nach dem Vordruck zur Wählerliste noch eine Berichtigung derselben vorzunehmen. Doch kann und wird die G.behörde den Eintrag für den Wahlvorsteher vorbereiten.

3. Der Eintrag ist nach § 12 II mit Datum und Unterschrift zu versehen.

4. Von der durch die G.behörden im Abschlußvermerk der Wählerliste bestätigten Zahl ist die Zahl der nachträglich ausgestellten Wahlscheine abzuziehen.

§ 17.

Wird die Gemeinde-, Bezirks- oder Kreiswahl gleichzeitig mit einer anderen vom Reich oder auf Grund des Landeswahlgesetzes ausgeschriebenen Wahl oder Abstimmung vorgenommen, so gelten die hierbei für die Ausstellung[1] der Wahlscheine maßgebenden Vorschriften auch für die Gemeinde-, Bezirks- oder Kreiswahl. Die sachlichen Bestimmungen über das Stimmrecht bleiben hievon unberührt. Der durch § 15 II bestimmte räumliche[2] Geltungsbereich der Wahlscheine bleibt unverändert. Auf den Wahlscheinen ist genau ersichtlich[3] zu machen, für welche Abstimmungen sie gelten.

1. Die anderweitigen Vorschriften gelten nur für Zeit, Form und Art der Ausstellung der Wahlscheine und über die Vormerkung, nicht für das Recht auf die Ausstellung. Nach § 22 RStO. wird die Wählerliste erst kurz vor der Übermittelung an den Wahlvorsteher abgeschlossen. Bis dahin kann die G.behörde auch die Wahlscheinausstellung noch in der Wählerliste vermerken. Im übrigen gelten die Vorschriften für die einzelne Wahl auch hinsichtlich des Grundes der Ausstellung.

2. Nur für das Gebiet der einzelnen Wahl (G,. Bezirk, Kreis).

3. Durch Ausstreichen des nicht zutreffenden Vordrucks.

4. Wahlleiter.

§ 18.

I Die Leitung der Gemeindewahl obliegt dem Gemeindewahlleiter, d. h. in kreisunmittelbaren Gemeinden dem 1. Bürgermeister, bei seiner Verhinderung seinem Stellvertreter. Im übrigen bestellt die Staatsaufsichtsbehörde für jede Gemeinde einen Wahlleiter (im allgemeinen den 1. Bürgermeister) und einen Stellvertreter für ihn. Für die Wahl der 1. Bürgermeister in Bürgermeistereien ist der Gemeindewahlleiter einer der beteiligten Gemeinden als Bürgermeisterei-Wahlleiter zu bestellen.

II Die Leitung der Bezirkswahl obliegt dem Bezirksamtsvorstand als Bezirkswahlleiter,[1] die Leitung der Kreiswahl dem Regierungspräsidenten als Kreiswahlleiter, im Falle der Verhinderung ihren Stellvertretern. Wenn die Kreiswahl mit einer Landtagswahl verbunden ist, führt der Kreiswahlleiter die Bezeichnung Kreistagswahlleiter.

1. Für das Stimmrecht des Bezirksamtsvorstandes, der im Bezirk nicht wahlberechtigt ist, im Wahlausschuß gilt § 20 S. 3.

5. Wahlausschüsse.

§ 19.

I Für jede Wahl wird ein Wahlausschuß (Gemeindewahlausschuß, Bezirkswahlausschuß, Kreiswahlausschuß, bei Verbindung mit einer Landtagswahl: Kreistagswahlausschuß genannt) gebildet, der aus dem Wahlleiter und den Vertrauensmännern besteht, die auf den sämtlichen für die Wahl bei dem Wahlleiter eingereichten Wahlvorschlägen benannt sind.[1] Vertrauensmänner von Wahlvorschlägen, die zurückgezogen[2] oder zurückgewiesen[3] werden, scheiden damit aus dem Wahlausschuß aus.[4]

II Wenn ein Wahlausschuß hiernach weniger als fünf[5] Mitglieder zählen würde, insbesondere bei Mehrheitswahl, ergänzt der Wahlleiter den Wahlausschuß rechtzeitig vor dem ersten Zusammentreten sowie später im Bedarfsfall[6] auf diese Zahl durch Bestimmung von Beisitzern aus den Stimmberechtigten der Gemeinde, des Bezirkes oder Kreises.

Die verschiedenen bei der Wahl in Betracht kommenden Gruppen sollen hierbei berücksichtigt werden.

III Zu den Arbeiten der Wahlausschüsse können Hilfsarbeiter beigezogen werden. Diese sind nicht Mitglieder der Wahlausschüsse. Sie können für ihre Tätigkeit eine Vergütung erhalten.

1. S. § 40 II. Soweit auf einem Wahlvorschlag ein Vertrauensmann nicht eigens benannt ist, wird der erste Unterzeichner Mitglied des Wahlausschusses.

2. S. § 45.

3. S. § 47 I.

4. Sie scheiden auch aus, wenn sie nach § 40 II ersetzt werden, und wenn sie das Wahlrecht verlieren (z. B. bei Wegzug aus dem Wahlgebiete).

5. Also wenn kein Wahlvorschlag oder weniger als vier Wahlvorschläge eingereicht werden.

6. Wenn im Laufe der Zeit Erledigungen eintreten und noch eine Entscheidung des Wahlausschusses nötig ist. Das Ermessen des Wahlleiters hinsichtlich der zuziehenden Personen ist frei (VGHE. v. 10. Febr. 1925, BGVZ. 1926, 862).

§ 20.

Die Wahlausschüsse sind beschlußfähig, wenn außer dem Wahlleiter oder seinem Stellvertreter mindestens die Hälfte der Beisitzer anwesend ist. Sie entscheiden mit Stimmenmehrheit. Bei Stimmengleichheit gibt der Wahlleiter oder sein Vertreter den Ausschlag. Ist er im Wahlgebiete nicht wahlberechtigt,[1] so hat er sonst[2] im Wahlausschusse kein Stimmrecht.

1. Dies ist möglich, wenn auswärtige Personen bei der G.-wahl als Wahlleiter aufgestellt werden, ferner wenn der Bezirksamtssitz sich in einer kreisunmittelbaren Stadt befindet.

2. Abgesehen vom Stichentscheid.

§ 21.

Ort und Zeit der Sitzungen der Wahlausschüsse sind öffentlich bekanntzugeben. Die Sitzungen der Wahlausschüsse sind öffentlich. Der Wahlleiter ist befugt, Personen, welche hierbei die Ruhe und Ordnung stören, aus dem Sitzungsraum zu verweisen.

§ 22.

Über die Verhandlungen führt ein vom Wahlausschusse bestimmtes Mitglied eine Niederschrift und unterzeichnet sie mit dem Wahlleiter.

6. Stimmbezirke.

§ 23.

I Die Stimmbezirke[1] sollen so abgegrenzt werden, daß allen Stimmberechtigten die Teilnahme an der Abstimmung möglichst erleichtert wird. Die Einwohnerzahl eines Stimmbezirkes darf aber auch nicht so gering sein, daß die Geheimhaltung der Abstimmung hierdurch ernstlich gefährdet wird. Die Einteilung für die Gemeindewahl gilt auch für die etwa damit verbundene Bezirks- oder Kreiswahl.

II Kein Stimmbezirk soll mehr als 2500 Einwohner zählen. Gemeinden, die mehr als 2500 Einwohner zählen, sind in mehrere Stimmbezirke einzuteilen. Auch bei kleineren Gemeinden ist unter den Voraussetzungen des Abs. I die Zerlegung in mehrere Stimmbezirke zulässig.

III Für die Kreiswahl dürfen in Bezirken, die zu mehreren Landtagsstimmkreisen gehören, nicht Teile von verschiedenen Stimmkreisen zu einem Stimmbezirk zugeteilt werden.

IV Für die Bezirkswahl ist auch darauf Rücksicht zu nehmen, daß die Zahl der Stimmbezirke im Bezirke mindestens der Zahl der zu wählenden Vertreter entspricht. Wenn zu erwarten ist, daß nur ein gültiger Wahlvorschlag eingereicht wird, muß die Zahl der Stimmbezirke mindestens das Eineinhalbfache der Zahl der insgesamt (nach Art. 8 I u. II BezO.) zu wählenden Vertreter betragen. Jede Gemeinde soll mindestens einen Stimmbezirk bilden.

V Für die Gemeindewahl muß jede Gemeinde mindestens einen Stimmbezirk bilden; die Vereinigung mit Teilen anderer Gemeinden ist hier nicht zulässig.

VI Die Einteilung in Stimmbezirke obliegt, wenn eine Gemeindewahl für sich allein stattfindet, den Gemeindebehörden, bei Bezirks- und Kreiswahlen, sowie bei der Verbindung dieser Wahlen mit Gemeindewahlen oder mit anderen

Wahlen oder Abstimmungen in kreisunmittelbaren Städten den Stadträten, sonst den Bezirksämtern.[2]

VII Wird eine Gemeinde-, Bezirks- oder Kreiswahl mit einer vom Reich oder nach dem Landeswahlgesetz angeordneten Abstimmung verbunden, so gelten die hiefür maßgebenden Bestimmungen — vorbehaltlich der Bestimmungen in Abs. III—V[3] — auch für die Gemeinde-, Bezirks- oder Kreiswahl.

1. Für die Stimmbezirkeinteilung ist zu beachten:

a) Wenn eine G.wahl in Frage kommt, muß jede G. mindestens einen Stimmbezirk bilden und kann nicht mit Teilen anderer G.n vereinigt werden. Sonst wäre die richtige Ergebnisfeststellung gefährdet, zum mindesten sehr erschwert. Die Einteilung gilt dann auch für die damit verbundene Bezirks- oder Kreiswahl. (G. Art. V.)

b) Wenn eine Bezirkswahl in Frage kommt, gilt dasselbe. (S. Art. 9 Z. 2 BezO.) Auch ist außerdem nötig, daß die Zahl der Stimmbezirke mindestens der Zahl der zu wählenden Vertreter entspricht. Diese Zahl wird aber nur dann genügen, wenn nach der Parteizusammensetzung der Bevölkerung anzunehmen ist, daß mehrere Wahlvorschläge in Betracht kommen, so daß eine genügende Anzahl von Ersatzleuten aus den nicht gewählten Bewerbern für sämtliche Wahlvorschläge zur Verfügung steht. Wo dies nicht der Fall ist, sondern voraussichtlich im wesentlichen Vertreter eines Wahlvorschlages gewählt werden, genügt diese Zahl nicht, sondern ist im Hinblick auf die erforderlichen Ersatzleute etwas zu erhöhen. Denn sonst kann die Partei die nötigen Ersatzleute nicht vorsehen, weil in jedem Stimmbezirk in jedem Wahlvorschlag ja nur ein Bewerber aufgestellt werden kann. Dieser Gedanke ist vor allem dann zu berücksichtigen, wenn nur ein gültiger Wahlvorschlag vorliegt, auf den sich alle Beteiligten geeinigt haben. Dann muß nicht nur nach Art. 10 Z. 7 Unterabs. 3 BezO. die Gesamtzahl der Vertreter (also nach Art. 8 I u. II BezO. mit Einschluß der sonst nachträglich zugeteilten Sitze) in Betracht gezogen werden, sondern es muß weiter dafür gesorgt werden, daß die nötigen Ersatzleute aus dem einzigen Wahlvorschlag vorhanden sind, d. h. es muß für Stimmbezirke für die 1½fache Zahl der gesamten Vertreter gesorgt werden. Ein Bezirk mit 30500 Einwohnern muß also in diesem Sonderfall, ganz abgesehen von der Zahl der G.n, mindestens 31 + 5 + 18 = 54 Stimmbezirke erhalten. Auch in diesem Fall ist ja die Zuteilung eines Stimmbezirkes an jeden Bewerber nötig, damit im Falle der Stimmenzersplitterung festgestellt werden kann, für wen ein unverändert für den Wahlvorschlag im ganzen abgegebener Stimmzettel in diesem Falle zu gelten hat.

Der Bezirksamtsvorstand muß daher die Aufstellung der Wahlvorschläge verfolgen, damit er nicht von den Ereignissen überrascht wird. Denn die nachträgliche Abänderung oder Vermehrung der Stimmbezirke, etwa nach dem Abschlusse der Wahlvorschläge, ist nicht möglich. Sie muß vor der Herstellung der Wählerlisten abgeschlossen sein, jedenfalls beim Beginn der Auslegungsfrist feststehen. Denn jede Änderung der Stimmbezirkseinteilung erfordert auch eine Änderung der Wählerlisten, die aber vom 21. Tag vor der Wahl an nicht mehr möglich ist. (S. Abs. IV.)

c) Für die Kreiswahl darf ein Stimmbezirk außerdem nicht so gebildet werden, daß er Teile mehrerer Landtagsstimmkreise umfaßt. Dies ist in Bezirken, die unter mehrere solche Stimmkreise aufgeteilt sind, zu beachten. Sonst wäre die Feststellung des Kreiswahlergebnisses unmöglich. (S. Abs. III.)

Wie die Abgrenzung der Stimmbezirke innerhalb der G. gemacht wird, steht den zuständigen Behörden frei. Die gutachtliche Einvernahme der G.n ist nicht ausgeschlossen.

2. Mit Rücksicht auf die in Anm. 1 dargestellten, über das G.gebiet hinaus sich auswirkenden Gründe.

3. Bei Verbindung mit Reichs- oder Landtagswahlen sind gleichfalls die Bezirksverwaltungsbehörden zur Einteilung der Stimmbezirke zuständig. Auch bei solcher Verbindung müssen die Sonderbestimmungen in Abs. III—V beachtet werden. Die Vorschriften der Reichsstimmordnung und LWO. stehen dem nicht entgegen.

§ 24.

I Für Kranken- und Pflegeanstalten (öffentliche und private Krankenhäuser oder Kliniken, Lazarette, Entbindungsanstalten, Wöchnerinnenanstalten, Pfründneranstalten, Erholungsheime usw.) mit einer größeren Anzahl von Stimmberechtigten, die wegen ihres körperlichen Befindens nicht imstande sind, einen allgemeinen Abstimmungsraum persönlich aufzusuchen, kann die nach § 23 VI zuständige Stelle eigene Stimmbezirke[1] bilden, und zwar entweder eigene Stimmbezirke für jede Anstalt oder einen Stimmbezirk für mehrere Anstalten; doch darf bei solchen die Zahl der Stimmberechtigten nicht so gering[2] sein, daß hierdurch das Wahlgeheimnis gefährdet wird.

II Die Bestimmung gilt auch für eine mit der Gemeindewahl verbundene Bezirks- oder Kreiswahl.

III Wenn die Gemeinde-, Bezirks- oder Kreiswahl mit einer vom Reich oder auf Grund des Landeswahlgesetzes angeordneten Abstimmung verbunden wird, gelten die hiefür maßgebenden Bestimmungen auch für die Gemeinde-, Bezirks- oder Kreiswahl.

1. Vgl. Art. 38 LWG. und §§ 21, 51 LWO., § 44 RWG. und § 111 RStO. Einer besonderen Rechtsgrundlage bedarf die Bestimmung der GWO. nicht, da sie nur Abweichungen von der GWO., nicht von den Gesetzen enthält.

2. Wenn die Zahl in einer Anstalt zu gering ist, müssen mehrere Anstalten zu einem Stimmbezirk zusammengefaßt werden. S. auch § 66.

7. Wahlvorsteher und Wahlvorstände.

§ 25.

Für jeden Stimmbezirk[1] (§§ 23 und 24) bestimmt die nach § 23 VI zur Abgrenzung der Stimmbezirke zuständige Stelle einen Wahlvorsteher[2] und seinen Vertreter. In Gemeinden, die nur einen Stimmbezirk bilden, übernimmt der Gemeindewahlleiter die Geschäfte des Wahlvorstehers. In Gemeinden mit mehreren Stimmbezirken kann der Gemeindewahlleiter in einem der Stimmbezirke die Geschäfte des Wahlvorstehers übernehmen.

1. Voraus geht:
a) die Aufstellung der Wahlleiter (§ 18),
b) die Einteilung der Stimmbezirke (§ 23).
Dann erst folgt die Aufstellung der Wahlvorsteher.

2. Wahlvorsteher und Vertreter brauchen nicht im Stimmbezirk stimmberechtigt zu sein. Der Wahlvorsteher ist Beamter im Sinne des StGB. (RG. 40, 201).

§ 26.

I In Gemeinden mit mehreren Stimmbezirken bildet der Wahlvorsteher für seinen Stimmbezirk einen Wahlvorstand; er beruft in diesen außer seinem Vertreter aus den Stimmberechtigten seines Stimmbezirkes[1] einen Schriftführer, ferner drei bis sechs Beisitzer unter Berücksichtigung der verschiedenen Parteien oder Interessentengruppen des Stimmbezirkes und ladet die Mitglieder des Wahlvorstandes kurz vor dem Wahltag zu rechtzeitigem Erscheinen[2] zu der Wahlhandlung ein. In Gemeinden, die nur einen Stimmbezirk bilden, übernimmt der Gemeindewahlausschuß die Geschäfte des Wahlvorstandes.[3]

II Die Mitglieder des Wahlvorstandes haben bei der Führung der Geschäfte die strengste Unparteilichkeit[4] zu beobachten. Sie erhalten keine Vergütung. Die Beiziehung von Hilfsarbeitern ist zulässig (§ 19 III).

III Wenn in einer Gemeinde für Männer und Frauen getrennte Wählerlisten[5] angelegt und getrennte Wahlräume oder verschiedene Tische desselben Raumes für die Stimmabgabe von Männern und Frauen bestimmt sind[6] (§ 28 II), sind auch eigene Wahlvorsteher[7] hiefür zu ernennen und eigene Wahlvorstände hierfür zu bilden.

1. Nach dem LWG. (Art. 32) und nach der GWO. müssen Schriftführer und Beisitzer im Stimmbezirk stimmberechtigt sein. Nach § 10 des RWG. kann der Schriftführer auch aus einem andern Stimmbezirk stammen. Dies gilt auch bei Verbindung der Wahlen. Das Reichsrecht geht vor. Vgl. § 27 VI. Bestimmungen der GO. stehen nicht entgegen.

2. Wenn sie nicht erscheinen, siehe § 53 Satz 2.

3. Schriftführer ist dann das nach § 22 bestimmte Mitglied. Der Vertreter des Wahlleiters ist in diesem Fall auch sein Vertreter in seiner Eigenschaft als Wahlvorstand. Doch ist er im Gegensatz zu der Bestimmung des § 26 dann nicht unter allem Umständen Mitglied des Wahlvorstandes, da er auch in den Wahlausschuß nur vertretungsweise eintritt. Wie bei den Wahlausschüssen können auch bei den Wahlvorständen Hilfsarbeiter beigezogen werden. Sie werden nicht Mitglieder der Wahlvorstände. Deren Mitglieder behalten die volle Verantwortung für alle Arbeiten, auch die der Hilfsarbeiter. BGVB. 1925, 729.

4. Sie dürfen keine Parteizeichen tragen und keine Parteitätigkeit während ihres Dienstes entfalten (nicht Listenkontrolle für eine Partei üben).

5. § 5 IV.

6. Zuständig ist die in § 23 VI bestimmte Behörde.

7. D. h. für Männer und für Frauen. Es bleibt zwar bei dem einheitlichen Stimmbezirk. Doch wird dann nur in diesem getrennt abgestimmt.

§ 27.

I Erscheinen bei Beginn der Wahl nicht mindestens sechs[1] Mitglieder des Wahlvorstandes, so ergänzt ihn der Wahlvorsteher aus den anwesenden Stimmberechtigten[2] auf diese Zahl.

II Die Mitglieder des Wahlvorstandes unterstützen den Wahlvorsteher bei der Durchführung der Wahlhandlung und bei der Ermittlung und Feststellung des Wahlergebnisses.

III Während der ganzen Dauer der Wahl müssen stets mindestens vier Mitglieder des Wahlvorstandes anwesend sein, darunter stets der Wahlvorsteher oder sein Vertreter. Nötigenfalls ist der Wahlvorstand während der Abstimmung auf diese Zahl von Mitgliedern zu ergänzen. Ist der Schriftführer vorübergehend abwesend, so ist ein anderes Mitglied des Wahlvorstandes mit seiner Vertretung zu betrauen.

IV Der Wahlvorstand entscheidet mit Stimmenmehrheit. Bei Stimmengleichheit gibt der Wahlvorsteher oder sein Vertreter den Ausschlag. Ist er im Wahlgebiete nicht wahlberechtigt,[4] so hat er sonst im Wahlvorstand kein Stimmrecht. Die Beschlüsse sind endgültig,[5] vorbehaltlich der Nachprüfung im Wahlprüfungsverfahren.[6]

V Über die Wahlhandlung hat der Schriftführer eine Niederschrift, und zwar bei Verbindung mehrerer Wahlen für jede gesondert aufzunehmen. Sie ist von sämtlichen Mitgliedern des Wahlvorstandes zu unterzeichnen. Die vom Wahlvorstande gefaßten Beschlüsse sind darin niederzulegen; soweit sie nicht einstimmig gefaßt wurden, ist das Stimmenverhältnis anzugeben.[7]

VI Wenn eine Gemeinde-, Bezirks- oder Kreiswahl mit einer vom Reich oder auf Grund des Landeswahlgesetzes angeordneten Abstimmung verbunden wird, gelten die hiebei maßgebenden Bestimmungen über die Wahlvorsteher und Wahlvorstände auch für die Gemeinde-, Bezirks- oder Kreiswahl.[8]

1. Die etwa später noch erscheinenden Beisitzer haben bis zur Erreichung der Vollzahl doch noch einzutreten. Im Falle des § 19 II bleibt es bei der dort festgesetzten Zahl.

2. Diese sind, wie alle Stimmberechtigten, verpflichtet, der Aufforderung Folge zu leisten. (Art. 132 RV.)

3. Also auch während der Stimmabgabe. Hiebei kann ja auch die Fassung von Beschlüssen nötig werden. Über vorüber-

gehende Abwesenheit von Mitgliedern des Wahlvorstandes BGVZ. 1925, 729.

4. S. Anm. 1 zu § 20.

5. Die Wahlausschüsse können die Beschlüsse nicht ändern, sind vielmehr hieran gebunden. Auch die Wahlvorstände können, so wenig wie die Wahlausschüsse, ihre eigenen Beschlüsse später ändern oder zurücknehmen. BGHE. v. 3. März 1926. BGVZ. 1926, 884.

6. S. § 20 Anm. 1.

7. S. Art. 74 GO.

8. Über die Beschlußfassungen des Wahlvorstands siehe BGHE. in BGVZ. 1925, 728.

9. Soweit hienach Abweichungen von den G.gesetzen nötig sind, erteilt Art. 72 GO., Art. 10 Z. 8 BezO., Art. 11 Z. 8 KrO. die Ermächtigung. Soweit nur Abweichungen von der GWO. in Frage kommen, erteilt sie der Abs. VI.

8. Abstimmungsräume.

§ 28.

I Bei der Bestimmung der Wahlvorsteher bestimmt die nach § 23 VI zuständige Behörde auch die Räume, in denen die Abstimmung vorzunehmen ist. § 27 VI ist entsprechend anwendbar.

II In Stimmbezirken, in denen die Wählerlisten nach dem Geschlechte der Wähler getrennt angelegt sind, kann die nach § 23 VI zuständige Behörde anordnen, daß die Wahl gleichzeitig in verschiedenen Räumen oder an verschiedenen Tischen desselben Raumes, je für Männer und Frauen getrennt vorgenommen wird (§ 26 III). Dann sind hiefür alle vorgeschriebenen Einrichtungen gesondert zu treffen.

III Soweit erforderlich, stellen die Gemeinden Räume in Gemeindeanstalten und Gemeindegebäuden zur Verfügung.

Bei Vereinigung mit anderen Abstimmungen gelten nach § 128 die hiefür getroffenen Bestimmungen.

9. Wahlurnen.

§ 29.

Zur Sammlung und Verwahrung der Stimmzettel während der Stimmabgabe dient die Wahlurne. Sie muß rechteckig und mit einem Deckel versehen sein. Ihre innere Höhe muß mindestens 90 cm und der Abstand jeder Wand von der gegenüberliegenden Wand mindestens 35 cm betragen. Im Deckel muß die Wahlurne einen Spalt haben, der nicht weiter als 2 cm sein darf. In Kranken- und Pflegeanstalten (§ 24) können kleinere Wahlurnen verwendet werden.

10. Abstimmungsschutzvorrichtungen.

§ 30.

I In jedem Abstimmungsraum stellt die Gemeindebehörde einen oder mehrere Tische mit Abstimmungsschutzvorrichtungen auf, die so beschaffen sein müssen, daß jeder Stimmberechtigte unter ihrem Schutze seinen Stimmzettel unbeobachtet behandeln kann.[1]

II In den Schutzvorrichtungen sollen Bleistifte bereit liegen, die an Bindfaden oder sonstwie befestigt sind.

III In der Schutzvorrichtung soll sich, von den Fällen des § 56 Satz 1 Halbsatz 2 abgesehen, stets nur ein Stimmberechtigter befinden. Dieser soll nur solange darin verweilen, als unbedingt erforderlich ist.[2]

1. Die Einhaltung der Bestimmung ist sehr wichtig. Sie dient der Aufrechterhaltung des Wahlgeheimnisses. Wenn im Wahlraum selbst kein Platz ist, kann die Wahlzelle auch in einem Nebenraum aufgestellt werden. Dieser gilt dann als Teil des Wahlraumes. BGHE. v. 20. Dez. 1925. BGBZ. 1925, 862.

2. Ob eine oder mehrere Vorrichtungen in einem Wahlraume aufzustellen sind, hängt von der Zahl der Stimmberechtigten des Stimmbezirkes und von der Zahl der Abstimmungen ab, die gleichzeitig vor sich gehen. Die Entscheidung trifft zunächst die G.behörde. Die Aufsichtsbehörde hat aber zu prüfen, ob das Erforderliche insoweit geschehen ist.

Auf beschleunigte Abwicklung des Aufenthalts des Einzelnen in der Wahlzelle muß der Wahlvorsteher hinwirken. Dies gehört mit zur Aufrechthaltung der Ordnung im Wahlraum.

11. Äußere Beschaffenheit und Beschaffung der Stimmzettel.

a) Im allgemeinen.

§ 31.

I Die Stimmzettel sollen von weißem oder weißlichem Papier sein und keine Kennzeichen[1] tragen. Auch Zeitungspapier ist zulässig. Im einzelnen Stimmbezirke dürfen die

Stimmzettel nach Papierart und -farbe nicht wesentlich[2] voneinander abweichen.

II Bei Verbindung mehrerer Wahlen oder Abstimmungen bestimmt das Staatsministerium des Innern die Unterscheidung der Farbe.

1. S. VGHE. in BGVB. 1925, 755.

2. Unbedeutende Abweichungen sind ohne Einfluß auf die Gültigkeit. VGHE. v. 17. März 1920. BGVB. 1925, 755.

§ 32.

I Die Stimmzettel für die Gemeinde-, Bezirks- und Kreiswahlen sind ohne Wahlumschläge abzugeben, auch bei Verbindung mit einer vom Reich angeordneten Abstimmung.[1]

II Wenn in einem Stimmbezirk infolge der Verwendung verschiedenartigen Stimmzettelpapiers bei verschiedenen Wahlvorschlägen oder Bewerbern der gleichen Wahl die Geheimhaltung der Abstimmung gefährdet ist, kann der Wahlleiter[2] mit Zustimmung seines Wahlausschusses die Einführung von Wahlumschlägen für die betreffende Wahl auf Kosten der Gemeinde, des Bezirkes oder Kreises anordnen. In solchen Fällen hat der Wahlleiter auch für die Beschaffung der erforderlichen Wahlumschläge zu sorgen. Soweit von früheren Wahlen noch brauchbare Umschläge vorhanden sind, können sie benützt werden, soweit nicht bei Verbindung mit anderen Wahlen hiedurch Verwechslungen ermöglicht werden. Die Wahlumschläge müssen für alle Wähler eines Stimmbezirkes von gleicher Art sein und sich von anderen, für eine etwa mit der Wahl verbundene weitere Abstimmung zu verwendenden Wahlumschlägen deutlich unterscheiden. Die Wähler sind in solchen Fällen durch besondere Bekanntmachung und Anschlag im Wahlraum auf die ausnahmsweise Einführung der Wahlumschläge hinzuweisen. Bei Verbindung mit anderen Wahlen[3] ist hievon nur im äußersten Notfall Gebrauch zu machen.

1. Hiedurch wird die Verwechslung der Stimmzettel verhütet und damit werden wieder Ungültigkeitsgründe beseitigt.

2. Die Anordnung ergeht für den Stimmbezirk oder die Stimmbezirke, in denen der Mißstand bemerkt wird. Solches wird wohl nur bei G.wahlen vorkommen, da sonst mit amtlichen Stimmzetteln gewählt wird. Daher kommt wohl nur der G.-wahlleiter in Betracht. Wird bei einer Bezirks- oder Kreiswahl einmal (mangels eines Wahlvorschlages) nicht mit amtlichen Stimmzetteln gewählt, so ist die Bestimmung sinngemäß anzuwenden. Die Wahlleiter müssen sich über den Gang der Wahlbewegung auf dem laufenden halten.

3. Damit nicht durch Verwechslungen der Stimmzettel beim Einlegen in die Wahlumschläge Ungültigkeit entsteht.

b) Für die Gemeindewahl.

§ 33.

I Für die Gemeindewahl kann der Gemeinderat[1] in Gemeinden mit mehr als 20000 Einwohnern bei Verhältniswahl die Einführung des amtlichen Stimmzettels auf Kosten der Gemeinde beschließen. In diesem Falle stellt der Gemeindewahlleiter die Größe und den Inhalt der Stimmzettel[2] (Kennwort und Namen der drei ersten Bewerber aller amtlich zugelassenen und öffentlich bekanntgegebenen Wahlvorschläge und ihre Nummer, in der Reihenfolge ihres Einlaufes beim Wahlleiter) fest, läßt sie in der üblichen Form amtlich herstellen und stellt sie den Wahlvorstehern in entsprechender Menge zur Abgabe[3] an die Wähler während der Abstimmung zur Verfügung. Einzelne Stücke der amtlichen Stimmzettel können zwecks Unterweisung der Wähler vorher an vertrauenswürdige Personen abgegeben werden, jedoch nur, nachdem sie durch Aufdruck oder Aufschrift für die Stimmabgabe unbrauchbar gemacht wurden.

II Im übrigen (d. h. in Gemeinden mit mehr als 20000 Einwohnern, wo der Gemeinderat den amtlichen Stimmzettel nicht einführt, und in Gemeinden bis zu 20000 Einwohnern) ist bei den Gemeindewahlen die Beschaffung der Stimmzettel Sache der Wähler. Die Gemeindewahlleiter werden sich jedoch zweckmäßig mit den an der Wahl beteiligten Gruppen in Verbindung setzen, damit durch die gemeinsame Beschaffung des Stimmzettelpapiers die Verwendung verschiedenartiger Papiere (§§ 31 ff.) vermieden wird. Die Tragung der Kosten hierfür kann durch Beschluß des Gemeinderats auf die Gemeindekasse übernommen werden. Die Gemeinden haben außerdem die Beschaffung der nach § 57 I erforderlichen leeren Stimmzettel[4] rechtzeitig Sorge zu tragen.

III In kreisunmittelbaren Städten bestimmt der Stadtrat die Größe der (nichtamtlichen) Stimmzettel. Für die übrigen Gemeinden trifft das Bezirksamt diese Bestimmung und teilt sie den einzelnen Gemeinderäten rechtzeitig mit. Dabei ist zu berücksichtigen, daß

1. in Gemeinden bis zu 3000 Einwohnern die Wahl des ersten Bürgermeisters mit der Wahl der Gemeinderatsmitglieder zu verbinden und hierfür der gleiche Stimmzettel zu verwenden ist,
2. in Gemeinden bis zu 10 000 Einwohnern für die Wahl der Gemeinderatsmitglieder bei Verhältniswahl auf dem Stimmzettel höchstens 1½mal soviele Bewerber enthalten sein dürfen, als Vertreter zu wählen sind,
3. in Gemeinden mit mehr als 10 000 bis zu 20 000 Einwohnern bei Verhältniswahl für die gleiche Wahl höchstens 1¼ mal soviele Bewerber enthalten sein dürfen, als Vertreter zu wählen sind,
4. in Gemeinden mit mehr als 20 000 Einwohnern bei Verhältniswahl, soweit der amtliche Stimmzettel eingeführt wird, auf diesem sämtliche zugelassenen Wahlvorschläge mit ihren Kennworten, Nummern und den Namen der drei ersten Bewerber aufzuführen sind, während in den Fällen, in denen der amtliche Stimmzettel nicht eingeführt wird, der Wähler auf seinem Stimmzettel nur das Kennwort und die Namen der drei ersten Bewerber des von ihm gewählten Wahlvorschlages aufzuführen hat,
5. bei Mehrheitswahl die Stimmzettel überall doppelt soviele Namen enthalten können, als Vertreter zu wählen sind.

IV Die festgesetzte Größe[5] ist bei der Bekanntmachung nach § 36 mit bekanntzugeben, auf Anfrage aber schon vorher den Beteiligten mitzuteilen.

1. S. Art. 69 II GO.

2. S. Art. 66 Z. 7 GO.

3. S. § 57 I.

4. Auf diesen kann der Wähler in der Wahlzelle selbst seine Abstimmung eintragen, wenn er den Zettel vorher noch nicht erhalten oder behandelt haben sollte.

5. Unbedeutende Abweichungen (z. B. 1 cm!) von der vorgeschriebenen Größe sind ohne Bedeutung. BGHE. v. 30. Jan. 1924 BGBZ. 1925, 754.

c) Für die Bezirks- und Kreiswahl.

§ 34.

I Für die Bezirks- und Kreiswahl werden die Stimmzettel, wenn diese Wahl nach den Grundsätzen der Verhältniswahl erfolgt, in der üblichen Form amtlich hergestellt.[1] Der Wahlleiter bestimmt die Größe und den Inhalt der Stimmzettel, und zwar bei der Bezirkswahl gesondert für jeden Stimmbezirk, bei der Kreiswahl gesondert für jeden Stimmkreis (mit den Kennworten, den Nummern[2] und den Namen der für den Stimmbezirk[3] oder Stimmkreis[4] aufgestellten Bewerber aller für die einschlägige Wahl amtlich zugelassenen und öffentlich bekanntgegebenen Wahlvorschläge), läßt sie auf Kosten der Bezirke oder Kreise amtlich herstellen und stellt sie den Wahlvorstehern in entsprechender Menge zur Abgabe an die Wähler während der Abstimmung zur Verfügung. § 33 I Satz 3 findet Anwendung.

II Wenn die Bezirks- oder Kreiswahl als Mehrheitswahl[5] stattfindet, bestimmt der Wahlleiter gleichfalls die Größe der Stimmzettel.[6] Bei der Bezirkswahl ist in diesem Falle beim Vorliegen eines gültigen Wahlvorschlages mit dem Einundeinhalbfachen der nach Art. 8 I u. II BezO. zu wählenden Vertreterzahl darauf Rücksicht zu nehmen,[7] daß der Wähler entweder dem Wahlvorschlag im ganzen oder einem einzelnen Bewerber hieraus seine Stimme geben kann, im übrigen, sowie bei der Kreiswahl darauf, daß der Wähler nur für einen einzelnen Bewerber stimmen kann. Wenn bei der Bezirkswahl ein solcher gültiger Wahlvorschlag vorliegt, werden die Stimmzettel amtlich hergestellt. Sie enthalten den ganzen Wahlvorschlag für alle Bewerber und Stimmbezirke und eine Spalte in der üblichen Form zum Zwecke der zur aushilfsweisen und sonstigen[8] Abstimmung für einen einzelnen Bewerber (durch ein Kreuz oder auf sonstige Weise). Sonst ist die Beschaffung der Stimmzettel, wenn die Bezirks- und Kreiswahl als Mehrheitswahl[9] stattfindet, Sache der Wähler.[10]

1. S. Art. 9 Z. 3 BezO. und Art. 10 Z. 3 KrO.

2. Die Nummern sind bei der Verbindung mehrerer Wahlen ein sehr wesentliches Mittel zur Erleichterung der Abstimmung für die Wähler. S. § 48.

3. d. h. bei der Bezirkswahl.

4. d. h. bei der Kreiswahl.

5. Wenn kein oder nur ein gültiger Wahlvorschlag vorliegt. S. Art. 10 Z. 7 BezO. und Art. 11 Z. 7 KrO.

6. Bei der Kreiswahl allgemein und bei der Bezirkswahl, wenn kein gültiger Wahlvorschlag vorliegt, wird dann nur für einen Bewerber gestimmt. Die Zettel brauchen dann nicht groß zu sein. Anders bei der Bezirkswahl, wenn ein gültiger Wahlvorschlag mit der zulässigen Höchstzahl von Bewerbern (dem 1½fachen der Zahl der nach Art. 8 I und II BezO. zu wählenden Vertreter) vorliegt. S. Anm. 7.

7. Der Stimmzettel muß dann enthalten:

a) die Namen aller Bewerber des gültigen Wahlvorschlages,
b) die Stimmbezirke, für die sie aufgestellt sind,
c) für jeden Bewerber eine Spalte mit einem Kreis zur aushilfsweisen Abstimmung für den Fall, daß nicht die Mehrzahl der gültigen Stimmzettel für den unveränderten Wahlvorschlag abgegeben wird, und daß der Wähler für diesen Fall einem andern, als dem für seinen Stimmbezirk aufgestellten Bewerber seine Stimme geben will.

Die Abstimmung für einen andern, als einen der in dem Stimmzettel enthaltenen Bewerber ist nach Art. 10 Z. 7 BezO. unzulässig.

8. „Aushilfsweise", wenn ein Wähler den Wahlvorschlag zwar im ganzen unverändert annimmt, aber für den Fall, daß dieser nicht unverändert durchgeht, einem andern als dem offiziellen Kandidaten des Stimmbezirkes seine Stimme geben will. „Sonstige", wenn der Wahlvorschlag nicht unverändert gewählt werden will. (S. § 63 II.)

9. d. h. bei der Kreiswahl allgemein und bei der Bezirkswahl, wenn kein Wahlvorschlag mit der vorgeschriebenen Vertreterzahl vorliegt.

10. Der Wahlleiter hat dann die nötigen Einleitungen nach § 32 II zu treffen.

12. Abkürzung der Abstimmungsdauer.

§ 35.

I Die Abstimmung dauert von 9 Uhr bis 6 Uhr.[1]

II Ist diese Abstimmungsdauer zu lange, so kann der Gemeindewahlausschuß sie durch einstimmigen Beschluß bis auf 5 Stunden abkürzen und den Beginn der Abstimmung auf 10 Uhr festsetzen. Ein solcher Beschluß ist bei der Bekanntmachung nach § 36 mit bekanntzugeben.

III Eine solche Abkürzung gilt auch für die mit der Gemeindewahl etwa verbundene Bezirks- und Kreiswahl.[2]

IV Findet eine Bezirks- oder Kreiswahl ohne gleichzeitige Gemeindewahl oder eine Kreiswahl ohne gleichzeitige Gemeinde- oder Bezirkswahl statt, so erfolgt die Abkürzung durch einstimmigen Beschluß des Bezirks- oder Kreiswahlausschusses. Die Entscheidung für die Bezirkswahl gilt zugleich auch für die Kreiswahl.

V Wenn eine Gemeinde-, Bezirks- oder Kreiswahl gleichzeitig mit einer vom Reich oder auf Grund des Landeswahlgesetzes angeordneten Abstimmung abgehalten wird, gelten die hiefür maßgebenden Bestimmungen über die Dauer der Wahlhandlung auch für die Gemeinde-, Bezirks- oder Kreiswahl.[3]

1. Art. 66 Z. 6 GO. Art. 10 Z. 6 BezO., Art. 11 Z. 6 KrO. Eine unvorschriftsmäßige Abkürzung macht die Wahl ungültig. BGHE. v. 10. März 1920. BGVB. 1925, 727.

2. Die BezO. und KrO. sehen in dieser Hinsicht nur die entsprechende Anwendung der GO. vor. Bezirks- und Kreiswahlausschuß stehen zwar den Dingen ziemlich fern; eine andre Regelung kann aber nach den Gesetzen nicht in Frage kommen. Es ist kein Unglück, wenn von der Bestimmung kein Gebrauch gemacht wird.

3. Beruht auf Art. 72 GO., Art. 10 Z. 6 BezO. und Art. 11 Z. 6 KrO.

13. Abstimmungsbekanntmachung.

§ 36.

I Spätestens am achten Tage vor der Abstimmung gibt,

1. wenn eine Gemeindewahl für sich allein stattfindet, der Gemeindewahlleiter die Einteilung der Gemeinde

in Stimmbezirke, die Wahlräume, die Namen der Wahlvorsteher und ihrer Vertreter, den Tag, die Stunde und die Dauer der Wahl in ortsüblicher Weise bekannt. Ein etwaiger die Wahldauer abkürzender Beschluß des Gemeindewahlausschusses ist besonders aufzuführen;

2. wenn eine Gemeindewahl zusammen mit der Bezirks- oder Kreiswahl oder eine Bezirks- und Kreiswahl zusammen oder für sich allein stattfinden, erläßt die gleiche Bekanntmachung in kreisunmittelbaren Städten der Stadtrat, sonst das Bezirksamt im Amtsblatt. Den auf die einzelnen Gemeinden bezüglichen Teil geben außerdem die Gemeindewahlleiter, oder wenn keine Gemeindewahl stattfindet, die Gemeindebehörden in ortsüblicher Weise bekannt. Ein etwaiger, die Wahldauer abkürzender Beschluß ist dabei besonders aufzuführen.

II Abschrift oder Abdruck dieser Bekanntmachung ist den Verhandlungen über die Gemeinde-, Bezirks- oder Kreiswahl beizufügen.

III Wenn eine Gemeinde-, Bezirks- oder Kreiswahl gleichzeitig mit einer vom Reich oder auf Grund des Landeswahlgesetzes angeordneten Abstimmung abgehalten wird, können die erforderlichen Bekanntmachungen verbunden werden.

III. Wahlvorschläge.

1. Frist für die Einreichung der Wahlvorschläge.

§ 37.

I Der Wahlleiter [1] gibt am 25. Tage vor der Wahl die Art und Anzahl der zu wählenden Personen (1. Bürgermeister, ehrenamtliche Gemeinderatsmitglieder, Bezirks- und Kreistagsmitglieder, Art. 13 GO. [2], Art. 8 I BezO., Art. 9 I KrO.) in der aus § 48 ersichtlichen Weise bekannt und fordert dabei zur Einreichung von Wahlvorschlägen für die Wahl der ehrenamtlichen Gemeinderatsmitglieder, sowie der Bezirks- und Kreistagsmitglieder bis zum 17. Tage vor dem

Wahltage, abends 8 Uhr, auf. Dabei ist anzugeben, wo[3] der Wahlleiter die Wahlvorschläge entgegennimmt, und darauf hinzuweisen, daß Mehrheitswahl stattfindet, wenn kein oder nur ein gültiger Wahlvorschlag eingereicht wird. Zu der Zahl der zu wählenden Gemeinderatsmitglieder dürfen die vom Gemeinderat zu wählenden weiteren Bürgermeister nicht hinzugezählt werden.[4]

II Eine etwaige Beschlußfassung des Gemeinderats nach Art. 13 II GO. hat rechtzeitig vor dem Erlaß der Bekanntmachung zu erfolgen. Das Ergebnis ist dem Gemeindewahlleiter mitzuteilen. Wenn keine solche Beschlußfassung erfolgt, hat es bei der bisherigen Zahl der ehrenamtlichen Gemeinderatsmitglieder sein Bewenden.

1. Bei Verbindung der 3 Kommunalwahlen haben also die 3 Wahlleiter je eine Bekanntmachung zu erlassen.

2. Ein etwaiger Beschluß nach Art. 13 II GO. ist rechtzeitig vor diesem Tag zu fassen und dem Wahlleiter mitzuteilen, damit er ihn bekanntgeben kann. S. Abs. II.

3. Dienstzimmer, Wohnung.

4. Dieser Fehler wurde bei den letzten Wahlen öfters gemacht. Die weiteren B. brauchen nicht dem G.rat entnommen zu werden, sondern können frei gewählt werden.

§ 38.

I Die Wahlvorschläge sind gesondert für die Gemeinde-, Bezirks- und Kreiswahl je bei dem zuständigen Wahlleiter einzureichen. Für die Wahl der ersten Bürgermeister sind keine Wahlvorschläge einzureichen.

II Der Wahlleiter hat den Zeitpunkt der Einreichung der Wahlvorschläge bei ihm auf diesen zu vermerken.

III Bis zum 17. Tag vor dem Abstimmungstag abends 8 Uhr ist jede beliebige Änderung[1] an den Wahlvorschlägen zulässig.

1. Der Wahlvorschlag steht bis dahin zur freien Verfügung der Einreicher. Sie können bis dahin jede beliebige Änderung, Umstellung, Vergrößerung, Verringerung daran vornehmen, den Wahlvorschlag auch ganz zurücknehmen (über die Form siehe § 45). Auch die Verbesserung von Mängeln ist unbegrenzt möglich.

Hinsichtlich der Zahl der hiezu erforderlichen Unterschriften bestimmt § 40 II die Zuständigkeit des Vertrauensmannes zu „Ergänzungen und Berichtigungen" des Wahlvorschlages. Ferner bestimmt § 45, daß mehr als die Hälfte der Unterzeichner den Wahlvorschlag zurückziehen kann. Mit § 40 II ist dem Vertrauensmann die Befugnis zu allen Änderungen, die nicht Zurücknahme sind, übertragen. Vom 17. bis 10. Tag vor der Wahl sind nur noch bestimmte Änderungen zulässig. (§ 43 III.) Die Einreichung unter einer Bedingung ist zulässig. VGHE. v. 24. Juli 1925, BGVB. 1926, 861.

2. Inhalt der Wahlvorschläge.

§ 39.

Jeder Wahlvorschlag darf

1. für die Gemeindewahl in Gemeinden bis zu 10000 Einwohnern höchstens 1½ mal, in größeren Gemeinden 1¼ mal soviele Bewerber enthalten, als ehrenamtliche Gemeinderatsmitglieder zu wählen sind.[1] Bruchzahlen werden auf die nächste Zahl aufgerundet;
2. für die Bezirks- und Kreiswahl höchstens soviele Bewerber enthalten, als Vertreter zu wählen sind.[2]

1. S. Art. 66 Z. 4 Unterabs. 2.

2. S. Art. 10 Z. 4 BezO. Art. 11 Z. 4 KrO.

§ 40.

I Jeder Wahlvorschlag muß[1] enthalten:

1. sein Kennwort[2] durch Angabe der Parteizugehörigkeit der Bewerber oder durch ein sonstiges einzelnes Wort. Nicht zu beanstanden sind im letzteren Fall allgemein gebräuchliche Wortzusammenfassungen.[3] Bei gemeinsamen Wahlvorschlägen mehrerer Gruppen mit Untervorschlägen (§ 41 Ziff. 1) kann das Kennwort aus mehreren Worten bestehen;
2. die Angabe der sämtlichen[4] Bewerber in erkennbarer Reihenfolge[5] nach Vor- und Zunamen, Geburtstag, Stand oder Beruf, Wohnort oder Wohnung, mit der im Wahlvorschlage selbst oder in einer Anlage enthaltenen Erklärung[6] der Bewerber, daß sie der Aufnahme ihrer Namen in den Wahlvorschlag zustimmen, bei Bezirks- und Kreiswahlen[7] mit der gemeindlichen

Bestätigung über das Alter der Bewerber und ihren Eintrag in die Wählerliste. Jeder Bewerber kann nur in einem Wahlvorschlag und nur einmal enthalten sein. Die Reihenfolge ist erkennbar, wenn sie aus dem Inhalt des Wahlvorschlags ohne Zweifel festgestellt werden kann. Bei jedem Bewerber sind für die Bezirkswahlen die Gemeinden oder Stimmbezirke, für die Kreiswahlen die Stimmkreise anzugeben, für die sie aufgestellt sind;[8]

3. mindestens zehn[9] Unterschriften, in Gemeinden mit mehr als 10000 Einwohnern, ferner für die Bezirks- und Kreiswahl mindestens zwanzig Unterschriften, und zwar auf dem Wahlvorschlag selbst. Für die Bezirks- und Kreiswahl muß die Bestätigung der Gemeindebehörde beigebracht werden, daß der Unterzeichnete für diese Wahl in die Wählerliste eingetragen ist. Die Unterschriften müssen spätestens am 10. Tag vor dem Wahltag vorliegen. Die Zurückziehung oder der sonstige Wegfall einzelner Unterschriften ist, vorbehaltlich der Bestimmung des § 45, wirkungslos. Jeder Wähler kann nur einen Wahlvorschlag unterzeichnen. Auch die Bewerber können den Wahlvorschlag unterzeichnen.

II Jeder Wahlvorschlag soll[10] weiter einen, wenn möglich, am Sitz des Wahlleiters wohnhaften Vertrauensmann[11] bezeichnen. Ist kein solcher bezeichnet oder ist der Vertrauensmann verhindert, so gelten die Unterzeichner des Wahlvorschlages der Reihenfolge nach als Vertrauensmänner. Soll ein Vertrauensmann später durch eine andere Person ersetzt werden,[12] so ist hiezu die unterschriftliche Erklärung von mehr als der Hälfte der Unterzeichner nötig. Der Vertrauensmann ist befugt,[13] die zur Ergänzung oder Berichtigung des Wahlvorschlages nötigen Verfügungen des Wahlleiters oder Wahlausschusses entgegenzunehmen und alle hierzu erforderlichen Erklärungen abzugeben.

III Die Unterschriften[14] können, müssen aber nicht vor der Gemeindebehörde abgegeben werden. Die gemeindlichen Amtshandlungen aus diesem Anlaß sind gebührenfrei.

1. Wahlvorschläge, die dem Abs. I nicht entsprechen, sind ungültig. Doch ist ihre Verbesserung bis zum 10. Tag vor der Wahl zulässig.

2. S. Art. 66 Z. 7 Unterabs. 1 u. 2 GO.; Art. 9 Ziff. 2, BezO.; Art. 10 Z. 2 KrO. Das Kennwort kann die Parteizugehörigkeit und zwar in beliebiger Form darstellen oder ein sonstiges Wort sein. Wenn es nicht die Parteizugehörigkeit darstellt, darf es nur ein einzelnes Wort sein. Ausnahmen in Anm. 3.

3. Mehrere Worte oder ganze Sätze sind unzulässig. Zulässig sind allgemein gebräuchliche Wortzusammenfassungen, z. B. Schwarz-Rot-Gold, Schwarz-Weiß-Rot und ähnliche. Eine weitere Ausnahme gilt für den Fall gemeinsamer Wahlvorschläge mehrerer Gruppen. Auch dann kann das Kennwort aus mehreren Worten bestehen.

4. Die Höchstzahl ist in § 39 bestimmt. Es genügt ein Bewerber.

5. Die Reihenfolge ist für die Verteilung der Sitze vielfach von Bedeutung, muß daher ersichtlich sein, sonst muß der Wahlleiter die Reihenfolge von dem Vertrauensmann klären lassen. (Satz 3.)

6. Die Erklärung braucht nicht amtlich beglaubigt zu sein (Abs. III), muß aber eigenhändig sein. VGHE. v. 14. Okt. 1925, BGVZ. 1926, 860.

7. Bei den G.wahlen kann der Wahlleiter sich über den Eintrag in der Wählerliste selbst vergewissern.

8. Bei der Bezirkswahl kann in jeder G. oder jedem Stimmbezirk auf jedem Wahlvorschlag nur ein Bewerber aufgestellt werden. Einem Bewerber können aber beliebig viele G.n oder Stimmbezirke für sich zugeteilt werden. Die Verteilung der Bewerber auf die G.n oder Stimmbezirke muß aus dem Wahlvorschlag hervorgehen. Für die Kreiswahl können in jedem Landtagsstimmkreis aus jedem Wahlvorschlag ein oder zwei Bewerber aufgestellt werden. Auch hiebei muß aus dem Wahlvorschlag die Verteilung der Bewerber auf die Stimmkreise sich ergeben.

Es ist also nicht erforderlich, daß der Wahlvorschlag über alle G.n und Stimmbezirke bei der Bezirkswahl, und über alle Stimmkreise bei der Kreiswahl Verfügung trifft, wohl aber daß bei jedem Bewerber angegeben wird, wo er aufgestellt ist und gewählt werden soll. Diese Bestimmung ist sehr wichtig, da die Bewerber nur in den G.n oder Stimmbezirken bezw. Stimmkreisen Stimmen erhalten können, für die sie im Wahlvorschlag aufgestellt und benannt sind.

9. 10 Unterschriften nur für die G.wahl in G.n bis zu 10000 Einwohnern; im übrigen, also bei der G.wahl in größeren G.n, bei der Bezirks- und Kreiswahl 20 Unterschriften (wie bei der Landtagswahl, § 31 LWO.). Fehlende oder unvorschriftsmäßige Unterschriften können bis zum 10. Tag vor der Wahl nachgeholt werden. Gültige Unterschriften, die später wegfallen, brauchen nicht ersetzt zu werden. BGHE. v. 27. Mai 1925, BGVB. 1925, 225. Über die Zurücknahme des Wahlvorschlages siehe § 45. Die Unterschrift braucht nicht beglaubigt zu sein (Abs. III).

10. Sollvorschrift. Fehlt die Benennung, so wird sie nach Abs. II Satz 2 ersetzt.

11. Über die Befugnisse des Vertrauensmannes bestimmt Satz 4.

12. Der Ersatz kann nötig sein, wenn der Vertrauensmann gestorben ist, aber auch sonst erwünscht sein, wenn er z. B. aus der Partei ausgetreten ist.

13. Der Vertrauensmann gilt im Verkehr mit dem Wahlleiter als bevollmächtigter Vertreter der Unterzeichner, und als befugt, alle nötigen Erklärungen entgegenzunehmen und abzugeben. Die Worte „zur Berichtigung oder Ergänzung" sollen keine Einschränkung dieser Befugnis darstellen, sondern sie nur erläutern. Der Vertrauensmann kann mit dem Wahlvorschlag alles machen, was überhaupt zulässig ist, nur nicht ihn zurückziehen (§ 45), auch nicht die Erklärungen nach § 41 abgeben.

14. Nach Abs. I Z. 2 u. 3.

§ 41.

I Der Wahlvorschlag kann weiter eine Erklärung der Unterzeichner [1] enthalten [2]

1. über die Ausscheidung der Bewerber zu „Untervorschlägen" [3] mit der in Art. 66 Ziff. 11 Unterabs. 2 GO., Art. 10 Ziff. 5 BezO., Art. 11 Ziff. 5 KrO. angegebenen ausschließlichen Wirkung für die Bestimmung der Ersatzleute;
2. über die „Verbindung" [4] mehrerer Wahlvorschläge mit der Wirkung, daß diese den übrigen Wahlvorschlägen gegenüber als ein Wahlvorschlag behandelt [5] werden. Jeder Wahlvorschlag kann nur mit einem oder mehreren Wahlvorschlägen zu einer Gruppe von Wahlvorschlägen verbunden [6] werden. Verbundene Wahlvorschläge können nur gemeinsam abgeändert oder zurückgenommen werden.[7] Die Verbindung kann nur gemeinsam aufgehoben [8] werden.

II Die Erklärungen müssen bis zur Beschlußfassung nach § 46 abgegeben sein.[9]

1. Die Erklärungen sind von den Unterzeichnern abzugeben, d. h. von allen Unterzeichnern. Wenn sie nicht auf dem Wahlvorschlag von Anfang an enthalten sind, müssen sie von allen Unterzeichnern nachgeholt werden. Sie sind zu wichtig, als daß sie dem Vertrauensmann allein überlassen werden könnten.

2. Auch als Beilage.

3. S. Art. 66 Z. 11 Unterabs. 2 GO., Art. 10 Z. 5 BezO., Art. 11 Z. 5 KrO. Die Erklärung hat nur eine Folge für die Bestimmung der Ersatzleute, sonst keine Wirkung. Die Erklärung muß die betreffenden Bewerber als „zu einem Untervorschlag zusammengehörig" bezeichnen. Es darf kein Zweifel über den Willen in dieser Hinsicht bestehen. Diese Erklärungen sind bei der Bekanntgabe der Wahlvorschläge nach § 48 I nicht bekannt zu geben.

4. S. Art. 66 Z. 4 Unterabs. 2, und Anm. 20 daselbst.

5. Bei Feststellung der Wahlergebnisse (Verteilung der Sitze auf die Wahlvorschläge) (§ 82).

6. Die Verbindung kann aus 2 oder mehr Wahlvorschlägen bestehen. Unmöglich ist, daß sich ein Wahlvorschlag bei verschiedenen Verbindungen oder Gruppen beteiligt. Möglich ist aber, daß in einer Gruppe von 3 Wahlvorschlägen 2 derselben noch eine Verbindung für sich eingehen.

7. Die Folge der Verbindung ist
a) die gemeinsame Behandlung bei der Sitzeverteilung (§ 82),
b) die Verpflichtung, die einzelnen der verbundenen Wahlvorschläge nur gemeinsam zu ändern (durch gemeinsame Erklärung der Vertrauensmänner) und zurückzuziehen (durch gemeinsame Erklärung von je mehr als der Hälfte der Unterzeichner). Es ist daher wohl zweckmäßig, die Wahlvorschläge, erst wenn sie ganz fertig sind und die gegenseitige Billigkeit gefunden haben, zu verbinden.

8. Wie für die „Erklärung", ist für die Zurücknahmeerklärung die gemeinsame Erklärung aller Unterzeichner erforderlich.

9. S. Art. 66 Z. 11 Unterabs. 2 GO.

3. Nachfrist für die Einreichung von Wahlvorschlägen.

§ 42.

I Über die Zahl und den Inhalt der Wahlvorschläge hat der Wahlleiter allen Beteiligten jederzeit Aufschluß zu erteilen. Am sechzehnten[1] Tage vor dem Wahltage hat der

Wahlleiter durch Anschlag für die Gemeindewahl am Gemeindebrett, für die Bezirkswahl an der Amtstafel des Bezirksamts und für die Kreiswahl an der Amtstafel der Kreisregierung bekannt zu geben, wieviele Wahlvorschläge eingereicht worden sind und welches Kennwort sie tragen, und im Falle des Abs. II auf die Möglichkeit der Einreichung weiterer Wahlvorschläge hinzuweisen.

II Wenn mindestens ein Wahlvorschlag eingereicht worden ist,[2] ist bis zum vierzehnten Tage vor dem Wahltag abends acht Uhr noch die Einreichung weiterer Wahlvorschläge, nicht aber die Zurückziehung[3] der bereits vorliegenden Wahlvorschläge zulässig.

III Wenn am vierzehnten Tage vor dem Wahltag abends acht Uhr für eine Gemeinde- oder Bezirkswahl[4] nur ein Wahlvorschlag vorliegt, ist der Vertrauensmann sofort darauf hinzuweisen, daß die Bewerberzahl bis zur Beschlußfassung über den Wahlvorschlag (am neunten Tage vor der Wahl) bei der Gemeindewahl auf das Doppelte (Art. 66 Ziff. 5 GO.) und bei der Bezirkswahl auf das Eineinhalbfache (Art. 10 Ziff. 7 Unterabs. 3 BezO.) der Zahl der zu wählenden Vertreter vermehrt werden kann.

1. Am 17. Tag abends läuft die Einreichungsfrist ab. Nun muß der Wahlleiter die Wahlvorschläge weiterhin prüfen und für die Beseitigung der Mängel sorgen. Am Morgen des 16. Tages vor der Wahl hat er außerdem eine Bekanntmachung zu erlassen, durch die auf die Nachfrist hingewiesen wird. (S. Art. 66 Z. 4 Satz 3 GO.; Art. 10 Z. 4 BezO.; Art. 11 Z. 4 KrO.). Die Bekanntmachung wird nur an der Amtstafel angeschlagen. Hier müssen sich die Interessenten am 16. Tag vor der Wahl umsehen.

2. Wenn kein Wahlvorschlag vorliegt, steht die Mehrheitswahl fest. Wenn ein Wahlvorschlag vorliegt, ist noch Gelegenheit, die Verhältniswahl zu sichern. Wenn mehrere Wahlvorschläge vorliegen, ist noch Gelegenheit, sich hieran zu beteiligen, (wenn sie etwa verabredungswidrig eingereicht worden sind).

3. S. § 45.

4. Diese Bestimmung kommt für Kreiswahlen nicht in Betracht. Hiebei soll in diesem (ganz und gar unwahrscheinlichen) Fall immer nur für einen Bewerber gestimmt werden. Der eine gültige Wahlvorschlag hat also bei der Kreiswahl keine Rolle zu spielen, braucht also auch nicht noch verbessert zu werden. Er bleibt

unbeachtet. Anders bei der G.- und Bezirkswahl. Hier kann auch für den einen Wahlvorschlag im ganzen gestimmt werden. (Art. 66 Z. 5 GO.; Art. 10 Z. 7 BezO.). Daher muß für den Fall der unveränderten Annahme desselben durch die Wähler für seine Vollständigkeit gesorgt werden. Diese hat der Wahlleiter anzuregen. Unterbleibt sie, so ist der Wahlvorschlag für diesen Fall als solcher wirkungslos. Es findet reine Mehrheitswahl mit Stimmabgabe für je einen Bewerber statt.

4. Mängelbeseitigung.

§ 43.

I Der Wahlleiter prüft die bei ihm rechtzeitig[1] eingereichten Wahlvorschläge, bei Gemeindewahlen auch hinsichtlich der Wählbarkeit der Bewerber und des Stimmrechts der Unterzeichner auf Grund der Wählerliste[2] und fordert die Vertrauensleute zur Beseitigung der hiebei festgestellten Mängel[3] auf.

II Mängel der Wahlvorschläge müssen spätestens am zehnten[4] Tage vor dem Wahltag abends acht Uhr behoben sein; sonst ist der Wahlvorschlag ungültig, soweit der Mangel besteht.[5]

III Bis zum gleichen Zeitpunkte[6] sind auch Änderungen[7] der Wahlvorschläge zulässig, jedoch nur soweit als sie durch die Zurücknahme der Zustimmungserklärung oder den sonstigen Wegfall einzelner Bewerber veranlaßt sind. Die Vermehrung der Zahl der Bewerber ist nicht zulässig.

1. D. h. spätestens am 17. Tag vor der Wahl.

2. Die Wählbarkeit ist bei den Bezirks- und Kreiswahlen auf Grund der den Wahlvorschlägen nach § 40 I Z. 2 beizugebenden Bestätigungen zu prüfen, bei G.wahlen sind solche nicht nötig, da die Wählerliste an Ort und Stelle ist.

3. Ein Mangel ist jede Abweichung von einer Mußvorschrift der GWO., also hinsichtlich des Kennworts, der Bewerber und und Unterzeichner. Die Beseitigung der Mängel erfolgt durch Nachholung der fehlenden Bestandteile oder Berichtigung der Unrichtigkeiten. Der Wahlleiter muß die Mängel feststellen, dem Vertrauensmann mitteilen und ihn zur Behebung derselben auffordern. Die Unterlassung dieser Prüfung durch den Wahlleiter ist die Verletzung einer wesentlichen Förmlichkeit (BGHE. vom 29. April 1925, BGBZ. 1925, 725).

4. Damit am 9. Tag vor der Wahl über die Wahlvorschläge entschieden werden kann.

5. D. h. ganz ungültig, wenn der Mangel sich auf den Wahlvorschlag im ganzen erstreckt, z. B. wenn nicht genügend Unterschriften vorhanden sind oder das Kennwort nicht in Ordnung ist; teilweise ungültig, wenn der Mangel sich nur auf einen oder mehrere Bewerber erstreckt, z. B. wenn für sie die Zustimmungserklärung fehlt oder, bei Bezirks- oder Kreiswahl, der Stimmbezirk oder Stimmkreis des Bewerbers nicht angegeben ist. In diesem Fall ist der Wahlvorschlag für diesen Bewerber ungültig, sonst gültig.

6. D. h. bis zum 10. Tag vor der Wahl.

7. Änderungen und Ergänzungen sind bis zum 17. Tag vor der Wahl jederzeit beliebig möglich. Die Wahlvorschläge können bis dahin auch beliebig zurückgezogen und neu eingereicht werden. Von da an bis zum 10. Tag aber sind Änderungen nur noch insoweit zulässig, als sie zur Ausfüllung von Lücken nötig sind, die durch den Wegfall von Bewerbern veranlaßt sind. Der Wegfall kann eintreten durch den Tod, Verlust der Wählbarkeit (infolge Wegzugs) und die Zurücknahme der Zustimmungserklärung. In solchen Fällen kann an dem Wahlvorschlag jede Änderung vorgenommen werden, die durch den Wegfall „veranlaßt" d. h. unmittelbar oder mittelbar verursacht ist. Das kann durch die Einsetzung eines neuen Bewerbers an die Stelle des weggefallenen geschehen, aber auch durch Umgruppierung der vorhandenen Bewerber, bei der Bezirks- und Kreiswahl also auch durch Änderungen in der Verteilung der Stimmbezirke und Stimmkreise. Sonstige Verbesserungen sind nicht zulässig. Allein es wird sich nicht empfehlen, hier zu engherzig zu sein.

Die Vermehrung der Zahl der Bewerber ist ausdrücklich ausgeschlossen.

§ 44.

I Ein Bewerber, dessen Name auf mehreren Wahlvorschlägen enthalten ist, muß auf Aufforderung hin dem Wahlleiter erklären, für welchen Wahlvorschlag er sich entscheidet. Unterläßt er diese Erklärung, so wird sein Name in allen Wahlvorschlägen gestrichen.

II Dasselbe gilt, wenn ein Wahlberechtigter mehrere Wahlvorschläge unterzeichnet hat.

III Es ist zulässig, daß ein Wahlberechtigter, der als Bürgermeisterbewerber in Betracht kommt, in den Wahlvorschlag für die Gemeinderatsmitglieder aufgenommen wird.

IV Bewerber, deren Erklärung nach § 40 I Ziff. 2 fehlt, hat der Wahlleiter zur Erklärung aufzufordern. Wird diese nicht rechtzeitig beigebracht, so ist der Wahlvorschlag insoweit ungültig.

§ 45.

Die Zurücknahme von Wahlvorschlägen im ganzen ist nur bis zum siebzehnten Tage vor dem Wahltag abends acht Uhr zulässig. Sie erfordert die unterschriftliche Erklärung[1] von mehr als der Hälfte der Unterzeichner des Wahlvorschlages.

1. Die Erklärung muß ausdrücklich die Zurücknahme des Wahlvorschlages enthalten. Es genügt nicht, wenn nur die Unterschriften zurückgezogen werden. S. § 40 I Z. 3 Satz 4. S. VGHE. v. 11. Nov. 1925, BGVZ. 1926, 861.

5. Beschlußfassung über die Wahlvorschläge.

§ 46.

I Am neunten Tage vor dem Wahltag entscheidet der Wahlausschuß endgültig,[1] unter Ausschluß jeder Beschwerde im Wahlvorbereitungsverfahren, über die Zulassung, die Gültigkeit und die Reihenfolge[2] der bei dem Wahlleiter eingereichten Wahlvorschläge und sonstigen Erklärungen (§ 41 Ziff. 1 und 2). Der Wahlausschuß hat zur Beschlußfassung zusammenzutreten, auch wenn nur ein Wahlvorschlag vorliegt.[3] Die Vertrauensmänner der Wahlvorschläge sind auch bei der Entscheidung über den eigenen Wahlvorschlag stimmberechtigt.[4]

II Die Entscheidungen sind dem Vertrauensmanne des Wahlvorschlages, bei vollständiger oder teilweiser Zurückweisung des Wahlvorschlages unter Angabe der Gründe, mündlich oder schriftlich zu eröffnen.

1. Im Wahlprüfungsverfahren nach Art. 74 GO., Art. 11 BezO. und Art. 12 KrO. kann, hievon abweichend, entschieden werden. Durch die Entscheidung der Wahlausschüsse soll verhütet werden, daß Wahlvorschläge zur Wahl gestellt werden, die nicht einwandfrei sind, und später bei der Wahlprüfung beanstandet werden müßten. Die Entscheidung ist aber auch insofern nur vorläufig, als über die Gültigkeit der Stimmen der Wahlvorstand entscheidet (§ 76 III). Er kann auch anders entscheiden, wie der Wahlausschuß, wenn sich

z. B. später herausstellt, daß ein Bewerber nicht wählbar ist. Die Wahlvorschläge im ganzen werden zugelassen oder zurückgewiesen. Die einzelnen Bewerbungen werden, ebenso wie die Erklärungen nach § 41 Z. 1 u. 2, für gültig erklärt. VGHE. v. 9. Juni 1920, BGVB. 1925, 725.

2. Die Reihenfolge ergibt sich nach § 48 I entweder aus der Reihenfolge des Einlaufs beim Wahlleiter oder nach der Bestimmung des Staatsministeriums d. J. gemäß § 48 I Schlußsatz.

3. Auch in diesem Fall ist die Entscheidung darüber nötig, ob der Wahlvorschlag gültig ist und zugelassen werden kann, weil hievon die Anwendung des Art. 66 Z. 5 und Art. 10 Z. 7 BezO. abhängt.

4. Sie sind nicht etwa wegen persönlicher Beteiligung von der Teilnahme an der Beschlußfassung ausgeschlossen. So schon die bisherige Praxis.

§ 47.

I Wahlvorschläge, die verspätet [1] eingereicht wurden oder den allgemeinen Anforderungen [2] nicht genügen, sind bei der Entscheidung nach § 46 zurückzuweisen.

II Wenn die Anforderungen nur hinsichtlich einzelner Bewerber nicht erfüllt sind, werden deren Namen auf dem Wahlvorschlage gestrichen, ebenso die Namen der über die zulässige [3] Zahl hinaus vorgeschlagenen Bewerber.

III Vollständig ungültig sind also Wahlvorschläge,

1. die nicht rechtzeitig eingereicht sind (§ 37 I),
2. die kein Kennwort in der vorgeschriebenen Form enthalten (§ 40 I Ziff. 1),
3. die nicht von der vorgeschriebenen Zahl wahlberechtigter Personen unterzeichnet sind (§ 40 I Ziff. 3).

IV Teilweise ungültig sind Wahlvorschläge,

1. soweit darin nichtwählbare Bewerber bezeichnet sind,
2. soweit die Bewerber nicht deutlich bezeichnet oder nicht in erkennbarer Reihenfolge aufgeführt sind,
3. soweit darin mehr Bewerber bezeichnet sind, als zulässig ist, wobei die über die zulässige Zahl hinaus vorgeschlagenen Bewerber in ihrer Reihenfolge zu streichen sind,
4. soweit nicht die vorgeschriebene Erklärung der Bewerber vorliegt,

hinsichtlich der Bewerber, bei denen diese Mängel vorliegen.

1. S. § 37 I.
2. S. §§ 40 u. 41 und § 43 Anm. 3 und ferner Abs. III u. IV.
3. S. § 39.

6. Bekanntgabe der Wahlvorschläge.

§ 48.

I Unmittelbar nach der Entscheidung über die Wahlvorschläge hat der Wahlleiter die sämtlichen von dem Wahlausschuß als gültig erklärten Wahlvorschläge in der von ihm beschlossenen Zusammensetzung[1] in der Reihenfolge des Einlaufs[2] mit den Angaben in § 40 Ziff. 1 und 2[3] und § 41 Ziff. 1 und 2[4] bekanntzugeben, und zwar für die Gemeindewahl in ortsüblicher Weise,[5] für die Bezirkswahl im Amtsblatte des Bezirksamts, für die Kreiswahl im Bayer. Staatsanzeiger und in zwei im Kreise verbreiteten Tageszeitungen. Dabei ist die Bedeutung der Wahlvorschläge kurz zu erläutern[6] und darauf hinzuweisen, welche Rechte die Wähler bei den verschiedenen Wahlen gegenüber den Wahlvorschlägen haben (§§ 62 II—IV, 63, 64). Für den Fall der Verbindung mehrerer Wahlen bleibt die Anordnung einer anderen Reihenfolge durch das Staatsministerium des Innern vorbehalten.[7]

II Soweit die Bekanntmachung nach § 36 von dem Gemeindewahlleiter ausgeht, kann diese Bekanntmachung für die Gemeindewahl mit der gegenwärtigen Bekanntmachung verbunden werden.

1. D. h. nach Ausscheidung der gemäß § 47 IV nicht zugelassenen Bewerber.

2. Ausnahme bei Verbindung mehrerer Wahlen behufs Erleichterung der Stimmabgabe für den Wähler (s. Schlußsatz).

3. D. h. mit dem Kennwort und den Bewerbern. VGHE. v. 19. Mai 1920, BGVZ. 1925, 725. Fehler bei der Bekanntgabe sind Verletzungen wesentlicher Formen. VGHE. v. 29. April 1925, BGVZ. 1925, 726.

4. D. h. mit den Untervorschlägen und Verbindungserklärungen.

5. S. § 143.

6. Für die G.wahl kommt Art. 66 Z. 7 GO., für die Bezirkswahl Art. 9 Z. 4 BezO., für die Kreiswahl Art. 10 Z. 4 KrO. in Betracht.

7. Z. B. die Anordnung des Anschlusses der Reihenfolge an die bei der verbundenen Wahl bestimmte Reihenfolge, wie dies z. B. bei der Reichstagswahl ohne weiteres für das ganze Land, bei der Landtagswahl für die Kreise möglich ist.

IV. Sonderbestimmungen über die Vorbereitung der Mehrheitswahl.

§ 49.

I Liegt für eine Wahl kein oder nur ein gültiger Wahlvorschlag vor, so hat der Wahlleiter an Stelle der Bekanntmachung nach § 48 im gleichen Zeitpunkt bekannt zu geben, daß die Wahl nach den Grundsätzen der Mehrheitswahl erfolgt,[1] daß die zu besetzenden Stellen — vorbehaltlich der Bestimmungen in Abs. II Ziff. 1 c und 2 b — den wählbaren einzelnen Bewerbern nach der Zahl der Stimmen zufallen, die jeder einzelne von ihnen erhalten hat, und daß die gleiche Reihenfolge für die Ersatzleute gilt.

II Dabei ist ferner bekanntzugeben,

1. bei Gemeindewahlen,[2]
   a) daß jeder Stimmzettel doppelt soviele Namen enthalten darf, als Vertreter zu wählen sind,
   b) daß jeder Bewerber auf jedem Stimmzettel nur eine Stimme erhalten kann,
   c) wenn ein einziger gültiger Wahlvorschlag mit der doppelten Zahl der zu wählenden Vertreter vorliegt, daß an Stelle der Reihenfolge nach den Stimmenzahlen der Bewerber die Reihenfolge im Wahlvorschlage maßgebend ist, wenn mehr als die Hälfte der Stimmzettel für den unveränderten Wahlvorschlag abgegeben worden ist;
2. bei Bezirkswahlen,[3]
   a) daß die sämtlichen Mitglieder des Bezirkstages nach Art. 8 I und II BezO. gemeinsam zu wählen sind,
   b) wenn ein einziger gültiger Wahlvorschlag mit dem $1\frac{1}{2}$ fachen der insgesamt zu wählenden Vertreterzahl vorliegt, daß die Wähler entweder für einen einzelnen der in dem Wahlvorschlag enthaltenen Be-

werber oder für den unveränderten Wahlvorschlag im ganzen abstimmen können, ferner daß, wenn mehr als die Hälfte der Wähler für den unveränderten Wahlvorschlag im ganzen abgestimmt hat, die darin enthaltenen Bewerber in der vorgeschlagenen Reihenfolge gewählt oder als Ersatzleute bestimmt sind, wenn dagegen weniger als die Hälfte der Wähler für den unveränderten Wahlvorschlag im ganzen gestimmt hat, die Grundsätze der Mehrheitswahl Anwendung finden, wobei die Stimmzettel, die für den unveränderten Wahlvorschlag im ganzen abgegeben worden sind, für den Bewerber zählen, der in dem Wahlvorschlage für die Gemeinde oder den Stimmbezirk aufgestellt ist, soferne der Wähler nicht auf seinem Stimmzettel zu erkennen gibt, daß der Stimmzettel in diesem Falle für einen anderen in dem Wahlvorschlag enthaltenen Bewerber zählen soll;

3. bei Kreiswahlen,[4]
   a) daß die sämtlichen Mitglieder des Kreistags nach Art. 9 I und II KrO. gemeinsam zu wählen sind,
   b) daß die Stimmzettel nur je einen Namen enthalten dürfen, wobei die Wähler an die Bewerber eines etwa vorliegenden gültigen Wahlvorschlages nicht gebunden sind.

1. Art. 66 Z. 5 GO., Art. 10 Z. 7 BezO., Art. 11 Z. 7 KrO.
2. Art. 66 Z. 5 GO.
3. Art. 10 Z. 7 BezO.
4. Art. 11 Z. 7 KrO.

V. Abstimmungshandlung.

1. Abstimmungsdauer.

§ 50.

I Die Abstimmung dauert, wenn sie nicht abgekürzt worden ist (§ 35), von vormittags 9 bis 6 Uhr nachmittags. Sie kann schon vorher geschlossen werden, wenn sämtliche in der Wählerliste eingetragenen Personen ihre Stimme abgegeben haben.[1]

II Bei Verbindung einer Gemeinde-, Bezirks- oder Kreiswahl mit einer vom Reich oder auf Grund des Landeswahlgesetzes angeordneten Abstimmung gelten an Stelle des Abs. I, sowie der Bestimmungen in §§ 51—56, 65 und 66 [2] die entsprechenden Bestimmungen des Reiches oder auf Grund des Landeswahlgesetzes.[3] § 54 III und IV bleiben jedoch anwendbar.[4]

1. S. Art. 66 Z. 6 GO., Art. 10 Z. 6 BezO., Art. 11 Z. 6 KrO.

2. D. h. der Bestimmungen über die Öffentlichkeit der Abstimmung, über die Einzelheiten der Abstimmungshandlung, den Schluß der Abstimmung und die Einzelheiten der Abstimmung in Kranken- und Pflegeanstalten.

3. Sachliche Abweichungen bestehen ohnehin nicht.

4. § 54 III verbietet, wo nicht mit amtlichen Stimmzetteln gewählt wird, die Auflage von Stimmzetteln (abgesehen von leeren) im Wahlraum. Diese Bestimmung kennen weder das RWG., noch das LWG., da hienach nur mit amtlichen Stimmzetteln gewählt wird.

§ 54 IV verlangt die Auflage der Wahlgesetze und Wahlordnungen, damit Zweifel gelöst werden können.

2. Öffentlichkeit der Abstimmung.

§ 51.

I Während der ganzen Abstimmungsdauer und während der Ermittelung und Feststellung des Abstimmungsergebnisses ist den Stimmberechtigten [1] die Anwesenheit im Abstimmungsraum gestattet, soweit sie ohne Störung der Abstimmung möglich ist. Aufgabe des Wahlvorstehers [2] ist die Aufrechterhaltung der Ruhe und Ordnung im Abstimmungsraum und den unmittelbar damit zusammenhängenden Räumlichkeiten. Der Wahlvorstand ist berechtigt, Personen, welche die Ruhe und die ordnungsmäßige Abwicklung des Abstimmungsgeschäftes stören, aus dem Abstimmungsraume zu verweisen. Sie dürfen zuvor ihre Stimme abgeben. Wenn in einem Abstimmungsraume mehrere Wahlvorstände tätig sind (§ 28 II), entscheidet das Lebensalter des Wahlvorstehers über die Zuständigkeit.

II Im Abstimmungsraume dürfen keine Ansprachen gehalten und — vom Wahlvorstand abgesehen — keine Beratungen gepflogen oder Beschlüsse gefaßt werden.

III Beim Abstimmungsschluß ist der Abstimmungsraum vorübergehend solange zu sperren,[3] bis die im Abstimmungsraum anwesenden Personen ihre Stimmen abgegeben haben. Nach Schluß dieser Stimmabgabe ist die Absperrung des Abstimmungsraumes sofort wieder aufzuheben.

1. Nichtstimmberechtigte haben zwar keinen Anspruch auf Zutritt, dürfen aber zugelassen werden (z. B. Angestellte der Wirtschaft).

2. Der Wahlvorsteher hat die Sitzungspolizei. Zur Hinausweisung von Stimmberechtigten bedarf er eines Beschlusses des Wahlvorstandes. Soweit polizeiliche Maßnahmen nötig sind, hat er diese durch die Ortspolizeibehörde zu veranlassen. Er selbst ist nicht zu polizeilichen Maßnahmen befugt. Nichtbefolgung der Hinausweisung wird als Hausfriedensbruch bestraft. Nicht verboten ist die Stellung von Anträgen und Einsprüchen beim Wahlvorstand. BGHE. v. 10. Febr. 1926, BGBZ. 1926, 862.

3. Die Sperrung ist nur nötig, wenn sie zur Durchführung des Abs. III Satz 2 erforderlich ist. Es muß Gewähr gegeben sein, daß vom Glockenschlag der Wahlschlußstunde an niemand mehr zur Stimmabgabe den Wahlraum betritt. Hiefür ist der Wahlvorstand verantwortlich. Die Absperrung darf aber nur zu einer ganz vorübergehenden Aufhebung der Öffentlichkeit führen. Diese ist auch bei Ermittlung der Ergebnisse unbedingt erforderlich.

3. Eröffnung der Abstimmungshandlung.

§ 52.

Vor[1] Beginn[2] der Abstimmung hat der Wahlvorsteher die Wählerliste oder Wahlkartei nach dem Verzeichnisse der etwa nachträglich noch ausgestellten Wahlscheine in der in § 16 II vorgeschriebenen Weise zu berichtigen.

1. Nach § 16 II erhält der Wahlvorsteher kurz vor der Abstimmung die Wählerliste. Wenn nach Abschluß derselben durch die G.behörde noch Wahlscheine ausgestellt worden sind, erhält er weiter einen Auszug aus dem Verzeichnis der Wahlscheine. Bei den Stimmberechtigten, die hierin vorgetragen sind, hat er dann in der Wählerliste in der Spalte für den Abstimmvermerk für die betreffende Wahl einzutragen W (d. h. Wahlschein) und den Vermerk über den Abschluß der Wählerliste hinsichtlich der nach Abzug der Wahlscheininhaber in der Liste noch verbleibenden Stimmberechtigten richtigzustellen.

2. Der Wahlvorsteher hat mit der Eröffnung pünktlich zu beginnen. Eine kurze, durch das Fehlen von Wahlvorstandsmitgliedern begründete Verspätung ist ohne Bedeutung. BGHE. v. 19. Mai 1920, BGBZ. 1925, 727.

§ 53.

Die Abstimmungshandlung wird damit eröffnet, daß der Wahlvorsteher den Wahlvorstand durch die in Aussicht genommenen Personen (§§ 26, 27) bildet und durch Handschlag verpflichtet. Fehlende Personen werden durch anwesende Stimmberechtigte ersetzt.

Eine hiedurch verursachte Verzögerung des Beginns ist ohne Bedeutung. S. § 52 Anm. 2.

§ 54.

I Der Tisch, an dem der Wahlvorstand Platz nimmt, muß von allen Seiten zugänglich sein.

II An diesem Tisch muß die Wahlurne sich befinden (§ 29). Vor Beginn der Abstimmungshandlung hat sich der Wahlvorstand davon zu überzeugen, daß die Urne leer ist. Von da an bis zur Entnahme der Stimmzettel nach Schluß der Abstimmung darf die Urne nicht mehr geöffnet werden.[1]

III Soweit mit amtlichen Stimmzetteln gewählt wird, sind solche in ausreichender Anzahl bereitzuhalten.[2] Wo nicht mit amtlichen Stimmzetteln gewählt wird, ist die Auflegung von gedruckten, sonstwie vervielfältigten oder geschriebenen Stimmzetteln im Abstimmungsraume verboten;[3] doch ist in diesem Fall eine entsprechende Anzahl leerer Stimmzettel in der vorgeschriebenen Größe (§§ 33 III, 34 II) bereitzuhalten.

IV In jedem Abstimmungsraum ist bei der Gemeindewahl ein Abdruck der Gemeindeordnung, und wenn eine Bezirks- oder Kreiswahl damit verbunden ist, auch ein Abdruck der Bezirks- oder Kreisordnung, ferner ein Abdruck der Wahlordnung aufzulegen und eine Abschrift der Bekanntmachung gemäß § 36, sowie der Bekanntmachung nach § 48 oder § 49 vor und in dem Abstimmungsraum anzuschlagen.[4]

1. Es ist also unzulässig, einen etwa versehentlich in die Urne geworfenen Stimmzettel wieder herauszuholen.

2. Sie werden dem Wahlvorsteher von der G., dem Bezirksamt oder der Regierung zur Verfügung gestellt, mit einem Zuschlag von 5—10% über die Zahl der Stimmberechtigten.

3. Ein Verstoß hiegegen ist die Verletzung einer wesentlichen Förmlichkeit, die zur Ungültigkeit der Wahl führen kann. VGHE. v. 25. Mai 1925, BGBZ. 1925 S. 727.

4. Von beiden Bekanntmachungen ist je ein Abdruck im Wahlraum und vor dem Wahlraum anzuschlagen.

4. Stimmabgabe.

§ 55.

I Der Wahlvorsteher leitet die Stimmabgabe und läßt bei besonderem Andrang den Zutritt zu dem Abstimmungsraum regeln.

II Soweit sonst Anordnungen oder Entscheidungen hinsichtlich der Stimmabgabe[1] zu treffen sind, trifft sie der Wahlvorstand.

1. D. h. Entscheidungen über die Zulassung zur Stimmabgabe und über die Beanstandungen hiewegen. Nach § 57 VI sind nichtvorschriftsmäßige Stimmzettel zurückzuweisen. Auch diese Entscheidung trifft der Wahlvorstand.

§ 56.

Die Abstimmung wird persönlich durch nicht unterschriebene Stimmzettel ausgeübt, welche die Stimmberechtigten dem Wahlvorsteher eigenhändig oder, wenn sie durch ein körperliches Gebrechen hieran verhindert sind,[1] unter Beihilfe[2] einer von ihnen bestimmten[3] Vertrauensperson überreichen. Stellvertretung ist unzulässig.

1. Beihilfe ist zulässig, wo und soweit das körperliche Gebrechen die persönliche Übergabe des Stimmzettels unmöglich macht.

2. Die Beihilfe kann sich auch auf die Vorbehandlung des Stimmzettels in der Wahlzelle erstrecken (§ 30 III). Sie kann hier z. B. auch bei Blinden erforderlich sein. S. § 57 II.

3. Unzulässig ist, daß der Wahlvorsteher oder sonst ein Mitglied des Wahlvorstands von Amts wegen diese Beihilfe übernimmt.

§ 57.

I Der Stimmberechtigte erhält beim Betreten des Abstimmungsraumes, wenn die Wahl mit amtlichen Stimmzetteln[1] erfolgt, von einer durch die Gemeindebehörde zu bestellenden Person einen Stimmzettel oder, wenn nicht mit solchen gewählt wird, auf Verlangen einen leeren Stimmzettel.[2] Er begibt sich damit, oder wenn nicht mit amtlichen Stimmzetteln gewählt wird, mit dem mitgebrachten nichtamtlichen Stimmzettel in die Abstimmungsschutzvorrichtung (§ 30) und kennzeichnet[3] hier seine Abstimmung auf dem Stimmzettel. Auch wenn die Wahl nicht mit amtlichen Stimmzetteln erfolgt, hat er sich in die Schutzvorrichtung zu begeben. Hier darf er nur solange verweilen, als für ihn unbedingt erforderlich ist.

II Stimmberechtigte, die des Schreibens unkundig oder durch ein körperliches Gebrechen behindert sind, ihren Stimmzettel zu behandeln, dürfen sich der Beihilfe einer von ihnen zu bestimmenden Vertrauensperson bedienen.

III Stellvertretung bei der Stimmabgabe ist unzulässig.

IV Der Wähler hat seinen Stimmzettel zweimal zusammenzufalten,[4] so daß dessen Inhalt verdeckt ist.

V Darnach tritt er an den Tisch des Wahlvorstandes, nennt seinen Namen und auf Aufforderung seine Wohnung. Auf Erfordern hat er sich über seine Person auszuweisen. Der Schriftführer oder sein Vertreter hat den Namen in der Wählerliste oder Wahlkartei aufzusuchen und bei Verbindung mehrerer Wahlen oder Abstimmungen auch festzustellen, ob der Wähler für alle oder nur für einzelne Wahlen oder Abstimmungen stimmberechtigt ist. Erst dann nimmt der Wahlvorsteher oder sein Vertreter den Stimmzettel für die Wahlen oder Abstimmungen, für die der Wähler stimmberechtigt ist, entgegen, prüft die äußerliche Vorschriftsmäßigkeit des Stimmzettels, ohne ihn zu öffnen, und legt ihn dann, nachdem in der Wählerliste der Abstimmvermerk (§ 59) gemacht worden ist, in die Wahlurne.[5] Bei Verbindung mehrerer Wahlen kann der einzelne Stimmberechtigte die Abstimmungen für diese auch getrennt von einander zu verschiedenen Zeiten vornehmen, soweit sie nicht auf Wahlschein erfolgen.[6]

VI Nichtvorschriftsmäßige[7] oder mit einem äußeren Merkmal[8] versehene Stimmzettel sind zurückzuweisen,[9] ebenso bei vorgeschriebener Verwendung amtlicher Stimmzettel solche Stimmzettel, die als nichtamtliche erkenntlich sind.[10]

VII Als äußeres Merkmal ist ein Zeichen anzusehen, das die äußerliche regelmäßige Beschaffenheit des Stimmzettels irgendwie verändert und geeignet ist, für jemand, der sich dieses Zeichen in Verbindung mit der Person des Abstimmenden merkt, dessen Abstimmung bei der späteren Ergebnisermittlung erkennbar zu machen.

VIII Glaubt der Wahlvorsteher das Wahlrecht einer in der Wählerliste eingetragenen Person beanstanden zu müssen oder werden sonst aus der Mitte des Wahlvorstandes hiewegen Bedenken erhoben, so hat der Wahlvorstand hierüber Beschluß zu fassen.[11] Der Beschluß ist in der Niederschrift vorzumerken.

1. Bei G.wahl in Städten mit mehr als 20000 Einwohnern, wo das beschlossen wird, und bei Bezirks- und Kreiswahl mit Verhältniswahl.

2. S. § 54 III.

3. Beihilfe s. § 56 Anm. 2.

4. Bei den Gemeinde-, Bezirks- und Kreiswahlen werden, wie bei der Landtagswahl, im Gegensatz zu der Reichstagswahl, keine Wahlumschläge verwendet.

5. Der richtige Gang des Verfahrens ist folgender:
a) Nennung des Namens des Wählers;
b) Aufsuchen des Namens in der Wählerliste durch den Schriftführer;
c) Feststellung des Umfangs des Wahlrechtes (für welche Wahlen) und im Zweifel der Identität des Wählers;
d) Entgegennahme des Stimmzettels durch den Wahlvorsteher;
e) äußerliche Prüfung des Stimmzettels, ob vorschriftsmäßig und von richtiger Farbe; bei Beanstandung Zurückweisung des Wählers;
f) Abstimmvermerk in der entsprechenden Spalte der Wählerliste durch den Schriftführer;
g) Einwerfen des Stimmzettels in die Urne durch den Wahlvorsteher. (Über den Fall, daß der Wähler selbst den Zettel in die Urne warf vgl. VGHE. v. 3. Juni 1925, BGBZ. 1925, 728.)

6. Wenn der Wähler, statt die verschiedenen Stimmzettel auf einmal abzugeben, seine Abstimmungen teilen will, ist hiegegen nichts einzuwenden. Ausnahme bei Abstimmung auf Wahlschein. S. § 58 II.

7. S. § 70 I Z. 1.

8. S. Abs. VII und § 70 I Z. 2.

9. Durch Beschluß des Wahlvorstands.

10. § 72 Z. 1.

11. Der Eintrag in der Wählerliste verschafft das Wahlrecht nicht an Personen, die es tatsächlich nicht besitzen.

§ 58.

I Inhaber von Wahlscheinen[1] nennen ihren Namen und übergeben den Wahlschein dem Wahlvorsteher, der ihn nach Prüfung an den Schriftführer weiterreicht.[2] Die Wahlscheininhaber haben sich auf Erfordern über ihre Person auszuweisen. Entstehen Zweifel über die Echtheit oder den rechtmäßigen Besitz des Wahlscheins oder das Stimmrecht des Inhabers eines Wahlscheines, so hat der Wahlvorstand diese Zweifel nach Möglichkeit aufzuklären und über die Zulassung oder Zurückweisung der Person Beschluß zu fassen. Der Vorgang ist in der Niederschrift kurz zu schildern. Wenn die Zulassung des Wählers nicht durch Beschluß des Wahlvorstandes beanstandet wird, ist sein Stimmzettel vom Wahlvorsteher oder seinem Vertreter entgegenzunehmen und in die Wahlurne zu legen.

II Bei Verbindung mehrerer Wahlen ist der Wahlschein besonders daraufhin zu prüfen,[3] auf welche Wahlen er sich erstreckt. Wenn der Wähler nicht für sämtliche Wahlen, für die der Wahlschein ausgestellt ist, Stimmzettel abgibt,[4] ist das vom Schriftführer auf dem Wahlschein zu vermerken. Bei der Feststellung nach § 67 III sind solche Wahlscheine besonders zu berücksichtigen.[5]

1. §§ 15—17.

2. Er verwahrt die Wahlscheine während der Stimmabgabe.

3. Damit nicht Stimmzettel für Wahlen entgegengenommen werden, für die der Wahlscheininhaber nicht stimmberechtigt ist.

4. Weil er sein Wahlrecht nicht für alle Wahlen ausüben will.

5. Sonst stimmt die Zahl der Wähler und der Stimmzettel nicht.

§ 59.

Der Schriftführer oder sein Vertreter vermerkt die Stimmabgabe des Stimmberechtigten neben dessen Namen in der Wählerliste[1] in der für die betreffende Abstimmung vorgesehenen Spalte und sammelt die Wahlscheine.

1. In den für die betreffende Wahl vorgesehenen Wahlen, also so oftmals, als er Stimmzettel abgegeben hat.

§ 60.

Wähler, die nicht in die Wählerliste eingetragen sind und auch keinen Wahlschein aufzuweisen haben, dürfen auch nicht auf Grund eines Beschlusses des Wahlvorstandes zur Stimmabgabe zugelassen werden.[1]

1. Die Nichtbeachtung führt zur Ungültigkeit der Stimmen, unter Umständen zur Ungültigkeit der ganzen Wahl. BGHE. v. 28. April 1920, BGBZ. 1925, 757, und v. 4. Nov. 1925, BGBZ. 1926, 886.

5. Inhalt der Stimmzettel.

§ 61.

I Für die Bürgermeisterwahl müssen die Stimmzettel die Bezeichnung des Gewählten in einer jeden Zweifel ausschließenden[1] Weise enthalten.

II Die Wahl der ersten Bürgermeister ist auf dem gleichen Stimmzettel wie die Wahl der ehrenamtlichen Gemeinderatsmitglieder vorzunehmen. Der Stimmzettel ist hierzu durch einen Querstrich in zwei Teile[2] zu teilen, wovon der obere Teil zur Wahl des ersten Bürgermeisters, der untere Teil zur Wahl der ehrenamtlichen Gemeinderatsmitglieder dient. Es ist zulässig, daß die gleiche Person sowohl als Bürgermeister wie auch (für den Fall, daß sie als solcher nicht die erforderliche Mehrheit erhält,) als Gemeinderatsmitglied gewählt wird.[3]

1. S. § 71 Z. 1—3.

2. Der obere Teil muß kleiner wie der untere sein.

3. Wenn er zum 1. B. gewählt wird, scheidet er für die Wahl der ehrenamtlichen G.ratsmitglieder aus.

§ 62.

I Für die Wahl der ehrenamtlichen Gemeinderatsmitglieder muß der Stimmzettel die Abstimmung gleichfalls in einer jeden Zweifel ausschließenden Weise ersehen lassen.[1]

II In Gemeinden mit mehr als 20000 Einwohnern sind die Wähler bei Verhältniswahl an die Wahlvorschläge gebunden.[2] Wenn der amtliche Stimmzettel eingeführt ist, haben sie ihre Abstimmung durch ein auf den Stimmzettel gesetztes Kreuz oder auf andere Weise[3] kenntlich zu machen. Auch wenn der amtliche Stimmzettel nicht eingeführt ist, muß[4] der Stimmzettel das Kennwort des gewählten Wahlvorschlages und soll außerdem die Namen der 3 ersten Bewerber des gleichen Wahlvorschlages enthalten.

III In Gemeinden bis zu 20000 Einwohnern können die Wähler bei Verhältniswahl nur Bewerbern, die in einem amtlich zugelassenen und öffentlich bekanntgegebenen Wahlvorschlag enthalten sind, und nur Bewerbern aus einem einzigen Wahlvorschlag ihre Stimme geben. Die Stimmzettel müssen[5] das Kennwort des Wahlvorschlages und dürfen in Gemeinden bis zu 10000 Einwohnern höchstens $1^1/_2$ mal, in Gemeinden mit mehr als 10000 bis zu 20000 Einwohnern $1^1/_4$ mal soviele Namen enthalten, als Vertreter zu wählen sind. Bruchteile werden dabei auf die nächste ganze Zahl aufgerundet. Innerhalb dieser Grenzen können die Namen der einzelnen Bewerber auch zweimal oder höchstens dreimal auf dem Stimmzettel aufgeführt werden.[6] Die durch Satz 2 bestimmte Höchstzahl darf auch durch die Häufung nicht überschritten werden. Die Namen müssen bei der Häufung mit Buchstaben wiederholt werden. Die Beifügung von Zahlenzeichen oder sonstigen Wiederholungszeichen genügt zu diesem Zwecke nicht. Die Stimmzettel können weniger Namen enthalten, als Bewerber zulässig sind. Die Streichung der Namen einzelner Bewerber ist zulässig.[7]

IV Bei Mehrheitswahl der ehrenamtlichen Gemeinderatsmitglieder (wenn kein gültiger Wahlvorschlag oder nur ein gültiger Wahlvorschlag vorliegt), können die Stimmzettel überall doppelt soviele Namen enthalten, als Vertreter zu wählen sind. Die Wähler sind dabei an die vorgeschlagenen Bewerber nicht gebunden, können aber jedem Bewerber nur eine Stimme geben.[8]

1. S. § 73 Z. 1.
2. S. Art. 66 Z. 7 Unterabs. 1.

3. Es genügt jede Kennzeichnung, die ersichtlich macht, welchem Wahlvorschlag der Wähler seine Stimme geben will. Die Kennzeichnung kann mit Tinte, Tintenstift, Bleistift, Farbstift geschehen. Näheres s. § 72 Z. 3.

4. In G.n mit mehr als 20000 Einwohnern bei der gebundenen Liste ist unter allen Umständen das Kennwort auf dem Stimmzettel erforderlich (Art. 66 Z. 7 GO.). Sonst ist der Stimmzettel nach § 72 Z. 2 ungültig. Die Namen der Bewerber sind nicht Voraussetzung für die Gültigkeit. Namen aus anderen Wahlvorschlägen bewirken Ungültigkeit (§ 72 Z. 4).

5. S. Art. 66 Z. 7 Unterabs. 2. Das Kennwort ist Voraussetzung für die Gültigkeit des Stimmzettels überhaupt (§ 72 Z. 2). Im übrigen gelten die Stimmzettel nur für die Bewerber, die darin gültig aufgeführt sind. Erforderlich ist mindestens ein Name aus dem Wahlvorschlag, dessen Kennwort der Zettel trägt, und höchstens soviele Namen, als zulässig sind.

6. Über die Häufung s. Art. 66 GO. Anm. 35.

7. Streichung von Namen ist zwar zulässig, aber nicht der Ersatz durch andere, dem Wahlvorschlag nicht angehörende (s. Art. 66 GO. Anm. 37).

8. S. Art. 66 Z. 5 GO. und Anm. 24 daselbst. Kein Recht der Häufung.

§ 63.

I Für die Bezirkswahl können die Wähler bei Verhältniswahl nur einem der für die Gemeinde, oder wenn die Gemeinde in Stimmbezirke eingeteilt ist, für den Stimmbezirk aufgestellten Bewerber [1] ihre Stimme geben, indem sie auf dem amtlichen Stimmzettel ihre Abstimmung durch ein auf den Stimmzettel gesetztes Kreuz oder auf andere Weise [2] kenntlich machen. Sie können dabei den Namen des Bewerbers streichen, aber keinen anderen Bewerber hiefür einsetzen. Die Streichung allein genügt zur Kenntlichmachung nur dann, wenn kein Zweifel darüber bestehen kann, daß der Wähler eine Listenstimme für einen bestimmten Wahlvorschlag abgeben wollte. [3] Solche Stimmen gelten dann als Listenstimmen nur für den Wahlvorschlag im ganzen, [4] nicht aber für den aufgestellten Bewerber dieses Wahlvorschlages.

II Wenn bei Mehrheitswahl ein gültiger Wahlvorschlag aufgestellt und auf das $1\frac{1}{2}$ fache der zu wählenden Vertreter rechtzeitig ergänzt worden ist, [5] können die Wähler entweder für diesen im ganzen unverändert oder für einen einzelnen in dem Wahlvorschlag enthaltenen Bewerber abstimmen. Letztere Abstimmung erfolgt durch Streichung der nichtgewählten Vertreter und Kennzeichnung des Gewählten. Bei unveränderter Abgabe des Stimmzettels ist keine weitere Kennzeichnung erforderlich. Unzulässig ist die Abstimmung für einen nicht in dem Wahlvorschlag enthaltenen Bewerber. Wenn mehr als die Hälfte der Wähler für den unveränderten Wahlvorschlag[6] im ganzen abgestimmt hat, sind die darin enthaltenen Bewerber in der vorgeschlagenen Reihenfolge gewählt oder als Ersatzleute bestimmt. Wenn dagegen in solchen Fällen weniger als die Hälfte der Wähler für den unveränderten Wahlvorschlag im ganzen abgestimmt hat, finden die Grundsätze der Mehrheitswahl Anwendung. Wenn ein Wähler bei der Abstimmung für den Wahlvorschlag im ganzen seine Stimme nicht zugleich auch als Stimme für den im Stimmbezirk aufgestellten Bewerber gelten lassen will, kann er durch Bezeichnung eines anderen Bewerbers des Wahlvorschlages (durch ein Kreuz oder auf andere Weise) zu erkennen geben, daß seine Stimme in diesem Falle für einen anderen in dem Wahlvorschlag enthaltenen Bewerber gelten soll.

III Wenn bei Mehrheitswahl kein gültiger Wahlvorschlag[7] vorliegt, dürfen die Stimmzettel nur den Namen eines Bewerbers enthalten.[8]

1. S. Art. 9 Z. 4 BezO. und § 40 I Z. 2 Satz 4.

2. S. § 62 Anm. 3.

3. S. Art. 9 Z. 4 BezO. und Anm. 9 daselbst. Neben der Streichung ist noch die Kennzeichnung des Wahlvorschlages nötig. S. § 93 Anm. 3.

4. Im Verhältnis zu den übrigen Wahlvorschlägen, nicht aber im Verhältnis der Bewerber des Wahlvorschlages untereinander.

5. S. Art. 10 Z. 7 Unterabs. 3 BezO.

6. Es genügt also die unveränderte Abgabe ohne jede Kennzeichnung.

7. Mit der höchstzulässigen Bewerberzahl.

8. S. Art. 10 Z. 7 Unterabs. 2 BezO.

§ 64.

I Für die Kreiswahl können die Wähler bei Verhältniswahl nur den für den Stimmkreis aufgestellten Bewerbern [1] eines amtlich zugelassenen und öffentlich bekanntgegebenen Wahlvorschlages ihre Stimme geben, indem sie durch ein auf den Stimmzettel gesetztes Kreuz oder auf andere Weise [2] ihre Stimmabgabe erkennbar machen. Sie können dabei den Namen der Bewerber oder eines Bewerbers [3] oder, wenn für den Stimmkreis nur ein Bewerber aufgestellt ist, den Namen dieses Bewerbers streichen, aber keinen anderen Bewerber hiefür einsetzen. Die Streichung allein genügt zur Kenntlichmachung nur dann, wenn kein Zweifel über den Willen des Wählers entstehen kann. Solche Stimmen, auf denen alle Bewerber eines Wahlvorschlages gestrichen sind, [4] gelten die Listenstimmen [5] für den Wahlvorschlag im ganzen, nicht aber für die aufgestellten Bewerber dieses Wahlvorschlages.

II Bei Mehrheitswahl dürfen die Stimmzettel nur den Namen eines Bewerbers [6] enthalten.

1. S. Art. 10 Z. 4 KrO.

2. S. § 62 Anm. 3.

3. Die Streichung eines von zwei Bewerbern führt dazu, daß der andere Bewerber mehr Stimmen als sein Mitbewerber erhält. Es treten also die Wirkungen des „Köpfens" der Liste ein. Auf diese Wirkung hat der Regierungsvertreter im VerfA. (Beil. 2864 S. 704) eigens hingewiesen und aufmerksam gemacht, daß, wenn ein Bewerber vollständig gesichert werden soll, die Gefahr des Köpfens nur dadurch beseitigt werden kann, daß er in zwei Stimmkreisen aufgestellt wird. Die Zulassung dieser Betätigung der Wähler hängt damit zusammen, daß es sich bei der Kreiswahl nicht um die gebundene, sondern eine Art der freien Liste handelt. Das Verbot des Streichens eines von zwei Bewerbern müßte in der KrO. vorgesehen sein, wo es sich nicht findet. Die Landtagsverhandlungen beweisen im Gegenteil, daß man diese Streichung eines der beiden Bewerber zulassen wollte.

4. Wenn von zwei Bewerbern nur einer gestrichen ist, handelt es sich noch nicht um eine Listenstimme, sondern noch um eine Bewerberstimme für den nicht gestrichenen Bewerber (s. Art. 10 Z. 4 KrO.). Eine Listenstimme liegt nur vor, wenn kein Bewerber mehr auf dem Stimmzettel enthalten ist.

5. S. Art. 10 Z. 4 KrO.

6. S. Art. 11 Z. 7 KrO.

6. Schluß der Abstimmung.

§ 65.

I Sobald die Abstimmungszeit abgelaufen ist,[1] gibt der Wahlvorsteher den Schluß der Stimmabgabe bekannt. Von da an dürfen nur noch die Stimmberechtigten zur Stimmabgabe zugelassen werden, die sich in diesem Zeitpunkt schon im Abstimmungsraume befunden haben. Andere Stimmberechtigte dürfen von da an nicht mehr zur Stimmabgabe zugelassen werden. Der Abstimmungsraum ist solange abzusperren, bis die Anwesenden ihre Stimme abgegeben haben.[2]

II Hierauf ist sofort die Öffentlichkeit wieder herzustellen.

III Die Stimmabgabe kann nur dann durch den Wahlvorsteher auf Grund Beschlußfassung durch den Wahlvorstand schon vor Ablauf der Wahlzeit geschlossen werden, wenn sämtliche in der Wählerliste eingetragenen Stimmberechtigten ihre Stimmen abgegeben haben.[3]

1. S. § 50.
2. S. § 51 III.
3. S. § 50 I Satz 2.

7. Besonderheiten für Abstimmungen in Kranken- und Pflegeanstalten.

§ 66.

Sind für Kranken- und Pflegeanstalten selbständige Stimmbezirke gebildet worden (§ 24),[1] so wird die Abstimmung hier nach folgenden Bestimmungen vorbereitet und durchgeführt:

1. Die Gemeindebehörde des Sitzes der Anstalten ersucht die Anstaltsleitungen um ein Verzeichnis der aus der Gemeinde in der Anstalt untergebrachten Stimmberechtigten, welche für die Stimmabgabe in der Anstalt in Betracht kommen, stellt Wahlscheine[2] für sie aus und übersendet sie der Anstaltsleitung zur Zustellung an die Stimmberechtigten. Auswärtige in den Anstalten untergebrachte Stimmberechtigte haben sich die

für die Teilnahme an Bezirks- und Kreiswahlen nötigen Wahlscheine selbst zu beschaffen.

2. Der für solche Stimmbezirke aufgestellte Wahlvorsteher[3] trägt für den Zusammentritt eines Wahlvorstandes[4] in der Anstalt rechtzeitig Sorge. Die Mitglieder des Wahlvorstandes brauchen in dem Stimmbezirke nicht stimmberechtigt zu sein. Es ist zulässig, daß in den verschiedenen, zu einem solchen Stimmbezirke gehörigen Anstalten verschiedene Personen als Mitglieder des Wahlvorstandes bestellt werden. Die Gemeinden stellen die für die Stimmabgabe erforderlichen Gegenstände zur Verfügung.

3. Die Anstaltsleitung bestimmt einen Abstimmungsraum, wohin die stimmberechtigten Anstaltsinsassen auf ihren Wunsch, wenn erforderlich, in ihren Betten, unbedenklich[5] gebracht werden können. Der Raum muß so gelegen sein, daß eine Abstimmungsschutzvorrichtung geschaffen werden kann. Es ist zulässig, für die Stimmabgabe in verschiedenen Gebäuden einer Anstalt oder in verschiedenen Stockwerken eines Gebäudes verschiedene Räume und verschiedene Zeiten zu bestimmen. Der Wahlvorsteher bestimmt im Benehmen mit der Anstaltsleitung die Abstimmungszeiten. Sie sind so zu bemessen, daß sämtliche für den einzelnen Abstimmungsraum in Betracht kommenden Stimmberechtigten ihre Stimmen abgeben können. Der Wahlvorstand kann auf Wunsch der Kranken zur Entgegennahme der Stimmzettel auch an die Krankenbetten gehen, wenn ärztliche Bedenken nicht entgegenstehen.[6]

4. Die Bildung solcher Stimmbezirke, die Namen der Wahlvorsteher und ihrer Vertreter, ferner Zeit und Ort der Stimmabgabe sind den Stimmberechtigten in den beteiligten Anstalten spätestens am Tage vor der Abstimmung bekanntzugeben.

5. Das Ergebnis wird in dem Abstimmungsraum ermittelt, in dem die letzten Stimmen aus dem Stimmbezirk abgegeben worden sind.

6. Es ist dafür zu sorgen, daß die Öffentlichkeit bei der Stimmabgabe und bei der Ermittlung der Ergebnisse durch die Anwesenheit anderer Stimmberechtigter tunlichst gewährleistet wird.
7. Die Anstaltsleitungen sind für die Absonderung von Kranken verantwortlich, die mit ansteckenden Krankheiten behaftet sind.
8. Im übrigen gelten die allgemeinen Vorschriften auch für solche Abstimmungen.

1. Die Prüfung der Frage, ob und wie solche Stimmbezirke gebildet werden, erfolgt von Amts wegen.

2. Die Abstimmung erfolgt nur auf Wahlschein, ohne Wählerliste.

Die G.behörde besorgt die Wahlscheine nur für die Einheimischen.

3. Ausstellung erfolgt nach § 25.

4. Bestehend aus dem Wahlvorsteher, seinem Vertreter, einem Schriftführer und mindestens drei Beisitzern. Sie können jeweils den Wählern der betreffenden Anstalt oder den sonstigen Wählern entnommen sein und können in den verschiedenen Anstalten eines solchen Stimmbezirks wechseln.

5. Die Verantwortung für die Erfüllung des Wunsches des Kranken, an der Wahl teilzunehmen, liegt bei dem leitenden Arzt.

6. Auch hiebei ist eine Abstimmungsschutzvorrichtung nötig.

VI. Ermittlung und Feststellung der Wahlergebnisse.

A. Für die Gemeindewahl.

1. Im allgemeinen.

§ 67.

I Die Ermittlung der Wahlergebnisse durch die Zählung der Stimmen und die Feststellung der Wahlergebnisse durch die Verteilung der Sitze und die Feststellung der Gewählten erfolgt öffentlich (§ 51). Sämtliche Handlungen sind durch den Wahlvorstand im ganzen ohne Unterteilung in verschiedene Abteilungen vorzunehmen.

II Nach Schluß der Wahl sind zunächst alle nicht benutzten Umschläge und Stimmzettel von den Tischen, an denen das Ergebnis ermittelt werden soll, zu entfernen. Hierauf werden die Stimmzettel der Wahlurne entnommen und im ganzen uneröffnet gezählt. Wenn mehrere Abstimmungen miteinander verbunden sind, sind die für die verschiedenen Abstimmungen geltenden Stimmzettel dabei nach ihren äußeren Merkmalen[1] uneröffnet auszuscheiden. Die Feststellung der Zahlen ist für die verschiedenen Wahlen gesondert vorzunehmen.

III Zuerst wird die Zahl der Abstimmvermerke in der Wählerliste für jede einzelne Abstimmung ermittelt, ebenso auf Grund der abgegebenen Wahlscheine die Zahl der Personen, die für jede einzelne Abstimmung auf Wahlschein gewählt haben.[2] Die Zahlen der Stimmzettel einerseits und der Abstimmvermerke und der Wahlscheine andererseits werden, für jede Wahl gesondert, miteinander verglichen. Eine auch bei wiederholter Zählung sich ergebende Abweichung der beiden Zahlen ist in der Niederschrift vorzumerken und möglichst aufzuklären.[3]

IV Die Ermittlung und Feststellung der Ergebnisse soll, wenn irgend möglich, im Anschluß an die Stimmabgabe und ohne Unterbrechung durchgeführt werden. Ist eine Unterbrechung notwendig, so sind die Wahlverhandlungen samt den Stimmzetteln in Gegenwart des Wahlvorstandes sorgfältig zu verpacken, zu versiegeln und bis zur Wiederaufnahme der Arbeiten unter sicherem Verschluß zu verwahren. Die Zeit der Fortsetzung ist zu verkünden.

1. Nach den vom Staatsministerium des Innern bestimmten Farben. Die uneröffnete Zählung ist wesentlich. BGVZ. 1926, 863.

2. Dabei ist zu beachten, ob die Wahlscheine für alle vorgenommenen Wahlen gültig sind.

3. Wird die Aufklärung unterlassen, oder läßt sich die Abweichung nicht aufklären, so ist hieraus keine Verletzung einer wesentlichen Förmlichkeit abzuleiten. BGHE. v. 22. Juli 1925, BGVZ. 1925, 730.

§ 68.

Die Ermittlung und Feststellung der Ergebnisse geht verschieden vor sich, je nachdem die Gemeinde nur einen oder mehrere Stimmbezirke umfaßt. Außer den Bestimmungen in §§ 69—76 gelten im ersteren Falle die Bestimmungen in §§ 77—88, im letzteren Falle außerdem auch noch die Bestimmungen in §§ 89 und 90.

§ 69.

I Ein Beisitzer öffnet einzeln die Stimmzettel und übergibt sie dem Wahlvorsteher oder seinem Vertreter. Dieser verliest hierauf zuerst die Stimmen für die Wahl des ersten Bürgermeisters und sodann die Stimmen für die Wahl der ehrenamtlichen Gemeinderatsmitglieder und übergibt die Stimmzettel sodann einem anderen Beisitzer zur Verwahrung. Es ist unzulässig, an den Stimmzetteln dabei irgendwelche Änderungen vorzunehmen.

II Für die Wahl der ersten Bürgermeister und der ehrenamtlichen Gemeinderatsmitglieder ist je eine gesonderte Zähl- und Gegenliste von dem Schriftführer und einem Beisitzer zu führen. In diesen ist der Inhalt jedes einzelnen gültigen Stimmzettels sofort bei der Verlesung vorzumerken. Die beiden Listen sind von den Listenführern mit dem Wahlvorsteher zu unterzeichnen.

Z. B. auch dann, wenn zuviele Namen auf einem Zettel stehen. Unzulässig ist auch, einen Zettel zu vernichten. BGHE. in BGBZ. 1925, 229.

§ 70.

I Vollständig[1] ungültig, d. h. in Gemeinden bis zu 3000 Einwohnern sowohl für die Wahl des ersten Bürgermeisters, als auch für die der ehrenamtlichen Gemeinderatsmitglieder, in größeren Gemeinden für die letztere Wahl,[2] sind Stimmzettel,

1. die nicht die vorgeschriebene Größe[3] oder Farbe[4] haben,
2. die mit einem Zeichen versehen sind, das sie zu kennzeichnen[5] geeignet ist (§ 57 VII),
3. die auch oder ausschließlich auf der Rückseite[6] beschrieben oder gekennzeichnet sind,
4. die außer der vorgeschriebenen Bezeichnung der Gewählten noch Zusätze[7] enthalten, es sei denn, daß es

sich nur um die Kennzeichnung der Wahl (z. B. Gemeindewahl, Wahl des 1. Bürgermeisters, usw.) handelt,

5. denen ein von außen deutlich fühlbarer Gegenstand[8] beigefügt ist.

II Die Anbringung eines Kreuzes oder von Zahlenzeichen oder die Beifügung einer besonderen Kennzeichnung[9] der Personen, die zum Bürgermeister oder zu Gemeinderatsmitgliedern gewählt werden sollen, macht für sich allein einen Stimmzettel nicht ungültig. Die Beifügung einer Unterscheidung für die zu Ersatzleuten Gewählten ist wirkungslos.[10]

1. Im Gegensatz zu §§ 71—73, nach denen nur Teile des Stimmzettels für ungültig zu erklären sind.

2. Weil hier der 1. B. nicht allgemein gewählt wird.

3. §§ 33 III, 34 II. Unbedeutende Abweichungen (1 cm) ohne Belang. BGHE. v. 30. Jan. 1924, BGBZ. 1925, 754.

4. § 31 I u. II. Kleinere Abweichungen in der Tönung des Papiers sind ohne Belang. BGHE. v. 17. März 1920, BGBZ. 1925, 755.

5. Es soll nicht jedes Zeichen, das den Stimmzettel von andern unterscheidet, genügen, sondern es soll vor allem ein äußeres Mal verlangt werden, das für den Beobachter das Merken der Abstimmung einer bestimmten Person ermöglicht. S. § 57 VII: „ein Zeichen, das die äußerliche regelmäßige Beschaffenheit des Stimmzettels irgendwie verändert und geeignet ist, für jemanden, der sich dieses Zeichen in Verbindung mit der Person des Abstimmenden merkt, dessen Abstimmung bei der späteren Ergebniserteilung ersichtlich zu machen." Nicht hierunter fallen leichte Einrisse oder unbedeutende technische Herstellungsfehler, wohl aber das von außen erkennbare Abreißen eines wesentlichen Stückes des Stimmzettels. Werden äußere Merkmale eines Stimmzettels bei der Stimmabgabe bemerkt, so hat der Wahlvorstand den Stimmzettel zurückzuweisen und die Abgabe eines andern Zettels zu verlangen.

Flecken, die sich innen auf dem verdeckt abzugebenden Stimmzettel befinden, und von außen nicht sichtbar sind, können als solche äußere Merkmale nicht in Betracht kommen. Solche können auch auf Grund des § 71 Z. 5 u. § 72 Z. 7 die Gültigkeit der Stimmzettel nicht beeinträchtigen. Veränderungen der Stimmzettel, die sich auf deren verdeckter innerer Seite befinden, können nur dann als Merkmal erachtet werden, wenn daraus auf den Abstimmenden oder doch einen gewissen engeren Personenkreis, dem er angehört, geschlossen werden kann. (So das Wahlprüfungsgericht des Reiches.) S. auch BGBZ. 1927, 755; 1926, 885.

Der innere Grund der Ziff. 2 ist also der, das Wahlgeheimnis aufrecht zu erhalten.

6. Ziff. 3. Weil hiedurch das Wahlgeheimnis verletzt wird. Gleichgültig ist, was auf der Rückseite enthalten ist.

7. Ziff. 4. Durch solche Zusätze wird die Abstimmung gleichfalls unsicher. Ziff. 4 behandelt die Hinzufügung irgendwelcher Worte zu der an sich den Vorschriften entsprechenden Kennzeichnung der Abstimmung, wenn der Abstimmende damit offenbar irgendeine Willenserklärung hinsichtlich der Wahl kundgeben will. Die Zusätze können in der Beifügung von weiteren Bewerbern oder des Namens des Wählers, von Angriffen gegen Bewerber oder Beleidigungen gegen solche, oder in sonstigen Worten bestehen, wie sie manchmal zu Demonstrationszwecken zu beliebt werden: Hoch...!, oder: Nieder mit...!, wenn sie mit der Wahl irgendwie in Verbindung oder Beziehung stehen. Nicht als Zusatz in diesem Sinne ist ein irgendwo außerhalb des Vordrucks angebrachter Strich oder sonstiges Zeichen anzusehen; auch nicht sonstige Äußerungen, die offensichtlich nicht in Verbindung mit der Wahl stehen, etwa Notizen des Abstimmenden zu beliebigen anderen Zwecken. Derartiges macht den Stimmzettel nicht ungültig, wenn nicht Ziff. 2 eingreift. Ausgenommen sind auch Zusätze zum Zwecke der Kennzeichnung der Wahl (G.wahl usw.).

8. Ziff. 5. Es handelt sich hier um eine Unterart der Ziff. 2. Der Grund der Bestimmung liegt darin, daß aus der Art der Abstimmung möglicherweise die Person des Abstimmenden erkannt werden kann. Als solche beigefügte Gegenstände können z. B. Stecknadeln, Faden, Heftklammern usw. in Betracht kommen. Solche Stimmzettel sind schon bei ihrer Übergabe zu beanstanden und vom Wähler durch ordnungsmäßige Stimmzettel zu ersetzen. Weitere beigefügte, nicht gekennzeichnete Stimmzettel fallen im allgemeinen nicht hierunter, wenn die Beifügung von außen nicht fühlbar oder erkennbar ist. Dann ist sie in diesem Fall ohne Bedeutung, macht den Stimmzettel also nicht ungültig, sondern ist einfach nicht zu beachten. Wenn die beigefügten Stimmzettel jedoch dadurch gekennzeichnet sind, müssen sie als solche behandelt werden. Handelt es sich um Stimmzettel für die gleiche Wahl, so trifft § 75 Bestimmung. Handelt es sich um gekennzeichnete Stimmzettel für eine andere damit verbundene Wahl, so sind beide Stimmzettel nach Ziff. 3 ungültig, wenn nicht aus der Farbe des äußeren Stimmzettels unzweifelhaft ersichtlich ist, für welche Wahl ein gültiger Stimmzettel abgegeben wurde. Dann ist nur der innere Stimmzettel ungültig, weil bei ihm die Wahlberechtigung des Wählers nicht geprüft werden konnte und weil hienach nicht feststeht, ob der Wähler für die

andere Wahl nicht auch noch einen eigenen Stimmzettel abgegeben hat. Bei der Verwendung von Wahlumschlägen ist in solchen Fällen die Ausscheidung des ungültigen Stimmzettels stets möglich, wo Wahlumschläge nicht verwendet werden, dagegen nur, wenn für die verschiedenen Wahlen verschiedenfarbige Stimmzettel vorgeschrieben sind. Übrigens wird gerade, wo keine Wahlumschläge vorgeschrieben sind, die gleichzeitige Abgabe mehrerer verschiedenfarbiger Stimmzettel vom Wahlvorsteher leicht bemerkt und verhindert werden können.

9. Manchmal wird die für die amtlichen Stimmzettel vorgeschriebene Kennzeichnung auch bei nichtamtlichen angebracht. Dieser Irrtum soll trotz Ziff. 4 die Gültigkeit des Zettels nicht beeinträchtigen. Dasselbe gilt für sonstige Kennzeichnung der Gewählten.

10. Manche Wähler glauben die G.ratsmitglieder u. Ersatzleute auf dem Stimmzettel trennen zu müssen. Eine solche Unterscheidung ist aber wirkungslos. Die Stimmen zählen sämtlich für die G.ratswahl. Die Ersatzleute werden nicht gesondert gewählt, sondern ergeben sich aus den nichtgewählten Bewerbern. BGHE. v. 18. Febr. 1920, BGBZ. 1925, 756.

§ 71.

Die Stimmabgabe für die Wahl des ersten Bürgermeisters ist ungültig auf Stimmzetteln,

1. die für diese Wahl keinen oder keinen lesbaren Namen enthalten,
2. die hierfür mehr als einen Namen enthalten,
3. aus denen der hierfür Gewählte nicht unzweifelhaft zu erkennen[1] ist,
4. in denen hierfür eine nicht wählbare Person gewählt ist,
5. die insoweit (von der Beifügung eines Kennwortes abgesehen) einen Zusatz[2] oder eine Verwahrung oder einen Vorbehalt[3] enthalten.

1. Der Wähler muß in einer jeden Zweifel ausschließenden Weise zum Ausdruck bringen, wen er zum 1. B. wählen will. Der Wahlvorstand darf mangelhafte Bezeichnungen nicht durch Vermutungen ergänzen. S. BGHE. v. 10. Dez. 1919, BGBZ. 1925, 756.

2. S. § 70 Anm. 7.

3. Unter Verwahrung und Vorbehalt sind Zusätze besonderen Inhaltes zu verstehen, die eine Einflußnahme auf die Abstimmung versuchen. Unmöglich ist die Abstimmung unter Bedingungen oder mit der Erteilung eines Auftrags zu einer bestimmten Stellungnahme des Gewählten in irgendeiner Angelegenheit. Jeder Versuch, die Abstimmung irgendwie mit einer Verwahrung gegen Folgerungen hieraus oder mit einem Vorbehalt des Abstimmenden in irgendeiner Richtung zu verknüpfen, ist nutzlos und führt nur zur Ungültigkeit einer solchen Stimme.

§ 72.

Die Stimmabgabe für die Wahl der ehrenamtlichen Gemeinderatsmitglieder im ganzen[1] ist ungültig auf Stimmzetteln,

1. die bei Verhältniswahl, wenn amtliche Stimmzettel vorgeschrieben sind, als nicht amtlich hergestellt[2] erkennbar sind,
2. in denen bei Verhältniswahl hiefür nicht das Kennwort eines amtlich zugelassenen und öffentlich bekanntgegebenen Wahlvorschlages enthalten oder gekennzeichnet ist,[3]
3. die bei Verhältniswahl nicht deutlich ersehen lassen, für welchen Wahlvorschlag der Stimmzettel gelten soll,[4]
4. die bei Verhältniswahl außer dem Kennwort eines Wahlvorschlages Namen von Gewählten enthalten, die in einem anderen oder in keinem Wahlvorschlag enthalten sind,[5]
5. die bei Verhältniswahl in Gemeinden bis zu 20000 Einwohnern und bei Mehrheitswahl nicht mindestens einen lesbaren Namen einer wählbaren Person enthalten,[6]
6. die mehr Bewerber enthalten, als zu wählen sind, ohne daß eine erkennbare Reihenfolge besteht,[7]
7. die für die Wahl der Gemeinderatsmitglieder einen Zusatz (von der Beifügung eines Kennwortes auch bei Mehrheitswahl abgesehen), eine Verwahrung oder einen Vorbehalt enthalten.[8]

1. Für sämtliche Bewerber ohne die Möglichkeit, einzelne Wahlen für gültig zu erklären.

2. Ziff. 1. Wo amtliche Stimmzettel eingeführt sind, wird ihre Benützung immer zur unerläßlichen Bedingung der Gültigkeit der Abstimmung gemacht. Dadurch soll die Wahlbeeinflussung verhindert werden, die sonst möglich ist, und soll jeder Anreiz zur Herstellung eigener Stimmzettel durch die Parteien, die den geldstarken Parteien Vorteile gegenüber den geldschwachen Parteien gewähren würde, ausgeschlossen werden.

3. Ziff. 2. S. Art. 66 Z. 7 GO. Gilt für amtliche und nichtamtliche Stimmzettel. „Hiefür" d. h. für die Wahl der ehrenamtlichen G.ratsmitglieder. Das Fehlen des Kennwortes, bei amtlichen Stimmzetteln die Nichtkennzeichnung derselben macht den Zettel ungültig. Über die Kennzeichnung s. Anm. 4.

4. Ziff. 3. Weil die Kennzeichnung undeutlich ist. Die Kennzeichnung kann mit Bleistift, Tinte, Tintenstift, Buntstift erfolgen. Sie muß auf den amtlichen Stimmzettel im allgemeinen in räumlichem Zusammenhang mit dem Felde eines bestimmten Wahlvorschlages gebracht werden. Wenn der Stimmzettel an dieser Stelle mit einem harten oder scharfen Gegenstand beschädigt ist, gilt dies nur dann als ordnungsmäßige Kennzeichnung, wenn trotzdem über den Willen des Wählers kein Zweifel bestehen kann, z. B. bei Durchlochung. Doch muß bei solchen Veränderungen der Zettel im wesentlichen unversehrt sein. Eine gültige Abstimmung liegt nicht vor, wenn die Beschädigung einen andern Anlaß haben kann und wenn die Beschädigung einen wesentlichen Teil des Stimmzettels betrifft, wenn also ein erheblicher Teil desselben fehlt oder zerrissen ist. Wenn das Zeichen über den für einen Wahlvorschlag bestimmten Raum hinausragt, muß von Fall zu Fall entschieden werden, ob der Wille des Wählers genügend bestimmt ist. Kleinere, unbedeutende Überschreitungen des Raumes machen die Abstimmung nicht ungültig. Es genügt außer der Kennzeichnung durch ein Kreuz in dem hiefür bestimmten Raum auch eine solche durch ein Hakenkreuz, einen Strich, einen Kreis, durch Unterstreichen, durch Nachziehen der Ränder des Eintrags, durch Wiederholung des Namens des Gewählten am richtigen Platz. Der Eintrag des Namens an einem beliebigen andern Platz, etwa gar auf der Rückseite, ohne Zusammenhang mit dem Felde des Vorschlags genügt nicht, weil nicht feststeht, für welchen Wahlvorschlag der Zettel gelten soll.

Gültig ist ein Stimmzettel, auf dem eine oder mehrere Stimmabgaben ausgestrichen oder sonst ungültig gemacht sind, wenn er eine weitere unzweifelhafte, gültige Stimmabgabe enthält. Ungültig ist dagegen ein Stimmzettel, der zerrissen abgegeben wurde; denn in solchen Fällen steht der wirkliche Wille des Abstimmenden nicht fest. Vielmehr ist denkbar, daß der Abstimmende seine erst beabsichtigte Stimmabgabe hat zurücknehmen wollen. Ungültig ist ein Stimmzettel, der ordnungsgemäß gekennzeichnet, aber in zwei Teile zerrissen ist, weil die Möglichkeit sehr nahe liegt, daß der Wähler durch das Zerreißen, die zuerst beabsichtigte Abstimmung selbst zurücknehmen wollte.

5. Ziff. 4. Verboten ist die Wahl von „Wilden" und das Panachieren. S. Art. 66 Anm. 32—37.

6. Ziff. 5. Da hier nur für die einzelnen Bewerber gestimmt wird, ist eine andre Abimmung, etwa für den Wahlvorschlag im Ganzen, unmöglich. Auch im Falle des Art. 66 Z. 5 GO. muß für die sämtlichen Bewerber gestimmt werden.

7. Ziff. 6. Wenn eine erkennbare Reihenfolge besteht, gilt § 73 Z. 3. Wo die Ausscheidung nach der Reihenfolge aber nicht möglich ist, ist der ganze Zettel ungültig.

8. Ziff. 7. S. §§ 70 Anm. 7 und 71 Anm. 3.

§ 73.

Die Stimmabgabe für einzelne[1] ehrenamtliche Gemeinderatsmitglieder ist ungültig,

1. soweit die Person des Gewählten nicht unzweifelhaft zu erkennen[2] ist,
2. soweit eine nichtwählbare Person gewählt ist,
3. soweit mehr als die zulässige Zahl von Bewerbern gewählt ist, hinsichtlich der überschüssigen Bewerber, und zwar nach ihrer Reihenfolge auf dem Stimmzettel,[3]
4. soweit bei Verhältniswahl ein Bewerber öfter als dreimal auf einem Stimmzettel aufgeführt ist,[4]
5. soweit bei Mehrheitswahl ein Bewerber öfter als einmal auf dem Stimmzettel aufgeführt ist, hinsichtlich der weiteren Stimmen für den gleichen Bewerber.[5]

1. Die Wahl der übrigen Personen kann hiewegen nicht beanstandet werden. Es handelt sich nur um Ungültigkeitsgründe in der Person einzelner auf dem Stimmzettel aufgeführter Bewerber.

2. S. § 71 Anm. 1.

3. S. § 72 Anm. 7. Wenn 15 Vertreter zu wählen sind und der Zettel 17 Namen enthält, ist die Wahl der zwei Letzten ungültig. Sind die zwei Letzten nicht feststellbar, weil alle Namen durcheinandergehen, dann greift § 72 Z. 6 Platz.

4. S. Art. 66 Z. 7 Unterabs. 2 GO. Wenn ein Bewerber viermal oder fünfmal auf dem Zettel aufgeführt ist, gilt dieser trotzdem nur dreimal für den Bewerber. Das Mehr an Stimmen bleibt unbeachtet.

5. Bei Mehrheitswahl ist die Häufung nicht zugelassen (Art. 66 Z. 5 GO.). Kein Wähler kann einem Bewerber hiebei

also mehr als eine Stimme geben. Alle Häufungen bleiben unbeachtet. Die Stimme wird für jeden Bewerber nur einmal gezählt.

§ 74.

Erfolgt die Stimmabgabe für den ersten Bürgermeister oder die ehrenamtlichen Gemeinderatsmitglieder nicht an der richtigen Stelle[1] des Stimmzettels (§ 61 II), so wird die Stimmabgabe hierdurch nur dann und soweit ungültig, als der Wille des Wählers infolgedessen nicht mit Bestimmtheit zu ermitteln ist.[2]

1. z. B. wenn der 1. B. nicht auf dem obern Teil des Zettels gewählt ist.

2. Wenn der gewählte 1. B. als solcher auf dem Zettel eigens bezeichnet ist, kann auch die Aufführung an einer andern Stelle des Zettels genügen. Eine Ergänzung der Abstimmung durch Vermutungen des Wahlvorstandes ist nicht zulässig. Notwendig ist, daß der Wille des Wählers „mit Bestimmtheit", nicht nur mit Wahrscheinlichkeit ermittelt werden kann.

§ 75.

Übergibt ein Wähler mehrere gleichlautende Stimmzettel für die gleiche Wahl, so gelten sie als eine Stimme.[1] Haben mehrere von einem Wähler für die gleiche Wahl übergebene Stimmzettel von einander abweichenden Inhalt, so sind sie sämtlich ungültig.[2] Nicht gekennzeichnete oder vollständig durchstrichene Stimmzettel bleiben dabei außer Betracht.[3]

1. § 75 trifft die Entscheidung über die Gültigkeit mehrerer für die gleiche Wahl gleichzeitig von einem Wähler abgegebener gekennzeichneter oder teilweise nicht gekennzeichneter Stimmzettel. Satz 1 behandelt den Fall, daß mehrere Stimmzettel, ineinander steckend, abgegeben wurden, von denen einer ordnungsgemäß gekennzeichnet ist, während die übrigen nicht gekennzeichnet sind, oder die sämtlich gleichmäßig gekennzeichnet sind. Sie gelten als eine Stimme, die weiteren Stimmen werden nicht beachtet.

2. Anders im Fall des Satz 2. Hier handelt es sich um mehrere solche Stimmzettel, die für die gleiche Wahl verschieden gekennzeichnet sind. Sie sind sämtlich ungültig.

Zu beachten ist, daß in beiden Fällen feststehen muß, daß die mehreren Stimmzettel gleichzeitig von einem Wähler abgegeben wurden. Wenn feststeht oder wenigens wahrscheinlich ist, daß die Stimmzettel sich erst später ineinander verschoben haben, sind sie als zwei getrennte Abstimmungen zu behandeln. Wenn der Wahlvorstand bei der Entgegennahme der Stimmzettel einigermaßen Obacht gibt, werden solche Fälle von gleichzeitiger Doppelabgabe von Stimmzetteln ohnehin kaum vorkommen können, so daß, wenn nicht der Augenschein entgegensteht, im allgemeinen anzunehmen sein wird, daß die Stimmzettel sich erst später in der Wahlurne ineinander verschoben haben.

3. Sie sind weder gleichlautend mit dem Hauptzettel noch haben sie davon abweichenden Inhalt. Sie stellen überhaupt nicht einmal einen Versuch der Abstimmung dar. S. § 70 Anm. 8.

§ 76.

I Stimmzettel, die für eine andere mit der Gemeinde-, Bezirks- oder Kreiswahl verbundene Abstimmung bestimmt sind und offensichtlich nicht für sich, sondern in dem zusammengefalteten für die Gemeinde-, Bezirks- oder Kreiswahl bestimmten Stimmzettel abgegeben worden sind, beeinträchtigen dessen Gültigkeit nicht.[1]

II Stimmzettel für eine Gemeinde-, Bezirks- oder Kreiswahl, die in dem zusammengefalteten, für eine andere mit einer solchen Wahl verbundene Abstimmung bestimmten Stimmzettel oder in dem Wahlumschlag für eine andere mit dieser Wahl verbundene Abstimmung mit dem Stimmzettel für diese Abstimmung abgegeben wurden, sind für die Gemeinde-, Bezirks- oder Kreiswahl nicht gültig.[2]

III Über die Gültigkeit der Stimmzettel und über alle bei der Ermittelung des Ergebnisses sich ergebenden Anstände beschließt der Wahlvorstand. Die gefaßten Beschlüsse sind in der Niederschrift vorzumerken, soweit sie nicht einstimmig gefaßt werden, unter Angabe des Stimmenverhältnisses.

IV Die Gründe, aus denen ein Stimmzettel für ungültig oder in zweifelhaften Fällen für gültig erklärt wurde, sind in der Niederschrift kurz anzugeben. Stimmzettel, über deren Gültigkeit der Wahlvorstand Beschluß gefaßt hat, sind mit fortlaufenden Ziffern zu versehen und den Wahlverhandlungen als Beilagen beizufügen.

1. S. § 75 Anm. 3.

2. Weil das Stimmrecht der Wähler vor der Abgabe nicht geprüft werden konnte. Ob die Abstimmung für die andre Wahl

durch die Beifügung des Zettels beeinträchtigt wird, beurteilt sich nach den hiefür maßgebenden Bestimmungen. S. § 55 IV LWO.; § 123 II RStO.

2. In Gemeinden mit einem Stimmbezirk.

a) Zählung der Stimmen; Feststellung der Wahl des ersten Bürgermeisters.

§ 77.

I Soweit mit der Wahl der ehrenamtlichen Gemeinderatsmitglieder (in Gemeinden bis zu 3000 Einwohnern) die Wahl des ersten Bürgermeisters verbunden ist, ermittelt der Gemeindewahlausschuß auf Grund der Zählung der Stimmzettel zunächst für diese Wahl, wie viele gültige Stimmen für jeden einzelnen Bewerber und insgesamt abgegeben worden sind, und sodann, ob der Bewerber mit der höchsten Stimmenzahl mehr als die Hälfte der abgegebenen gültigen Stimmen erhalten hat.[1] Bejahendenfalls wird die Person des zum ersten Bürgermeister Gewählten festgestellt; andernfalls erfolgt die Wahl durch den Gemeinderat (§§ 121 ff.).

II Die Zahlen sind in der Zähl- und Gegenliste einzutragen.[2]

1. Art. 65 I Z. 1 GO.

2. Bei Verschiedenheit der Ergebnisse in beiden ist das Ergebnis auf Grund der Stimmzettel nachzuprüfen. Keine der beiden Listen hat den Vorrang vor der andern.

§ 78.

I Hierauf ermittelt der Gemeindewahlausschuß das Ergebnis der Wahl der ehrenamtlichen Gemeinderatsmitglieder, indem er bei Verhältniswahl[1] feststellt,

1. wie viele gültige Stimmzettel für jeden einzelnen der amtlich zugelassenen und öffentlich bekanntgegebenen Wahlvorschläge, ferner für die verbundenen Wahlvorschläge und schließlich insgesamt für alle Wahlvorschläge abgegeben worden sind;[2]
2. in Gemeinden bis zu 20000 Einwohnern ferner wie viele gültige Stimmzettel für jeden Wahlvorschlag unverändert abgegeben worden sind.[3] Als unver-

ändert gelten die für einen Wahlvorschlag abgegebenen Stimmzettel dann, wenn sie die sämtlichen in dem Wahlvorschlag enthaltenen Namen, einerlei wie oft, enthalten, wenn also kein in dem Wahlvorschlag enthaltener Name vollständig darin gestrichen ist und kein in dem Wahlvorschlag nicht enthaltener Name in dem Stimmzettel erscheint;

3. in Gemeinden bis zu 20000 Einwohnern endlich für die Wahlvorschläge, bei denen nicht mehr als die Hälfte der Stimmzettel für den unveränderten Wahlvorschlag abgegeben worden sind, wie viele gültige Stimmen für jeden einzelnen Bewerber dieser amtlich zugelassenen und öffentlich bekanntgegebenen Wahlvorschläge abgegeben worden sind.[4]

II Die nach Abs. I festzustellenden Zahlen sind in der Zähl- und Gegenliste vorzutragen.

1. Bei Mehrheitswahl gelten §§ 79, 80.

2. Die Feststellung nach Ziff. 1 ist in allen Fällen der Verhältniswahl nötig. In den G.n mit mehr als 20000 Einwohnern ist damit die Ermittelung beendet. Hier gilt für die Ausscheidung der Bewerber im eigenen Wahlvorschlag die Reihenfolge in diesem (gebundene Liste). In G.n bis zu 20000 Einwohnern, wo die freie Liste gilt, ist dagegen weiter noch die Ermittelung der Ergebnisse der einzelnen Bewerber nötig, weil sich hienach ihre Reihenfolge und ihr Erfolg richtet (Art. 66 Z. 2 GO.). Wo eine Listenverbindung vorliegt, ist neben der Gesamtzahl der Stimmzettel und der Zahl für die einzelnen Wahlvorschläge auch noch die Zahl für die Verbindung, die Gruppe von Wahlvorschlägen festzustellen (s. Art. 66 Anm. 20 GO.).

3. S. Art. 66 Z. 9 Unterabs. 3 GO. Über den Anlaß zu dieser Feststellung s. Art. 66 Anm. 40 f. GO. In diesem Fall ist auch die Reihenfolge im Wahlvorschlag für die Zuteilung der Sitze an die Bewerber, entsprechend dem Willen der Wähler, maßgebend.

4. In diesem Falle ist für die Zuteilung der Sitze an die Bewerber ihre Reihenfolge nach ihren Stimmenzahlen maßgebend. Sie muß also festgestellt werden.

§ 79.

I Wenn die Wahl der ehrenamtlichen Gemeinderatsmitglieder als Mehrheitswahl stattfindet, aber ein gültiger Wahlvorschlag mit der höchstzulässigen Bewerberzahl (der doppelten Zahl der zu wählenden Vertreter) vorliegt,[1] ist zunächst festzustellen, wie viele gültige Stimmzettel für den unveränderten Wahlvorschlag abgegeben worden sind (§ 78 I Ziff. 2).[2] Wenn mehr als die Hälfte der abgegebenen gültigen Stimmzettel für den unveränderten Wahlvorschlag abgegeben worden sind, sind weitere Feststellungen nicht mehr erforderlich.[3]

II Wenn nicht mehr als die Hälfte der abgegebenen gültigen Stimmzettel für den unveränderten Wahlvorschlag abgegeben worden sind, ist festzustellen, wie viele gültige Stimmen für jeden einzelnen Bewerber und insgesamt abgegeben worden sind.[4]

1. Art. 66 Z. 5 GO. Die hienach zulässige Vermehrung der Bewerberzahl auf das Doppelte ist also Voraussetzung.

2. Was „unverändert" ist, sagt § 78 I Ziff. 2 Satz 2.

3. Dann gilt auch bei dieser Wahl die Reihenfolge im Wahlvorschlag als maßgebend (Art. 66 Z. 5 GO.). Da im einzigen Stimmbezirk das Schlußergebnis gleich festgestellt werden kann, sind weitere Feststellungen über die Stimmenzahlen der Bewerber nicht nötig. Anders wo die G. aus mehreren Stimmbezirken besteht (s. § 89 I Z. 2).

4. S. § 78 Anm. 4.

§ 80.

I Wenn die Wahl der ehrenamtlichen Gemeinderatsmitglieder als Mehrheitswahl stattfindet, ohne daß ein gültiger Wahlvorschlag (§ 79 I) mit der höchstzulässigen Bewerberzahl vorliegt,[1] wird festgestellt, wie viele gültige Stimmen für jeden einzelnen Bewerber und insgesamt abgegeben wurden.

II Die Zahlen sind in der Zähl- und Gegenliste vorzumerken.

1. Also auch in den Fällen, wo der vorliegende Wahlvorschlag weniger Bewerber zählt als zulässig sind. Dann kann § 79 nicht in Betracht kommen.

b) Verteilung der Sitze auf die Wahlvorschläge.

§ 81.

I Wenn die Wahl der ehrenamtlichen Gemeinderatsmitglieder als Verhältniswahl stattfindet, verteilt[1] der Gemeindewahlausschuß die zu besetzenden Sitze auf die verschiedenen an der Wahl beteiligten Wahlvorschläge in der Weise, daß die Stimmzettelzahlen, die für die einzelnen oder, soweit Verbindungen vorliegen, für die verbundenen Wahlvorschläge nach § 78 festgestellt worden sind, nacheinander durch 1, 2, 3, 4 usw. solange geteilt werden, bis so viele Höchstleistungszahlen ermittelt sind, als Sitze zu vergeben sind.[2]

II Jedem Wahlvorschlag oder jeder Verbindung von Wahlvorschlägen wird dabei der Reihe nach so oft ein Sitz zugeteilt, als er jeweils die höchste Teilungszahl aufzuweisen hat. Die Teilung muß solange fortgesetzt werden, daß nach Verteilung aller Sitze bei jedem Wahlvorschlag noch eine nicht berücksichtigte Teilungszahl übrig bleibt, damit feststeht, daß kein Wahlvorschlag eine höhere Teilungszahl aufzuweisen hat, als bei Vergebung des letzten Sitzes berücksichtigt worden ist.

III Bei vollständig gleichem Anspruch mehrerer Wahlvorschläge auf den letzten Sitz, d. h. wenn auch die Berechnung von Bruchzahlen nicht zur Entscheidung führt,[3] ist festzustellen, welcher Bewerber in jedem der in Betracht kommenden Wahlvorschläge auf den Sitz Anspruch hätte, wenn dieser seinem Wahlvorschlag zufallen würde.[4] Der Sitz wird dann dem Wahlvorschlag zugewiesen, dessen in Betracht kommender Bewerber die größere Stimmenzahl aufzuweisen hat. Erst wenn auch die Stimmenzahl dieser Bewerber gleich ist, entscheidet das Los[5] über den Anfall des Sitzes an einen der Wahlvorschläge.

IV Eine etwa erforderliche Losung ist Bestandteil des Feststellungsverfahrens.[6] Ein Mitglied des Wahlausschusses stellt die Lose her, in Abwesenheit der Person, die das Los zu ziehen hat. Beide Personen bestimmt der Wahlausschuß aus seinen Mitgliedern.

1. Wenn bei Verhältniswahl die Ermittelung der nötigen Zahlen nach § 78 stattgefunden hat, erfolgt die Verteilung der Sitze auf die Wahlvorschläge nach § 81. Dieser gilt für den Fall, daß keine Listenverbindung erklärt und zugelassen ist. Zu beachten ist, daß hiebei nur die Zahl der Stimmzettel im ganzen in Betracht kommt, nicht die Zahl der auf die einzelnen Bewerber der Wahlvorschläge entfallenen einzelnen Stimmen. Im Wettbewerb der

Wahlvorschläge untereinander kommt nur die Zahl der Stimmzettel, im Wettbewerb der Bewerber des Wahlvorschlages für die auf diesen entfallenen Sitze dagegen nur die Zahl der Stimmen in Betracht.

2. Das in § 81 vorgesehene Verfahren, das nach seinem Erfinder das D'Hondt'sche Verfahren genannt wird, geht von dem Grundgedanken aus, daß keine Partei einen Sitz erhalten soll, solange eine Partei mit größerer Stimmenzahl hiefür noch keinen Sitz erhalten hat. Wenn in einer G. unter den drei Parteien A, B, C mit 3000, 2500 und 1100 Stimmen 6 Sitze zu verteilen sind, erhält zuerst A einen Sitz, dann B; C kann zunächst noch keinen Sitz bekommen, weil bei A für 2 Sitze auf jeden 1500 und bei B für 2 Sitze auf jeden 1250 Stimmen vorhanden sind. Erst den 5. Sitz kann C erhalten, weil bei A für 3 Sitze nur je 1000 und bei B nur je 833 Stimmen auf jeden Sitz treffen würden. Der 6. Sitz fällt dann wieder A zu, weil A bei 3 Sitzen für jeden 1000 Stimmen aufweist, während B für den Sitz nur 833, C für den 2. Sitz gar nur 550 Stimmen hätte. Die Zahl 1000 ist hienach die maßgebende Verteilungszahl. Wird diese Erwägung tabellenmäßig dargestellt, so ergibt sich folgendes Bild:

A	B	C
3000 (1. Sitz)	2500 (2. Sitz)	1100 (5. Sitz)
1500 (3. „)	1250 (4. „)	550
1000 (6. „)	833	

Betrachtet man diese Zahlenreihen, so ergibt sich, daß die oberste Reihe die ungeteilten, die zweite die durch 2 geteilten, die dritte die durch 3 geteilten Stimmenzahlen darstellt; daraus erklärt sich die Bestimmung, daß zur Verteilung der Sitze die Stimmenzahlen durch 1, 2, 3, 4 usw. zu teilen sind. Da bei diesem System immer die jeweils höchste Zahl zu einem Sitz berechtigt, nennt sich dieses Verfahren auch das System der Höchstzahlen.

Ein größeres Beispiel soll das Verfahren weiter erläutern. Es seien 20 Sitze zu vergeben unter 6 Wahlvorschläge.

	A	B	C
geteilt durch 1	1772 (2. Sitz)	772 (7. Sitz)	2580 (1. Sitz)
„ „ 2	886 (5. „)	386 (17. Sitz)	1290 (3. „)
„ „ 3	590 (11. „)	257	860 (6. „)
„ „ 4	443 (13. „)	193	645 (9. „)
„ „ 5	354 (19. „)		516 (12. „)
„ „ 6	295		430 (15. „)
„ „ 7	253		368 (18. „)
„ „ 8			322

	D	E	F
geteilt durch 1	1240 (4. Sitz)	665 (8. Sitz)	438 (14. Sitz)
„ „ 2	620 (10. „)	332 (20. „)	219
„ „ 3	413 (16. „)	221	146
„ „ 4	310	166	109
„ „ 5	248	133	
„ „ 6	206	110	
„ „ 7			
„ „ 8			

In der ganzen Zahlenreihe ist stets die höchste Zahl von oben herab aufzusuchen, worauf ihr der Reihe nach je ein Sitz zuzuteilen, und dann mit der nächsthöchsten Zahl ebenso zu verfahren ist. Zu beachten ist, daß nicht einem Wahlvorschlag ein Sitz zugeteilt werden darf, wenn ein anderer Wahlvorschlag bei weiterer Teilung hiebei noch eine höhere Teilungszahl aufweisen kann, daß z. B. in obigem Beispiel nicht der 20. Sitz an C vergeben werden kann, weil E eine höhere Teilungszahl aufweist. A hat 5, B 2, C 7, D 3, E 2 Sitze, F 1 Sitz zu beanspruchen. Die Teilungszahl, für die der letzte Sitz vergeben wird, ist die für die ganze Verteilung maßgebende Teilungszahl. Zur Probe auf die Richtigkeit der Verteilung ist mit der letzten, der für die ganze Verteilung abschließend maßgebenden Verteilungszahl in die Stimmzettelzahlen sämtlicher Wahlvorschläge zu teilen. Dann muß sich für jeden Wahlvorschlag die Zahl der darauf ihn treffenden Sitze ergeben. Stellt sich ein anderes Ergebnis heraus, als sich bei der Verteilung zuvor ergeben hat, so ist die Verteilung falsch und muß wiederholt werden. Werden in obigem erstem Beispiel die Stimmzettelzahlen der drei Wahlvorschläge A, B und C mit 1000 geteilt, so ergibt sich für A 3, für B 2 Sitze, für C 1 Sitz. Ebenso ergibt sich in dem 2. Beispiel bei Teilung durch 332, daß alle Wahlvorschläge die richtige Zahl von Sitzen erhalten haben.

Auf Untervorschläge wird bei der Verteilung der Sitze keine Rücksicht genommen. Sie üben ihre Wirkung erst dann aus, wenn für einen, dem Untervorschlag zugefallenen Sitz ein Ersatzmann benötigt wird.

3. Auch ein Bruchteil einer Zahl genügt, um für den einen oder andern Wahlvorschlag zu entscheiden. Ein Wahlvorschlag mit der Teilungszahl 332,5 geht dem andern mit 332,4 vor.

4. S. Art. 66 Z. 8 GO. und Anm. 39 daselbst.

5. Für die Losung gibt Abs. IV die nötigen Bestimmungen.

6. Sie ist also öffentlich vom Wahlausschuß vorzunehmen.

§ 82.

I Wahlvorschläge, die nach § 41 Ziff. 2 als verbunden erklärt worden sind, werden bei der Verteilung der Sitze nach § 81 im Verhältnis zu den übrigen Wahlvorschlägen zunächst als ein Wahlvorschlag behandelt. Den zu Gruppen verbundenen Wahlvorschlägen wird daher die der Gesamtstimmzettelzahl der Gruppe entsprechende Zahl von Sitzen zugewiesen.[1]

II Diese Sitze werden sodann auf die einzelnen an der Verbindung beteiligten Wahlvorschläge nach § 81 weiter verteilt.[2]

1. Beispiel: 5 Wahlvorschläge, davon C und D zunächst unter sich und dann noch mit E verbunden. 10 Sitze zu vergeben.

Wahlvorschlag	A	B	C	D	E
			50	70	
geteilt durch 1	301 (1. Sitz)	180 (3. Sitz)	120		80
			200 (2. Sitz)		
„ „ 2	150 (4. „)	90 (7. „)	100 (6. „)		
„ „ 3	100 (5. „)	60	66 (9. „)		
„ „ 4	75 (8. „)	45	50		
„ „ 5	60,2 (10. „)	36	40		

Die Verbindung C, D, E erhält 3 Sitze. Ohne die Verbindung hätten D und E je 1, C aber keinen Sitz erhalten; den letzten Sitz hätte vielmehr B für 60 Stimmen erhalten. Hieraus ergibt sich der Wert und Nutzen der Verbindung.

2. Die Unterverteilung für C, D, E ergibt:

Wahlvorschlag	C	D	E
	50	70	
geteilt durch 1	120 (1. Sitz)		80 (2. Sitz)
„ „ 2	60 (3. „)		40

Die weitere Unterverteilung unter C und D ergibt:

Wahlvorschlag	C	D
geteilt durch 1	50 (2. Sitz)	70 (1. Sitz)
„ „ 2	25	35

C, D und E erhalten also je 1 Sitz.

c) Verteilung der den Wahlvorschlägen zugefallenen Sitze auf ihre Bewerber.

§ 83.

I Im Anschluß an die Feststellungen nach §§ 81 und 82 verteilt der Gemeindewahlausschuß die den einzelnen Wahlvorschlägen zugefallenen Sitze auf die darin zusammengefaßten Bewerber in folgender Weise:[1]

1. Bei Wahlvorschlägen, für die mehr als die Hälfte der ihnen zugefallenen gültigen Stimmzettel unverändert abgegeben worden sind (§ 78 I Ziff. 2), ist die Reihenfolge der Bewerber im Wahlvorschlage maßgebend;
2. Bei Wahlvorschlägen, bei denen nicht mehr als die Hälfte der ihnen zugefallenen gültigen Stimmzettel unverändert abgegeben worden sind (§ 78 I Ziff. 3), sind die Bewerber nach der Größe der ihnen zugefallenen Stimmenzahlen zu ordnen. Die auf den Wahlvorschlag treffenden Sitze werden dann den Bewerbern in dieser Reihenfollge zugewiesen. Haben mehrere Bewerber die gleiche Stimmenzahl erhalten, so entscheidet ihre Reihenfolge im Wahlvorschlag über den Anfall des Sitzes.[2]

II Sind einem Wahlvorschlage mehr Sitze zugefallen, als er Bewerber enthält, so bleiben die überschüssigen Sitze unbesetzt.[3]

1. Da nur G.n mit einem Stimmbezirk in Frage kommen (s. Überschrift vor § 77), sind nur G.n mit weniger als 2500 Einwohnern, also jedenfalls nicht mit gebundener Liste in Betracht zu ziehen.

2. S. Art. 66 Z. 9 Unterabs. 3 GO.

3. S. Art. 66 Z. 10 GO.

d) Verteilung der Sitze bei Mehrheitswahl.

§ 84.

I Bei Mehrheitswahl sind die Bewerber mit den höchsten Stimmenzahlen in der Reihenfolge dieser Zahlen gewählt.[1] Bei Stimmengleichheit entscheidet das Los. § 81 IV ist hiebei sinngemäß anzuwenden.

II Wenn bei Mehrheitswahl ein gültiger Wahlvorschlag mit der höchstzulässigen Bewerberzahl[2] (der doppelten Zahl der zu wählenden Vertreter) zugelassen war, und wenn mehr als die Hälfte aller gültigen Stimmzettel für diesen unveränderten Wahlvorschlag abgegeben ist, ist die Reihenfolge der Bewerber in diesem maßgebend; sonst ist auch in diesem Falle die Höhe der Stimmenzahlen der einzelnen Bewerber maßgebend.

1. S. Art. 66 Z. 5 GO.

2. Wahlvorschläge mit geringerer Bewerberzahl können also nicht zu dieser Vereinfachung der Feststellung führen.

e) Bestimmung der Ersatzleute.

§ 85.

I Bei Verhältniswahl gelten die nichtgewählten Bewerber[1] in der nach § 83 festgestellten Reihenfolge als Ersatzleute für die aus dem gleichen Wahlvorschlag oder Untervorschlag[2] gewählten Bewerber. Sie treten in den Gemeinderat ein,[3] wenn ein Gewählter abgelehnt hat oder aus dem Amt ausscheidet.

II Wenn bei einem Wahlvorschlag eine Ausscheidung der Bewerber in Untervorschläge nach § 41 Ziff. 1 vorliegt, rücken für einen ablehnenden oder ausscheidenden Bewerber nur die Ersatzleute aus dem gleichen Untervorschlag in der nach § 83 festgestellten Reihenfolge ein.[2]

III Bei Mehrheitswahl[4] sind die nichtgewählten Bewerber in der Reihenfolge des § 84 die Ersatzleute der gewählten ehrenamtlichen Gemeinderatsmitglieder.

1. S. Art. 66 Z. 11 Unterabs. 1 GO.

2. Wenn Untervorschläge (§ 41 Z. 1) vorliegen, kommen nur die Ersatzleute hieraus in Betracht. Art. 66 Z. 11 Unterabs. 2 GO. Sind solche nicht mehr vorhanden, so bleibt der Sitz unbesetzt.

3. S. §§ 115, 116.

4. S. Art. 66 Z. 5 GO.

f) Verkündung und Bekanntmachung der Wahlergebnisse.

§ 86.

I Nach Abschluß der Feststellungen durch den Gemeindewahlausschuß verkündet[1] der Gemeindewahlleiter

1. in Gemeinden bis zu 3000 Einwohnern, wenn eine Bürgermeisterwahl stattgefunden hat, die Zahl der hierfür insgesamt abgegebenen gültigen Stimmen, ferner die Zahl der für die einzelnen Bewerber abgegebenen gültigen Stimmen und wenn ein Bewerber mehr als die Hälfte der abgegebenen gültigen Stimmen erhalten hat, die Person des zum ersten Bürgermeister Gewählten, andernfalls, daß kein Bewerber mehr als die Hälfte der abgegebenen gültigen Stimmen erhalten und daher der Gemeinderat die erforderliche Wahl vorzunehmen hat;
2. in sämtlichen Gemeinden für die Wahlen der ehrenamtlichen Gemeinderatsmitglieder
   a) bei Verhältniswahl die Zahl der auf die einzelnen und verbundenen Wahlvorschläge gefallenen und insgesamt abgegebenen Stimmzettel, ferner die Art, in der die Reihenfolge der Gewählten und der Ersatzleute sich bestimmt (nach der Reihenfolge im Wahlvorschlag oder nach den Stimmenzahlen, § 83), sodann die Namen und die Reihenfolge der Gewählten und der Ersatzleute, ferner auch die Zahl der gültigen Stimmen der einzelnen Bewerber, soweit diese maßgebend ist;
   b) bei Mehrheitswahl die Art, wie sich die Verteilung der Sitze bestimmt (§ 84), die Namen und die Reihenfolge der Gewählten und Ersatzleute, soweit nicht die Reihenfolge im Wahlvorschlage maßgebend ist, mit ihren gültigen Stimmenzahlen.

II Hierauf schließt der Gemeindewahlleiter die Niederschrift über die Wahl ab, indem er sie mit dem Gemeindewahlausschuß unterzeichnet.

1. Im Wahlraum.

§ 87.

I Die amtlich verkündeten Wahlergebnisse sind schließlich in ortsüblicher Weise bekanntzugeben und ferner während 14 Tagen an der Gemeindetafel anzuschlagen, sobald die sämtlichen Erklärungen über die Annahme der Wahlen vorliegen.[1]

II Das Wahlergebnis ist sofort der Staatsaufsichtsbehörde anzuzeigen. Sobald es vollständig abgeschlossen ist, sind die Wahlverhandlungen (mit Ausnahme der Wählerlisten, Wahlscheine und der nicht beschlußmäßig behandelten gültigen Stimmzettel)[2] der Staatsaufsichtsbehörde zur Prüfung vorzulegen.[3]

1. S. §§ 115 ff.
2. Diese sind nach § 88 zu behandeln.
3. Art. 74, 76, 77 GO.

§ 88.

Die nicht beschlußmäßig behandelten gültigen Stimmzettel sind zu versiegeln und mit den Wählerlisten und den Wahlscheinen in der Gemeinderegistratur zu hinterlegen. Sie sind daselbst mit den übrigen Wahlverhandlungen nach deren Rücklauf bis zum Ablaufe der Wahlzeit zu verwahren.

3. In Gemeinden mit mehreren Stimmbezirken.

a) Behandlung durch die Wahlvorstände in den Stimmbezirken.

§ 89.

I In Gemeinden, die mehrere Stimmbezirke umfassen,[1] ermitteln die Wahlvorsteher mit den Wahlvorständen[2] entsprechend den §§ 77—80

1. für die Bürgermeisterwahl die Zahl der für die einzelnen Bewerber sowie insgesamt abgegebenen gültigen Stimmen;
2. für die Wahl der Gemeinderatsmitglieder
   a) bei Verhältniswahl die Zahl der für jeden einzelnen der amtlich zugelassenen und öffentlich bekanntgegebenen Wahlvorschläge überhaupt abgegebenen gültigen Stimmzettel, in Gemeinden bis zu 20000 Einwohnern auch der unverändert abgegebenen gültigen Stimmzettel, ferner in Ge-

meinden bis zu 20000 Einwohnern die Zahl der gültigen Stimmen, die für jeden einzelnen Bewerber der amtlich zugelassenen und öffentlich bekanntgegebenen Wahlvorschläge abgegeben worden sind,

b) bei Mehrheitswahl, wenn ein gültiger Wahlvorschlag mit der höchst zulässigen Bewerberzahl (§ 84 II) vorliegt, die Zahl der für diesen Wahlvorschlag unverändert abgegebenen gültigen Stimmzettel und ferner die Zahl der für die einzelnen Bewerber und insgesamt im Stimmbezirk abgegebenen gültigen Stimmen.

II Nach Abschluß der Verhandlung verkündet[3] der Wahlvorsteher diese Zahlen, schließt die Niederschrift über die Wahl ab, indem er sie mit dem Wahlvorstand unterzeichnet und übersendet sie mit den Beilagen (der Wählerliste, den abgegebenen Wahlscheinen, der Zähl- und Gegenliste, den mit fortlaufenden Ziffern zu versehenden, beschlußmäßig als gültig oder ungültig erklärten Stimmzetteln) an den Gemeindewahlleiter. Die nicht beschlußmäßig behandelten gültigen Stimmzettel sind in Papier einzuschlagen, zu versiegeln und beizulegen.

III Von der Feststellung der Zahlen der den einzelnen Bewerbern eines Wahlvorschlages zugefallenen Stimmen kann in Gemeinden bis zu 20000 Einwohnern bei Verhältniswahl nur dann abgesehen werden, wenn durch Anfrage bei dem Gemeindewahlleiter festgestellt werden kann, daß in allen Stimmbezirken insgesamt mehr als die Hälfte der einem Wahlvorschlag zugefallenen Stimmzettel für den unveränderten Wahlvorschlag abgegeben worden sind.

1. S. §§ 23 ff.

2. Hier spielt sich das Verfahren nicht in einem Gang, wie in G.n mit nur einem Stimmbezirke ab, sondern in zwei verschiedenen Verhandlungen:

a) Beim Wahlvorsteher und Wahlvorstand erfolgt nur die Stimmenzählung für die Wahl (der 1. B. und) der G.ratsmitglieder. Sobald der Wahlvorsteher damit fertig ist, gibt er die Verhandlungen an den G.wahlleiter ab. Hiefür gelten §§ 77—80 (neben §§ 67—76).

b) Dem G.wahlleiter obliegt der zweite Teil der Ergebnisfeststellung, nämlich die Zusammenstellung der Ergebnisse aus den verschiedenen Stimmbezirken für die Wahl (der 1. B. und) der G.ratsmitglieder, die Verteilung der Sitze auf Grund dieser Ergebnisse und die Zuweisung der Sitze an die einzelnen Bewerber. Hiefür gilt § 90.

3. Im Wahlraum.

b) Behandlung durch den Gemeindewahlausschuß.

§ 90.

I Der Gemeindewahlleiter hat dafür zu sorgen, daß die Wahlvorstände die Ergebnisermittlung der Stimmbezirke der Gemeinde möglichst bald fertigstellen. Er beruft den Gemeindewahlausschuß sobald als irgend möglich zu einer Sitzung zusammen und stellt mit ihm die Stimmenzahlen für die sämtlichen Stimmbezirke der Gemeinde zusammen und zwar

1. in Gemeinden bis zu 3000 Einwohnern zunächst für die Bürgermeisterwahl in der aus §§ 77 und 89 I Ziff. 1 ersichtlichen Weise. Das Ergebnis verkündet er in der in § 86 I Ziff. 1 vorgeschriebenen Weise;
2. in allen Gemeinden für die Wahl der ehrenamtlichen Gemeinderatsmitglieder bei Verhältniswahl in der aus §§ 78 und 89 I Ziff. 2 ersichtlichen Weise. Ergibt sich in Gemeinden bis zu 20000 Einwohnern, daß bei einem Wahlvorschlag mehr als die Hälfte der ihm zugefallenen gültigen Stimmzettel unverändert abgegeben worden ist, so sind weitere Zählungen für die Bewerber dieses Wahlvorschlages nicht erforderlich. Sonst muß auch festgestellt werden, wie viele gültige Stimmen für jeden einzelnen Bewerber der Wahlvorschläge in allen Stimmbezirken der Gemeinde abgegeben worden sind.

II Bei der Zusammenstellung nach Abs. I ist der Gemeindewahlausschuß an die Entscheidungen der Wahlvorstände über die Gültigkeit der Stimmen gebunden.

III Hierauf folgt bei Verhältniswahl die Verteilung der Sitze auf die Wahlvorschläge gemäß § 81. Die den einzelnen Wahlvorschlägen zugefallenen Sitze werden auf die einzelnen darin enthaltenen Bewerber gemäß § 83 verteilt und die Ersatzleute gemäß § 85 festgestellt. In Gemeinden mit mehr als 20000 Einwohnern ist stets die Reihenfolge der Bewerber im Wahlvorschlage maßgebend.

IV Bei Verbindung mehrerer Wahlvorschläge wird nach § 82 verfahren.

V Bei Mehrheitswahl sind für die Verteilung der Sitze unter die Bewerber § 84 und für die Feststellung der Ersatzleute 85 III entsprechend anzuwenden.

VI Für die Verkündung und Bekanntmachung der Wahlergebnisse gilt § 86.

VII Die Wahlergebnisse und Wahlverhandlungen sind nach §§ 87 und 88 zu behandeln.

B. Für die Bezirkswahl.

1. Behandlung durch die Wahlvorstände in den Stimmbezirken.

§ 91.

Wenn mit einer Gemeindewahl eine Bezirkswahl verbunden ist, hat der Wahlvorsteher, sobald er das Ergebnis der Gemeindewahl mit dem Wahlvorstand für seinen Stimmbezirk ermittelt hat, wenn möglich noch am gleichen Tage, das Ergebnis der Bezirkswahl zu ermitteln. Wenn dies aus besonderen Gründen etwa erst am folgenden Tage möglich sein sollte, sind die nach § 67 vorbehandelten[1] Stimmzettel für die Bezirkswahl mit den sonstigen Wahlverhandlungen über die Bezirkswahl in Gegenwart des Wahlvorstandes sorgfältig zu verpacken, zu versiegeln[2] und bis zur Fortsetzung der Verhandlung unter sicherem Verschluß zu verwahren.[3] Die Zeit der Fortsetzung ist zu verkünden.

1. Sie werden hiebei nach der Farbe ausgeschieden und uneröffnet gezählt.

2. Die Verhandlungen über die G.-, Bezirks- und Kreiswahl sind je gesondert zu verpacken und zu versiegeln.

3. Die Art der Verwahrung kann je nach dem Ort und den Verhältnissen verschieden sein. Wenn möglich, sind die Verhandlungen in den Gewahrsam der G. zu bringen.

§ 92.

Die Wahlvorstände haben bei Verhältniswahl entsprechend § 69[1] die Zahl der für die einzelnen amtlich zugelassenen und öffentlich bekanntgegebenen Wahlvorschläge abgegebenen gültigen Stimmen zu ermitteln, indem sie feststellen, wie viele gültige Stimmzettel für die einzelnen Wahlvorschläge mit Einschluß der Listenstimmen (§ 63 I Satz 2—4) sowie insgesamt im Stimmbezirk abgegeben worden sind, und daneben wie viele gültige Stimmen jeder einzelne der Bewerber erhalten hat, die für den Stimmbezirk in einem amtlich zugelassenen und öffentlich bekanntgegebenen Wahlvorschlag aufgestellt sind.[2]

1. § 69 enthält die Formvorschriften für die Feststellung der Ergebnisse.

2. Festzustellen ist für den Stimmbezirk:

a) die Zahl der gültigen Stimmzettel mit den Bewerberstimmen für jeden Wahlvorschlag,

b) die Zahl der gültigen Stimmzettel mit Listenstimmen für jeden Wahlvorschlag,

c) die Zahl der gültigen Stimmzettel insgesamt für jeden Wahlvorschlag,

d) die Gesamtzahl der abgegebenen gültigen Stimmzettel im Stimmbezirk.

Die Wahlvorstände ermitteln überall nur Teilergebnisse zu der Gesamtfeststellung nach §§ 97 ff.

§ 93.

I Ungültig sind Stimmzettel,

1. die bei der Wahl mit amtlichen Stimmzetteln als nicht amtlich hergestellt deutlich erkennbar sind,[1]
2. die mit einem Zeichen versehen sind, das sie zu kennzeichnen geeignet ist[2] (§ 57 VII),
3. aus denen der Wille des Wählers nicht unzweifelhaft zu erkennen ist,[3]
4. die an Stelle eines der in dem amtlichen Stimmzettel enthaltenen, für den Stimmbezirk aufgestellten Bewerbers einen oder mehrere andere Namen enthalten,[4]

5. die einen Zusatz, eine Verwahrung oder einen Vorbehalt enthalten oder einen sonstigen weiteren Inhalt haben,[5]
6. denen ein von außen deutlich fühlbarer Gegenstand beigefügt ist,[6]
7. die bei Mehrheitswahl, wenn ein gültiger Wahlvorschlag mit der höchstzulässigen Bewerberzahl vorliegt, weder für den unveränderten Wahlvorschlag im ganzen, noch für einen der darin enthaltenen Bewerber abgegeben worden sind, oder wenn kein solcher gültiger Wahlvorschlag vorliegt, soweit sie mehr als einen Namen oder den Namen einer nicht wählbaren Person enthalten.[7]

II Mehrere bei der Abstimmung für die Bezirkswahl gleichzeitig von einem Wähler abgegebenen Stimmzettel sind nach §§ 75 und 76 zu behandeln.

III § 70 II Satz 1 findet entsprechende Anwendung.[8]

1. S. § 72 Anm. 2.
2. S. § 70 Anm. 5.
3. S. § 72 Anm. 4. Bei Listenstimmen genügt die Streichung des Namens allein nur ausnahmsweise, im allgemeinen ist noch die Kennzeichnung des Wahlvorschlages in der gewöhnlichen Form nötig (s. § 63 I).
4. S. Art. 9 Z. 4 BezO. und Anm. 6 ff. daselbst. Ungültig ist auch die Abgabe einer Listenstimme für einen Wahlvorschlag, der für den Stimmbezirk keinen Bewerber aufgestellt hat.
5. S. § 70 Anm. 7 und § 71 Anm. 3.
6. S. § 70 Anm. 8.
7. Für diesen Fall bestimmt Art. 10 Ziff. 7 BezO. die zulässigen Abstimmungen. Sonstige Abstimmungen sind ungültig.
8. § 70 II Satz 1 enthält Bestimmungen über unschädliche Abweichungen von der üblichen Kennzeichnung.

§ 94.

Der Schriftführer verzeichnet in der Zählliste, ebenso ein Beisitzer in der von ihm geführten Gegenliste, für welchen der in dem Stimmbezirk aufgestellten Bewerber oder für welchen Wahlvorschlag[1] jede einzelne Stimme abgegeben worden ist.

1. Bei Listenstimmen.

§ 95.

Bei Mehrheitswahl ist zu ermitteln,

1. wenn ein gültiger Wahlvorschlag mit der höchstzulässigen Bewerberzahl (dem Eineinhalbfachen der Zahl der nach Art. 8 I und II BezO. zu wählenden Vertreter)[1] vorliegt,
   a) wie viele gültige Stimmzettel überhaupt und für den Wahlvorschlag im ganzen unverändert abgegeben worden sind; für jede dieser Stimmen ist zugleich auch noch nach Buchst. b festzustellen, für welchen einzelnen Bewerber die Stimme dann zu gelten hat, wenn nicht mehr als die Hälfte der Stimmen für den Wahlvorschlag im ganzen unverändert abgegeben worden ist. Stimmzettel, auf denen keine besondere Abstimmung für diesen Fall enthalten ist, gelten hiebei für den in dem Stimmbezirk aufgestellten Bewerber;[2]
   b) wie viele gültige Stimmen jeder einzelne Bewerber eines solchen Wahlvorschlages erhalten hat;
2. wenn kein solcher gültiger Wahlvorschlag vorliegt, wie viele gültige Stimmen für jeden einzelnen Bewerber im Stimmbezirk abgegeben worden sind.

1. S. Art. 10 Z. 7 Unterabs. 3 BezO.
2. S. Art. 10 Z. 7 Unterabs. 2 BezO.

§ 96.

I Der Wahlvorsteher hat das Ergebnis alsbald nach der Ermittelung zu verkünden.[1]

II Hierauf schließt er die Niederschrift über die Bezirkswahl ab, indem er sie mit dem Wahlvorstand unterzeichnet, und übersendet sie sodann mit den Beilagen (der Wählerliste, den abgegebenen Wahlscheinen, der Zähl- und Gegenliste und den mit fortlaufenden Ziffern zu versehenden, beschlußmäßig als gültig oder ungültig erklärten Stimmzetteln) an die Gemeindebehörde, in deren Bezirk der Wahlraum liegt. Die nicht beschlußmäßig behandelten gültigen Stimmzettel sind in Papier einzuschlagen, zu versiegeln und beizulegen.

III Die Gemeindebehörde prüft die Bezirkswahlverhandlungen auf ihre Vollständigkeit, ergänzt sie nötigenfalls und übersendet sie sodann mit Ausnahme der Wählerlisten, der Wahlscheine und der nicht beschlußmäßig behandelten[2] gültigen Stimmzettel dem Bezirkswahlleiter. Diese gültigen Stimmzettel sind mit der Wählerliste und den Wahlscheinen in der Gemeinderegistratur solange zu verwahren, bis der Bezirkstag über die Gültigkeit der Wahl beschlossen hat.

1. Im Wahlraum.

2. Die nach § 76 III, IV beschlußmäßig behandelten Stimmzettel sind den Verhandlungen als Beilagen beizugeben.

2. Behandlung durch den Bezirkswahlausschuß.

§ 97.

Der Bezirkswahlleiter hat dafür zu sorgen, daß die Wahlverhandlungen aus seinen sämtlichen Stimmbezirken spätestens am zweiten Tage nach dem Wahltage bei ihm vorliegen. Er beruft den Bezirkswahlausschuß sobald als möglich zu einer Sitzung zusammen, stellt mit ihm, unter Beachtung des § 90 II, die Stimmenzahlen für sämtliche Stimmbezirke zusammen und stellt fest,

1. bei Verhältniswahl wie viele gültige Stimmzettel für die einzelnen und die verbundenen, amtlich zugelassenen und öffentlich bekanntgegebenen Wahlvorschläge mit Einschluß der Listenstimmen (§ 63 I Satz 2—4), sowie insgesamt im Bezirk abgegeben worden sind, und daneben wie viele gültige Stimmen jeder einzelne der Bewerber erhalten hat, die in den amtlich zugelassenen und öffentlich bekanntgegebenen Wahlvorschlägen aufgestellt sind,[1]
2. bei Mehrheitswahl,[2]
   a) wenn ein gültiger Wahlvorschlag mit der höchstzulässigen Bewerberzahl (§ 95 Ziff. 1) vorliegt, wie viele gültige Stimmzettel überhaupt und für

den Wahlvorschlag im ganzen unverändert abgegeben worden sind und, wenn weniger als die Hälfte der gültigen Stimmzettel unverändert abgegeben worden sind, wie viele gültige Stimmen für jeden einzelnen der Bewerber des Wahlvorschlages abgegeben worden sind.

b) wenn kein solcher gültiger Wahlvorschlag vorliegt, wie viele gültige Stimmen für jeden einzelnen Bewerber im Bezirk abgegeben worden sind.

1. S. Art. 9 Z. 5 BezO.

2. S. Art. 10 Z. 7 BezO. und § 92 Anm. 2.

§ 98.

I Bei Verhältniswahl[1] werden hierauf zunächst die nach Art. 8 I BezO. zu besetzenden Sitze auf die beteiligten einzelnen und, soweit gültige Verbindungen vorliegen, die verbundenen Wahlvorschläge nach Maßgabe der §§ 81 u. 82 verteilt. Bei gleichem Anspruche mehrerer Wahlvorschläge auf einen Sitz fällt der Sitz dem Wahlvorschlage zu, dessen in Betracht kommender Bewerber die größte Stimmenzahl aufweist. Bei Stimmengleichheit entscheidet das Los. § 81 IV ist hierbei sinngemäß anzuwenden.

II Weiter wird die Reihenfolge[2] der Bewerber innerhalb ihres Wahlvorschlages nach ihren Stimmenzahlen in den Gemeinden oder Stimmbezirken, in denen sie aufgestellt sind, festgestellt. In dieser Reihenfolge werden die den einzelnen Wahlvorschlägen zugefallenen Sitze an die ihnen angehörigen Bewerber verteilt. Bei Stimmengleichheit entscheidet die Reihenfolge im Wahlvorschlag.

III Fallen einem Wahlvorschlag mehr Sitze zu, als er Bewerber enthält, so hat der Bezirkswahlleiter hiervon den Vertrauensmann des Wahlvorschlages mit dem Beifügen zu verständigen, daß er binnen acht Tagen für die überschüssigen Sitze wählbare Personen benennen kann, die nicht in einem Wahlvorschlag enthalten sind.[3]

IV In gleicher Weise, wie die Reihenfolge der Vertreter, wird die Reihenfolge der Ersatzleute festgestellt.

Auf Untervorschläge (§ 41 Ziff. 1) ist dabei Rücksicht zu nehmen.[4]

1. S. Art. 9 Z. 5 Unterabs. 1 BezO.
2. S. Art. 9 Z. 5 Unterabs. 2 BezO.
3. S. Art. 9 Z. 5 Unterabs. 3 BezO.
4. S. Art. 9 Z. 6 BezO.

§ 99.

I Hierauf werden die den einzelnen Wahlvorschlägen nach Art. 8 II BezO. zur Benennung noch zuzuweisenden Sitze auf die beteiligten einzelnen und verbundenen Wahlvorschläge gleichfalls nach Maßgabe der §§ 81, 82 und 98 verteilt.[1]

II Zwecks Besetzung dieser den Wahlvorschlägen noch zugefallenen Sitze fordert der Bezirkswahlleiter die Vertrauensleute der Wahlvorschläge gemäß § 98 III auf, ihm binnen acht Tagen die Namen der Benannten zu bezeichnen.[2] Werden diese Namen nicht binnen acht Tagen bezeichnet, so bleiben die Sitze unbesetzt.[3]

1. S. Art. 9 Z. 7 BezO. Als Verteilungsart kann nur das für die Kommunalwahlen allgemein eingeführte D'Hondt'sche Verfahren in Betracht kommen. Es führt übrigens zu dem gleichen Ergebnis wie das Verfahren nach dem LWG.

2. S. Art. 58 V, VI LWG. Benannt werden können Personen, die in einem Wahlvorschlag enthalten sind oder nicht enthalten sind.

3. S. Art. 58 VI LWG.

§ 100.

I Bei Mehrheitswahl sind die sämtlichen nach Art. 8 I und II BezO. in Betracht kommenden Vertreter in einem Wahlgange zu wählen.[1] Wenn ein gültiger Wahlvorschlag mit der höchstzulässigen Bewerberzahl (§ 95 Ziff. 1) vorliegt, und mehr als die Hälfte der Wähler für den unveränderten Wahlvorschlag im ganzen gültig abgestimmt hat, sind die darin enthaltenen Bewerber in der vorgeschlagenen Reihenfolge gewählt oder als Ersatzleute bestimmt. Wenn dagegen in solchen Fällen nicht mehr als die Hälfte der Wähler für den unveränderten Wahlvorschlag im ganzen abgestimmt hat, sind die einzelnen Bewerber des

Wahlvorschlages in der Reihenfolge ihrer Stimmenzahlen als gewählt oder als Ersatzleute zu bezeichnen.[2]

II Wenn kein solcher gültiger Wahlvorschlag vorliegt, sind die einzelnen Bewerber in der Reihenfolge ihrer gültigen Stimmenzahlen als gewählt oder als Ersatzleute zu bezeichnen.[2]

1. S. Art. 10 Z. 7 Unterabs. 2 Satz 2 BezO. Ersatzleute sind die überschüssigen Bewerber.

2. S. Art. 10 Z. 7 Unterabs. 3 BezO.

§ 101.

I Nach Schluß der Feststellungen verkündet[1] der Bezirkswahlleiter alsbald:

1. bei Verhältniswahl die Zahl der auf die einzelnen und verbundenen Wahlvorschläge gefallenen und insgesamt abgegebenen gültigen Stimmzettel, die Zahl der den Wahlvorschlägen nach Art. 8 I BezO. zugewiesenen Sitze, ferner die Namen und die Reihenfolge der Gewählten und der Ersatzleute mit ihren gültigen Stimmenzahlen und die Zahl der den einzelnen Wahlvorschlägen nach Art. 8 II BezO. noch zugefallenen Sitze,
2. bei Mehrheitswahl die Art, wie sich die Verteilung der Sitze bestimmt, und die Namen und Reihenfolge der Gewählten und der Ersatzleute, soweit nicht die Reihenfolge im Wahlvorschlag maßgebend ist, mit ihren gültigen Stimmenzahlen,

II Hierauf schließt der Bezirkswahlleiter die Niederschrift über die Wahl ab, indem er sie mit dem Bezirkswahlausschuß unterzeichnet.

1. Im Wahlraum.

§ 102.

Die amtlich verkündeten Wahlergebnisse sind nach Feststellung der Namen der nach Art. 8 II BezO. zu bestimmenden Vertreter und, nachdem die sämtlichen Erklärungen über die Annahme[1] der Wahlen abgegeben worden sind, der Staatsaufsichtsbehörde mitzuteilen und im Amtsblatt des Bezirksamts bekanntzugeben.

1. S. § 117.

§ 103.

Die Verhandlungen sind von dem Bezirkswahlleiter dem Bezirkstage bei seinem ersten Zusammentritte zur Wahlprüfung [1] zu übergeben.

1. S. Art. 11 BezO.

C. Für die Kreiswahl.

1. Behandlung durch die Wahlvorstände in den Stimmbezirken.

§ 104.

Wenn mit einer Gemeinde- oder Bezirkswahl eine Kreiswahl verbunden ist, hat der Wahlvorsteher, sobald er das Ergebnis der Gemeinde- oder Bezirkswahl mit dem Wahlvorstand für seinen Stimmbezirk ermittelt hat, wenn möglich noch am gleichen Tage,[1] auch das Ergebnis der Kreiswahl festzustellen.[2]

1. Wenn die Verschiebung der Feststellung nötig ist, gilt nach § 105 für die Verwahrung der Verhandlungen § 91.

2. Auch hier spielt sich die Feststellung in zwei Verhandlungen, vor dem Wahlvorstand und dem Kreiswahlausschuß ab.

§ 105.

I Für die Ergebnisermittlung gelten die Bestimmungen in §§ 91 bis 96, soweit nachstehend nichts anderes bestimmt ist.

II Die Wahlvorstände haben bei Verhältniswahl entsprechend § 69 [1] die Zahl der für die einzelnen amtlich zugelassenen und öffentlich bekanntgegebenen Wahlvorschläge abgegebenen gültigen Stimmen zu ermitteln, indem sie feststellen,[2] wie viele gültige Stimmzettel für die einzelnen Wahlvorschläge mit Einschluß der Listenstimmen (§ 64 I Satz 2—4), sowie insgesamt im Stimmbezirk abgegeben worden sind, und daneben wie viele gültige Stimmen jeder einzelne der Bewerber im Stimmbezirk erhalten hat, die für den Stimmkreis in einem amtlich zugelassenen und öffentlich bekanntgebenen Wahlvorschlag aufgestellt sind, bei Mehrheitswahl wie viele gültige Stimmen jeder einzelne Bewerber im Stimmbezirke erhalten hat.

1. § 69 gilt hier gemäß § 92 (s. Abs. I).

2. Festzustellen ist für den Stimmbezirk:
a) die Zahl der gültigen Stimmzettel mit Bewerberstimmen für jeden Wahlvorschlag,
b) die Zahl der gültigen Stimmzettel mit Listenstimmen für jeden Wahlvorschlag,
c) die Zahl der gültigen Stimmzettel insgesamt für jeden Wahlvorschlag,
d) die Gesamtzahl der gültigen Stimmzettel im Stimmbezirk,
e) die Zahl der gültigen Stimmen für jeden einzelnen Bewerber.

§ 106.

I Die für die Bezirkswahl beim Vorliegen eines gültigen Wahlvorschlags vorgesehenen Bestimmungen bleiben außer Betracht.[1]

II Ungültig sind Stimmzettel in den aus § 93 Ziff. 1 bis 6 ersichtlichen Fällen[2], ferner wenn Namen aus verschiedenen Wahlvorschlägen gekennzeichnet[3] sind, bei Mehrheitswahl auch soweit sie mehr als einen Namen oder den Namen einer nichtwählbaren Person enthalten.

1. Weil die KrO. diesen Fall im Hinblick auf seine Unwahrscheinlichkeit nicht wie die BezO. besonders behandelt. Wenn wirklich einmal bei einer Kreiswahl nur ein Wahlvorschlag vorliegen sollte, gilt Art. 11 Z. 7 KrO.

2. Bei Anwendung des § 93 Z. 4 sind die im Stimmkreis aufgestellten Bewerber in Betracht zu ziehen. Bei § 93 Z. 6 bleibt der Fall eines gültigen Wahlvorschlages außer Betracht.

3. Die Möglichkeit besteht deshalb, weil zwei Bewerber gewählt werden können.

§ 107.

Die Stadträte der kreisunmittelbaren Städte legen die von ihnen geprüften und nötigenfalls ergänzten Kreiswahlverhandlungen der Wahlvorstände mit Ausnahme der Wählerlisten, der Wahlscheine und der nicht beschlußmäßig behandelten gültigen Stimmzettel, samt einer vorläufigen Zusammenstellung der Ergebnisse unmittelbar dem Kreiswahlleiter vor. Die übrigen Gemeindebehörden, in deren Bezirk ein Wahlraum liegt, übersenden sie zunächst den Bezirksämtern. Die nicht beschlußmäßig behandelten gültigen Stimmzettel sind zu versiegeln und mit den Wählerlisten und den Wahlscheinen in der Gemeinderegistratur solange zu verwahren, bis der Kreistag über die Gültigkeit der Wahl beschlossen hat. Die Bezirksämter überprüfen und ergänzen die Verhandlungen, stellen die Ergebnisse vorläufig für ihre Bezirke zusammen und übersenden sie sodann dem Kreiswahlleiter.

§ 107 entspricht dem § 96.

2. **Behandlung durch den Kreiswahlausschuß.**

§ 108.

Der Kreiswahlleiter hat dafür zu sorgen, daß die Verhandlungen aus seinen sämtlichen Stimmbezirken spätestens am siebenten Tage nach dem Wahltage bei ihm vorliegen. Er behandelt sie sodann entsprechend den §§ 97 bis 103, soweit nachstehend nichts anderes bestimmt ist.

§ 109.

Der Kreiswahlleiter stellt mit dem Kreiswahlausschuß die Stimmenzahlen für sämtliche Stimmbezirke nach Stimmkreisen[1] zusammen und stellt fest:[2]

1. bei Verhältniswahl wie viele gültige Stimmzettel für die einzelnen und die verbundenen amtlich zugelassenen und öffentlich bekanntgegebenen Wahlvorschläge mit Einschluß der Listenstimmen (§ 64 I Satz 2—4), sowie insgesamt im Kreis abgegeben worden sind und daneben wie viele gültige Stimmen jeder einzelne der Bewerber, die in den amtlich zugelassenen und öffentlich bekanntgegebenen Wahlvorschlägen aufgestellt sind, in den Stimmkreisen, für die er benannt ist, erhalten hat,
2. bei Mehrheitswahl wie viele gültige Stimmen jeder einzelne Bewerber im Kreis erhalten hat.

1. D. h. nach den Stimmkreisen für die Landtagswahl, da für diese die Bewerber aufgestellt sind. Die Zusammenstellung nach

Stimmkreisen ist eine notwendige Vorarbeit, namentlich mit Rücksicht auf die Stimmen für die Bewerber. Das Ergebnis der Stimmkreise ist schließlich noch für den Kreis zusammenzufassen.

2. § 105 Anm. 2.

§ 110.

I Bei Verhältniswahl werden hierauf zunächst die gemäß Art. 9 I KrO. zu besetzenden Sitze auf die beteiligten einzelnen und, soweit gültige Verbindungen vorliegen, die verbundenen Wahlvorschläge nach Maßgabe des § 81 und 82 verteilt. Bei gleichem Anspruch mehrerer Wahlvorschläge auf einen Sitz fällt der Sitz dem Wahlvorschlage zu, dessen in Betracht kommender Bewerber die größte Stimmenzahl aufweist.[1] Bei Stimmengleichheit entscheidet das Los. § 81 IV ist hiebei sinngemäß anzuwenden.

II Weiter wird die Reihenfolge der Bewerber nach ihren gültigen Stimmenzahlen in den Stimmkreisen, in denen sie aufgestellt sind, festgestellt. In dieser Reihenfolge werden die den einzelnen Wahlvorschlägen zugefallenen Sitze an die ihnen angehörigen Bewerber verteilt. Dabei ist zu beachten, daß, wenn auf einem Wahlvorschlag in einem Stimmkreis ein Bewerber als gewählt bezeichnet worden ist, der weitere Bewerber aus diesem Wahlvorschlag im gleichen Stimmkreis erst dann zum Zuge kommen kann, wenn der Wahlvorschlag in den sämtlichen übrigen Stimmkreisen, für die er Bewerber aufgestellt hat, einen Sitz erhalten hat. Bei Stimmengleichheit der Bewerber aus dem gleichen Wahlvorschlag wird der Stimmkreis berücksichtigt, der für den Wahlvorschlag die größere Stimmenzahl aufgebracht hat; nötigenfalls entscheidet die Reihenfolge der Benennung im Wahlvorschlag.[2]

III Fallen einem Wahlvorschlage mehr Sitze zu, als er Bewerber enthält, so hat der Kreiswahlleiter hiervon den Vertrauensmann mit dem Beifügen zu verständigen, daß er binnen acht Tagen für die überschüssigen Sitze wählbare Personen benennen kann, die nicht in einem Wahlvorschlag enthalten sind.[3]

IV Die Ersatzleute werden in der Weise bestimmt, daß der im gleichen Stimmkreis auf dem gleichen Wahlvorschlag nichtgewählte Bewerber der Ersatzmann des Gewählten ist. Im übrigen ist die Reihenfolge des Abs. II maßgebend.[4] Auf Untervorschläge ist dabei Rücksicht zu nehmen.[5]

1. S. Art. 10 Z. 5 Unterabs. 1 KrO.

2. S. Art. 10 Z. 5 Unterabs. 2, 3 KrO.; auch bei völliger Stimmengleichheit der Bewerber im gleichen Stimmkreis.

3. S. Art. 10 Z. 5 Unterabs. 4 KrO.

4. S. Art. 10 Z. 6 KrO. Wenn ein Vertreter in mehreren Stimmkreisen gewählt war, wird er durch den zweiten Bewerber desjenigen seiner Stimmkreise ersetzt, der die meisten Stimmen aufzuweisen hat (Art. 10 Z. 6 Satz 1 Halbsatz 2 KrO.).

5. S. Art. 11 Z. 5 KrO. mit Art. 66 Z. 11 Unterabs. 2 GO.

§ 111.

I Hierauf werden die den einzelnen Wahlvorschlägen nach Art. 9 II KrO. zur Benennung noch zuzuweisenden Sitze auf die beteiligten einzelnen und verbundenen Wahlvorschläge in gleicher Weise gleichfalls nach Maßgabe des § 81 und 82 verteilt.

II Zwecks Besetzung dieser den Wahlvorschlägen noch zugefallenen Sitze fordert der Kreiswahlleiter die Vertrauensleute der Wahlvorschläge auf, ihm binnen acht Tagen die Namen der Benannten zu bezeichnen. Werden diese Namen nicht binnen acht Tagen benannt, so bleiben die Sitze unbesetzt.

S. § 99 Anm. 1—3.

§ 112.

Bei Mehrheitswahl[1] sind die sämtlichen nach Art. 9 I und II KrO. in Betracht kommenden Vertreter in einem Wahlgang zu wählen. Hiebei sind die einzelnen Bewerber in der Reihenfolge ihrer gültigen Stimmenzahlen als gewählt oder als Ersatzleute[2] zu bezeichnen.

1. S. Art. 11 Z. 7 KrO.

2. Ersatzleute sind die überschüssigen Bewerber.

§ 113.

I Nach Schluß der Feststellungen verkündet der Kreiswahlleiter alsbald:

1. bei Verhältniswahl die Zahl der auf die einzelnen und verbundenen Wahlvorschläge gefallenen und insgesamt abgegebenen gültigen Stimmzettel, die Zahl der den Wahlvorschlägen nach Art. 9 I KrO. zugewiesenen Sitze, ferner die Namen und die Reihenfolge der Gewählten und der Ersatzleute mit ihren gültigen Stimmenzahlen, ferner die Zahl der den einzelnen Wahlvorschlägen nach Art. 9 II KrO. noch zugefallenen Sitze,
2. bei Mehrheitswahl die Namen und die Reihenfolge der Gewählten und der Ersatzleute mit ihren gültigen Stimmenzahlen.

II Hierauf schließt der Kreiswahlleiter die Niederschrift über die Wahl ab, indem er sie mit dem Kreiswahlausschuß unterzeichnet.

§ 114.

I Die amtlich verkündeten Wahlergebnisse sind nach der Feststellung der Namen der nach Art. 9 II KrO. zu bestimmenden Vertreter, nachdem die sämtlichen Erklärungen über die Annahme der Wahlen abgegeben worden sind, dem Staatsministerium des Innern mitzuteilen und ferner im Bayerischen Staatsanzeiger und in zwei im Kreise verbreiteten Tageszeitungen bekanntzugeben.

II Die Wahlverhandlungen sind von dem Kreiswahlleiter dem Kreistage bei seinem ersten Zusammentritte zur Wahlprüfung[1] zu übergeben.

1. S. Art. 12 KrO.

VII. Erklärungen über die Annahme der Wahl.

1. Für die Gemeindewahl.

§ 115.

I Der Gemeindewahlleiter hat die Bewerber, die in den von ihm geleiteten Wahlen gewählt worden sind (nicht die Ersatzleute), sofort persönlich oder schriftlich von ihrer Wahl gegen Nachweis zu verständigen mit der Aufforderung, sich über die Annahme der Wahl alsbald zu erklären. Dabei sind sie darauf hinzuweisen, daß die Ablehnung der Wahl nur aus den in Art. 73 I Ziff. 1—6 GO. angegebenen Gründen zulässig ist,[1] daß die Ablehnung binnen einer Woche nach der Aufforderung zur Erklärung über die Annahme der Wahl unter Angabe des Grundes bei dem Gemeindewahlleiter zu erklären ist und daß die Unterlassung einer Erklärung überhaupt oder der Angabe eines Grundes in der gesetzten Frist als Annahme gilt.[2] Die Ablehnungserklärung kann widerrufen werden, solange der Gemeindewahlausschuß hierüber noch nicht beschlossen hat.

II Wenn ein Bewerber die Annahme eines Amtes ablehnt, hat der Gemeindewahlleiter den Gemeindewahlausschuß zur Entscheidung über den Ablehnungsgrund alsbald zu berufen.[3] Die Entscheidung ist dem Gewählten und der Gemeindebehörde schriftlich gegen Nachweis zu eröffnen. Hiergegen ist binnen einer Woche Beschwerde an die Staatsaufsichtsbehörde zulässig. Diese entscheidet hierüber endgültig.[4]

III Wenn in Gemeinden bis zu 2000 Einwohnern nahe Verwandte im Sinne des Art. 73 IV GO. gewählt worden sind, so entscheidet der Gemeindewahlausschuß[5] auf Antrag des Gemeindewahlleiters vor der Verkündung des Wahlergebnisses über die Zulässigkeit[6] der Wahl nach Maßgabe dieser Bestimmung. Die getroffene Entscheidung ist den Beteiligten gegen Nachweis, den Vertrauensmännern der beteiligten Wahlvorschläge und der Gemeindebehörde zu eröffnen. Die Person des Ersatzmannes ist festzustellen,[7] nötigenfalls eine Ergänzungswahl[8] zu veranlassen, sobald die Entscheidung nach Art. 73 IV rechtskräftig geworden ist.

1. Nach Art. 73 GO. besteht die Pflicht zur Annahme der G.-Ämter, wenn nicht einer der gesetzlich bestimmten Ablehnungsgründe vorliegt.

2. S. Art. 73 II Satz 1 GO.

3. S. Art. 73 II Satz 2 GO.

4. S. Art. 73 II Satz 3, 4 GO. Der Ersatz der Ablehnenden erfolgt nach § 116.

5. S. Art. 73 IV Unterabs. 2 Satz 2 GO. Die Anregung hiezu geht vom G.wahlleiter aus.

6. Die Entscheidung geht vor allem dahin, welcher der nahen Verwandten nach Art. 73 IV GO. dem andern zu weichen hat.

7. Soweit Ersatzleute vorhanden sind, rückt der Ersatzmann ein. Er ist vom G.wahlleiter nach Abs. I zu verständigen.

8. Wenn kein Ersatzmann mehr vorhanden ist, oder für die betreffende Stelle kein Ersatzmann gewählt ist, ist eine Ergänzungswahl zu veranlassen, wenn die Voraussetzung des Art. 71 GO. gegeben ist. Diese Bestimmung ist nach § 116 II auch für solche Fälle anwendbar.

§ 116.

I Wenn ein ehrenamtliches Gemeinderatsmitglied oder ein im Verhältniswahlverfahren gewählter ehrenamtlicher weiterer Bürgermeister die Wahl ablehnt und der Gemeindewahlausschuß die Ablehnung für begründet erachtet,[1] hat der Gemeindewahlleiter den Ersatzmann, der für den Ablehnenden in den Gemeinderat einzutreten hat, alsbald in der aus § 115 I ersichtlichen Form hiervon zu verständigen. Die Person des Ersatzmannes, der in den Gemeinderat einzutreten hat, ergibt sich aus der vom Gemeindewahlausschusse festgestellten Reihenfolge.[2]

II Wenn kein Ersatzmann für die betreffende Stelle mehr vorhanden ist, oder wenn ein Mitglied des Gemeinderates ablehnt, für dessen Stelle keine Ersatzleute gewählt sind, ist Art. 71 GO. maßgebend.[3]

III Bei Erledigungen während der Wahldauer erfolgt die Einberufung der Ersatzleute durch den ersten Bürgermeister.[4]

1. Nach Art. 73 I Z. 1—6 GO.

2. S. §§ 85 u. 90 III.

3. Der G.wahlleiter wird den G.rat verständigen und diesem die Entscheidung nach Art. 71 GO. zunächst überlassen. Die Staatsaufsichtsbehörde erhält durch die Vorlage nach §§ 87 II u. 90 VII Kenntnis vom Stande der Dinge und kann dann ihrerseits die nötige Anordnung ergehen lassen, wenn der G.rat eine solche nicht trifft.

4. Die Tätigkeit des G.wahlleiters ist damit auf die eigentliche G.wahl beschränkt. Während der Wahlperiode übernimmt die Tätigkeit der Verständigung der Ersatzleute der 1. B. Da weder dem G.wahlausschuß noch dem G.wahlleiter während der Wahlperiode eine Zuständigkeit übertragen ist, hat der 1. B., auch wenn z. B. wegen Verlust der Wählbarkeit von der Reihenfolge der Er-

satzleute abzuweichen ist, diese Entscheidung zu treffen. Dies beabsichtigt Abs. III.

Art. 66 Z. 11 Unterabs. 1 GO. spricht von einem selbsttätigen Einrücken der Ersatzleute. Die Tätigkeit des 1. B. ist also nur feststellend.

2. Für die Bezirkswahl.

§ 117.

I Der Bezirkswahlleiter hat die nach Art. 8 I BezO. Gewählten sofort, die nach Art. 8 II BezO. Benannten alsbald nach ihrer Benennung von der auf sie gefallenen Wahl zu verständigen mit der Aufforderung, sich binnen acht Tagen über die Annahme der Wahl zu erklären, mit dem Beifügen, daß die Unterlassung einer Erklärung als Ablehnung angesehen wird.[1]

II Wenn ein Gewählter die Wahl ablehnt oder nicht binnen acht Tagen die Annahme der Wahl erklärt, hat der Bezirkswahlleiter den Ersatzmann, der für den Ablehnenden in den Bezirkstag einzutreten hat, alsbald in gleicher Weise von seiner Wahl zu verständigen.

III Die Person des Ersatzmannes, der in den Bezirkstag einzutreten hat, ergibt sich aus der vom Bezirkswahlausschusse festgestellten Reihenfolge der Ersatzleute. Die Einberufung der Ersatzleute erfolgt in dieser Reihenfolge durch den Bezirkswahlleiter,[2] ebenso wenn im Laufe der Wahldauer ein nach Art. 8 I BezO. gewähltes Bezirkstagsmitglied aus dem Bezirkstag ausscheidet.

IV Enthält ein Wahlvorschlag keine Ersatzleute mehr, so hat der Bezirkswahlleiter hiervon den Vertrauensmann des Wahlvorschlages mit dem Beifügen zu verständigen, daß er binnen acht Tagen als Ersatzmann eine wählbare Person benennen kann.[3]

V Lehnt ein nach Art. 8 II BezO. benanntes Mitglied ab oder scheidet ein solches später aus dem Bezirkstag aus, so hat der Bezirkswahlleiter den Vertrauensmann des Wahlvorschlages gemäß § 99 II zu verständigen.[4]

1. Eine Annahmepflicht besteht nicht, da eine dem Art. 73 GO. entsprechende Bestimmung sich in der BezO. nicht findet.

2. Der Bezirkswahlleiter ist im Gegensatz zum G.wahlleiter (§ 116 III) dauernd in Funktion. Der Grund des Unterschieds liegt

darin, daß der Wahlleiter hier eine immer tätige Amtsperson ist, während der G.wahlleiter sonst jeder amtlichen Eigenschaft entbehrt. Was der Bezirksamtsvorstand ist, ist in der G. der 1. B.

3. S. Art. 9 Z. 6 Satz 3 BezO.

4. Damit der Vertrauensmann die Benennung nach Art. 9 Z. 7 BezO. erneuert.

3. Für die Kreiswahl.

§ 118.

Der Kreiswahlleiter hat in sinngemäßer Anwendung des § 117 zu verfahren. Als Ersatzmann für ein ablehnendes oder ausscheidendes Kreistagsmitglied kommt zunächst der auf dem gleichen Wahlvorschlag im gleichen Stimmkreis nichtgewählte Bewerber[1] in Betracht. Sonst ist die nach § 110 IV festgestellte Reihenfolge der Ersatzleute maßgebend.

1. S. Art. 10 Z. 6 S. 1 KrO.

VIII. Neuwahlen; Nachwahlen; Wiederholungswahlen; Ergänzungswahlen.

§ 119.

I Wenn im Wahlprüfungsverfahren die Richtigkeit einer Gemeindewahl im ganzen ausgesprochen worden ist, hat die Staatsaufsichtsbehörde eine Neuwahl anzuordnen (Art. 74 II GO.). Hierbei sind die Wahlvorbereitungen soweit zu erneuern, als dies nach dem rechtskräftigen verwaltungsgerichtlichen Bescheid erforderlich ist.[1] Wenn die Neuanlage der Wählerliste angeordnet worden ist, kann sie statt der vollständigen Neuanlage auch nach dem Stande der Wahlberechtigten zur Zeit der Neuwahl[2] berichtigt und neuerdings ausgelegt werden. Wenn die Wahlvorschläge zu erneuern sind, ist der Übergang von der Mehrheitswahl zur Verhältniswahl und von der Verhältniswahl zur Mehrheitswahl zulässig. Für das Verfahren gelten die allgemeinen Bestimmungen.

II Wenn im Wahlprüfungsverfahren die Ungültigkeit einer Wahl im ganzen[3] ausgesprochen worden ist, hat die Staatsaufsichtsbehörde eine Nachwahl anzuordnen.

Hinsichtlich der Wahlvorbereitungen und des Verfahrens gilt Abs. I.

III Wenn im Wahlprüfungsverfahren die Nichtigkeit oder Ungültigkeit der Wahl einer einzelnen Person ausgesprochen worden ist und die Richtigstellung des Ergebnisses infolge Fehlens von Ersatzleuten nicht möglich ist, aber die Ergänzung des Gemeinderats gemäß Art. 71 I GO. für erforderlich erklärt wird, hat die Staatsaufsichtsbehörde eine Nachwahl[4] in dem erforderlichen Umfange zur Besetzung der nicht besetzten Stellen anzuordnen. Wegen der Wahlvorbereitungen und des Verfahrens gilt Abs. I.

IV Wenn im Wahlprüfungsverfahren nur das Wahlergebnis in einzelnen Stimmbezirken für ungültig erklärt worden ist, kann die Staatsaufsichtsbehörde die Anordnung der Nachwahl auf diese Stimmbezirke beschränken (Wiederholungswahl).[5] Die Wahl ist dann auf Grund der alten Wählerlisten und Wahlvorschläge vorzunehmen.[6] Die Einteilung der Stimmbezirke darf nicht verändert werden. Wahlberechtigte, die für die erste Wahl einen Wahlschein erhalten haben, werden bei der Wiederholungswahl zur Stimmabgabe nur dann zugelassen, wenn sie nachweisen, daß sie den Wahlschein in einem Stimmbezirk abgegeben haben, für den die Wahl wiederholt wird. Für die Wiederholung der Wahl erhalten einen Wahlschein Personen, bei denen die Voraussetzungen hiefür gegeben sind, wenn sie von dem Wahlscheine außerhalb ihres Stimmbezirkes Gebrauch machen können.

V Die Bestimmungen der Abs. I—IV finden auf die Bezirks- und Kreiswahlen entsprechende Anwendung.[7] Die Anordnung solcher Wahlen obliegt dem Staatsministerium des Innern.[8]

1. Der verwaltungsgerichtliche Bescheid wird erkennen lassen, wie weit das Verfahren der Erneuerung bedarf.

2. Soferne der verwaltungsgerichtliche Bescheid dies erfordert. Sonst nach dem Stande der Hauptwahl.

3. S. Art. 74 IV u. V GO. In solchen Fällen, wo die ganze G.wahl für nichtig erklärt worden ist, ist eine Nachwahl unter allen Umständen nötig.

4. S. Art. 74 III, IV, V GO.

5. Über die Zulässigkeit einer solchen räumlich beschränkten Nachwahl s. Art. 74 Anm. 19 Abs. 2.

6. Da das Ergebnis aus den betreffenden Stimmbezirken in das Gesamtergebnis eingefügt werden muß, ist die Zulassung der Erneuerung der Wählerlisten und Wahlvorschläge unmöglich; auch die Einteilung der Stimmbezirke darf deshalb nicht verändert werden. Wahlscheine können nur innerhalb des Wahlgebietes, in dem wiederholt gewählt wird, ausgestellt und benützt werden.

7. S. Art. 11 BezO., Art. 12 KrO.

8. S. Art. 12 BezO., Art. 17 KrO.

§ 120.

I Ergänzungswahlen zu den Gemeinderäten während der Wahlzeit ordnet die Staatsaufsichtsbehörde unter der Voraussetzung des Art. 71 I GO. an. Hiezu sind sämtliche Wahlvorbereitungen in dem erforderlichen Umfang neu[1] zu treffen. Die allgemeinen Vorschriften finden Anwendung.

II Auch wenn es sich um den Ersatz mehrerer Vertreter eines einzelnen Wahlvorschlages handelt, sind diese Sitze, wenn mehrere Wahlvorschläge eingereicht werden, im Verhältniswahlverfahren zu besetzen.[2]

III Wo im Vollzug der §§ 119 und 120 die Einwohnerzahl von Bedeutung ist, entscheidet die Zahl[3] zur Zeit der Neuwahl, Nachwahl oder Ergänzungswahl.

IV Solche Wahlen haben stets an einem Sonntag oder allgemeinen öffentlichen Ruhetag stattzufinden.

1. Eine Ergänzungswahl hängt nicht mit einer früheren Wahl innerlich zusammen, sondern schließt nur an eine solche ergänzend an. Daher kann auch die Vorbereitung der früheren Wahl nicht mitbenutzt werden.

2. Wenn z. B. die Vertreter und Ersatzleute nur eines Wahlvorschlages weggefallen sind, können die Sitze nicht diesem Wahlvorschlag gesichert werden. Vielmehr muß die Wahl auch für solche Fälle allgemein sein. Die zu vergebenden Sitze werden daher unter sämtliche Wahlvorschläge verteilt. Solches Vorgehen eines Wahlvorschlages führt also stets zu einem Verlust an Einfluß für diesen.

3. Jedoch nur dann, wenn sie durch eine amtliche Volkszählung festgestellt ist.

IX. Wahl der Bürgermeister durch den Gemeinderat.

§ 121.

I In Gemeinden bis zu 3000 Einwohnern, in denen die Wahl des ersten Bürgermeisters durch sämtliche Wahlberechtigte nicht zu einem endgültigen Ergebnis[1] geführt hat (§§ 77, 86 I Ziff. 1), ferner in Gemeinden mit mehr als 3000 Einwohnern, in denen nicht der erste Bürgermeister auf Grund berufsmäßiger Anstellung noch weiterhin im Amt zu bleiben hat,[2] hat der Gemeindewahlleiter alsbald nach den allgemeinen Gemeindewahlen[3] die stimmberechtigten Mitglieder des Gemeinderats (die neugewählten ehrenamtlichen Gemeinderatsmitglieder und etwa noch weiterhin im Amte befindliche berufsmäßige weitere Bürgermeister)[4] gegen Nachweis[5] zu einer Sitzung zu berufen unter der ausdrücklichen Bekanntgabe, daß darin zu der angegebenen Zeit die Wahl des ersten Bürgermeisters erfolgen solle.

II In Gemeinden bis zu 3000 Einwohnern sind hierbei nur die drei Bewerber wählbar,[6] die bei der Wahl durch alle Wahlberechtigten die meisten gültigen Stimmen erhalten haben. Erklärungen der Beteiligten über die etwaige Annahme oder Nichtannahme der Wahl bleiben dabei außer Betracht.[7] Bei Stimmengleichheit entscheidet das Los darüber, wer in diese engere Wahl zu bringen ist.[8] Die Losung ist Bestandteil des Wahlverfahrens.[9] Ein Mitglied des Wahlausschusses stellt die Lose in Abwesenheit der Person her, die das Los zieht. Auch[10] diese Person wird vom Wahlausschuß aus den stimmberechtigten Mitgliedern des Gemeinderates bestimmt.

III Die Wahl erfolgt dabei überall, mag es sich um einen ehrenamtlichen oder berufsmäßigen ersten Bürgermeister handeln, in sinngemäßer Anwendung der Bestimmungen, die für die Wahl des ersten Bürgermeisters durch alle Wahlberechtigten gelten. Der Wahlausschuß besteht aus dem Gemeindewahlleiter und zwei Mitgliedern des Gemeinderates, die der Gemeindewahlleiter bestimmt. Der Wahlausschuß[11] setzt die Wahldauer und die Zeit der

Stimmabgabe fest. Die Stimmabgabe erfolgt durch verdeckt[12] abzugebende Stimmzettel in der Größe von 9:12 cm. Der Gemeindewahlleiter hat auch im Wahlausschuß nur dann Stimmrecht, wenn er Mitglied des Gemeinderates ist.[13] Sonst hat er nur Stichentscheid bei Stimmengleichheit im Wahlausschuß. Über den ganzen Vorgang ist eine Niederschrift aufzunehmen. Bei der Ergebnisfeststellung ist eine Zähl- und Gegenliste zu führen.

IV Erhält bei dieser Wahl kein Bewerber mehr als die Hälfte der abgegebenen gültigen Stimmen, so tritt Stichwahl[14] unter den beiden Bewerbern ein, die bei der Wahl durch den Gemeinderat die höchsten Stimmenzahlen erhalten haben. Bei Stimmengleichheit entscheidet das Los darüber, wer in die Stichwahl zu bringen ist.[15] Für die Form dieses Wahlganges ist Abs. III maßgebend.[16] Ergibt auch die Stichwahl Stimmengleichheit, so entscheidet das Los.[17] Die Losung erfolgt nach Maßgabe des Abs. II.

V Das Wahlergebnis ist sofort zu verkünden, ferner in ortsüblicher Weise bekanntzugeben und während vierzehn Tagen an der Gemeindetafel anzuschlagen, sobald der Gewählte die Annahme der Wahl erklärt hat.[18]

1. Weil kein Bewerber mehr als die Hälfte der abgegebenen gültigen Stimmen erhalten hat. S. Art. 65 I GO.

2. Wo also ein ehrenamtlicher erster B. mit abgeht oder der Dienstvertrag des berufsmäßigen ersten B.s ausläuft.

3. d. h. der allgemeinen Wahl des ersten B.s und der Wahl der ehrenamtlichen G.ratsmitglieder. — S. auch BGHE. v. 11. Nov. 1925, BGBZ. 1926, 887.

4. Nicht stimmberechtigt sind hiebei die berufsmäßigen G.ratsmitglieder (Art. 13 IV Schlußhalbsatz).

5. Hier ist eine besondere Form der Ladung vorgeschrieben. (S. Art. 19 u. 21.)

6. S. Art. 65 I Z. 1 Unterabs. 3 GO.

7. Es gibt also keinen Verzicht der 3 Bewerber auf Beteiligung an der „Auswahl". Eine Erklärung über die Annahme kommt erst nach dem vollständigen Abschluß der Wahl in Frage.

8. Insoweit durch die Teilnahme aller Bewerber mit den höchsten Stimmenzahlen die Zahl 3 überschritten würde, ist eine Vorausscheidung durch das Los vorgesehen, z. B. A 76 Stimmen, B 60, C 48, D 48 Stimmen: Losung zwischen C und D.

9. Also geht sie in der Öffentlichkeit, vor einem Wahlausschuß mit Festlegung in der Niederschrift vor sich.

10. Ebenso wie das Mitglied des Wahlausschusses, das die Lose herstellt.

11. Die Zeit der Wahl setzt der G.wahlleiter fest (Abs. I). Er bestimmt dann den Wahlausschuß. Dieser entscheidet über Wahldauer und Zeit der Stimmabgabe.

12. d. h., wie sonst üblich, doppelt zusammengefaltet. Die Stimmzettel können von den Wählern beschafft werden. Wo dies nicht geschieht, müssen sie von der G. zur Verfügung gestellt werden.

13. Er ist dann nach Art. 65 I Z. 1 GO. nicht stimmberechtigt. Nur Stichentscheid im Wahlausschuß muß ihm zugebilligt werden.

14. S. Art. 65 I Z. 1 Unterabs. 3 Satz 2 GO. S. Anm. 26 zu Art. 65. Die Stichwahl hat die Bedeutung, daß nur für die beiden Bewerber mit den höchsten Stimmenzahlen überhaupt gültig abgestimmt werden kann. Auf andre Bewerber gefallene Stimmen sind ungültig.

15. S. Anm. 8.

16. Der Wahlausschuß setzt also die Wahldauer und die Zeit der Stimmabgabe fest.

17. Das Los entscheidet, wer erster B. wird. (Art. 65 I Z. 1 Unterabs. 3 Schlußsatz GO.).

18. Lehnt er ab und wird die Ablehnung nach Art. 73 II GO. zugelassen, so ist nach § 116 II zu verfahren.

§ 122.

I Sobald die Wahl des ersten Bürgermeisters stattgefunden hat, beschließen die stimmberechtigten Mitglieder des neugewählten Gemeinderats (§ 121 I) unter Leitung des ersten Bürgermeisters, vorbehaltlich etwa bestehender Dienstverträge, über die Zahl der zu wählenden weiteren Bürgermeister, in Gemeinden mit mehr als 3000 Einwohnern auch darüber, ob sie als ehrenamtliche oder berufsmäßige gewählt werden sollen. Die Berufung zur Sitzung erfolgt nach § 121 I.[1] Für diesen Beschluß gelten die Bestimmungen der Art. 21 ff. GO.[2]. Die Wahl der weiteren Bürgermeister kann, wenn die vorherige Wahl des ersten Bürgermeisters nicht möglich ist,[3] auch vor dieser stattfinden. Sie wird dann von dem Gemeindewahlleiter geleitet.

II Wenn die Wahl des ersten Bürgermeisters nicht erforderlich ist, weil ein berufsmäßiger erster Bürgermeister mit längerer Amtszeit vorhanden ist, trifft dieser die erforderliche Einleitung für die Wahl der weiteren Bürgermeister gemäß Abs. I.

III Der Beschluß über die Zahl der weiteren Bürgermeister kann, solange die Wahl noch nicht stattgefunden hat, oder bei Erledigung einer Stelle, geändert[4] werden.

1. Ladung gegen Nachweis mit der ausdrücklichen Bekanntgabe, daß in der Sitzung zu der angegebenen Zeit über die Zahl der weiteren B., in G.n mit mehr als 3000 Einwohnern auch darüber beschlossen werden soll, ob sie als ehrenamtliche oder berufsmäßige gewählt werden sollen, und daß zur angegebenen Zeit auch die Wahl derselben erfolgen soll.

2. Also nicht Art. 19, 20 GO.

3. Die Entscheidung treffen die nach § 121 I Stimmberechtigten, wenn sie zur Wahl des ersten B.s versammelt sind. S. auch BGHE. v. 22. Juli 1925, BGBZ. 1926, 888.

4. Die Änderung des Beschlusses ist zunächst nur soweit möglich, als noch nicht gewählt ist. Sobald ein weiterer B. gewählt ist, kann nur noch beschlossen werden, daß noch ein weiterer oder kein weiterer gewählt werden soll, aber nicht, daß überhaupt keiner gewählt werden soll. Bei Erledigung der Stelle ist eine weitere Änderung möglich.

§ 123.

Beschließt der Gemeinderat einen ehrenamtlichen weiteren Bürgermeister oder einen oder zwei berufsmäßige weitere Bürgermeister zu wählen, so erfolgt die Wahl in gleicher Weise wie die Wahl des ersten Bürgermeisters durch den Gemeinderat, und zwar für jeden zu Wählenden in einem eigenen Wahlgang.[1] An Stelle des Gemeindewahlleiters tritt der erste Bürgermeister, wenn er schon gewählt ist. Die zu Wählenden brauchen nicht Gemeinderatsmitglieder zu sein.[2] Erhält hierbei kein Bewerber mehr als die Hälfte der abgegebenen gültigen Stimmen, so hat Stichwahl unter den beiden Bewerbern mit den meisten gültigen Stimmen stattzufinden.[3] Bei Stimmengleichheit entscheidet das Los darüber, wer in die Stichwahl zu bringen ist.[4] Ergibt auch die Stichwahl Stimmengleichheit, so entscheidet das Los. Die Losung erfolgt nach § 121 II. Das Wahlergebnis ist sofort zu verkünden, ferner in ortsüblicher Weise bekanntzugeben und während vierzehn Tagen an der Gemeindetafel anzuschlagen, sobald die Gewählten die Annahme der Wahl erklärt haben.[5]

1. S. Art. 65 I Z. 1 Unterabs. 1 GO. und § 121.
2. Wenn sie solche sind, rücken für sie die Ersatzleute nach.
3. S. Art. 65 I Z. 1 Unterabs. 4 GO.
4. S. § 121 Anm. 14.
5. S. Art. 65 I Z. 1 Unterabs. 4 mit 3 GO.

§ 124.

I Beschließt der Gemeinderat zwei ehrenamtliche weitere Bürgermeister zu wählen, so erfolgt die Wahl unter sinngemäßer Anwendung der Bestimmungen dieser Wahlordnung für die Wahl der ehrenamtlichen Gemeinderatsmitglieder[1] mit folgenden Abweichungen:

1. Der (neugewählte oder noch im Amte befindliche) erste Bürgermeister leitet die Wahl; ist ein solcher nicht vorhanden oder ist er verhindert, so vertritt ihn der Gemeindewahlleiter.
2. Der Wahlausschuß besteht aus dem Wahlleiter (1. Bürgermeister oder Gemeindewahlleiter) und zwei weiteren von ihm bestimmten Mitgliedern des Gemeinderats. Der Gemeindewahlleiter hat auch[2] im Wahlausschuß nur dann Stimmrecht, wenn er Mitglied des Gemeinderats ist; sonst[3] hat er nur Stichentscheid bei Stimmengleichheit im Wahlausschuß.

   Der Wahlausschuß beschließt über die Wahldauer und die Zeit der Stimmabgabe.
3. Die Bestimmungen über die Wählerliste kommen in Wegfall. Wahlberechtigt sind die sämtlichen vollstimmberechtigten Mitglieder des Gemeinderats (1. Bürgermeister und ehrenamtliche Gemeinderatsmitglieder).[4]
4. Bei der Einladung zur Wahl nach § 121 I[5] hat der Wahlleiter zur Einreichung von Wahlvorschlägen in entsprechend zu bestimmender Frist aufzufordern.

Diese müssen von mindestens drei stimmberechtigten Mitgliedern des Gemeinderates unterzeichnet sein und weiter dem § 40 entsprechen.[6] Die Verbindung mehrerer Wahlvorschläge und die Aufstellung von Untervorschlägen (§ 41) ist zulässig. Die Wahlvorschläge sind spätestens beim Beginne der Wahl von einem der Unterzeichner persönlich dem Wahlleiter zu zu übergeben. Der Übergeber gilt als Vertrauensmann. Sie können bis zu vier Namen enthalten. Die Bewerber brauchen nicht Gemeinderatsmitglieder zu sein.

5. Die Prüfung der Wahlvorschläge erfolgt durch den Wahlausschuß sofort nach der Einreichung. Der Wahlleiter eröffnet das Ergebnis der Prüfung mündlich dem Übergeber des Wahlvorschlages.

6. Nachträgliche Ergänzungen des Wahlvorschlages sind nur soweit zulässig, als sie möglich sind, ohne den Fortgang des Wahlgeschäftes erheblich[7] aufzuhalten.

7. Der Wahlausschuß beschließt sofort über die Zulassung der Wahlvorschläge. Der Wahlleiter gibt diese darauf alsbald im Wahlraume bekannt und legt sie zur Einsichtnahme auf.

8. Die Stimmabgabe erfolgt durch verdeckt[8] abzugebende Stimmzettel in der Größe von 9:12 cm. Sie wird in einem Verzeichnisse der stimmberechtigten Mitglieder des Gemeinderats vermerkt. Für eine entsprechende Wahlurne ist zu sorgen.

9. Die Stimmberechtigten sind in Städten mit mehr als 20000 Einwohnern an die Wahlvorschläge gebunden,[9] in Gemeinden bis zu 20000 Einwohnern können sie an den Wahlvorschlägen die bei der Wahl der ehrenamtlichen Gemeinderatsmitglieder zulässigen Änderungen im Stimmzettel vornehmen. Die Stimmzettel können bis zu vier Namen enthalten.[10]

10. Wenn kein oder nur ein gültiger Wahlvorschlag eingereicht ist, findet Mehrheitswahl ohne Bindung an die Personen der vorgeschlagenen Bewerber statt.

Die Stimmzettel können hiebei nur zwei Namen enthalten.[11]

11. Die Bestimmungen über die Ersatzleute gelten nur bei Verhältniswahl.[12] Bei Mehrheitswahl[13] werden keine Ersatzleute gewählt.

II Sämtliche Wahlverhandlungen nach §§ 121 bis 124 sind alsbald der Staatsaufsichtsbehörde vorzulegen.[14]

1. Die Abweichungen beruhen auf Art. 75 I GO. Namentlich hinsichtlich der Wahlvorschläge. S. aber Z. 4.

2. Stimmrecht bei der Wahl und Stimmrecht bei Beschlüssen des Wahlausschusses kommen in Betracht.

3. Ist er nicht Mitglied des G.rats, so beschränkt sich sein Stimmrecht in der angegebenen Weise.

4. Nicht die berufsmäßigen G.ratsmitglieder. (Art. 13 IV GO.) Berufsmäßige weitere B. können in diesem Fall nicht vorhanden sein.

5. Gegen Nachweis mit dem Hinweis auf die vorzunehmende Wahl.

6. Kennwort, bis zu 4 Bewerber mit Zustimmungserklärung, 3 Unterschriften. Die Frist für die Einreichung darf nicht zu kurz sein. BGHE. v. 23. März 1921. BGBZ. 1925, 759.

7. Erheblich wäre eine Aufhaltung dann, wenn die Ergänzung nicht abgewartet werden kann, vielmehr infolge derselben die Neuanberaumung einer Sitzung nötig wäre.

8. S. § 121 Anm. 12.

9. S. Art. 65 I Z. 1 Unterabs. 1 GO. Zu den „in Art. 66 aufgestellten Grundsätzen" gehört nach Art. 66 Z. 7 Unterabs. 1 GO. die Bindung an die Wahlvorschläge für Städte mit mehr als 20 000 Einwohnern.

10. S. Art. 66 Z. 7 Unterabs. 2 GO. (Streichung und Häufung zulässig. Unzulässig ist die Wahl von Bewerbern aus mehreren Wahlvorschlägen, oder von solchen, die auf keinem Wahlvorschlag enthalten sind.).

Die Zahl der Stimmen ist einheitlich 4. Nach Art. 66 Z. 7 Unterabs. 2 GO. sind soviele Stimmen zulässig, als Namen auf dem Wahlvorschlag stehen dürfen. Die Bestimmung in Art. 66 Z. 4 Unterabs. 2 GO. kann nach Art. 75 I GO. für die B.wahl abgeändert werden und ist in Ziff. 4 abgeändert und die Zahl einheitlich auf 4 festgesetzt.

11. S. Art. 66 Z. 5 u. 75 I Schlußsatz GO. Da bei Mehrheitswahl keine Ersatzleute zu wählen sind, können nur die Namen der Vertreter auf dem Stimmzettel stehen. Insofern ist Art. 66 Z. 5 durch Art. 75 I beeinflußt.

12. Die Nichtgewählten sind die Ersatzleute in der Reihenfolge nach §§ 85 u. 90.
13. S. Art. 75 I Schlußsatz GO.
14. Auch diese sind nach Art. 74 GO. zu behandeln.

X. Wahl der Bürgermeister in Bürgermeistereien.

§ 125.

I Gehören der Bürgermeisterei nur Gemeinden bis zu 3000 Einwohnern an, so findet die Stimmabgabe für die Wahl des ehrenamtlichen ersten Bürgermeisters in den einzelnen Gemeinden wie gewöhnlich statt.[1] Bei der Feststellung der Ergebnisse der Bürgermeisterwahl nach § 77 u. § 86 I ist hier nur festzustellen, wie viele gültige Stimmen für jeden einzelnen Bewerber und insgesamt abgegeben worden sind. Diese Zahlen sind dem nach § 18 I Satz 3 bestellten Bürgermeistereiwahlleiter unter Übersendung eines Auszuges aus der Niederschrift über die Ergebnisse der Gemeindewahl von den Gemeindewahlleitern der einzelnen beteiligten Gemeinden mitzuteilen.

II Als Wahlausschuß wird bei der Feststellung der Ergebnisse der Bürgermeisterwahl durch den Bürgermeistereiwahlleiter der Gemeindewahlausschuß der Gemeinde tätig, in welcher dieser als Gemeindewahlleiter aufgestellt ist. Der Gemeindewahlausschuß jeder der übrigen beteiligten Gemeinden bestimmt bei Feststellung des Wahlergebnisses einen Vertreter, der an den Verhandlungen mit Stimmrecht teilzunehmen berechtigt ist.

III Der in dieser Weise verstärkte Wahlausschuß stellt dann die Ergebnisse der Bürgermeisterwahl aus sämtlichen beteiligten Gemeinden zusammen und ermittelt, ob der Bewerber mit der höchsten Stimmzahl mehr als die Hälfte der abgegebenen gültigen Stimmen erhalten hat.

IV In diesem Fall verkündet der Wahlleiter die Gesamtzahl der für die Bürgermeisterwahl abgegebenen gültigen Stimmen, ferner die Person des Gewählten mit seiner Stimmenzahl und die Namen der übrigen Bewerber mit ihren Stimmenzahlen. Andernfalls verkündet er, daß kein Bewerber mehr als die Hälfte der abgegebenen gültigen Stimmen erhalten hat und daß daher die vereinigten Gemeinderäte der beteiligten Gemeinden in gemeinschaftlicher Sitzung die Wahl des ersten Bürgermeisters vorzunehmen haben. Über die Verhandlungen des verstärkten Wahlausschusses ist eine Niederschrift aufzunehmen.

1. S. Art. 70 Satz 1 GO.

§ 126.

I Gehören der Bürgermeisterei nicht nur Gemeinden bis zu 3000 Einwohnern, sondern auch Gemeinden mit mehr als 3000 Einwohnern an,[1] so findet in den einzelnen Gemeinden bei der Gemeindewahl nirgends eine Stimmabgabe für die Wahl des ersten Bürgermeisters statt. Diese Wahl erfolgt vielmehr, wie im Falle des vorletzten Satzes des § 125 IV durch die vereinigten Gemeinderäte der beteiligten Gemeinden in gemeinschaftlicher Sitzung.

II Ehe die Gemeinderäte der beteiligten Gemeinden sich zur gemeinschaftlichen Wahl eines ersten Bürgermeisters vereinigen, haben die Gemeindewahlleiter dieser Gemeinden die Wahl der weiteren Bürgermeister der einzelnen Gemeinden nach Maßgabe der §§ 122 ff. zu veranlassen.

III Wenn diese Wahlen sämtlich vorgenommen sind, beruft der Bürgermeistereiwahlleiter die sämtlichen stimmberechtigten Mitglieder der Gemeinderäte der beteiligten Gemeinden zu einer gemeinschaftlichen Sitzung zusammen. Ladung und Wahl erfolgen nach entsprechender Maßgabe des § 121.

IV Haben die vereinigten Gemeinderäte nach Art. 57 I Satz 2 GO. vor der Anberaumung der Bürgermeisterwahl[2] die Anstellung eines berufsmäßigen Bürgermeisters beschlossen, so erfolgt dessen Wahl stets, auch wenn die Bürgermeisterei nur aus Gemeinden bis zu 3000 Einwohnern besteht, durch die vereinigten Gemeinderäte der beteiligten Gemeinden.[3]

1. S. Art. 70 Satz 2 GO.

2. Vor dem ersten Wahlgang bei der allgemeinen G.wahl oder der etwa gesondert erfolgenden B.wahl.

3. Nach Maßgabe des Abs. III.

XI. Wahl der berufsmäßigen Gemeinderatsmitglieder.

§ 127.

Die berufsmäßigen Gemeinderatsmitglieder werden vom Gemeinderat in sinngemäßer Anwendung des § 123 gewählt.

XII. Verbindung von Gemeinde-, Bezirks- und Kreiswahlen mit sonstigen Landesabstimmungen oder Reichsabstimmungen.

§ 128.

I Über die Zulässigkeit der Verbindung von Gemeinde-, Bezirks- oder Kreiswahlen mit sonstigen Landesabstimmungen auf Grund des LWG. oder mit Reichsabstimmungen[1] entscheidet das Staatsministerium des Innern. Es trifft hiebei die zur Unterscheidung der Abstimmungen nötigen Anordnungen.[2]

II Wird eine Gemeinde-, Bezirks- oder Kreiswahl gleichzeitig mit einer sonstigen Landesabstimmung auf Grund des LWG. oder einer vom Reich ausgeschriebenen Abstimmung vorgenommen, so sind die für diese gültigen Vorschriften maßgebend für die Stimmbezirke, Abstimmungsorte, Abstimmungsräume, Abstimmungszeit, Wahlvorsteher, Wahlvorstände, ferner soweit sonst Einrichtungen in Frage kommen, die für sämtliche Abstimmungen gemeinsam sein können (Art. 72 GO.).

III Die Reihenfolge und Bezifferung der Wahlvorschläge auf den amtlichen Stimmzetteln richtet sich hiebei — vorbehaltlich einer Anordnung nach § 48 I — nach derjenigen für die verbundenen Wahlen.[3]

IV Weitere Vorschriften bleiben nach Lage des einzelnen Falles vorbehalten, soweit solche vorstehend noch nicht getroffen sind.[4]

1. Die Zustimmung des Staatsministeriums des Innern ist durch § 161 RStO. bedingt.

2. S. § 162 RStO.

3. Soweit die auf dem Reichstags- oder Landtagsstimmzettel vorkommenden Wahlvorschläge an der Bezirks- oder Kreiswahl

nicht beteiligt sind, fallen sie auf dem hiefür festzusetzenden amtlichen Stimmzettel aus. Neu hinzukommende Wahlvorschläge werden unter neuen Nummern angefügt. Ein solcher Stimmzettel kann also z. B. die Nummern 2, 7, 12 aus dem Stimmzettel der Reichstagswahl und die eigenen Stimmen 15, 16, 17 enthalten.

4. Bei vielen Abschnitten sind die Anordnungen schon getroffen. Einzelne, wie z. B. hinsichtlich der Farbe der Stimmzettel müssen erst nach Lage des Falles getroffen werden.

XIII. Abstimmungen nach Art. 14 GO.

§ 129.

I Anträge der Wahlberechtigten nach Art. 14 I Satz 1 GO. sind in Unterschriftsbogen[1] zu stellen. Diese müssen auf der ersten Seite jedes Bogens den gestellten Antrag (daß den Wahlberechtigten Gelegenheit gegeben werden soll, darüber abzustimmen, ob die ehrenamtlichen Mitglieder des Gemeinderats sich einer Neuwahl zu unterziehen haben) ersehen lassen.[2]

II Die Unterzeichner des Antrags müssen sich in die Unterschriftsbogen eigenhändig und gut leserlich eintragen.[3] In Gemeinden mit mehr als 2000 Einwohnern ist dabei auch die Wohnung anzugeben. Die Unterschriften sind innerhalb jedes Bogens mit fortlaufenden Ziffern zu versehen.

III Ein Handzeichen ist nur dann gültig, wenn es von der Gemeindebehörde als Unterschrift eines Stimmberechtigten bestätigt wird. Unleserliche Unterschriften sind ungültig.

IV Die Zurücknahme von Unterschriften[4] und die Stellvertretung[5] bei der Unterschriftabgabe ist unzulässig.

1. Diese müssen die Antragsteller beschaffen und in Umlauf setzen.

2. Damit jeder Unterzeichner sehen kann, wofür er sich unterzeichnet.

3. Die Eintragung erfolgt im allgemeinen ohne amtliche Mitwirkung. Ausnahme Abs. III. Notwendig ist immer Vor- und Zuname, die Wohnung nach Satz 2.

4. Sowenig eine Abstimmung zurückgenommen werden kann, ist dies bei solchen Anträgen zulässig. So entscheidet auch bei den

Volksbegehren nach der Reichs- und Landesverfassung das Reichsmin. des Innern und das bayer. Staatsmin. des Innern.

5. Auch der Ehemann und Vater kann nicht für Frau und Kinder unterzeichnen, wie manchmal geglaubt wird. Auch nachträgliche Zustimmung ist ungültig, wenn sie nicht als eigene Unterschrift zulässig ist. (§ 130 I Satz 2.)

§ 130.

I Die Gemeindebehörde hat die bei ihr eingereichten Unterschriftsbogen daraufhin zu prüfen, ob sämtliche Unterschriften von Wahlberechtigten abgegeben worden sind,[1] und den Antrag samt Beilagen mit Äußerung hierüber und mit der Angabe der Anzahl der bei der letzten Gemeindewahl in der Wählerliste eingetragenen Wahlberechtigten der Staatsaufsichtsbehörde vorzulegen. Die nachträgliche Beibringung von Unterschriften ist bis zur endgültigen Entscheidung durch die Staatsaufsichtsbehörde zulässig.[2]

II Diese ermittelt, ob die Voraussetzungen des Art. 14 I GO. für die Abstimmung gegeben sind, und ordnet diese gegebenenfalls an.[3]

1. Dies kann, soweit die Unterschriften der G.behörde nicht bekannt sind, nur nach ihrem äußeren Eindruck geschehen. Jedenfalls aber muß geprüft werden, ob die Personen, für die eine Unterschrift vorliegt, im Zeitpunkt der Unterschrift wahlberechtigt sind. Sie brauchen nicht in der letzten Wählerliste enthalten zu sein. Diese ist nur für die „Anzahl" der Antragsteller maßgebend. Der Nachweis der Wahlberechtigung kann auch in anderer Weise geführt werden.

2. Da keine Frist für die Einreichung bestimmt ist.

3. S. Art. 14 II GO. Für etwaige Beschlüsse des G.rats nach Art. 14 I Satz 2—4 GO. sind weitere Vorschriften nicht erforderlich.

§ 131.

I Für die Abstimmung finden die Vorschriften über die Gemeindewahl sinngemäß Anwendung.[1]

II Die Abstimmung hat an einem Sonntag oder allgemeinen öffentlichen Ruhetag stattzufinden.

III Die dem § 36 entsprechende Bekanntmachung hat davon auszugehen, daß infolge eines von Wahlberechtigten durch Unterschriften genügend unterstützten Antrags (oder eines Antrags des Gemeinderats) darüber abzustimmen ist, ob die ehrenamtlichen Mitglieder des Gemeinderats sich einer Neuwahl zu unterziehen haben. Dabei ist darauf aufmerksam zu machen, daß diese Neuwahl angeordnet werden muß, wenn mindestens drei Fünftel der bei der Abstimmung abgegebenen gültigen Stimmen sich für die Neuwahl ausgesprochen haben.

IV Die Abstimmung erfolgt mit Stimmzetteln in der Größe von 9 : 12 cm, die die Worte „Ja" oder „Nein" enthalten. In den Abstimmungsräumen und vor denselben sind die Abstimmenden durch Plakate darauf aufmerksam zu machen, daß über folgende Frage zu entscheiden ist: „Sollen die ehrenamtlichen Mitglieder des Gemeinderats sich einer Neuwahl unterziehen?" und daß, wer mit „Ja" stimmt, die sofortige Neuwahl des Gemeinderats will, wer mit „Nein" stimmt, diese Neuwahl zurzeit nicht will.

V Die Stimmzettel haben die Wähler selbst zu beschaffen. Der Gemeinderat kann die Beschaffung der Stimmzettel auf Kosten der Gemeinde beschließen. Dann hat der Aufdruck die Worte „Ja" und „Nein" zu enthalten. Die Abstimmenden haben dann durch ein Kreuz oder auf andere Weise, etwa durch Ausstreichen, erkennbar zu machen, ob sie die gestellte Frage mit Ja oder Nein beantworten wollen.

VI Ungültig sind Stimmzettel, — von den in § 70 geregelten Fällen abgesehen —, wenn sie weder Ja noch Nein oder beides zugleich enthalten.[2]

VII Zur Ermittlung des Abstimmungsergebnisses stellen Wahlvorstand und Wahlausschuß nach dem Abschluß der Abstimmung fest, wie viele gültige Stimmen insgesamt und wie viele mit Ja und mit Nein abgegeben worden sind.

VIII Das vom Wahlausschuß ermittelte Abstimmungsergebnis ist der Staatsaufsichtsbehörde mitzuteilen. Die Abstimmungsverhandlungen sind ihr in dem aus § 87 II ersichtlichen Umfang vorzulegen. Sie hat sie nach § 74 GO. zu behandeln.

IX Die Neuwahl wird gegebenenfalls von der Aufsichtsbehörde angeordnet, jedoch erst dann, wenn ein etwa erforderliches Berichtigungsverfahren[3] rechtskräftig erledigt ist und die Anfechtungsfrist abgelaufen oder über vorgebrachte Anfechtungen rechtskräftig entschieden ist.[4] Derartige Verfahren sind möglichst zu beschleunigen.

1. S. Art. 14 IV GO. Das Verfahren beginnt mit der Anlage der Wählerliste und umfaßt die weiteren Vorgänge bei der G.wahl mit Ausnahme der Wahlvorschläge. (S. §§ 5—36, 50 ff.)

2. Dann ist nicht zu ersehen, was der Abstimmende will.

3. Art. 74 I GO.

4. Art. 74 IV GO.

XIV. Ortschaftswahlen.

§ 132.

I Ortschaften[1] (Siedlungen mit eigener Ortsflur und eigenem Vermögen) haben zur Verwaltung ihres Vermögens einen Pfleger und einen Ausschuß von drei weiteren Mitgliedern (Ortsausschuß) zu wählen.[2] Der Ortsausschuß kann im Voraus eine geringere Zahl von Mitgliedern bestimmen.[3] Solange kein Ortsausschuß besteht, trifft diese Bestimmung die Staatsaufsichtsbehörde.

II Wenn in einer Ortschaft nicht wenigstens drei wählbare Ortseinwohner vorhanden sind oder solange keine gültige Wahl zustandekommt, hat die Staatsaufsichtsbehörde einen Ortsverwalter zu bestimmen.[4]

1. Art. 62 I GO. und Art. 75 II GO.

2. Art. 62 IV Satz 3 GO.

3. Solange nicht der Ortsausschuß oder, wo er noch fehlt, die Staatsaufsichtsbehörde etwas anderes bestimmt, verbleibt es bei der Zahl drei.

4. S. Art. 62 IV Satz 6 u. 7 GO.

§ 133.

I Die Wahl erfolgt in Ortschaften bis zu 100 Einwohnern als Mehrheitswahl,[1] in größeren Ortschaften, wenn mehr als ein Ausschußmitglied zu wählen ist,[2] als Verhältniswahl nach Maßgabe der Bestimmungen für die

Wahl der ehrenamtlichen Gemeinderatsmitglieder in Gemeinden bis zu 20000 Einwohnern.[3]

II Im übrigen finden die Bestimmungen über die Wahl der ersten Bürgermeister für den Ortspfleger und über die Wahl der ehrenamtlichen Gemeinderatsmitglieder für die Ortsausschußmitglieder sinngemäß Anwendung, soweit nichts anderes bestimmt ist.

1. Die Mehrheitswahl ist nach Art. 75 II GO. möglich. S. Anm. 3 daselbst.

2. Der Pfleger scheidet dabei aus. Er ist immer im Mehrheitswahlverfahren zu wählen.

3. Wahl nach freien Listen gemäß Art. 66 Z. 7 Unterabs. 2 und Ziff. 9 Unterabs. 3 GO.

§ 134.

I Die Staatsaufsichtsbehörde setzt den Wahltag auf einen Sonntag oder allgemeinen öffentlichen Ruhetag fest und bestimmt den Wahlleiter und einen Vertreter hiefür. Die Wahl kann für mehrere Ortschaften einer Gemeinde an verschiedenen Tagen stattfinden, wenn dies wegen der Person des Wahlleiters oder Schriftführers zweckmäßig ist.

II Der Wahlausschuß hat mindestens 3 Mitglieder zu zählen.

§ 135.

I Wahlberechtigt für die Ortschaftswahl sind alle Gemeindewahlberechtigten, die seit wenigstens 12 Monaten in der Ortsflur sich aufhalten.[1]

II Wenn die Wählerliste für die Gemeindewahl nach Ortschaften getrennt angelegt war, kann sie auch für die Ortschaftswahl verwendet werden. Bei Personen, die nach Abs. I für die Ortschaftswahl nicht wahlberechtigt sind, ist in der Spalte Bemerkungen einzutragen: „Nicht für die Ortschaftswahl". Wenn solche Einträge nötig sind, oder ein Antrag auf Streichung einer eingetragenen Person abgelehnt wird, oder wenn die Ortschaftswahl später als 4 Wochen nach der Gemeindewahl stattfindet, ist die Wählerliste vor dem Wahltag an geeigneter, in ortsüblicher Weise bekanntzugebender Stelle und Zeit zur Einsichtnahme durch die Wahlberechtigten in der Ortschaft auszulegen. Zeit und Stunden für die Auslegung und für die Einlegung von Einsprüchen bestimmt, entsprechend der Größe der Ortschaft, die Staatsaufsichtsbehörde. Wer nach Abschluß der Gemeindewählerliste in der Ortschaft wahlberechtigt geworden ist, kann mit Wahlschein nach §§ 15 ff. zur Ortschaftswahl zugelassen werden.[2]

III Wenn die Gemeindewählerliste nicht nach Ortschaften getrennt angelegt war, hat die Gemeindebehörde einen Auszug aus der für die Gemeindewahl angefertigten Liste herzustellen und nach Abs. II zu behandeln.[3]

1. S. Art. 62 IV Satz 1 GO.

2. Wenn G.wahlrecht und Ortschaftswahlrecht nicht zusammenfallen, muß die Wählerliste nach der G.wahl noch berichtigt werden, durch Beifügung eines Vermerks für die zur Ortschaftswahl nicht Wahlberechtigten. Sobald eine solche Änderung in der Wählerliste vorgenommen wird, muß diese in der von der Staatsaufsichtsbehörde zu bestimmenden Zeit nochmals ausgelegt und eine Frist für Einsprüche in Lauf gesetzt werden. Die Auslegung der Wählerliste ist auch nötig, wenn die Streichung einer Person abgelehnt wird, damit ein solcher Antrag im Wege des Einspruches verfolgt werden kann. Neu hinzugekommene Wähler werden nicht in die Wählerliste eingetragen, sondern erhalten Wahlscheine. Die Ausstellung solcher kann bis zum Tag vor der Wahl erfolgen (§ 16 I). Die Neuauslegung der Wählerliste ist nicht nötig, wenn keine Streichung von Nichtortschaftswahlberechtigten erfolgt und die Wahl nicht später als 4 Wochen nach der G.wahl vor sich geht.

3. Der Auszug ist genau so zu behandeln, wie die Wählerliste nach Abs. II. Eine Auslegung ist also nur unter den dort angegebenen Voraussetzungen nötig. Wenn der Auszug etwa nicht genau der Wählerliste entspricht, ist diese für das Wahlrecht maßgebend.

§ 136.

Für die Wahlvorschläge gelten neben den allgemeinen Vorschriften[1] folgende Besonderheiten:

1. in Ortschaften bis zu 200 Einwohnern genügen 5 Unterschriften;[2]
2. die Zahl der zu wählenden Ausschußmitglieder[3] ist spätestens vierzehn Tage vor dem Wahltage von dem Wahlleiter in ortsüblicher Weise in der Ortschaft bekanntzugeben;

3. die Wahlvorschläge sind spätestens am dritten Tage vor dem Wahltage beim Wahlleiter einzureichen;[4]
4. etwaige Mängel der Wahlvorschläge müssen spätestens am zweiten Tage vor dem Wahltage behoben sein;[5]
5. der Wahlausschuß entscheidet am Tage vor dem Wahltag über die Zulassung und Gültigkeit der Wahlvorschläge.[6] Am gleichen Tage sind die gültigen Wahlvorschläge in ortsüblicher Weise bekanntzugeben.[7]

1. S. §§ 37—48.
2. An Stelle des § 40 I Z. 3.
3. 2 oder 3. Wenn nur ein Ausschußmitglied gewählt wird, geschieht dies im Mehrheitswahlverfahren (§ 133 I). Die Wahlvorschläge können dann das 1½fache von 2 oder 3, also 3 oder 5 Bewerber enthalten.
4. Abends 8 Uhr endet die Frist (§ 37). Die Nachfrist nach § 42 greift nicht Platz.
5. Über Mängel s. § 43 Anm. 3.
6. S. §§ 46, 47.
7. S. § 48.

§ 137.

Pfleger und Ausschußmitglieder werden auf einem Stimmzettel[1] gewählt. Die auf jedem Stimmzettel an erster Stelle gewählte Person gilt als zum Pfleger gewählt, wenn sich nicht aus dem Stimmzettel etwas anderes ergibt.[2]

1. S. § 61 III.
2. Der Wähler kann irgendwie beliebig kennzeichnen, wen er zum Pfleger wählen will. Doch muß diese Kennzeichnung deutlich sein (§ 71 Z. 3). Ist in dieser Hinsicht keine Kennzeichnung auf dem Zettel enthalten, so tritt die Vermutung des Satz 1 ein.

§ 138.

Die Dauer der Wahl bestimmt der Wahlausschuß spätestens am Tage vor dem Wahltage, gegebenenfalls bei der Beschlußfassung nach § 136 Ziff. 5. Die Wahl hat mindestens eine Stunde zu dauern, wenn nicht nach der Zahl der Wähler oder nach den örtlichen Verhältnissen eine längere Wahldauer für notwendig erachtet wird. Die Wahldauer ist in ortsüblicher Weise bekanntzugeben. Sobald sämtliche Wahlberechtigte abgestimmt haben, kann die Wahl geschlossen werden.

Diese Bestimmung tritt an Stelle der §§ 35 und 65.

§ 139.

Über die Wahlhandlung ist eine kurze Niederschrift aufzunehmen[1] und mit den Wahlverhandlungen mit Ausnahme der Wählerliste und der nicht beschlußmäßig behandelten gültigen Stimmzettel durch die Gemeindebehörde der Staatsaufsichtsbehörde vorzulegen.[2]

1. Vom Wahlleiter und Wahlausschuß zu unterzeichnen.

2. S. § 96 II Schlußsatz.

§ 140.

Die Staatsaufsichtsbehörde prüft die Wahlverhandlungen nach Maßgabe des Art. 74 I—VI GO.

§ 141.

Wenn bei der Wahl des Ortspflegers keiner der Bewerber mehr als die Hälfte der abgegebenen gültigen Stimmen erhielt, erfolgt die engere Wahl[1] und Stichwahl durch den Gemeinderat[2] nach § 121.

1. Auch hier folgt zuerst die Auswahl oder engere Wahl, wie in § 121 vorgeschrieben und erst dann die Stichwahl.

2. Eine andre Körperschaft als der G.rat steht für diese nicht zur Verfügung.

XV. Wahlen der Mitglieder der Bezirks- und Kreisausschüsse.

§ 142.

I Auf die Wahl der nach Art. 16 BezO. zu wählenden fünf oder sieben Mitglieder des Bezirksausschusses und der nach Art. 18 KrO. zu wählenden fünf bis sieben Mitglieder des Kreisausschusses[1] finden die Vorschriften des § 124 über die gleichzeitige Wahl mehrerer ehrenamtlicher Bürgermeister entsprechend Anwendung mit folgender Maßgabe:

1. Wahlleiter sind der Bezirkstagsvorsitzende oder der Kreistagspräsident.[2]
2. Wahlberechtigt sind die Mitglieder des Bezirkstags oder Kreistags.[3]
3. Die Wahlvorschläge können höchstens 1½ mal soviele Bewerber enthalten, als Ausschußmitglieder zu wählen sind. Bruchzahlen werden auf die nächste Zahl aufgerundet.[4] Die Bewerber müssen Mitglieder des Bezirkstags oder Kreistags sein.[4]
4. Die Größe der Stimmzettel bestimmt der Bezirkstag oder Kreistag bei der Beschlußfassung über die Zahl der Ausschußmitglieder.[5]
5. Die Wähler sind an die Wahlvorschläge insofern nicht gebunden, als sie Bewerber streichen und einem Bewerber bis zu 3 Stimmen geben können.[6] Die Stimmzettel können soviele Namen enthalten, als der Wahlvorschlag enthält.
6. Auch bei Mehrheitswahl gelten die nichtgewählten Bewerber als Ersatzleute.[7] Die Stimmzettel können nur soviele Namen enthalten, als Ausschußmitglieder zu wählen sind.

1. Die Zahl der Ausschußmitglieder (5 oder 7 beim Bezirkstag, 5, 6 oder 7 beim Kreistag) bestimmen der Bezirkstag oder Kreistag. Beim Bezirksausschuß ist der Bezirkstagsvorsitzende in den 5—7 Mitgliedern inbegriffen; zu wählen sind also nur 4—6 Mitglieder.
2. Abweichung von § 124 Z. 1.
3. " " " " " 3.
4. " " " " " 4.
5. " " " " " 8.
6. " " " " " 9.
7. " " " " " 11.

Im übrigen gelten die Vorschriften des § 124.

XVI. Schlußbestimmungen.

§ 143.

Soweit ortsübliche Bekanntmachungen der Gemeinden bisher durch Ausschreibung in den Tageszeitungen erfolgten, genügt die Veröffentlichung durch Anschlag an geeigneten Plätzen. Im übrigen hat sich die Art der Bekanntmachung nach der in der Gemeinde ortsüblichen Weise zu richten. Der Anschlag in Gast- oder Wirtshäusern allein genügt nicht.

§ 144.

Soweit im Vollzuge der GWO. die Einwohnerzahl in Betracht kommt, ist die vom Statistischen Landesamt ermittelte „Wohnbevölkerung"[1] zugrunde zu legen.

1. In der „Wohnbevölkerung", wie sie das Statistische Landesamt bei den amtlichen Volkszählungen feststellt, sind alle vorübergehend abwesenden Personen enthalten, während die vorübergehend Anwesenden ausgeschaltet sind. Sie ist die richtigere Grundlage für den Vollzug der Wahlen gegenüber der „ortsanwesenden Bevölkerung", in der auch die vorübergehend Anwesenden enthalten, die vorübergehend Abwesenden aber außer acht gelassen sind.

München, 30. März 1928.

Staatsministerium des Innern.

Kreis: .... (Titelseite) **Anlage 1.**
Bezirk: .... **(GWO.)**
Gemeinde: ....
Stimmbezirk Nr.

Wählerliste.

Die Wählerliste hat nach ortsüblicher Bekanntmachung vom .... 19...... bis zum .... 19...... zu jedermanns Einsicht ausgelegen und die Abgrenzung des Stimmbezirkes, Ort, Tag und Stunde der Abstimmung sind vorher in ortsüblicher Weise bekanntgemacht worden.

In die Wählerliste sind
für die Gemeindewahl ....
für die Bezirkswahl ...
für die Kreiswahl ....
für die ....
Stimmberechtigte gültig eingetragen, ohne den Vermerk „W".

......................., den .... 19......
(Ort)

Die Gemeindebehörde.

....
(Dienstsiegel) (Unterschrift)

Nach dem Verzeichnis der nachträglich ausgestellten Wahlscheine ist für die Gemeindewahl bei ....
für die Bezirkswahl bei ....
für die Kreiswahl bei ....
für die .... bei ....
Stimmberechtigten nachträglich in der für den Vermerk der erfolgten Stimmabgabe vorgesehenen Spalte der Vermerk „W" eingetragen.

Hiernach verbleiben
für die Gemeindewahl ....
für die Bezirkswahl ....
für die Kreiswahl ....
für die ....
gültig eingetragene Stimmberechtigte ohne den Vermerk „W".

Der Vermerk über die erfolgte Stimmabgabe ist
für die Gemeindewahl in Spalte ....
für die Bezirkswahl in Spalte ....
für die Kreiswahl in Spalte ....
für die .... in Spalte ....
eingetragen*).

......................., den .... 19......

Der Wahlvorsteher.

---

*) Bei Verbindung mit anderen Wahlen oder Abstimmungen (Reichstagswahl, Landtagswahl usw.) ist die entsprechende Angabe hiefür im Vordruck einzufügen. Das Nichtzutreffende ist zu durchstreichen.

(Innenseite)

Lfde. Nr.	Zuname	Vorname	Tag	Monat	Jahr	Wohnort oder Wohnung	In[1] Bayern seit mehr als 6 Monaten? Ja oder Nein	Vermerk der erfolgten Stimmabgabe				Bemerkungen[2]
			der Geburt									
der Stimmberechtigten												
1	2	3	4			5	6	7	8	9	10	11

1. Wo nur G.wahlen in Betracht kommen, ist in Spalte 6 zwecks Feststellung des G.wahlrechts die Frage zu stellen: In der G. seit wenigstens 12 Monaten? Ja oder Nein.

2. Bei Verbindung der 3 Wahlen sind Wähler, die nicht g.wahlberechtigt sind, in Spalte 11 zu kennzeichnen durch den Vermerk: „nicht für die G.wahl". Die Beifügung einer Spalte, wie bei Anm. 1 ist zulässig.

Anlage 2.
(GWO.)

Wahlschein.

Zur .... wahl *) am .... 19....
.... wahl *) am .... 19....
Gemeindewahl *) .... 19....
Bezirkswahl *) am .... 19.....
Kreiswahl *) am .... 19.....

Zuname:
Vorname:
geboren am:
Stand oder Gewerbe:
wohnhaft in:
Straße und Hausnummer:..................................

kann unter Abgabe dieses Wahlscheins in einem beliebigen Stimmbezirk des Reiches *) — des Landes *) — der Gemeinde *)................ — des Bezirkes *) .... — des Kreises *) .... — ohne Eintragung in die Wählerliste oder Wahlkartei seine Stimme abgeben.

............, den .... 19.....

Der ....

(Dienstsiegel)

....
(Unterschrift)

Verlorene Wahlscheine werden nicht ersetzt.

---

*) Bei Verbindung mit anderen Wahlen oder Abstimmungen (Reichstagswahl, Landtagswahl usw.) ist die entsprechende Angabe hiefür in den Vordruck einzufügen. Das Nichtzutreffende ist zu durchstreichen, wenn das Stimmrecht nicht für alle Abstimmungen gegeben ist.

Alphabetisches Sachregister.

(Die Ziffern bedeuten die Seiten.)

G. = Gemeinde Bez. = Bezirk. Kr. = Kreis.

Z.